新公司法
条文对照与重点解读

孙政 杨磊 冯浩 / 编著

中国法制出版社
CHINA LEGAL PUBLISHING HOUSE

凡 例

全称	简称	日期①
《中华人民共和国宪法》	《宪法》	2018年3月11日
法 律		
《中华人民共和国公司法》	《公司法》	2023年12月29日
《中华人民共和国民事诉讼法》	《民事诉讼法》	2023年9月1日
《中华人民共和国反垄断法》	《反垄断法》	2022年6月24日
《中华人民共和国工会法》	《工会法》	2021年12月24日
《中华人民共和国刑法》	《刑法》	2023年12月29日
《中华人民共和国民法典》	《民法典》	2020年5月28日
《中华人民共和国证券法》	《证券法》	2019年12月28日
《中华人民共和国劳动法》	《劳动法》	2018年12月29日
《中华人民共和国会计法》	《会计法》	2017年11月4日
《中华人民共和国资产评估法》	《资产评估法》	2016年7月2日
《中华人民共和国注册会计师法》	《注册会计师法》	2014年8月31日
《中华人民共和国劳动合同法》	《劳动合同法》	2012年12月28日

---

① 所标法律文件的日期为该文件的通过、发布、修订后公布、实施日期之一,以下不再标注。

全称	简称	日期
《中华人民共和国企业国有资产法》	《企业国有资产法》	2008年10月28日
《中华人民共和国企业破产法》	《企业破产法》	2006年8月27日
《中华人民共和国合伙企业法》	《合伙企业法》	2006年8月27日
司法解释及文件		
《最高人民法院关于适用〈中华人民共和国民法典〉有关担保制度的解释》	《民法典担保制度解释》	2020年12月31日
《最高人民法院关于适用〈中华人民共和国公司法〉若干问题的规定（五）》	《公司法司法解释五》	2020年12月29日
《最高人民法院关于适用〈中华人民共和国公司法〉若干问题的规定（四）》	《公司法司法解释四》	2020年12月29日
《最高人民法院关于适用〈中华人民共和国公司法〉若干问题的规定（三）》	《公司法司法解释三》	2020年12月29日
《最高人民法院关于适用〈中华人民共和国公司法〉若干问题的规定（二）》	《公司法司法解释二》	2020年12月29日
《最高人民法院关于适用〈中华人民共和国企业破产法〉若干问题的规定（三）》	《企业破产法司法解释三》	2020年12月29日
《最高人民法院关于适用〈中华人民共和国企业破产法〉若干问题的规定（二）》	《企业破产法司法解释二》	2020年12月29日

全称	简称	日期
《最高人民法院关于适用〈中华人民共和国民法典〉合同编通则若干问题的解释》	《民法典合同编通则解释》	2023年12月4日
《最高人民法院关于适用〈中华人民共和国公司法〉若干问题的规定（一）》	《公司法司法解释一》	2014年2月20日
《最高人民法院关于适用〈中华人民共和国企业破产法〉若干问题的规定（一）》	《企业破产法司法解释一》	2011年9月9日

序

  2023年12月29日，十四届全国人大常委会第七次会议表决通过了新修订的《中华人民共和国公司法》（以下简称公司法）。公司是极为重要的市场主体，公司法是市场经济制度的基础性法律。如果说民法典是社会生活的百科全书，那公司法就是社会主体市场经济的百科全书。公司法的制定和修改，与我国社会主义市场经济体制的建立和完善密切相关。公司法除了反映并推动经济发展外，还是进一步深化改革和法治建设的需要。我国公司法自1993年制定以来，也进行了数次修改，其中1999年、2004年对个别条款进行了修正，2005年进行了全面修订，2013年、2018年又对公司资本制度等相关问题作了两次修正。

  为适应新时代社会主义市场经济发展、进一步深化改革与切实推动法治建设的需要，本次对公司法进行了非常大幅度的修改。就立法工作而言，一般来说，法律的"修正"是局部、个别、"小切口"的修改或调整，而"修订"则是整体、全面、大幅度的修改。由于本次公司法修改幅度大，新增、删除、变动内容较多，因此本次修改属于全面系统的"修订"，可谓"大修"。值得一提的是，本次公司法修订不仅内容方面增减、调整多，修法历程也更久更复杂，先后历时多年，经人大常委会审议后公开向社会征求意见三次，专项征求意见多次，历经两届全国人大，经四次全国人大常委会审议才最终通过。由此亦可看出本次公司法修订的幅度与重要程度。

  为进一步贯彻落实党中央关于深化国有企业改革、优化营商环境、加强产权保护、促进资本市场健康发展等决策部署要求，进一步完善中国特色现代企业制度，为打造更具活力的中国市场提供坚实法治保障。公司法本次修改在原公司法基础上，实质增删改内容超三分之一，包括完善公司出资制度、登记制度、国家出资公司特别规定、公司设立、退出制度，优化公司组织机构设置，完善公司资本制度，强化控股股东和经营管理人员责任与职工合法权益保护,加强公司社会责任等多个方面。

为便于读者朋友更好地了解本次公司法修订的具体内容,更快更全面学习修订后的公司法,在中国法制出版社的支持下,我们特编写了《新公司法条文对照与重点解读》这本极具特色的实务工具书。根据以往经验并结合受众需求,该书在体例设计、内容编排上有着较为鲜明的特色,针对性、实用性、便利度均较强:

1. **体例编排,科学实用**。从整体上看,本书采用表格方式,通过"条文对照""解读""关联规定"以及基于实务中的典型裁判衍生的"案例参考"(也可称为"实务问答")四大部分,借助纵横结合的表格式设计,将与公司法实务问题密切相关的知识体系尽可能全面、精炼呈现出来。每个条文横向上为新旧对照,下面为要点解读、关联规定、案例参考,既节省空间,又便于查学,科学合理,方便使用。

2. **新旧对照,清晰全面**。本书以修订后的公司法全部260余条条文为框架基础,将新法的条文居左,原公司法及关联规定居右,重点解读在新法条文下方,案例参考置于下面。左栏条文加粗部分为增加的内容,加下划线的为被修改、表述变动的内容;右栏条文加删除线部分为删除的内容,加下划线的为被修改、移动或表述变动的内容。方便随时查学,符合使用习惯。

3. **要点解读,详略得当**。每个条文下面均附有要点解读。立足司法实践,并结合最新立法精神对条文规定进行精炼解读,每条的解读一般控制在一定字数内,既保证将条文涉及的要点、重点、难点内容以及新增或修改之处尽可能囊括,又避免篇幅过长,内容冗余,不利于对重点内容的把握。

4. **关联规定,直接密切**。"徒法不足以自行",公司法相关制度的施行必然离不开其他法律法规规章以及相关司法解释的配套。同时,本次公司法修订也充分吸收了上述部分规定中的内容与精神。此外,修订后的公司法在某些地方也相当于变更了上述部分规定的内容。为此,我们将现行有效的关联规定针对性列出(极少数规定内容较多的,由于篇幅体例限制,仅列出规定名称与条文序号,具体内容略),便于系统、全面学习。

5. **典型案例,指引实践**。案例具有释法、补法、统法、明法的功能。本书结合公司法条文涉及的知识点,对实务中存在的疑难问题,基于权威案例观点,以问答形式展现。案例参考绝大部分为近年来最高人民法院审理的疑难案件及其发布的指导性案例、公报案例、参考性案例及权威载体(如最高人民法院各业务条线的"审判指导与参考"系列、《人民法院案例选》、《法律适用》、《人民司法·案例》等）刊载的案例，少部分为地方法院作出的典型裁判。可以说，具有很强的权威性、针对性、参考性。

此外，上述五个方面的特色在页面排版上并非逐一列举的叙述，而是通过科学的设计将上述内容"巧妙"地融于双栏表格之中，清晰直观、查学方便。最重要的是，这种表格式的设计经过了实践的检验，颇受大家欢迎，普遍反映直观、科学、便捷。

《新公司法条文对照与重点解读》虽有上述优势与特点，但因时间仓促，疏漏之处亦在所难免。如有不当或错误之处，敬请指正。另，对本书编写过程中给予支持与帮助的诸位朋友以及中国法制出版社的大力支持，深表谢意。

编　者
二〇二四年一月

目 录
Contents

第一章　总　则 ……………………………………………………… 1
　第一条　【立法目的】 …………………………………………… 1
　第二条　【调整对象】 …………………………………………… 2
　第三条　【公司性质】 …………………………………………… 3
　　案例参考：公司的注册资本额能否作为认定其受损最大额度
　　　　　　的依据？ …………………………………………… 3
　第四条　【股东责任与权利】 …………………………………… 4
　　案例参考：公司尚未破产清算，股东能否要求分配利益？ …… 5
　第五条　【公司章程】 …………………………………………… 6
　　案例参考：未登记备案的公司章程就股东对外转让股份作出
　　　　　　的限制，股东应否遵守？ ………………………… 7
　第六条　【公司名称】 …………………………………………… 8
　　案例参考：企业名称中的字号是否具有知名度的判断？ ……… 9
　第七条　【公司名称标注】 ……………………………………… 12
　第八条　【公司住所】 …………………………………………… 14
　　案例参考：未悬挂公司标牌的地点，能否被认定为公司主要
　　　　　　办事机构所在地？ ………………………………… 14
　第九条　【经营范围】 …………………………………………… 15
　　案例参考：融资性担保公司与借款人签订委托担保协议，是
　　　　　　否属超出其经营范围的"放贷""受托放贷"情形？ …… 16
　第十条　【法定代表人】 ………………………………………… 17
　　案例参考：已离职的法定代表人能否提起诉讼要求公司办理
　　　　　　法定代表人变更登记？ …………………………… 19

第十一条　【法定代表人行为后果】 …………………………… 20
第十二条　【公司形式变更】 ……………………………………… 21
　案例参考：有限责任公司变更为股份有限公司后，股东能否就有限责任公司阶段的材料行使知情权？ …………… 22
第十三条　【子公司与分公司】 …………………………………… 24
　案例参考：对判决法人分支机构承担责任的裁判，法人能否作为第三人提起第三人撤销之诉？ ………………… 25
第十四条　【转投资】 ……………………………………………… 26
　案例参考：公司能否以超过注册资金的实物资产对外进行投资？ …… 27
第十五条　【公司担保】 …………………………………………… 28
　案例参考：公司法关于公司转投资和提供担保的规定是否属于效力性强制性规定？ ……………………………… 30
第十六条　【职工权益保护和职业教育】 ………………………… 38
　案例参考：公司与职工签订的社保费随工资发放、由职工以灵活就业人员身份自行缴纳社会保险的协议是否有效？ …………………………………………………… 39
第十七条　【工会】 ………………………………………………… 40
第十八条　【党组织】 ……………………………………………… 48
第十九条　【经营活动基本原则】 ………………………………… 49
　案例参考：公司提前取消为前法定代表人保留的电信业务是否构成违约？ …………………………………………… 50
第二十条　【公司社会责任】 ……………………………………… 51
　案例参考：判断公司应否解散时是否需要充分考量对社会公众利益的影响？ ………………………………………… 52
第二十一条　【股东权利不得滥用】 ……………………………… 53
第二十二条　【禁止关联交易】 …………………………………… 54
　案例参考：控股股东将公司本身即可完成的业务以公司名义交由与该股东有关联关系的公司经营，能否认定属利用关联关系损害公司利益的情形？ ………………… 56
第二十三条　【公司人格否认】 …………………………………… 57
　案例参考：能否以股东低价转让公司股权而要求其对公司债务承担连带清偿责任？ …………………………………… 58

第二十四条 【电子方式会议及表决】 59
第二十五条 【决议无效】 60
　案例参考：股东会在公司存续期间分配公司财产（非公司利润）的决议是否有效？ 61
第二十六条 【决议撤销】 64
　案例参考：在未违反相关规定的前提下，解聘总经理职务的决议所依据的事实及理由是否属于公司决议撤销之诉的审查范围？ 66
第二十七条 【决议不成立】 67
　案例参考：股东个人利用控制公司的便利作出个人决策过程以代替股东会会议，由此形成的股东会决议是否成立？ 69
第二十八条 【决议无效、被撤销、不成立的法律后果】 70
　案例参考：在公司法定代表人越权担保中，如何认定相对人是否善意？ 72

第二章　公司登记 73

第二十九条 【设立登记】 73
第 三 十 条 【设立登记申请材料】 75
　案例参考：股东在公司设立时明知材料虚假但未提出异议，但后因材料虚假提出撤销登记的，能否支持？ 75
第三十一条 【登记类型】 77
第三十二条 【登记事项】 78
　案例参考：股份有限公司发起人以外的其他股东的姓名或名称是否属法定登记事项？ 80
第三十三条 【营业执照】 82
　案例参考：能否以营业执照经营范围注明了"筹建"来否定公司不具备独立法人资格？ 83
第三十四条 【变更登记】 84
　案例参考：股东违反股东会决议限制性规定与第三人签订股权转让合同，该未被披露的股东会决议能否对抗善意受让人？ 85

第三十五条 【变更登记材料要求】 87
　案例参考：被法院裁判确认为不真实的股东会决议能否作为
　　　　　　公司变更登记的申请文件？ 88
第三十六条 【换发营业执照】 90
第三十七条 【注销登记】 90
　案例参考：有限责任公司股东以虚假的清算报告骗取公司登
　　　　　　记机关办理法人注销登记，公司股东作为清算义
　　　　　　务人应否承担相应赔偿责任？ 92
第三十八条 【分公司登记及营业执照】 93
　案例参考：总公司与不具有资质的分公司签订的电梯安装工
　　　　　　程承包合同效力如何认定？ 94
第三十九条 【虚假登记应予撤销】 96
　案例参考：帮助他人设立注册资金虚假的公司应当如何承担
　　　　　　民事责任？ 97
第 四 十 条 【企业信息公示系统公示事项】 98
第四十一条 【优化公司登记】 99

第三章　有限责任公司的设立和组织机构 100

第一节　设　立 100

第四十二条 【股东人数】 100
　案例参考：夫妻以共同财产设立的公司且股东仅为夫妻二
　　　　　　人，能否认定为一人有限责任公司？ 101
第四十三条 【设立协议】 103
　案例参考：股东基于设立公司的协议（或发起人协议）产生的
　　　　　　出资纠纷，能否根据合同管辖原则确立管辖法院？ 104
第四十四条 【设立公司行为法律后果】 105
　案例参考：发起人签订合同就发起人与拟设立的公司约定民
　　　　　　事权利义务，公司成立后已实际享有合同权利或
　　　　　　履行合同义务，发起人请求公司承担合同责任
　　　　　　的，应否支持？ 107
第四十五条 【章程制定】 108
　案例参考：股东能否请求法院审查公司章程效力？ 109

第四十六条	【章程记载事项】	110
第四十七条	【注册资本】	111
第四十八条	【出资方式】	113

案例参考：股东作为公司的债权人，能否以"债转股"的方式完成增资？ 114

| 第四十九条 | 【按期足额缴纳出资】 | 116 |
| 第 五 十 条 | 【设立时不按期出资的责任】 | 120 |

案例参考：已出资并经评估的知识产权后被宣告无效的，出资人是否需补足出资？ 121

| 第五十一条 | 【董事会资本充实责任】 | 123 |
| 第五十二条 | 【股东催缴失权制度】 | 123 |

案例参考：未履行完毕出资义务的股东，请求公司收购（回购）其股份的权利应否受到限制？ 125

第五十三条 【不得抽逃出资】 126

案例参考：公司增资时未进行登记但已成为公司财产的出资，是否属抽逃出资的范畴？ 127

第五十四条	【出资加速到期】	130
第五十五条	【出资证明书记载事项】	131
第五十六条	【股东名册记载事项】	133
第五十七条	【股东知情权】	135

案例参考：未向公司提出书面申请并说明目的，能否直接提起诉讼主张查阅公司会计账簿？ 137

第二节　组织机构 138

| 第五十八条 | 【股东会组成及地位】 | 138 |
| 第五十九条 | 【股东会职权】 | 139 |

案例参考：股东会能否依据公司章程对股东罚款？ 141
解除股东资格是否属股东会职权范围的认定？ 141

第 六 十 条	【一人公司股东决议】	142
第六十一条	【首次股东会会议】	143
第六十二条	【定期会议和临时会议】	144
第六十三条	【股东会会议召集和主持】	145

案例参考：股东提议召开临时股东会但法定代表人故意躲避，股东能否自行召开？ 146

第六十四条 【股东会会议通知和记录】 148
　　案例参考：没有股东会记录的股东会决议的效力如何？ 149

第六十五条 【股东表决权】 150
　　案例参考：公司章程规定的"资本多数决"是否意味着大股东享有"一票否决权"？ 151

第六十六条 【股东会议事方式和表决程序】 152
　　案例参考：公司对解除某股东的资格事项表决时，该股东是否享有表决权？ 153

第六十七条 【董事会职权】 154
　　案例参考：对下属子公司相关人员的任免是否超出公司董事会职权范围？ 156

第六十八条 【董事会组成人员】 157
　　案例参考：能否认定董事长与公司之间同时形成委任关系与劳动合同关系？ 158

第六十九条 【审计委员会】 159
第 七 十 条 【董事任期和辞任】 160
第七十一条 【董事解任】 162
　　案例参考：被法院列入失信被执行人名单后是否意味着已自动丧失董事长资格？ 163

第七十二条 【董事会会议召集和主持】 164
　　案例参考：董事长被监视居住时，能否委托他人代行包括召集、主持董事会等在内的董事长职权？ 165

第七十三条 【董事会议事程序与会议记录】 166
第七十四条 【经理及其职权】 168
　　案例参考：经理作出某公司一般账户的决定是否为违反、超越其职权范围的判断？ 169

第七十五条 【不设董事会的有限责任公司】 170
　　案例参考：能否以不设董事会的有限责任公司未按公司章程规定召开股东会为由，认定公司经营管理出现困难？ 171

第七十六条　【监事会设立与组成】 ································· 172
　　案例参考：非职工代表监事与公司之间的关系是否属于劳动
　　　　　　　关系？ ··· 173
第七十七条　【监事任期】 ··· 174
　　案例参考：公司只有一名监事，其能否不经公司股东（会）
　　　　　　　确认自行辞去监事职务、不再履行监事职责？ ·········· 175
第七十八条　【监事会职权】 ··· 176
　　案例参考：监事提起股东代表诉讼后，公司免除其监事身份
　　　　　　　的，能否当然阻却该案诉讼程序的正常进行？ ········· 177
第七十九条　【监事会或监事职权一】 ·· 179
　　案例参考：公司监事能否提起知情权诉讼？ ······························ 180
第 八 十 条　【监事会或监事职权二】 ·· 180
第八十一条　【监事会会议】 ··· 181
第八十二条　【监事会履职费用承担】 ·· 183
第八十三条　【不设监事会的情形】 ··· 183

第四章　有限责任公司的股权转让 ·· 184

第八十四条　【股权转让】 ··· 184
　　案例参考：股权转让时约定受让方日后需支付一定数额的
　　　　　　　"股东权益分红"，该"分红"性质如何？ ············· 186
第八十五条　【强制执行中的优先购买权】 ································· 191
　　案例参考：作为被执行人的股东能否以其股权被拍卖时，法
　　　　　　　院未通知其他股东而提起执行异议？ ························ 191
第八十六条　【股权转让相关程序】 ··· 193
　　案例参考：股权转让后未办理变更登记，能否对抗转让方债
　　　　　　　权人的强制执行？ ··· 194
第八十七条　【股权转让后续程序】 ··· 196
　　案例参考：公司能否通过决议或章程免除办理股权变更登记
　　　　　　　的法定义务？ ·· 196
第八十八条　【股权转让剩余出资义务分担】 ······························ 197
　　案例参考：能否在认缴期限届满前，要求转让其股权的股东
　　　　　　　对公司不能清偿的债务承担连带责任？ ···················· 199

第八十九条 【异议股东回购请求权】 ………………………… 200
　　案例参考：公司章程关于"人走股留"的规定是否违反了公司法的禁止性规定？ ………………………………… 203
　　　　　　公司法关于异议股东回购请求权适用范围的规定，能否排除公司章程下的合意回购股权？ ……… 203
第 九 十 条 【股东资格继承】 ………………………………… 204
　　案例参考：如何判断公司章程是否排除了对股东资格的继承？ … 205

第五章 股份有限公司的设立和组织机构 ……………………… 207
　第一节 设 立 ………………………………………………… 207
　　第九十一条 【股份有限公司设立方式】 ………………… 207
　　第九十二条 【发起人数量要求】 ………………………… 208
　　第九十三条 【发起人义务】 ……………………………… 209
　　第九十四条 【制订公司章程】 …………………………… 211
　　　案例参考：未经登记备案的公司章程修正案是否有效、何时生效？ … 212
　　第九十五条 【章程载明事项】 …………………………… 213
　　　案例参考：股份有限公司章程就股东享有股权对外转让时的优先购买权之约定能否对抗法院的执行拍卖？ ………… 215
　　第九十六条 【注册资本】 ………………………………… 215
　　　案例参考：股东实际出资大于应缴出资形成的资本溢价能否视为对公司的借款债权？ …………………………… 216
　　第九十七条 【发起人认购股份】 ………………………… 217
　　第九十八条 【足额缴纳股款和出资方式】 ……………… 219
　　　案例参考：以房产出资的，能否以办理所有权预告登记的时间为出资义务履行时间？ …………………………… 220
　　第九十九条 【发起人相关连带责任】 …………………… 223
　　　案例参考：发起人均未按照协议约定履行义务的，能否按约定的出资比例承担违约责任？ ………………………… 224
　　第 一 百 条 【募股公告和认股书】 ……………………… 224
　　第一百零一条 【验资】 …………………………………… 225
　　　案例参考：出具虚假验资报告的会计师事务所应如何承担民事赔偿责任？ ……………………………………… 226

第一百零二条 【股东名册】 227
第一百零三条 【成立大会】 228
第一百零四条 【成立大会职权】 229
第一百零五条 【股款返还和不得任意抽回股本】 231
第一百零六条 【设立登记】 232
第一百零七条 【股东资本充实责任引致适用】 234
第一百零八条 【公司性质变更】 234
第一百零九条 【重要资料置备】 236
第一百一十条 【股东查阅、复制、建议和质询权】 236
　案例参考：如何认定股份有限公司原股东是否有权查阅持股期间的公司特定文件? 239
　　　　　　特定情形下，公司能否要求股东另行选定辅助查阅人? 240
　第二节　股东会 241
第一百一十一条 【股东会组成和地位】 241
第一百一十二条 【股东会职权】 241
　案例参考：公司转让财产属公司章程规定的股东会职权的，应提交股东会讨论表决。若未召开股东会，异议股东能否通过其他途径反对并要求公司收购其股权? 242
第一百一十三条 【股东会召开时间】 243
第一百一十四条 【股东会召集和主持】 244
　案例参考：股东主持召开的股东会侵害了法律赋予公司董事会的召集权和主持权，能否确认无效? 246
第一百一十五条 【会议通知和临时提案】 247
　案例参考：向股东发出通知后，董事会能否临时修改提案或增加新提案? 249
第一百一十六条 【股东表决权】 251
　案例参考：不同比例减资应适用资本多数决原则还是全体一致同意原则? 252
第一百一十七条 【累积投票制】 253
第一百一十八条 【股东会代理出席】 255
第一百一十九条 【股东会会议记录】 256

案例参考：只有董事签名的会议记录，无相应股东签名册及代理股东出席委托书的，能否认定已实际召开股东会？ … 257

第三节 董事会、经理 …………………………………………… 257

第一百二十条 【董事会组成、职权和董事任期】…………… 257

第一百二十一条 【审计委员会】……………………………… 259

案例参考：如何判断审计委员会人员是否做到勤勉履职？………… 261

第一百二十二条 【董事长】…………………………………… 262

第一百二十三条 【董事会会议召开】………………………… 263

案例参考：能否以董事会对外发布的改革方案公告证明董事会会议已召开并形成决议？……………………………… 264

第一百二十四条 【董事会会议议事规则】…………………… 265

案例参考：能否以部分董事投反对票致相关议案多次未通过来认定董事之间存在长期冲突？……………………… 267

第一百二十五条 【董事会会议出席和相关决议责任】……… 268

案例参考：独立董事在未披露重大诉讼及担保事件的年度报告上签字，应否承担法律责任？………………………… 269

第一百二十六条 【经理及其职权】…………………………… 270

案例参考：有关公司经理备案方面的事项是否属法院受案范围？…… 271

第一百二十七条 【董事兼任经理】…………………………… 271

第一百二十八条 【不设董事会】……………………………… 272

案例参考：不设董事会的公司，法定代表人和执行董事为同一人的，对外担保应否经股东会决议？…………………… 273

第一百二十九条 【高管报酬披露】…………………………… 273

案例参考：股东能否通过行使知情权的方式查阅董事、监事、高级管理人员从公司获得报酬的情况？……………… 274

第四节 监事会 …………………………………………………… 275

第一百三十条 【监事会设立和组成】………………………… 275

第一百三十一条 【监事会职权及履职费用】………………… 278

案例参考：监事会如何行使召集与主持股东会会议的权利？……… 278

第一百三十二条 【监事会会议】……………………………… 280

第一百三十三条 【不设监事会】……………………………… 281

第五节　上市公司组织机构的特别规定 ·················· 282
第一百三十四条　【上市公司定义】······················ 282
　　案例参考：IPO 申请文件财务数据存在重大虚假记载，剔除虚
　　　　　　假记载内容后的财务指标符合法律对发行新股的
　　　　　　财务指标要求，能否认定发行人符合发行条件？········ 283
第一百三十五条　【特别事项通过】······················ 284
　　案例参考：上市公司为其控制的公司提供担保是否须经股东
　　　　　　会决议？························ 285
第一百三十六条　【独立董事与上市公司章程特别事项】 292
　　案例参考：如何判断上市公司独立董事是否尽到勤勉尽责义务？···· 293
第一百三十七条　【审计委员会】······················ 296
第一百三十八条　【董秘】·························· 298
　　案例参考：公司对董事会秘书在业绩活动会上的不实言论应
　　　　　　否承担责任？······················ 298
第一百三十九条　【表决权排除】······················ 300
第一百四十条　　【信息披露】······················ 302
第一百四十一条　【交叉持股限制】·················· 309

第六章　股份有限公司的股份发行和转让 310

第一节　股份发行 ························ 310
第一百四十二条　【股份及其形式】·················· 310
第一百四十三条　【股份发行原则】·················· 312
　　案例参考：被执行人持有的配股是否应当与所拍卖股份一并
　　　　　　转移？如拍卖，是否需另行确定拍卖参考价？········ 313
第一百四十四条　【类别股发行】······················ 314
第一百四十五条　【章程需载明的类别股事项】············ 316
第一百四十六条　【类别股股东表决权】·················· 319
第一百四十七条　【股份形式】······················ 320
　　案例参考：《委托持股协议》是否具有对抗记名股票与股东
　　　　　　名册的效力？······················ 321
第一百四十八条　【面额股股票发行价格】················ 322
第一百四十九条　【股票形式和记载事项】················ 323

第一百五十条　【股票交付】 …………………………………… 324
第一百五十一条　【发行新股决议事项】 …………………………… 325
第一百五十二条　【授权发行股份】 …………………………… 327
第一百五十三条　【授权发行新股决议】 …………………………… 328
第一百五十四条　【公开募股程序和招股说明书】 329
　　案例参考：擅自改变募集资金用途的，投资人能否依据相关
　　　　　　　协议要求公司或控股股东承担违约责任？ …………… 330
第一百五十五条　【承销】 …………………………………………… 333
第一百五十六条　【股款收取】 ……………………………………… 336
第二节　股份转让 …………………………………………………… 338
第一百五十七条　【股份转让原则性规定】 ………………………… 338
　　案例参考：股份有限公司章程能否对股份转让作限制性规定？ … 339
第一百五十八条　【股份转让场所】 ………………………………… 340
　　案例参考：冻结非上市股份有限公司股权是否须以向相关市
　　　　　　　场监管部门送达协助执行公示通知等为生效要件？ … 341
第一百五十九条　【股票转让方式】 ………………………………… 342
　　案例参考：能否仅以登记机关载明的情况作为认定股东持股
　　　　　　　情况的最终依据？ ……………………………………… 343
第一百六十条　【股份转让闲置】 …………………………………… 344
　　案例参考：股份限制转让期间以代持方式进行的转让，受让
　　　　　　　人能否排除强制执行？ ………………………………… 346
第一百六十一条　【异议股东回购请求权】 ………………………… 348
　　案例参考：非因自身过错未参加股东会的股东对公司转让主
　　　　　　　要财产提出反对意见的，能否请求公司以公平价
　　　　　　　格收购其股权（份）？ ………………………………… 350
第一百六十二条　【不得收购本公司股份及例外】 ………………… 351
　　案例参考：未安排减资的情况下，对投资人请求目标公司回
　　　　　　　购其股份的请求应否支持？ …………………………… 355
第一百六十三条　【禁止财务资助】 ………………………………… 356
　　案例参考：上市公司控股股东未定向增发的股票投资人提供
　　　　　　　差额补足的约定是否有效？ …………………………… 358
第一百六十四条　【股票丢失的救济】 ……………………………… 359

第一百六十五条 【股票交易】 ………………………………… 361
第一百六十六条 【信息披露】 ………………………………… 363
 案例参考：协议收购上市公司的收购人应否对重大遗漏披露
     情形向投资者承担连带责任？ …………………… 364
第一百六十七条 【股东资格继承】 …………………………… 370

第七章 国家出资公司组织机构的特别规定 ………………… 371

第一百六十八条 【国家出资公司概念】 ……………………… 371
第一百六十九条 【履行出资人职责的主体】 ………………… 372
 案例参考：上级政府单方要求将其管理的国有资产转让给下
     级政府的行为是否属于买卖？ …………………… 373
第一百七十条 【党组织及其领导】 …………………………… 376
第一百七十一条 【章程制定】 ………………………………… 376
第一百七十二条 【出资人职权行使】 ………………………… 379
第一百七十三条 【国有独资公司董事会】 …………………… 381
第一百七十四条 【经理】 ……………………………………… 383
第一百七十五条 【董事、高管专任制度】 …………………… 384
第一百七十六条 【审计委员会】 ……………………………… 385
第一百七十七条 【强化内控与合规管理】 …………………… 386

第八章 公司董事、监事、高级管理人员的资格和义务 …… 386

第一百七十八条 【高管任职资格限制】 ……………………… 386
第一百七十九条 【董、监、高遵守义务】 …………………… 389
第一百八十条 【忠实勤勉义务】 ……………………………… 389
 案例参考：母公司的董、监、高是否需对子公司承担忠实义务？… 391
第一百八十一条 【董、监、高禁止行为】 …………………… 392
 案例参考：公司高管违反忠实义务进行的专利权转让行为效
     力如何？ …………………………………………… 394
第一百八十二条 【董、监、高关联交易限制】 ……………… 395
 案例参考：公司高管违反章程规定且未经股东会同意，与本
     公司订立的合同效力如何？ ……………………… 396
第一百八十三条 【商业机会规则】 …………………………… 398

案例参考：公司高管利用职务之便谋取公司商业机会，另行
　　　　　　　成立公司进行交易，该高管与其成立的公司应否
　　　　　　　承担连带赔偿责任？ ·· 399
第一百八十四条　【董、监、高竞业禁止】·· 400
　　案例参考：公司高管同业竞争中的同类业务如何认定、是否
　　　　　　　包括类似业务？ ·· 401
第一百八十五条　【关联董事表决回避规则】··· 402
第一百八十六条　【收益归入公司】·· 403
　　案例参考：如何界定并具体计算公司董事、高级管理人员违
　　　　　　　反忠实义务所得的"收入"？ ······························ 404
第一百八十七条　【董、监、高列席股东会义务】 ································· 405
　　案例参考：公司本身是否属于股东质询的对象？ ···················· 406
第一百八十八条　【损害赔偿】·· 407
　　案例参考：董事、高管怠于向未履行或未全面履行出资义务的
　　　　　　　股东催缴出资致公司受损的，应否承担赔偿责任？ ···· 408
第一百八十九条　【股东代表诉讼】·· 410
　　案例参考：公司在利益受损后未选择起诉但已刑事报案的，
　　　　　　　股东此时能否提起股东代表诉讼？ ······················· 412
第一百九十条　【股东直接诉讼】··· 415
　　案例参考：股东能否以高管行为损害公司利益进而致股东利
　　　　　　　益间接受损为由提起股东直接诉讼？ ···················· 416
第一百九十一条　【董事、高管外部责任承担】 ···································· 417
第一百九十二条　【利用影响实施损害行为的连带责任】···················· 419
　　案例参考：公司董事、高管因协助股东抽逃出资需承担责任时，
　　　　　　　是否考虑协助行为对抽逃出资所起作用的大小？ ········· 420
第一百九十三条　【董事责任保险】·· 421

第九章　公司债券

第一百九十四条　【公司债券概念与发行】··· 422
第一百九十五条　【公告债券募集办法】··· 430
　　案例参考：公募债券欺诈发行过程中承销机构与中介机构未
　　　　　　　尽责履职的，应如何承担赔偿责任？ ······················ 431

第一百九十六条　【债券票面记载事项】 …………………… 436
第一百九十七条　【债券的记名性】 ………………………… 437
第一百九十八条　【债券持有人名册】 ……………………… 437
第一百九十九条　【登记结算机构相关配套制度】 ………… 438
　　案例参考：公司债券交易纠纷中，能否以募集说明书载明的
　　　　　　　债券登记、托管机构所在地作为合同约定的履行
　　　　　　　地进而确定地域管辖法院？ ……………………… 439
第 二 百 条　【债券转让】 ……………………………………… 441
第二百零一条　【债券转让方式】 …………………………… 444
第二百零二条　【可转债的发行】 …………………………… 445
第二百零三条　【可转债的转换】 …………………………… 448
第二百零四条　【债券持有人会议】 ………………………… 449
第二百零五条　【债券受托管理人】 ………………………… 451
第二百零六条　【债券受托管理人义务与责任】 …………… 454

第十章　公司财务、会计 …………………………………… 456

第二百零七条　【公司财务、会计制度】 …………………… 456
第二百零八条　【财务会计报告】 …………………………… 465
　　案例参考：作为债务人的公司申请破产，是否必须提供财务
　　　　　　　会计报告等材料？ ……………………………… 466
第二百零九条　【财务会计报告公示】 ……………………… 467
第二百一十条　【法定公积金和任意公积金】 ……………… 468
　　案例参考：司法能否介入公司盈余分配的判断？ ………… 471
　　　　　　　股东能否以企业净资产转增注册资本的方式进行
　　　　　　　增资？ ……………………………………………… 473
第二百一十一条　【违法分配利润后果】 …………………… 474
　　案例参考：公司应分配利润因被部分股东变相分配、隐瞒或
　　　　　　　转移，其他股东能否要求该股东赔偿损失？ …… 476
第二百一十二条　【利润分配时间】 ………………………… 477
第二百一十三条　【资本公积金】 …………………………… 478
第二百一十四条　【资本公积金用途】 ……………………… 480
第二百一十五条　【会计师事务所的聘用和解聘】 ………… 482

第二百一十六条 【真实完整提供会计资料】 …… 483
 案例参考：对审计部分内容有保留意见的审计报告，能否证明当事人相关主张的判断？ …… 485

第二百一十七条 【会计账簿】 …… 487

第十一章 公司合并、分立、增资、减资 …… 488

第二百一十八条 【公司合并】 …… 488
 案例参考：新设合并情形下产生的新公司是否受原公司与他人之间签订的仲裁协议的约束？ …… 489

第二百一十九条 【简易合并与小规模合并】 …… 491

第二百二十条 【合并程序】 …… 499

第二百二十一条 【合并法律后果】 …… 502
 案例参考：公司合并后，原债权债务能否直接交由合并后公司的子公司承继？ …… 503

第二百二十二条 【分立程序】 …… 504
 案例参考：公司剥离优质资产，债权人能否要求接受者在财产价值范围内承担连带责任？ …… 506

第二百二十三条 【分立的法律后果】 …… 507
 案例参考：公司仅保留独立法人身份，而将全部生产经营要素入股新公司，债权人能否要求新公司承担连带责任？ …… 508

第二百二十四条 【减资】 …… 509
 案例参考：公司不当减资后又恢复出资，原减资退出的股东是否需在减资范围内承担责任？ …… 511

第二百二十五条 【简易减资】 …… 514
 案例参考：公司违反法定程序减资，必须追加股东为被执行人吗？ …… 515

第二百二十六条 【违法减资责任】 …… 517
 案例参考：公司减资时，在未先行通知的情况下直接以登报公告形式代替通知义务，相关股东应否承担责任？ …… 518

第二百二十七条 【优先认购权】 …… 519

第二百二十八条 【增资】 …… 521

第十二章　公司解散和清算 ·· 524

第二百二十九条　【公司解散事由】·························· 524
案例参考：股东间的矛盾无法协商解决时，强制解散是否为解决僵局唯一途径的判断？························ 526

第二百三十条　【修改公司章程而存续】················· 527

第二百三十一条　【请求法院解散公司】················· 529
案例参考：公司是否处于盈利状态是判断公司经营管理发生严重困难的必要条件吗？·························· 530

第二百三十二条　【清算义务人】···························· 532
案例参考：公司法关于清算组人员组成的规定是否属效力性强制性规定？·· 534

第二百三十三条　【申请法院指定组成清算组】······ 537
案例参考：对申请清算股东资格有异议且无法确认时法院应否受理强制清算申请？························· 538

第二百三十四条　【清算组职权】··························· 543
案例参考：股东明知公司财产不能足额清偿债务或明显缺乏清偿能力时仍违法自行清算，应否对公司全部债务承担连带责任？·· 545

第二百三十五条　【债权申报】······························· 546
案例参考：公司解散清算时，对已知债权人能否仅通过报纸刊登公告的方式通知申报债权？···················· 548

第二百三十六条　【清算程序】······························· 548
案例参考：如何判断清算方案是否制订完成以及是否可进行个别清偿？··· 550

第二百三十七条　【破产清算】······························· 551
案例参考：因无可供执行财产而无清算价值，法院能否直接驳回公司债权人的强制清算或破产清算的申请？·· 553

第二百三十八条　【清算组成员义务与责任】········· 553
案例参考：因股东未出资到位损害了目标公司及债权人利益，在董事并非清算组成员时，能否以董事未尽忠实勤勉义务主张其承担赔偿责任？·················· 555

第二百三十九条　【注销登记】 557
　　案例参考：清算报告未将公司对其他主体享有的股份纳入清
　　　　　　　算范围，能否作为再审理由？ 558
第二百四十条　【简易注销】 560
第二百四十一条　【强制注销】 563
第二百四十二条　【公司破产】 564

第十三章　外国公司的分支机构 570

第二百四十三条　【外国公司含义】 570
　　案例参考：外国企业设在中国大陆的常驻机构代表处未领取
　　　　　　　营业执照，是否具有诉讼主体资格？ 571
第二百四十四条　【外国公司分支机构设立程序】 572
第二百四十五条　【外国公司分支机构设立条件】 574
第二百四十六条　【外国公司分支机构名称】 575
第二百四十七条　【外国公司分支机构法律地位】 576
第二百四十八条　【外国公司分支机构活动原则】 577
第二百四十九条　【外国公司分支机构撤销与清算】 578

第十四章　法律责任 579

第二百五十条　【欺诈登记法律责任】 579
第二百五十一条　【未依法公示的法律责任】 583
第二百五十二条　【虚假出资法律责任】 586
　　案例参考：将公司的往来款作为股东个人财产进行增资扩股
　　　　　　　的，能否认定为虚假出资？ 587
第二百五十三条　【抽逃出资法律责任】 592
第二百五十四条　【另立会计账簿、提供虚假财务会计报告法
　　　　　　　　　律责任】 597
第二百五十五条　【合并、分立、减资或清算时不告知债权人
　　　　　　　　　的法律责任】 602
第二百五十六条　【妨害清算的法律责任】 603
第二百五十七条　【资产评估、验资或者验证机构违法的法律
　　　　　　　　　责任】 605

第二百五十八条 【登记机关法律责任】 ················ 612
  案例参考：冒名登记行政诉讼案件中，应如何认定公司登记机关的审慎审查义务？ ················ 612

第二百五十九条 【假冒公司名义的法律责任】 ········ 614

第二百六十条 【逾期开业、停业、不依法办理变更登记的法律责任】 ································ 615

第二百六十一条 【外国公司擅自设立分支机构的法律责任】 ·· 616

第二百六十二条 【严重违法吊销营业执照】 ·············· 617
  案例参考：公司被吊销营业执照后至被注销登记前，是否具备诉讼主体资格？ ························ 618

第二百六十三条 【民事赔偿责任优先】 ···················· 619
  案例参考：对申请执行人已申请冻结的公司存款，法院能否以税收具有优先性为由直接划拨冲抵公司的欠缴税款？ ·· 620

第二百六十四条 【刑事责任】 ······························ 621
  案例参考：公司法定代表人涉嫌犯罪的，是否影响涉及该公司民事案件的审理？ ························ 622

第十五章 附 则 ··· 624

第二百六十五条 【术语含义】 ································ 624
  案例参考：配偶以另一方控制的公司名义对外进行商事活动并对公司资金享有审批权，能否认定其为公司的实际控制人？ ······································ 627

第二百六十六条 【施行时间】 ································ 628

修订后《公司法》及解读等①	修订前《公司法》及关联规定②
第一章 总 则	
第一条 【立法目的】为了规范公司的组织和行为，保护公司、股东、职工和债权人的合法权益，**完善中国特色现代企业制度，弘扬企业家精神**，维护社会经济秩序，促进社会主义市场经济的发展，**根据宪法**，制定本法。 解读：本条是关于《公司法》立法目的的规定。按照本条规定，《公司法》的立法目的简而言之有六项，即规范行为、保护权益、完善制度、弘扬精神、维护秩序、促进发展。其中的"完善中国特色现代企业制度，弘扬企业家精神"为本次《公司法》修订新增内容，一方面，意在构建现代公司制度，促进社会主义市场经济不断发展；另一方面，在于鼓励公司承担更多的社会责任。而规范公司的组织和行为的目的，在于通过确立其法律地位、明确其法定权利和责任，使公司能够依法设立并开展活动，这也是制定《公司法》的直接目的。公司财产由	《公司法》(2018年修正) 第1条 为了规范公司的组织和行为，保护公司、股东和债权人的合法权益，维护社会经济秩序，促进社会主义市场经济的发展，制定本法。

---

① 本书中该列为2023年12月29日修订后的《中华人民共和国公司法》，同时对常用条文进行解读或有选择地附上案例参考。

② 本书中该列所收录的《中华人民共和国公司法》为2018年10月26日修正后的《中华人民共和国公司法》。本书采用独特的双栏对照进行整体编排，新（修订后）《中华人民共和国公司法》条文居左，修订前的《中华人民共和国公司法》条文等关联规定居右。按照新《中华人民共和国公司法》条文逐条对照，新增内容，左栏加粗处理；旧法被删内容，右栏加删除线；表述变动内容，加下划线。为方便读者参阅，该部分相关规范性文件的排序按照与主题的关联性进行。该部分规范性文件大都为节录，以下不再标注。

修订后《公司法》及解读等	修订前《公司法》及关联规定
股东出资形成，公司享有独立的法人财产权，股东进行出资后依法享有股东权，公司也需要与其他市场主体交易，产生权利义务关系。为此，保护公司、股东和债权人的合法权益也是公司法的立法目的。公司是市场经济下最重要的市场主体，其结构是否健全、行为是否规范，直接影响社会经济秩序的稳定。我国《宪法》也明确规定，国家实行社会主义市场经济。因此，维护社会经济秩序，以及促进社会主义市场经济的发展，无疑也是《公司法》的重要立法目的。	
第二条　【调整对象】本法所称公司，是指依照本法在<u>中华人民共和国</u>境内设立的有限责任公司和股份有限公司。 **解读：**本条既是对《公司法》调整对象的规定，也明确了公司的两种类型：有限责任公司和股份有限公司。关于本条规定的《公司法》调整对象，注意两个限定：一是需为依照"本法"，即《公司法》设立的公司；二是需在中华人民共和国境内设立。由于我国采取设立行为地主义（也称注册登记主义）来判断是否具有中国国籍的法人资格，在我国境内设立（注册登记）的法人才属中国法人，因此我国公司法所称的公司不包括在中国境外设立的公司。另值得注意的一个细节是，本次公司法修订在表述上统一将"中国"调整为"中华人民共和国"，以下不再赘述。	《公司法》（2018年修正） **第2条**　本法所称公司是指依照本法在中国境内设立的有限责任公司和股份有限公司。 **《公司法司法解释一》** **第1条**　公司法实施后，人民法院尚未审结的和新受理的民事案件，其民事行为或事件发生在公司法实施以前的，适用当时的法律法规和司法解释。 **第2条**　因公司法实施前有关民事行为或者事件发生纠纷起诉到人民法院的，如当时的法律法规和司法解释没有明确规定时，可参照适用公司法的有关规定。

修订后《公司法》及解读等	修订前《公司法》及关联规定
第三条　【公司性质】公司是企业法人，有独立的法人财产，享有法人财产权。公司以其全部财产对公司的债务承担责任。 　　公司的合法权益受法律保护，不受侵犯。 　　<u>解读</u>：本条是关于公司性质及权益受法律保护的规定。公司是典型且最重要的一类法人。《民法典》总则编专章对法人制度作了规定，明确了法人作为民事主体（自然人、法人、非法人组织）的一类，其民事权益受法律保护。同时将法人分为营利法人、非营利法人、特别法人三大类，公司属营利法人一类。本条第1款体现了维持公司制度的两大基本原则：一是法人地位，即公司属于法人，享有法人的权利义务；二是独立责任，即公司作为法人的一种，独立承担责任。但在特殊情形下，也存在人格否认或人格混同。此外需注意，本条第2款所谓公司的合法权益包括公司的合法财产、公司开展生产经营活动所形成的合法商业利益等，当然也包括《民法典》第110条第2款规定的名称权、名誉权和荣誉权等人格利益。 　　案例参考①：公司的注册资本额能否作为认定其受损最大额度的依据？（某海绵制品有限责任公司与广西壮族自治区	《公司法》(2018年修正) 　　**第3条第1款**　公司是企业法人，有独立的法人财产，享有法人财产权。公司以其全部财产对公司的债务承担责任。 　　**第5条第2款**　公司的合法权益受法律保护，不受侵犯。 **《民法典》** 　　**第3条**　民事主体的人身权利、财产权利以及其他合法权益受法律保护，任何组织或者个人不得侵犯。 　　**第57条**　法人是具有民事权利能力和民事行为能力，依法独立享有民事权利和承担民事义务的组织。 　　**第60条**　法人以其全部财产独立承担民事责任。 　　**第110条第2款**　法人、非法人组织享有名称权、名誉权和荣誉权。

---

① 本书"案例参考"部分适用的法律法规等条文均为案件裁判当时有效，下文不再对此进行提示。

修订后《公司法》及解读等	修订前《公司法》及关联规定
南宁市某区人民政府违法强拆房屋行政赔偿案)① 公司的注册资本额不能作为认定其受损最大额度的依据。根据《公司法》第3条第1款"公司是企业法人,有独立的法人财产,享有法人财产权。公司以其全部财产对公司的债务承担责任"及第2款"有限责任公司的股东以其认缴的出资额为限对公司承担责任"的规定,《公司法》严格区分注册资本、公司资产的关系,注册资本是指公司全体股东认缴的出资额,股东以其认缴的出资额为限对公司承担有限责任;公司资产则是指公司实际拥有的全部财产,公司以其财产独立对外行使权利、承担责任,两者并不相同。而且,在侵犯财产权益纠纷中,侵权责任人应当对其所造成的实际损失向受害者承担赔偿责任。因此,当公司法人的财产权益遭受侵犯时,应以其实际损失来确定侵权责任人的赔偿责任。故,该案原审判决依据某海绵制品有限责任公司的注册资本认定该公司财产损失最大额度不当,应予指正。	
第四条 【股东责任与权利】有限责任公司的股东以其认缴的出资额为限对公司承担责任;股份有限公司的股东以其认购的股份为限对公司承担责任。	《公司法》(2018年修正) **第3条第2款** 有限责任公司的股东以其认缴的出资额为限对公司承担责任;股份有限

---

① 案号:最高人民法院(2019)最高法行赔申1197号行政赔偿裁定书,载中国裁判文书网,最后访问时间:2023年12月15日。

修订后《公司法》及解读等	修订前《公司法》及关联规定
公司股东对公司依法享有资产收益、参与重大决策和选择管理者等权利。 **解读**：本条是关于公司股东责任及权利的规定。公司作为法人的一种，具有独立责任属性，这决定了公司股东对公司债务所承担责任的有限性，即股东以其全部投资为限对公司债务承担责任，即股东的有限责任（不同于公司的无限责任）。实践中，股东一般不会拿出自己的全部财产对公司进行出资，其出资的财产往往只是股东全部财产的一部分，与股东的其他财产应严格分开（特殊情形下的财产混同除外）。故本条第1款明确了公司股东的责任形式，即有限责任公司的股东以其认缴的出资额为限对公司承担责任，股份有限公司的股东以其认购的股份为限对公司承担责任。此外，本条第2款就股东权利作出规定，股东权利是由股东作为公司出资者这一身份决定的，主要包括：按投入资本额享有的资产收益权；参与公司生产经营及利润分配等重大问题的决策权；选举公司董事、监事等管理者的权利等。 **案例参考**：公司尚未破产清算，股东能否要求分配利益？（某房地产公司、某商贸公司损害股东利益责任纠纷案）①	公司的股东以其认购的股份为限对公司承担责任。 **第4条** 公司股东依法享有资产收益、参与重大决策和选择管理者等权利。

---

① 案号：最高人民法院（2020）最高法民申1113号再审审查与审判监督裁定书，载中国裁判文书网，最后访问时间：2023年12月15日。

修订后《公司法》及解读等	修订前《公司法》及关联规定
股东对公司虽享有资产收益的权利，但该权利并非在任何情况下均能行使。该案中，某房地产公司、某商贸公司并非起诉所涉财产的所有人，其是基于宏某公司股东身份提起诉讼的。根据《公司法》第4条"公司股东依法享有资产收益、参与重大决策和选择管理者等权利"及第34条关于"股东按照实缴的出资比例分取红利"的规定，某房地产公司、某商贸公司作为宏某公司的登记股东，依法享有资产收益权，该权利应当通过分取红利实现。宏某公司已于2007年7月至2008年将某房地产公司、某商贸公司的出资及投资款全部退还，运某公司亦于2008年、2009年以借款形式向某房地产公司、某商贸公司分别支付350万元、300万元股份分成款。此后，宏某公司于2009年被吊销营业执照，但一直未进行清算。案涉评估鉴定内容系某中学占用宏某公司财产应当支付的租赁使用费，该费用不等同于一审第三人的利润，不能直接予以分配。在宏某公司尚未清算情况下，其是否有盈利尚不能确定，因而，某房地产公司、某商贸公司的股东利益受损情况亦无法确定，二审法院认定不能依据案涉评估鉴定意见赔偿某房地产公司、某商贸公司的损失，并无不当。	
第五条　【公司章程】设立公司应当依法制定公司章程。公司章程对公司、股东、董事、监事、高级管理人员具有约束力。 　　**解读：**本条是关于公司章程的规定。	《公司法》(2018年修正) 　　**第11条**　设立公司必须依法制定公司章程。公司章程对公司、股东、董事、监事、高级管理人员具有约束力。

修订后《公司法》及解读等	修订前《公司法》及关联规定
法人章程指法人应当具备的,由发起设立的投资者制定,就法人重要事务及组织活动作出长期且规范安排,对法人、股东、经营管理者具有约束力,调整法人内部组织关系和经营行为的自治规则。法人章程是充分体现了法人自治的重要规则。公司属于法人的一种,其章程当然符合上述特征。具体而言,公司章程是由公司权力机构依据规定程序制定以规范股东出资及相关关系、公司机构设置、公司经营准则等事项的法定文件。公司章程是公司自治的宪章性文件,其自身应当遵守;其同时规定了股东的基本权利义务,股东亦当遵守;董事、监事,是由股东会选举产生的,被委托、推选经营管理公司事务的,当然也必须受到章程的约束;高级管理人员包括董事会聘任的公司的经理、副经理、财务负责人、上市公司董秘及章程规定的其他人员,他们负责公司日常经营管理事务,亦需按照公司章程的规定行使权利、履行职责。 **案例参考**:未登记备案的公司章程就股东对外转让股份作出的限制,股东应否遵守?(张家港保税区某贸易公司、某能源公司股东资格确认纠纷案)[①] 公司章程是关于公司组织和行为的自治规则,是公司的行为准则,对公司具	**《民法典》** **第79条** 设立营利法人应当依法制定法人章程。

[①] 案号:最高人民法院(2020)最高法民终1224号民事判决书,载中国裁判文书网,最后访问时间:2023年12月16日。

修订后《公司法》及解读等	修订前《公司法》及关联规定
有约束力。且公司章程具有契约的性质，体现了股东的共同意志，对公司股东也具有约束力。公司及股东应当遵守和执行公司章程。案涉股份转让的目标公司某能源公司，其修订后的公司章程对股东向第三方转让股份作出限制性规定，即应事先取得其他股东一致同意及满足其他条件。尽管该修订后的公司章程并未进行备案，未起到公示作用，但因某能源公司时任各股东均已盖章确认，故在公司内部对公司股东应当具有约束力。某能源公司的股东在对外转让股份时，应当遵守公司章程相关规定。	
第六条 【公司名称】公司应当有自己的名称。公司名称应当符合国家有关规定。 公司的名称权受法律保护。 **解读：**本条是关于公司名称与名称权的规定。本条是《公司法》此次修订的新增条款，以更好地规范为增加流量、博人眼球的公司"乱起名""乱改名"等现象，进一步完善《公司法》依法成立及登记注册制度。虽为新增条款，但该条内容实际上在《民法典》中已有体现，只是该条只针对公司，而《民法典》则针对更大范畴的法人。法人以自己名义进行民事活动，需通过名称与其他法人、组织、自然人相区别，故法人须有自己名称，公司作为法人的一种，自不例外。除由国家直接命名的外，有关法律法规对	《民法典》 **第58条第2款** 法人应当有自己的名称、组织机构、住所、财产或者经费。法人成立的具体条件和程序，依照法律、行政法规的规定。 **第110条第2款** 法人、非法人组织享有名称权、名誉权和荣誉权。 **第1013条** 法人、非法人组织享有名称权，有权依法决定、使用、变更、转让或者许可他人使用自己的名称。 《企业名称登记管理规定》 **第5条** 企业名称应当使用规范汉字。民族自治地方的企业名称可以同时使用本民族

修订后《公司法》及解读等	修订前《公司法》及关联规定
法人的名称亦有明确的要求，如《企业名称登记管理规定》规定，企业名称应使用规范汉字，依次由行政区划名称、字号、行业或者经营特点、组织形式组成。部分跨省经营的企业，可以不冠以企业所在地行政区划名称。另需注意，企业主体规范使用名称是义务，但名称权本身是企业、公司等主体的一项权利。法人名称权中的名称，除法人名称外，还应包括分支机构名称、法人所开办的营业单位的名称。此外，对公司等主体名称的保护并不仅限于民法保护，擅自使用他人的企业名称或者姓名的，也构成不正当竞争中的冒用行为。 **案例参考**：企业名称中的字号是否具有知名度的判断？[河北神州 A 保温集团有限公司与河北神州 B 橡塑有限公司侵害企业名称（商号）权纠纷案]① 　　按照《企业名称登记管理规定》及《企业名称登记管理实施办法》② 的规定，企业名称应当由以下部分依次组成：字号（或者商号）、行业或者经营特点、组织形式。企业名称应当冠以企业所在地省（包括自治区、直辖市）或者市（包括州）或者县（包括市辖区）行政区划名称。其中字号最具识别意义，使用具有一定知名度的企业名称中的字号与使	自治地方通用的民族文字。 　　**第6条**　企业名称由行政区划名称、字号、行业或者经营特点、组织形式组成。跨省、自治区、直辖市经营的企业，其名称可以不含行政区划名称；跨行业综合经营的企业，其名称可以不含行业或者经营特点。 　　**第7条**　企业名称中的行政区划名称应当是企业所在地的县级以上地方行政区划名称。市辖区名称在企业名称中使用时应当同时冠以其所属的设区的市的行政区划名称。开发区、垦区等区域名称在企业名称中使用时应当与行政区划名称连用，不得单独使用。 　　**第8条**　企业名称中的字号应当由两个以上汉字组成。 　　县级以上地方行政区划名称、行业或者经营特点不得作为字号，另有含义的除外。 　　**第9条**　企业名称中的行业或者经营特点应当根据企业的主营业务和国民经济行业分类标准标明。国民经济行业分类标准中没有规定的，可以参照

---

① 案号：最高人民法院（2018）最高法民申 3788 号民事裁定书，载中国裁判文书网，最后访问时间：2023 年 12 月 16 日。

② 该文件已失效。

修订后《公司法》及解读等	修订前《公司法》及关联规定
用企业名称产生同样的结果。该案原告河北神州A保温集团有限公司（以下简称A公司）成立于2001年4月29日，被告河北神州B橡塑有限公司（以下简称B公司）成立于2015年5月21日，注册成立时间晚于原告A公司。"神州"字号属原告A公司在先使用的字号，享有在先企业名称权。原告A公司提交的证据显示，该公司在廊坊市先后设立了三家子公司，2002年10月，原告A公司申请了"绿都及图"注册商标并经长期使用，于2015年6月5日被国家工商行政管理总局①商标局认定为驰名商标；原告A公司成立之后，多次获得荣誉证书、称号，大型企业的供货证书，行业协会的资格证书、会员证书。据此可确定A公司不仅在廊坊市、河北省，而且在全国保温建材、橡塑制品领域相关市场和相关公众中的影响力及知名度，应认定原告A公司的字号"神州"具有一定知名度，为相关公众所知悉，进而可认定"神州"在全国范围内具有知名度。	行业习惯或者专业文献等表述。 第10条　企业应当根据其组织结构或者责任形式，依法在企业名称中标明组织形式。 第11条　企业名称不得有下列情形： （一）损害国家尊严或者利益； （二）损害社会公共利益或者妨碍社会公共秩序； （三）使用或者变相使用政党、党政军机关、群团组织名称及其简称、特定称谓和部队番号； （四）使用外国国家（地区）、国际组织名称及其通用简称、特定称谓； （五）含有淫秽、色情、赌博、迷信、恐怖、暴力的内容； （六）含有民族、种族、宗教、性别歧视的内容； （七）违背公序良俗或者可能有其他不良影响； （八）可能使公众受骗或者产生误解； （九）法律、行政法规以及国家规定禁止的其他情形。

---

① 根据2018年《国务院机构改革方案》，将国家工商行政管理总局的职责整合，组建国家市场监督管理总局。

修订后《公司法》及解读等	修订前《公司法》及关联规定
	第12条 企业名称冠以"中国"、"中华"、"中央"、"全国"、"国家"等字词，应当按照有关规定从严审核，并报国务院批准。国务院市场监督管理部门负责制定具体管理办法。 企业名称中间含有"中国"、"中华"、"全国"、"国家"等字词的，该字词应当是行业限定语。 使用外国投资者字号的外商独资或者控股的外商投资企业，企业名称中可以含有"（中国）"字样。 **第13条** 企业分支机构名称应当冠以其所从属企业的名称，并缀以"分公司"、"分厂"、"分店"等字词。境外企业分支机构还应当在名称中标明该企业的国籍及责任形式。 **第14条** 企业集团名称应当与控股企业名称的行政区划名称、字号、行业或者经营特点一致。控股企业可以在其名称的组织形式之前使用"集团"或者"（集团）"字样。 **第15条** 有投资关系或者经过授权的企业，其名称中可以含有另一个企业的名称或者其他法人、非法人组织的名称。

修订后《公司法》及解读等	修订前《公司法》及关联规定
第七条 【公司名称标注】依照本法设立的有限责任公司，<u>应当</u>在公司名称中标明有限责任公司或者有限公司字样。 依照本法设立的股份有限公司，<u>应当在公司名称中标明股份有限公司或者股份公司字样。</u> **解读**：本条是关于公司名称标注的规定。为使公众通过名称即可了解公司性质、责任形式，进而评价公司的信用，保障交易安全，维护交易相对人的合法权益，公司名称应客观真实地反映公司基本情况尤其是公司的责任形式。为此，本条明确有限责任公司应在名称中标明有限责任公司或者有限公司字样，股份有限公司应在名称中标明股份有限公司或者股份公司字样。根据《公司法》《企业名称登记管理规定》以及于2022年3月1日施行的《市场主体登记管理条例》规定，公司等主体的名称规范使用还需注意以下三点：一是一个公司只准使用一个名称，在登记主管机关辖区内不得与已经登记注册的同行业公司或企业的名称相同或相近。二是冠以"中国""中华""中央""全国""国家"等字词应按照有关规定从严审核，并报国务院批准。三是公司设立分支机构时，总公司及其分支机构的名称应符合法律规定等。	《公司法》（2018年修正） 第8条 依照本法设立的有限责任公司，<u>必须</u>在公司名称中标明有限责任公司或者有限公司字样。 依照本法设立的股份有限公司，<u>必须</u>在公司名称中标明股份有限公司或者股份公司字样。 《市场主体登记管理条例》 第8条 市场主体的一般登记事项包括： （一）名称； …… 除前款规定外，还应当根据市场主体类型登记下列事项： （一）有限责任公司股东、股份有限公司发起人、非公司企业法人出资人的姓名或者名称； …… 第10条 市场主体只能登记一个名称，经登记的市场主体名称受法律保护。 市场主体名称由申请人依法自主申报。 《企业名称登记管理规定》 第6条 企业名称由行政区划名称、字号、行业或者经营特点、组织形式组成。跨省、

修订后《公司法》及解读等	修订前《公司法》及关联规定
	自治区、直辖市经营的企业，其名称可以不含行政区划名称；跨行业综合经营的企业，其名称可以不含行业或者经营特点。 **第7条** 企业名称中的行政区划名称应当是企业所在地的县级以上地方行政区划名称。市辖区名称在企业名称中使用时应当同时冠以其所属的设区的市的行政区划名称。开发区、垦区等区域名称在企业名称中使用时应当与行政区划名称连用，不得单独使用。 **第8条** 企业名称中的字号应当由两个以上汉字组成。 县级以上地方行政区划名称、行业或者经营特点不得作为字号，另有含义的除外。 **第9条** 企业名称中的行业或者经营特点应当根据企业的主营业务和国民经济行业分类标准标明。国民经济行业分类标准中没有规定的，可以参照行业习惯或者专业文献等表述。 **第10条** 企业应当根据其组织结构或者责任形式，依法在企业名称中标明组织形式。

修订后《公司法》及解读等	修订前《公司法》及关联规定
第八条 【公司住所】公司以其主要办事机构所在地为住所。 解读：本条是关于公司住所的规定。住所是法人设立的重要条件之一，是法人的法律关系的中心地。所谓住所，系指为法律关系集中于一处而确定的民事法律关系主体的地址。《民法典》《公司法》《最高人民法院关于适用〈中华人民共和国民事诉讼法〉的解释》《市场主体登记管理条例》等均规定法人原则上以主要机构所在地为其住所。依照《市场主体登记管理条例》的规定，一个市场主体（公司）在登记机关登记的住所只能有一个，住所应在登记机关辖区内。另需注意，所谓的"办事机构所在地"，是指执行法人业务活动、决定和处理组织事务的机构所在地。只有一个办事机构时，该办事机构所在地无可厚非应为住所。若有多个办事机构时，则应以其主要办事机构所在地为住所。而所谓"主要办事机构所在地"，系指统揽法人业务的机构所在地。 案例参考：未悬挂公司标牌的地点，能否被认定为公司主要办事机构所在地？（北京某投资管理公司与新疆某焦化公司企业借贷纠纷案）[1] 经公司登记机关登记的公司的住所只能有一个，公司的住所应当在其公司登	《公司法》（2018年修正） 第10条 公司以其主要办事机构所在地为住所。 《民法典》 第63条 法人以其主要办事机构所在地为住所。依法需要办理法人登记的，应当将主要办事机构所在地登记为住所。 《市场主体登记管理条例》 第8条 市场主体的一般登记事项包括： …… （四）住所或者主要经营场所； …… 第11条 市场主体只能登记一个住所或者主要经营场所。 电子商务平台内的自然人经营者可以根据国家有关规定，将电子商务平台提供的网络经营场所作为经营场所。 省、自治区、直辖市人民政府可以根据有关法律、行政法规的规定和本地区实际情况，自行或者授权下级人民政府对住所或者主要经营场所作

---

[1] 案号：北京市第一中级人民法院（2014）一中民终字第07236号民事裁定书，载中国裁判文书网，最后访问时间：2023年12月17日。

修订后《公司法》及解读等	修订前《公司法》及关联规定
记机关辖区内。公司变更住所的，应当在迁入新住所前申请变更登记，并提交新住所使用证明。也就是说，公司的主要办事机构所在地发生变更的，应当在登记机关登记。未经登记的，不应视为公司的主要办事机构所在地。该案被告认为，原告主张的被告"主要办事机构"并未悬挂被告公司的公司标牌，也无人员办公，在该公寓G座物业管理部门处登记的公司也非某投资管理公司，并提交了某投资管理公司与中某某（北京）创业投资有限公司签订的房屋转租协议。但该房屋转租协议仅能证明该公司承租了北京市朝阳区×东路×号院×公寓×座×室，并不足以证明转租协议记载的地址即为被告某投资管理公司的主要办事机构。 该案被告某投资管理公司在工商部门登记的住所仍在北京市昌平区镇路×号楼×号，该地点应该视为某投资管理公司的主要办事机构所在地。因该住所地在该院管辖范围内，故法院对该案具有管辖权，被告某投资管理公司的管辖权异议没有法律依据。	出更加便利市场主体从事经营活动的具体规定。 **第27条** 市场主体变更住所或者主要经营场所跨登记机关辖区的，应当在迁入新的住所或者主要经营场所前，向迁入地登记机关申请变更登记。迁出地登记机关无正当理由不得拒绝移交市场主体档案等相关材料。 **第30条第5款** 市场主体歇业期间，可以以法律文书送达地址代替住所或者主要经营场所。
第九条 【经营范围】公司的经营范围由公司章程规定。公司可以修改公司章程，<u>变更经营范围</u>。 公司的经营范围中属于法律、行政法规规定须经批准的项目，应当依法经过批准。	《公司法》（2018年修正） **第12条** 公司的经营范围由公司章程规定，<u>并依法登记</u>。公司可以修改公司章程，<u>改变经营范围，但是应当办理变更登记</u>。

修订后《公司法》及解读等	修订前《公司法》及关联规定
解读：本条是关于公司经营范围的规定。公司经营范围，是指公司在经营活动中所涉及的领域，具体表现为具有什么样的生产项目、经营种类、服务事项等。根据规定，公司经营范围由公司章程规定。公司依法享有经营自主权，有权自主决定在什么领域中从事经营活动。由公司章程规定经营范围，既是赋予公司充分经营自主权的体现，也是各国公司法通行做法。但需要注意的是，赋予公司经营自主权并不代表对公司经营范围没有限制。按照本条第2款的规定，公司的经营范围中属于法律、行政法规规定须经批准的项目，应当依法经过批准。所谓经批准的项目，指应当具备特定的条件并经政府有关行政主管部门批准后方可经营的项目。具体至于哪些项目属须经批准的，依照法律、行政法规的规定确定。此外，公司经营范围及其变更应依法进行登记，以维护社会经济秩序的稳定，平衡与保护投资者的利益。相较原规定，本条虽未继续保留应当登记的内容，但并不意味着此次修订删除了该内容，包括该条原相关登记内容以及与登记有关的其他内容均被统一放在了新增的"公司登记"一章中（下同，不再重复）。 **案例参考**：融资性担保公司与借款人签订委托担保协议，是否属超出其经营范围的"放贷""受托放贷"情形？（某科	公司的经营范围中属于法律、行政法规规定须经批准的项目，应当依法经过批准。 **《民法典》** **第79条** 设立营利法人应当依法制定法人章程。 **《市场主体登记管理条例》** **第8条** 市场主体的一般登记事项包括： …… （三）经营范围； …… **第14条** 市场主体的经营范围包括一般经营项目和许可经营项目。经营范围中属于在登记前依法须经批准的许可经营项目，市场主体应当在申请登记时提交有关批准文件。 市场主体应当按照登记机关公布的经营项目分类标准办理经营范围登记。 **第26条** 市场主体变更经营范围，属于依法须经批准的项目的，应当自批准之日起30日内申请变更登记。许可证或者批准文件被吊销、撤销或者有效期届满的，应当自许可证或者批准文件被吊销、撤销或者有效期届满之日起30日内向登记机关申请变更登记或者办理注销登记。

修订后《公司法》及解读等	修订前《公司法》及关联规定
技公司等与某投资担保公司追偿权纠纷案)① 公司依法享有经营自主权，经营范围原则上由公司章程规定。该案中，某投资担保公司作为融资性担保公司，其章程载明的经营范围为贷款担保、票据承兑担保、贸易融资担保、项目融资担保、信用保证担保等。某投资担保公司与某科技公司签订《委托担保协议书》，为某科技公司对外借款提供担保并收取担保费用，系其正常开展经营范围之内的业务，并未违反《公司法》第12条之规定。案涉借款的出借人为王某某、戚某某而非某投资担保公司，某投资担保公司未从事《融资性担保公司管理暂行办法》第21条规定的"发放贷款"或"受托发放贷款"的行为，不存在企业借贷之情形。	

第十条　【法定代表人】公司的法定代表人按照公司章程的规定，<u>由代表公司执行公司事务的董事或者经理担任</u>。
  <u>担任法定代表人的董事或者经理辞任的，视为同时辞去法定代表人。</u>
  <u>法定代表人辞任的，公司应当在法定代表人辞任之日起三十日内确定新的法定代表人。</u>
  <u>解读：</u>本条是关于公司法定代表人的规定，后两款属新增内容。按照《民法典》
	《公司法》(2018年修正)
	  第13条　公司法定代表人依照公司章程的规定，<u>由董事长、执行董事或者经理担任，并依法登记。公司法定代表人变更，应当办理变更登记。</u>
	《民法典》
	  第61条第1款　依照法律或者法人章程的规定，代表法人从事民事活动的负责人，

---

① 案号：最高人民法院（2017）最高法民终861号民事判决书，载中国裁判文书网，最后访问时间：2023年12月17日。

修订后《公司法》及解读等	修订前《公司法》及关联规定
的规定，法人的法定代表人是依照法律或者法人章程的规定代表法人从事民事活动的负责人。法定代表人只能是自然人，且该自然人只有代表法人从事民事活动时才具有这种身份。关于公司法定代表人的人选，本条限定为"代表公司执行公司事务的董事或者经理"，实际上扩大了法定代表人的选任范围。按照新《公司法》第75条的规定，不设董事会情形下的董事不再明确称为"执行董事"，相关董事会职权由仅有的一名董事行使（后有涉及不设董事会情形中执行董事表述删除的，同此处说明，不再重复。但需注意，在设置董事会情形下，仍有执行董事这一概念）。《民法典》第81条第3款关于未设董事会或执行董事的营利法人，法人章程规定的主要负责人为法定代表人。虽然《公司法》本条与其表述不尽一致，但因实践中未设董事会的公司，往往另会通过章程将董事或经理规定为主要负责人，故本条与《民法典》本质上并不矛盾。此外，由于法定代表人的身份基础是具有董事或经理身份，因此若辞去董事或经理身份的，将无法再担任法定代表人，故第2款规定此种情况下视同辞去法定代表人。此外，为避免法定代表人辞任空当期间对公司事务的影响，第3款明确应在法定代表人辞任之日起30日内确定新的法定代表人。	为法人的法定代表人。 **第81条第3款** 执行机构为董事会或者执行董事的，董事长、执行董事或者经理按照法人章程的规定担任法定代表人；未设董事会或者执行董事的，法人章程规定的主要负责人为其执行机构和法定代表人。 **《市场主体登记管理条例》** **第12条** 有下列情形之一的，不得担任公司、非公司企业法人的法定代表人： （一）无民事行为能力或者限制民事行为能力； （二）因贪污、贿赂、侵占财产、挪用财产或者破坏社会主义市场经济秩序被判处刑罚，执行期满未逾5年，或者因犯罪被剥夺政治权利，执行期满未逾5年； （三）担任破产清算的公司、非公司企业法人的法定代表人、董事或者厂长、经理，对破产负有个人责任的，自破产清算完结之日起未逾3年； （四）担任因违法被吊销营业执照、责令关闭的公司、非公司企业法人的法定代表人，并负有个人责任的，自被吊销营业执照之日起未逾3年；

修订后《公司法》及解读等	修订前《公司法》及关联规定
案例参考：已离职的法定代表人能否提起诉讼要求公司办理法定代表人变更登记？（王某廷诉某设备公司、曹某刚请求变更公司登记纠纷案）[①] 　　法定代表人需经企业登记机关核准登记，取得法定代表人资格。法定代表人的产生、免职程序，应符合法律、行政法规和企业法人组织章程的规定。就该案王某廷提出的判令某设备公司、曹某刚办理变更公司法定代表人工商登记的诉讼请求应否受理而言，其提出该项诉讼请求系基于其已离职之事实，请求终止其与某设备公司之间法定代表人的委任关系并办理法定代表人变更登记，属平等主体之间的民事争议。根据王某廷所称其自2011年5月30日起即已从某设备公司离职，至今已近9年，足见某设备公司并无自行办理法定代表人变更登记的意愿。因王某廷并非某设备公司股东，其亦无法通过召集股东会等公司自治途径就法定代表人的变更事项进行协商后作出决议。若法院不予受理王某廷的起诉，则王某廷因此所承受的法律风险将持续存在，而无任何救济途径。故王某廷对某设备公司办理法定代表人变更登记的诉讼请求具有诉的利益，该纠纷系平等主体之间的民事争议，属于人民法院受理民事诉讼的范围。一、二审法院裁定不予受理王某廷该项诉讼请	（五）个人所负数额较大的债务到期未清偿； 　　（六）法律、行政法规规定的其他情形。 　　**第25条**　公司、非公司企业法人的法定代表人在任职期间发生本条例第十二条所列情形之一的，应当向登记机关申请变更登记。

[①] 案号：最高人民法院（2020）最高法民再88号民事裁定书，载中国裁判文书网，最后访问时间：2023年12月15日。

修订后《公司法》及解读等	修订前《公司法》及关联规定
求,适用法律错误,应予纠正。但需明确的是,王某廷该项诉讼请求是否具有事实和法律依据,是否应予支持,应通过实体审理予以判断。	
第十一条 【法定代表人行为后果】法定代表人以公司名义从事的民事活动,其法律后果由公司承受。 公司章程或者股东会对法定代表人职权的限制,不得对抗善意相对人。 法定代表人因执行职务造成他人损害的,由公司承担民事责任。公司承担民事责任后,依照法律或者公司章程的规定,可以向有过错的法定代表人追偿。 解读:本条是关于法定代表人职务行为责任承担的规定。该条虽属公司法的新增条款,但《民法典》第61条、第62条已作了相关规定。公司的法定代表人对外以法人名义进行民事活动时,其与法人之间是代表关系而非代理关系,且其来自法律的明确规定,不需要有法人的授权委托书。其对外的职务行为即为法人行为,后果由法人承担。本条第1款亦作了类似的规定。法人对法定代表人所负的责任,也包括越权行为的责任。根据《民法典》第504条的规定,法人或者其他组织的法定代表人、负责人超越权限订立的合同,除相对人知道或者应当知道其超越权限的以外,该合同对法人发生效力。另,虽然章程对公司来说非常重要,但作为公司对内部的行为规范,	《民法典》 第61条第2款、第3款 法定代表人以法人名义从事的民事活动,其法律后果由法人承受。 法人章程或者法人权力机构对法定代表人代表权的限制,不得对抗善意相对人。 第62条 法定代表人因执行职务造成他人损害的,由法人承担民事责任。 法人承担民事责任后,依照法律或者法人章程的规定,可以向有过错的法定代表人追偿。 第504条 法人的法定代表人或者非法人组织的负责人超越权限订立的合同,除相对人知道或者应当知道其超越权限外,该代表行为有效,订立的合同对法人或者非法人组织发生效力。

修订后《公司法》及解读等	修订前《公司法》及关联规定
在通常情况下不易被外部的人员知悉，所以在确定其外部效力方面，要考虑对善意相对人的权益保护。为此，本条第2款对公司章程的对外效力方面作了适当限制，以保护善意相对人的合法权益。关于该款规定的善意相对人的判断，不仅要考量其事实上是否知道法人章程或权力机构对法定代表人代表权的限制，还要考量其是否应当知道这一情况。本条第3款是关于公司法定代表人职务侵权责任的规定。因公司的法定代表人职务侵权产生的法人责任，法人承担责任后可向法定代表人追偿，但追偿的条件有两个：一是法定代表人要存在过错，这里的过错不仅包括故意与重大过失，也包括一般过失（这是与其他工作人员过错不同的一点）；二是要有法律法规或法人章程明确规定。	
第十二条　【公司形式变更】有限责任公司变更为股份有限公司，应当符合本法规定的股份有限公司的条件。股份有限公司变更为有限责任公司，应当符合本法规定的有限责任公司的条件。 有限责任公司变更为股份有限公司的，或者股份有限公司变更为有限责任公司的，公司变更前的债权、债务由变更后的公司承继。 **解读**：本条是关于公司形式变更的规定。有限责任公司在学理上属人合公司，股东间的合作关系往往较资金更重要；	《公司法》（2018年修正） 第9条　有限责任公司变更为股份有限公司，应当符合本法规定的股份有限公司的条件。股份有限公司变更为有限责任公司，应当符合本法规定的有限责任公司的条件。 有限责任公司变更为股份有限公司的，或者股份有限公司变更为有限责任公司的，公司变更前的债权、债务由变更后的公司承继。

修订后《公司法》及解读等	修订前《公司法》及关联规定
而股份有限公司则属典型的资合公司，资本的联合因素往往比股东之间的合作更重要。因而，这两类公司的设立条件、程序、内部治理结构等均有不同要求。但二者仍存在很多相同之处，如都是营利法人、股东都以出资为限对公司承担有限责任、公司都以全部资产对外承担无限责任等。故本条规定二者可以互相变更，但应符合相应条件。需注意，由于股份有限公司社会性更为广泛，为强化社会公众的利益，股份有限公司的设立条件和程序要比有限责任公司严格。当然，原来存在的债权债务并不会因为公司形式的变更而消失。因此，本条第2款明确了公司形式变更前的债权、债务由变更后的公司承继。变更后的有限责任公司或者股份有限公司，不得以并不是原来的股份有限公司或者有限责任公司为由，而拒绝承担原有的债务。其作为债权人的，债务人也不得以公司形式出现变化为由拒绝履行债务。 **案例参考**：有限责任公司变更为股份有限公司后，股东能否就有限责任公司阶段的材料行使知情权？（某投资中心与某教育科技公司股东知情权纠纷案）①	**《市场主体登记管理条例实施细则》** **第31条** 市场主体变更登记事项，应当自作出变更决议、决定或者法定变更事项发生之日起30日内申请办理变更登记。 市场主体登记事项变更涉及分支机构登记事项变更的，应当自市场主体登记事项变更登记之日起30日内申请办理分支机构变更登记。 **第37条第1款** 公司变更类型，应当按照拟变更公司类型的设立条件，在规定的期限内申请变更登记，并提交有关材料。 **《最高人民法院关于审理与企业改制相关的民事纠纷案件若干问题的规定》** **第5条** 企业通过增资扩股或者转让部分产权，实现他人对企业的参股，将企业整体改造为有限责任公司或者股份有限公司的，原企业债务由改造后的新设公司承担。

---

① 案号：北京市朝阳区人民法院（2020）京0105民初31646号民事判决书，载中国裁判文书网，最后访问时间：2023年12月15日。

修订后《公司法》及解读等	修订前《公司法》及关联规定
首先，从立法目的来看，股东知情权是股东享有的固有权利。法律设立股东知情权的本意是让股东充分掌握公司信息、管理活动及风险状况，从而监督公司管理层，保护股东的合法权益。只有股东对公司全部的运营状况充分掌握，对公司的历史全面了解，才能有效行使股东的其他权利并履行股东义务。其次，从法律规定来看，公司法规定了有限责任公司及股份有限公司股东行使知情权的范围，并未禁止股东对公司类型变更之前的文件材料行使知情权。此外，按照《公司法》的规定，有限责任公司变更为股份有限公司的，公司变更前的债权、债务由变更后的公司继承。本案某教育科技公司虽然已经变更为股份有限公司，但其作为有限责任公司时期的债权、债务仍需要继承。某投资中心作为某教育科技公司股东，有权以及有理由了解某教育科技公司在公司类型变更之前的经营情况、债权债务情况。且，从公司运行的特点来看，虽然在某投资中心起诉前，某教育科技公司已经从有限责任公司变更为股份有限公司，但公司经营是整体的、动态的、延续的过程，公司今日之情况系之前的运营结果，不能因公司类型的变化而剥夺某投资中心对于公司类型变更之前的公司文件材料行使知情权。故作为股东的某投资中心有权对某教育科技公司在有限责任公司阶段的文件材料行使股东知情权。	**《最高人民法院对〈商务部关于请确认《关于审理与企业改制相关的民事纠纷案件若干问题的规定》是否适用于外商投资的函〉的复函》** 　　中国企业与外国企业合资、合作的行为，以及外资企业在中国的投资行为，虽然涉及到企业主体、企业资产及股东的变化，但他们不属于国有企业改制范畴，且有专门的法律、法规调整，因此，外商投资行为不受上述司法解释的调整。

修订后《公司法》及解读等	修订前《公司法》及关联规定
第十三条　【子公司与分公司】公司可以设立子公司。子公司具有法人资格，依法独立承担民事责任。 公司可以设立分公司。分公司不具有法人资格，其民事责任由公司承担。 **解读：**本条是关于子公司与分公司的规定。有限责任公司、股份有限公司根据经营需要，可以设立分公司。分公司是相对于总公司而言的，它是总公司的分支机构或者说是组成部分，其本身不具有独立性，主要体现在如下四个方面：一是不具有法人资格，不能独立享有权利、承担责任，行为后果及责任由总公司承担。二是一般没有独立的公司名称和章程，对外从事经营活动须以总公司名义，并遵守总公司章程。三是在人事、经营上没有自主权，主要业务活动由总公司决定或根据总公司授权进行，主要管理人员由总公司委任。四是无独立财产，其所有资产属总公司。也正因为分公司不具有法人资格，故民事责任由公司（总公司）承担。需注意，此处的民事责任不限于合同责任，还包括侵权责任。当然，分公司虽不能成为最终民事责任的承担主体，但对于债务，也应允许由其管理的财产先承担，不足部分再由总公司承担。《民法典》第74条第2款即对此进行了明确。如此规定，在于方便债权人就近选择分支机构主张权利，同时也可减轻业务范围覆盖广、拥有众多分	**《公司法》（2018年修正）** **第14条**　公司可以设立分公司。设立分公司，应当向公司登记机关申请登记，领取营业执照。分公司不具有法人资格，其民事责任由公司承担。 公司可以设立子公司，子公司具有法人资格，依法独立承担民事责任。 **《民法典》** **第74条**　法人可以依法设立分支机构。法律、行政法规规定分支机构应当登记的，依照其规定。 分支机构以自己的名义从事民事活动，产生的民事责任由法人承担；也可以先以该分支机构管理的财产承担，不足以承担的，由法人承担。

修订后《公司法》及解读等	修订前《公司法》及关联规定
支机构的法人的负担。除分公司外，公司还可设立子公司。子公司是相对于母公司而言的，它是独立于向其投资的母公司而存在的主体。子公司虽然在经济上受母公司支配与控制，但在法律上具有独立法人资格，其独立性主要表现在拥有独立的公司名称和公司章程、具有独立的组织机构、拥有独立的财产、能以自己的名义开展经营活动、独立承担后果和责任。简而言之，子公司与分公司不同，除与母公司间存在被控股或被控制经营管理的关系外，子公司同一般独立的公司在法律地位上并无差异。 　　**案例参考**：对判决法人分支机构承担责任的裁判，法人能否作为第三人提起第三人撤销之诉？（长沙广某公司诉某银行广州粤秀支行、林某武、长沙广某广州分公司等第三人撤销之诉案）① 　　提起第三人撤销之诉的"第三人"是指有独立请求权的第三人，或者案件处理结果同他有法律上的利害关系的无独立请求权第三人，但不包括当事人双方。该案中，被告长沙广某广州分公司系长沙广某公司的分支机构，并非法人，但其依法设立并领取工商营业执照，具有一定的运营资金和在核准的经营范围内经营业务的行为能力。依据《民法总则》②	

---

① 最高人民法院指导案例第149号。
② 随着《民法典》的施行，《民法总则》等同步失效，下文不再提示。

修订后《公司法》及解读等	修订前《公司法》及关联规定
第74条第2款"分支机构以自己的名义从事民事活动，产生的民事责任由法人承担；也可以先以该分支机构管理的财产承担，不足以承担的，由法人承担"的规定，长沙广某公司在（2016）粤01民终15617号案件中，属于承担民事责任的当事人，其诉讼地位不是《民事诉讼法》规定的第三人。因此，长沙广某公司以第三人的主体身份提起诉讼不符合第三人撤销之诉的法定适用条件。简而言之，公司法人的分支机构以自己的名义从事民事活动，并独立参加民事诉讼，人民法院判决分支机构对外承担民事责任，公司法人对该生效裁判提起第三人撤销之诉的，其不符合《民事诉讼法》第56条规定的第三人条件，人民法院不予受理。	
第十四条　【转投资】公司可以向其他企业投资。 法律规定公司不得成为对所投资企业的债务承担连带责任的出资人的，从其规定。 解读：本条是关于公司转投资及其限制的规定。公司转投资，是指公司作为投资主体，以公司法人财产作为对另一企业的出资，从而使本公司成为另一企业成员的行为。对此需注意两点：一方面，公司转投资的对象不限定在其他的有限责任公司、股份有限公司范围内，非公司企业也可成为公司转投资的对象。	《公司法》（2018年修正） 第15条　公司可以向其他企业投资；但是，除法律另有规定外，不得成为对所投资企业的债务承担连带责任的出资人。 《合伙企业法》 第3条　国有独资公司、国有企业、上市公司以及公益性的事业单位、社会团体不得成为普通合伙人。

修订后《公司法》及解读等	修订前《公司法》及关联规定
另一方面，公司转投资数额没有限制。虽然数额没有限制，但转投资毕竟涉及转投资公司的权利及债权人的利益，因此，按照法律规定不得成为对所投资企业的债务承担连带责任的出资人的，依照其规定。如《合伙企业法》规定，上市公司不得通过投资成为合伙企业的普通合伙人。值得注意的是，对公司可否在转投资中对所投资企业债务承担连带责任这一问题，《公司法》修订前，原则上不允许，法律另有规定的除外，而修订后的表述更为缓和，即"法律规定公司不得成为对所投资企业的债务承担连带责任的出资人的，从其规定"。 **案例参考**：公司能否以超过注册资金的实物资产对外进行投资？（上虞某公司与章某明、汪某债权纠纷案）① 公司可以向其他企业投资，对外投资系公司依法进行经营以获取收益的方式之一，现行法律法规并未就公司对外投资的数额进行限制，也未将清偿公司债务作为公司对外投资的前提。该案中，某明公司以超过其注册资金的实物资产对外投资并无不当，章某明、汪某作为某明公司股东在某明公司任职也并未违反法律法规的强制性规定。至于某明公司在经营过程中能否切实给股东带来投资	

---

① 案号：浙江省杭州市余杭区人民法院（2012）杭余商初字第1502号民事判决书，载中国裁判文书网，最后访问时间：2023年12月16日。

修订后《公司法》及解读等	修订前《公司法》及关联规定
收益属正常经营风险范畴，而章某明、汪某作为明某公司的股东，如对某明公司在2010年度、2011年度上报工商行政管理部门的年检材料中未列明向某明公司投资的事实则应承担相应的责任，根据《公司法》相关规定，应属相应行政主管部门处理范围，不能据此认定章某明、汪某存在滥用公司法人独立地位和股东有限责任来逃避债务的行为。	
第十五条　【公司担保】公司向其他企业投资或者为他人提供担保，<u>按照</u>公司章程的规定，由董事会或者股东会决议；公司章程对投资或者担保的总额及单项投资或者担保的数额有限额规定的，不得超过规定的限额。 公司为公司股东或者实际控制人提供担保的，<u>应当经股东会决议</u>。 前款规定的股东或者受前款规定的实际控制人支配的股东，不得参加前款规定事项的表决。该项表决由出席会议的其他股东所持表决权的过半数通过。 **解读：**本条是关于公司转投资及提供担保的程序性规范。本条对原《公司法》第16条的内容没有实质性变更，从立法技术角度考虑，《公司法》总则规定的是对于其具有统率性、一般性的法律规则，分则规定比较具体的事务，具体的公司法规则。总则通过"提取公因式"的方法规定了一般原则，尽管分则中也有对具体公司行为的一般性规定，比如	《公司法》（2018年修正） **第16条**　公司向其他企业投资或者为他人提供担保，<u>依照</u>公司章程的规定，由董事会或者股东会、~~股东大会~~决议；公司章程对投资或者担保的总额及单项投资或者担保的数额有限额规定的，不得超过规定的限额。 公司为公司股东或者实际控制人提供担保的，<u>必须经股东会或者股东大会决议</u>。 前款规定的股东或者受前款规定的实际控制人支配的股东，不得参加前款规定事项的表决。该项表决由出席会议的其他股东所持表决权的过半数通过。 **《民法典担保制度解释》** **第7条**　公司的法定代表人违反公司法关于公司对外担

修订后《公司法》及解读等	修订前《公司法》及关联规定
原《公司法》第71条关于股权转让的一般规定，但将"公司向其他企业投资或者为他人提供担保"相关规定调整回总则中确是因该规定是关于公司治理的规范，是关于公司内部的权力归属与权力行使的正当性和程序性的规定。一般而言，公司为谁投资或提供担保，属公司意思自治范畴，公权力机关不应当过多介入。按照本条的规定，公司可以对外投资或为他人提供担保，包括向公司股东或公司实际控制人提供担保。但为切实维护公司与股东利益，本条对此也作了一定限制：首先，对外投资或担保，须按照公司章程的规定由董事会或者股东会决议；公司章程对担保总额及单项担保的数额有限额规定的，不得超过规定的限额。所谓担保总额，是指公司对外担保的债务总额；单项担保金额，则指单个被担保人担保的金额。其次，公司为股东或实际控制人提供担保则更为严格，即应当经股东会决议，而不允许公司章程作例外规定。因为控股股东或者实际控制人在实践中，一定程度上控制着董事会。最后，股东会就公司是否为公司股东或实际控制人提供担保进行表决的需执行股东表决权排除制度，即该股东或者受该实际控制人支配的股东不得参加该项表决，且该项表决必须由出席会议的其他股东所持	保决议程序的规定，超越权限代表公司与相对人订立担保合同，人民法院应当依照民法典第六十一条和第五百零四条等规定处理： （一）相对人善意的，担保合同对公司发生效力；相对人请求公司承担担保责任的，人民法院应予支持。 （二）相对人非善意的，担保合同对公司不发生效力；相对人请求公司承担赔偿责任的，参照适用本解释第十七条的有关规定。 法定代表人超越权限提供担保造成公司损失，公司请求法定代表人承担赔偿责任的，人民法院应予支持。 第一款所称善意，是指相对人在订立担保合同时不知道且不应当知道法定代表人超越权限。相对人有证据证明已对公司决议进行了合理审查，人民法院应当认定其构成善意，但是公司有证据证明相对人知道或者应当知道决议系伪造、变造的除外。 **第8条** 有下列情形之一，公司以其未依照公司法关于公司对外担保的规定作出决议为由

修订后《公司法》及解读等	修订前《公司法》及关联规定
表决权的过半数通过。如此，可以防止该股东或实际控制人利用持股优势促使与其有特别利害关系的议题形成决议，同时也为股东表决权的行使提供自由、公正的环境。 **案例参考**：公司法关于公司转投资和提供担保的规定是否属于效力性强制性规定？（韩某松与青海贤某公司等与青海某矿业开发公司等民间借贷纠纷案）① 根据《公司法》第16条规定，公司为他人提供担保，依据公司章程的规定，由董事会或者股东会、股东大会决议；公司为公司股东、实际控制人提供担保，必须经股东会或者股东大会决议。该规定属于对公司内部的程序性规定，公司对外提供担保是否经股东会或者股东大会决议，并不影响其对外签订的合同效力。该规定不属于效力性强制性规定，当事人不能据此主张合同无效。法定代表人未经授权擅自为他人提供担保的，构成越权代表，应当根据关于法定代表人越权代表的规定，区分订立合同时债权人是否善意分别认定合同效力：债权人善意的，合同一般有效；反之，合同无效。而公司就法定代表人行为越权给公司带来的后果，应当通过内部追责程序解决。因此，二审判决认定《担保合同》及《借款协议书》中的担保条款有效，	主张不承担担保责任的，人民法院不予支持： （一）金融机构开立保函或者担保公司提供担保； （二）公司为其全资子公司开展经营活动提供担保； （三）担保合同系由单独或者共同持有公司三分之二以上对担保事项有表决权的股东签字同意。 上市公司对外提供担保，不适用前款第二项、第三项的规定。 **第11条** 公司的分支机构未经公司股东（大）会或者董事会决议以自己的名义对外提供担保，相对人请求公司或者其分支机构承担担保责任的，人民法院不予支持，但是相对人不知道且不应当知道分支机构对外提供担保未经公司决议程序的除外。 金融机构的分支机构在其营业执照记载的经营范围内开立保函，或者经有权从事担保业务的上级机构授权开立保函，金融机构或者其分支机构以违反公司法关于公司对外担

---

① 案号：最高人民法院（2015）民申字第2539号民事裁定书，载中国裁判文书网，最后访问时间：2023年12月16日。

修订后《公司法》及解读等	修订前《公司法》及关联规定
并无不当。青海贤某公司关于《借款协议书》中的担保条款对其不产生拘束力、其不应承担担保责任的申请再审理由不能成立。	保决议程序的规定为由主张不承担担保责任的，人民法院不予支持。金融机构的分支机构未经金融机构授权提供保函之外的担保，金融机构或者其分支机构主张不承担担保责任的，人民法院应予支持，但是相对人不知道且不应当知道分支机构对外提供担保未经金融机构授权的除外。 担保公司的分支机构未经担保公司授权对外提供担保，担保公司或者其分支机构主张不承担担保责任的，人民法院应予支持，但是相对人不知道且不应当知道分支机构对外提供担保未经担保公司授权的除外。 公司的分支机构对外提供担保，相对人非善意，请求公司承担赔偿责任的，参照本解释第十七条的有关规定处理。 **第17条** 主合同有效而第三人提供的担保合同无效，人民法院应当区分不同情形确定担保人的赔偿责任： （一）债权人与担保人均有过错的，担保人承担的赔偿责任不应超过债务人不能清偿部分的二分之一；

修订后《公司法》及解读等	修订前《公司法》及关联规定
	（二）担保人有过错而债权人无过错的，担保人对债务人不能清偿的部分承担赔偿责任；
（三）债权人有过错而担保人无过错的，担保人不承担赔偿责任。
主合同无效导致第三人提供的担保合同无效，担保人无过错的，不承担赔偿责任；担保人有过错的，其承担的赔偿责任不应超过债务人不能清偿部分的三分之一。
《民法典合同编通则解释》
第20条 法律、行政法规为限制法人的法定代表人或者非法人组织的负责人的代表权，规定合同所涉事项应当由法人、非法人组织的权力机构或者决策机构决议，或者应当由法人、非法人组织的执行机构决定，法定代表人、负责人未取得授权而以法人、非法人组织的名义订立合同，未尽到合理审查义务的相对人主张该合同对法人、非法人组织发生效力并由其承担违约责任的，人民法院不予支持，但是法人、非法人组织有过错的，可以参照民法典第一百五十七条的规定判决其承担相应的赔偿

修订后《公司法》及解读等	修订前《公司法》及关联规定
	责任。相对人已尽到合理审查义务，构成表见代表的，人民法院应当依据民法典第五百零四条的规定处理。 　　合同所涉事项未超越法律、行政法规规定的法定代表人或者负责人的代表权限，但是超越法人、非法人组织的章程或者权力机构等对代表权的限制，相对人主张该合同对法人、非法人组织发生效力并由其承担违约责任的，人民法院依法予以支持。但是，法人、非法人组织举证证明相对人知道或者应当知道该限制的除外。 　　法人、非法人组织承担民事责任后，向有过错的法定代表人、负责人追偿因越权代表行为造成的损失的，人民法院依法予以支持。法律、司法解释对法定代表人、负责人的民事责任另有规定的，依照其规定。 《全国法院民商事审判工作会议纪要》 　　17.【违反《公司法》第16条构成越权代表】为防止法定代表人随意代表公司为他人提供担保给公司造成损失，损害中小股东利益，《公司法》第16条对法定代表人的代表权

修订后《公司法》及解读等	修订前《公司法》及关联规定
	进行了限制。根据该条规定，担保行为不是法定代表人所能单独决定的事项，而必须以公司股东（大）会、董事会等公司机关的决议作为授权的基础和来源。法定代表人未经授权擅自为他人提供担保的，构成越权代表，人民法院应当根据《合同法》第50条关于法定代表人越权代表的规定，区分订立合同时债权人是否善意分别认定合同效力：债权人善意的，合同有效；反之，合同无效。 18.【善意的认定】前条所称的善意，是指债权人不知道或者不应当知道法定代表人超越权限订立担保合同。《公司法》第16条对关联担保和非关联担保的决议机关作出了区别规定，相应地，在善意的判断标准上也应当有所区别。一种情形是，为公司股东或者实际控制人提供关联担保，《公司法》第16条明确规定必须由股东（大）会决议，未经股东（大）会决议，构成越权代表。在此情况下，债权人主张担保合同有效，应当提供证据证明其在订立合同时对股东（大）会决议进行了审查，决议

修订后《公司法》及解读等	修订前《公司法》及关联规定
	的表决程序符合《公司法》第16条的规定，即在排除被担保股东表决权的情况下，该项表决由出席会议的其他股东所持表决权的过半数通过，签字人员也符合公司章程的规定。另一种情形是，公司为公司股东或者实际控制人以外的人提供非关联担保，根据《公司法》第16条的规定，此时由公司章程规定是由董事会决议还是股东（大）会决议。无论章程是否对决议机关作出规定，也无论章程规定决议机关为董事会还是股东（大）会，根据《民法总则》第61条第3款关于"法人章程或者法人权力机构对法定代表人代表权的限制，不得对抗善意相对人"的规定，只要债权人能够证明其在订立担保合同时对董事会决议或者股东（大）会决议进行了审查，同意决议的人数及签字人员符合公司章程的规定，就应当认定其构成善意，但公司能够证明债权人明知公司章程对决议机关有明确规定的除外。 债权人对公司机关决议内容的审查一般限于形式审查，只要求尽到必要的注意义务即

修订后《公司法》及解读等	修订前《公司法》及关联规定
	可，标准不宜太过严苛。公司以机关决议系法定代表人伪造或者变造、决议程序违法、签章（名）不实、担保金额超过法定限额等事由抗辩债权人非善意的，人民法院一般不予支持。但是，公司有证据证明债权人明知决议系伪造或者变造的除外。 19.【无须机关决议的例外情况】存在下列情形的，即便债权人知道或者应当知道没有公司机关决议，也应当认定担保合同符合公司的真实意思表示，合同有效： （1）公司是以为他人提供担保为主营业务的担保公司，或者是开展保函业务的银行或者非银行金融机构； （2）公司为其直接或者间接控制的公司开展经营活动向债权人提供担保； （3）公司与主债务人之间存在相互担保等商业合作关系； （4）担保合同系由单独或者共同持有公司三分之二以上有表决权的股东签字同意。 20.【越权担保的民事责任】依据前述3条规定，担保

修订后《公司法》及解读等	修订前《公司法》及关联规定
	合同有效,债权人请求公司承担担保责任的,人民法院依法予以支持;担保合同无效,债权人请求公司承担担保责任的,人民法院不予支持,但可以按照担保法及有关司法解释关于担保无效的规定处理。公司举证证明债权人明知法定代表人超越权限或者机关决议系伪造或者变造,债权人请求公司承担合同无效后的民事责任的,人民法院不予支持。 21.【权利救济】法定代表人的越权担保行为给公司造成损失,公司请求法定代表人承担赔偿责任的,人民法院依法予以支持。公司没有提起诉讼,股东依据《公司法》第151条的规定请求法定代表人承担赔偿责任的,人民法院依法予以支持。 22.【上市公司为他人提供担保】债权人根据上市公司公开披露的关于担保事项已经董事会或者股东大会决议通过的信息订立的担保合同,人民法院应当认定有效。 23.【债务加入准用担保规则】法定代表人以公司名义与债务人约定加入债务并通知

修订后《公司法》及解读等	修订前《公司法》及关联规定
	债权人或者向债权人表示愿意加入债务，该约定的效力问题，参照本纪要关于公司为他人提供担保的有关规则处理。
第十六条　【职工权益保护和职业教育】公司应当保护职工的合法权益，依法与职工签订劳动合同，参加社会保险，加强劳动保护，实现安全生产。 公司应当采用多种形式，加强公司职工的职业教育和岗位培训，提高职工素质。 **解读：**本条是关于职工权益保护和职业教育的规定。公司职工是直接从事生产经营的劳动者，其合法权益应当受到《劳动法》《劳动合同法》《社会保险法》等的保护。公司在生产经营活动的过程中，依法保护职工的合法权益，这是公司作为用人单位的法定义务。保护职工的合法权益，公司首先要依据《劳动合同法》与职工签订劳动合同。劳动合同是劳动者与用人单位确立劳动关系、明确双方权利和义务的协议。其次，要依据《社会保险法》参加社会保险，缴纳社会保险费，使职工在年老、患病、失业、生育、工伤等时获得帮助和补偿。再次，公司需加强劳动保护，为劳动者提供安全、卫生的劳动条件，消除和预防生产经营过程中可能发生事故的危险。最后，公司还应强化职业教育和岗位培训。职工素质对公司的生产经营活动及至	《公司法》（2018年修正） 第17条　公司必须保护职工的合法权益，依法与职工签订劳动合同，参加社会保险，加强劳动保护，实现安全生产。 公司应当采用多种形式，加强公司职工的职业教育和岗位培训，提高职工素质。 《劳动法》 第4条　用人单位应当依法建立和完善规章制度，保障劳动者享有劳动权利和履行劳动义务。 第16条　劳动合同是劳动者与用人单位确立劳动关系、明确双方权利和义务的协议。 建立劳动关系应当订立劳动合同。 第52条　用人单位必须建立、健全劳动安全卫生制度，严格执行国家劳动安全卫生规程和标准，对劳动者进行劳动安全卫生教育，防止劳动过程中的事故，减少职业危害。

修订后《公司法》及解读等	修订前《公司法》及关联规定
公司的长远发展具有重要的影响。随着社会经济的发展，对公司职工素质的要求也越来越高。公司应当采取多种形式，切实加强职工的职业教育和岗位培训，以适应公司发展对职工素质的要求。 **案例参考**：公司与职工签订的社保费随工资发放、由职工以灵活就业人员身份自行缴纳社会保险的协议是否有效？（北京某广告公司宜昌分公司与彭某勇劳动争议案）① 《公司法》规定，公司必须保护职工的合法权益，依法与职工签订劳动合同，参加社会保险。《社会保险法》亦规定，用人单位应当自用工之日起30日内为其职工向社会保险经办机构申请办理社会保险登记。该案中，北京某广告公司宜昌分公司作为彭某勇的用人单位，为彭某勇缴纳社会保险系其法定义务。该公司与彭某勇签订的劳动合同中关于"社保费随工资发放、由彭某勇以社会灵活就业人员身份自行缴纳社会保险"的约定相互矛盾，且关于"社保为甲、乙双方各承担一半"的约定不符合《公司法》《社会保险法》关于社会保险费缴纳的规定。用人单位为其招聘的劳动者办理参加社会保险的手续，并按规定缴纳社会保险费是其法定义务。因此，由于该公司与	第68条 用人单位应当建立职业培训制度，按照国家规定提取和使用职业培训经费，根据本单位实际，有计划地对劳动者进行职业培训。 从事技术工种的劳动者，上岗前必须经过培训。 第72条 社会保险基金按照保险类型确定资金来源，逐步实行社会统筹。用人单位和劳动者必须依法参加社会保险，缴纳社会保险费。 **《劳动合同法》** 第2条 中华人民共和国境内的企业、个体经济组织、民办非企业单位等组织（以下称用人单位）与劳动者建立劳动关系，订立、履行、变更、解除或者终止劳动合同，适用本法。 国家机关、事业单位、社会团体和与其建立劳动关系的劳动者，订立、履行、变更、解除或者终止劳动合同，依照本法执行。 第4条 用人单位应当依法建立和完善劳动规章制度，保障劳动者享有劳动权利、履

---

① 案号：湖北省宜昌市中级人民法院（2019）鄂05民终1574号民事判决书，载中国裁判文书网，最后访问时间：2023年12月17日。

修订后《公司法》及解读等	修订前《公司法》及关联规定
彭某勇之间关于社保费缴纳的约定违反了强制性规定，应为无效。	行劳动义务。 用人单位在制定、修改或者决定有关劳动报酬、工作时间、休息休假、劳动安全卫生、保险福利、职工培训、劳动纪律以及劳动定额管理等直接涉及劳动者切身利益的规章制度或者重大事项时，应当经职工代表大会或者全体职工讨论，提出方案和意见，与工会或者职工代表平等协商确定。 在规章制度和重大事项决定实施过程中，工会或者职工认为不适当的，有权向用人单位提出，通过协商予以修改完善。 用人单位应当将直接涉及劳动者切身利益的规章制度和重大事项决定公示，或者告知劳动者。
第十七条 【工会】公司职工依照《中华人民共和国工会法》组织工会，开展工会活动，维护职工合法权益。公司应当为本公司工会提供必要的活动条件。公司工会代表职工就职工的劳动报酬、工作时间、**休息休假**、**劳动安全卫生和保险福利**等事项依法与公司签订集体合同。 公司依照宪法和有关法律的规定，**建立健全以职工代表大会为基本形式的民主管理制度**，通过职工代表大会或者其他形式，实行民主管理。	《公司法》（2018年修正） 第18条 公司职工依照《中华人民共和国工会法》组织工会，开展工会活动，维护职工合法权益。公司应当为本公司工会提供必要的活动条件。公司工会代表职工就职工的劳动报酬、工作时间、<u>福利、保险和劳动安全卫生</u>等事项依法与公司签订集体合同。 公司依照宪法和有关法律的规定，通过职工代表大会或

修订后《公司法》及解读等	修订前《公司法》及关联规定
公司研究决定改制、**解散**、**申请破产**以及经营方面的重大问题、制定重要的规章制度时,应当听取公司工会的意见,并通过职工代表大会或者其他形式听取职工的意见和建议。 　　**解读：**本条是关于公司工会及其民主管理的规定。为本公司工会的活动提供必要条件,这是公司的义务,具体包括:为工会办公和开展活动提供必要设施和场所等物质条件;按规定向工会拨交经费;不侵占、挪用和任意调拨工会的财产、经费和国家拨给工会使用的不动产;确保工会工作人员的工资、奖励、补贴、休息休假、劳动保险和其他福利待遇等得到安排。关于工会的职责(权利义务),《工会法》《劳动法》《劳动合同法》已作出具体规定,不再赘述。值得注意的是,本条较原规定,将"休息休假"明确规定为签订集体劳动合同时必须写入的事项,以适应新时代劳动者合法权益保护的需要,有力地保障劳动者休息休假这一法定权利。同时,第2款增加"建立健全以职工代表大会为基本形式的民主管理制度"这一表述,明确了职工代表大会的重要性与基本性。此外需注意,本条第3款关于公司在作出重大决策时要听取工会和公司职工的意见和建议的规定。在"改制"之外,另增加列举"解散""申请破产"情形,更有助于职工权益保护的确定性。实际上,	者其他形式,实行民主管理。 　　公司研究决定改制以及经营方面的重大问题、制定重要的规章制度时,应当听取公司工会的意见,并通过职工代表大会或者其他形式听取职工的意见和建议。 　　**《工会法》** 　　**第3条**　在中国境内的企业、事业单位、机关、社会组织(以下统称用人单位)中以工资收入为主要生活来源的劳动者,不分民族、种族、性别、职业、宗教信仰、教育程度,都有依法参加和组织工会的权利。任何组织和个人不得阻挠和限制。 　　工会适应企业组织形式、职工队伍结构、劳动关系、就业形态等方面的发展变化,依法维护劳动者参加和组织工会的权利。 　　**第6条**　维护职工合法权益、竭诚服务职工群众是工会的基本职责。工会在维护全国人民总体利益的同时,代表和维护职工的合法权益。 　　工会通过平等协商和集体合同制度等,推动健全劳动关系协调机制,维护职工劳动权益,

修订后《公司法》及解读等	修订前《公司法》及关联规定
所谓"重大问题"包括公司改制、重组或经营目标、投资计划、兼并破产、利润分配、合并分立等情形。这些重大问题都直接关系到公司的存在和发展,对公司及其职工利益均有着巨大影响。	构建和谐劳动关系。 　　工会依照法律规定通过职工代表大会或者其他形式,组织职工参与本单位的民主选举、民主协商、民主决策、民主管理和民主监督。 　　工会建立联系广泛、服务职工的工会工作体系,密切联系职工,听取和反映职工的意见和要求,关心职工的生活,帮助职工解决困难,全心全意为职工服务。 　　**第20条**　企业、事业单位、社会组织违反职工代表大会制度和其他民主管理制度,工会有权要求纠正,保障职工依法行使民主管理的权利。 　　法律、法规规定应当提交职工大会或者职工代表大会审议、通过、决定的事项,企业、事业单位、社会组织应当依法办理。 　　**第21条**　工会帮助、指导职工与企业、实行企业化管理的事业单位、社会组织签订劳动合同。 　　工会代表职工与企业、实行企业化管理的事业单位、社会组织进行平等协商,依法签订集体合同。集体合同草案应

修订后《公司法》及解读等	修订前《公司法》及关联规定
	当提交职工代表大会或者全体职工讨论通过。 工会签订集体合同，上级工会应当给予支持和帮助。 企业、事业单位、社会组织违反集体合同，侵犯职工劳动权益的，工会可以依法要求企业、事业单位、社会组织予以改正并承担责任；因履行集体合同发生争议，经协商解决不成的，工会可以向劳动争议仲裁机构提请仲裁，仲裁机构不予受理或者对仲裁裁决不服的，可以向人民法院提起诉讼。 **第22条** 企业、事业单位、社会组织处分职工，工会认为不适当的，有权提出意见。 用人单位单方面解除职工劳动合同时，应当事先将理由通知工会，工会认为用人单位违反法律、法规和有关合同，要求重新研究处理时，用人单位应当研究工会的意见，并将处理结果书面通知工会。 职工认为用人单位侵犯其劳动权益而申请劳动争议仲裁或者向人民法院提起诉讼的，工会应当给予支持和帮助。

修订后《公司法》及解读等	修订前《公司法》及关联规定
	第23条 企业、事业单位、社会组织违反劳动法律法规规定，有下列侵犯职工劳动权益情形，工会应当代表职工与企业、事业单位、社会组织交涉，要求企业、事业单位、社会组织采取措施予以改正；企业、事业单位、社会组织应当予以研究处理，并向工会作出答复；企业、事业单位、社会组织拒不改正的，工会可以提请当地人民政府依法作出处理： （一）克扣、拖欠职工工资的； （二）不提供劳动安全卫生条件的； （三）随意延长劳动时间的； （四）侵犯女职工和未成年工特殊权益的； （五）其他严重侵犯职工劳动权益的。 **第31条** 工会协助用人单位办好职工集体福利事业，做好工资、劳动安全卫生和社会保险工作。 **第43条** 工会经费的来源： （一）工会会员缴纳的会费；

修订后《公司法》及解读等	修订前《公司法》及关联规定
	（二）建立工会组织的用人单位按每月全部职工工资总额的百分之二向工会拨缴的经费；
	（三）工会所属的企业、事业单位上缴的收入；
	（四）人民政府的补助；
	（五）其他收入。
	前款第二项规定的企业、事业单位、社会组织拨缴的经费在税前列支。
	工会经费主要用于为职工服务和工会活动。经费使用的具体办法由中华全国总工会制定。
	第44条 企业、事业单位、社会组织无正当理由拖延或者拒不拨缴工会经费，基层工会或者上级工会可以向当地人民法院申请支付令；拒不执行支付令的，工会可以依法申请人民法院强制执行。
	《劳动法》
	第7条 劳动者有权依法参加和组织工会。
	工会代表和维护劳动者的合法权益，依法独立自主地开展活动。
	第27条 用人单位濒临破产进行法定整顿期间或者生产经营状况发生严重困难，确需裁减人员的，应当提前三十

修订后《公司法》及解读等	修订前《公司法》及关联规定
	日向工会或者全体职工说明情况，听取工会或者职工的意见，经向劳动行政部门报告后，可以裁减人员。

用人单位依据本条规定裁减人员，在六个月内录用人员的，应当优先录用被裁减的人员。

第30条　用人单位解除劳动合同，工会认为不适当的，有权提出意见。如果用人单位违反法律、法规或者劳动合同，工会有权要求重新处理；劳动者申请仲裁或者提起诉讼的，工会应当依法给予支持和帮助。

第33条　企业职工一方与企业可以就劳动报酬、工作时间、休息休假、劳动安全卫生、保险福利等事项，签订集体合同。集体合同草案应当提交职工代表大会或者全体职工讨论通过。

集体合同由工会代表职工与企业签订；没有建立工会的企业，由职工推举的代表与企业签订。

第41条　用人单位由于生产经营需要，经与工会和劳动者协商后可以延长工作时间， |

修订后《公司法》及解读等	修订前《公司法》及关联规定
	一般每日不得超过一小时;因特殊原因需要延长工作时间的,在保障劳动者身体健康的条件下延长工作时间每日不得超过三小时,但是每月不得超过三十六小时。 第80条 在用人单位内,可以设立劳动争议调解委员会。劳动争议调解委员会由职工代表、用人单位代表和工会代表组成。劳动争议调解委员会主任由工会代表担任。 劳动争议经调解达成协议的,当事人应当履行。 第81条 劳动争议仲裁委员会由劳动行政部门代表、同级工会代表、用人单位方面的代表组成。劳动争议仲裁委员会主任由劳动行政部门代表担任。 第88条 各级工会依法维护劳动者的合法权益,对用人单位遵守劳动法律、法规的情况进行监督。 任何组织和个人对于违反劳动法律、法规的行为有权检举和控告。 《劳动合同法》 第4条、第6条、第41条、第43条、第51条、第53条、

修订后《公司法》及解读等	修订前《公司法》及关联规定
	第56条、第77条、第78条，正文略。
第十八条 【党组织】在公司中，根据中国共产党章程的规定，设立中国共产党的组织，开展党的活动。公司应当为党组织的活动提供必要条件。 解读：本条是关于公司设立党组织的规定。为更好地发挥党的组织和党员在公司发展、经济建设中的作用，本条依据《宪法》规定的原则，对公司中中国共产党的组织设立及其活动作了进一步规定。根据《中国共产党章程》规定，企业、农村、机关、学校、科研院所、街道社区、社会组织、人民解放军连队和其他基层单位，凡是有正式党员3人以上的，都应当成立党的基层组织。公司作为企业的一种，有正式党员3人以上的，应根据《中国共产党章程》的规定，设立党的基层组织。公司中党的基层组织发挥政治引领作用，保证和监督党和国家的方针、政策在本公司的贯彻执行；支持公司管理人员依法行使职权；全心全意依靠职工群众，支持职工（代表）大会，开展工作；加强党组织的自身建设，领导思想政治工作和工会、共青团等群众组织。需注意的是，公司中党的基层组织并非公司的组织机构，其并不负责公司的业务执行。	《公司法》(2018年修正) 第19条 在公司中，根据中国共产党章程的规定，设立中国共产党的组织，开展党的活动。公司应当为党组织的活动提供必要条件。

修订后《公司法》及解读等	修订前《公司法》及关联规定
第十九条　【经营活动基本原则】 公司从事经营活动，应当遵守法律法规，遵守社会公德、商业道德，诚实守信，接受政府和社会公众的监督。 　　**解读：**本条是关于公司经营活动基本原则的规定。首先，公司作为社会主体的一类，遵守法律法规是其开展经营活动的前提，也是其最基本、最重要的义务，公司的各项经营活动都必须依法进行。其次，遵守社会公德、商业道德，也是公司从事生产经营活动的重要条件。社会公德，是指社会全体成员都应当自觉遵循和维护的道德规范；商业道德，是指从事商业活动应当自觉遵循和维护的道德规范。再次，公司开展经营活动，也须诚实守信。市场经济既是法治经济，也是信用经济。公司与其他主体交易，势必讲诚实守信用，这是开展经营活动并持续运营下去的必要条件。当然，诚信原则也是《民法典》规定的民事活动基本原则。最后，公司从事经营活动是否遵守法律法规，是否符合社会公德和商业道德，是否恪守诚实信用原则，应自觉接受政府和社会公众的监督。因为监督可促使公司的经营活动更加规范化，更好地维护国家利益、社会公共利益以及公司自身合法权益，维护市场秩序，进而促进公司健康长远发展。需注意，原《公司法》第5条最后规定的"承担社会责任"，在本次修订时未被删除，而	**《公司法》（2018年修正）** 　　**第5条第1款**　公司从事经营活动，必须遵守法律、行政法规，遵守社会公德、商业道德，诚实守信，接受政府和社会公众的监督，承担社会责任。 **《民法典》** 　　**第7条**　民事主体从事民事活动，应当遵循诚信原则，秉持诚实，恪守承诺。 　　**第86条**　营利法人从事经营活动，应当遵守商业道德，维护交易安全，接受政府和社会的监督，承担社会责任。

修订后《公司法》及解读等	修订前《公司法》及关联规定
是被调整到第 20 条。虽然本条并未直接提及社会责任，但其内容仍可以说是公司社会责任的体现。 **案例参考：公司提前取消为前法定代表人保留的电信业务是否构成违约？（李某芝、某公司合同纠纷案）**① 　　李某芝曾为某公司的法定代表人，后因故不再担任法定代表人。其与某公司总经理曾某义签订的《移交协议》第七条约定"公司基本户的使用权归属公司所有，考虑到之前已开票项目还有余款未收，暂时保留李某芝个人短信提醒业务，待收款结束后取消"。该约定是双方真实意思表示，且未违反法律、行政法规的强制性规定，对双方当事人均具有法律约束力，双方应恪守诚实信用原则，充分履行合同义务。保留李某芝的短信通知业务也是李某芝知晓其应收余款的到账情况合法渠道，某公司取消了李某芝在某银行凯里分行营业部 13×××74 账户的短信通知业务违反了《移交协议》的约定，其行为已构成违约。李某芝要求恢复该账户的短信通知业务于法有据，应予以支持。	

---

① 案号：贵州省黔东南苗族侗族自治州中级人民法院（2020）黔 26 民终 4199 号民事判决书，载中国裁判文书网，最后访问时间：2023 年 12 月 17 日。

修订后《公司法》及解读等	修订前《公司法》及关联规定
第二十条 【公司社会责任】公司从事经营活动,应当充分考虑公司职工、消费者等利益相关者的利益以及生态环境保护等社会公共利益,承担社会责任。 国家鼓励公司参与社会公益活动,公布社会责任报告。 **解读**:本条是关于公司社会责任的规定。除"承担社会责任"内容外,本条其他内容均属新增。实际上,《民法总则》第86条(同《民法典》第86条)便已将"社会责任"提升到《民法典》总则地位。基于贯彻党的十八届四中全会决定有关要求,加强公司社会责任建设以进一步强化公司社会责任,本条明确了各类公司的社会责任和履行社会义务方面的内在要求。相较于以往《公司法》有关社会责任的表述内容,此次修订后的条款进一步强化了企业社会责任建设,该条具有以下三大特点:一是首次引入了企业社会责任中核心的"利益相关者"概念,并提出要充分考虑职工、消费者等利益相关方利益;二是社会责任范围扩大,从商业道德、公共利益扩大至包含生态环境保护、公益活动在内的全面责任;三是明确了社会责任信息披露的重要性,鼓励企业发布社会责任报告。需注意,该条第2款的"国家鼓励公司参与社会公益活动,公布社会责任报告",属于鼓励性内容,并非强制性要求。此外,随着人口"老龄化""少子化"	《公司法》(2018年修正) 第5条 公司从事经营活动,……承担社会责任。 《民法典》 第9条 民事主体从事民事活动,应当有利于节约资源、保护生态环境。 第86条 营利法人从事经营活动,应当遵守商业道德,维护交易安全,接受政府和社会的监督,承担社会责任。 第132条 民事主体不得滥用民事权利损害国家利益、社会公共利益或者他人合法权益。

修订后《公司法》及解读等	修订前《公司法》及关联规定
的加剧,国家生育政策作出调整,鼓励生育、鼓励"二胎""三胎"将成为今后一个时期的基本方向。因此,生育友好也将成为公司等用人单位承担社会责任的一个重要方面。 **案例参考**:判断公司应否解散时是否需要充分考量对社会公众利益的影响?(李某针与某盛置业公司、薛某明公司解散纠纷案)① 公司从事经营活动的同时,还应承担社会责任。在判断公司应否解散时,不仅要考虑股东的利益,还要充分考虑到公司解散对社会公众利益的影响。股东权利的行使应当受到公司及股东应承担的社会义务的约束。该案中,某盛置业公司因李某针与薛某明两名股东之间的矛盾,持续两年以上无法召开股东会,无法形成有效的股东会决议,根据《公司法司法解释二》第1条第1款之规定,可认定某盛置业公司的经营管理发生严重困难。但某盛置业公司经营的是房地产项目,涉及众多购房者的利益。其目前经营的某项目又因历史原因存在特殊性。该项目起初系违法建筑,已向社会公众出售了568套住宅,仅留110套住宅未出售,出于妥善解决历史遗留问题、维护社会稳定的角度考虑,某市政府保	

---

① 最高人民法院应用法学研究所编:《人民法院案例选》(2016年第3辑·总第97辑),人民法院出版社2016年版,第213页。

修订后《公司法》及解读等	修订前《公司法》及关联规定
留了该项目。政府部门在土地招拍挂公告中明确说明了项目出售的情况,明确了项目竞得人应妥善处理原购房户问题,以免引起新的社会问题。某盛置业公司在清楚了解涉案项目的历史状况后仍参与竞拍,即应承担起向568户原购房者交付建成房屋并完善相关手续的社会义务。目前某盛置业公司经营的房地产项目主体均已建成,预售许可证业已办理完毕,现正对外销售,处于投资收益回收阶段。若此时公司解散,公司清算组势必无法履行公司应承担的后续施工及办理房产证等义务,进而影响项目的正常进展,阻却众多购房户的合法利益的实现,造成新的大规模上访,影响社会稳定。在股东的个人利益与社会公众利益发生冲突时,再审法院认为应优先保护社会公众的利益,因此驳回李某针要求解散公司的再审请求。	
第二十一条　【股东权利不得滥用】 公司股东应当遵守法律、行政法规和公司章程,依法行使股东权利,不得滥用股东权利损害公司或者其他股东的利益。 　　公司股东滥用股东权利给公司或者其他股东造成损失的,应当承担赔偿责任。 　　**解读**:本条是关于股东权利不得滥用的规定。本条与下一条禁止关联交易的规定系"法人人格否认"在《公司法》层面的具体体现。本条侧重于规定股东滥用权利对公司、其他股东承担的内部损害	《公司法》(2018年修正) 　　**第20条第1款、第2款** 　　公司股东应当遵守法律、行政法规和公司章程,依法行使股东权利,不得滥用股东权利损害公司或者其他股东的利益…… 　　公司股东滥用股东权利给公司或者其他股东造成损失的,应当<u>依法</u>承担赔偿责任。

修订后《公司法》及解读等	修订前《公司法》及关联规定
赔偿责任。基于法人制度及其独立的人格属性，股东（成员）与其所设立的公司（法人）之间实现了财产归属与责任、风险承担上的切割。股东为了共同的事业成立公司，并享有股东有限责任和法人独立责任等法律制度优惠以降低风险，其在享受权利的同时，应依法和依章程正当行使权利，这是其基本义务。股东正当行使权利，不仅是权利不得滥用原则的要求，也是权利、义务平等原则的要求。股东在行使权利时，不得滥用权利损害公司和其他股东的利益，所保护的法益，是公司的内部关系中相关当事方的合法权益。对此可以从两个方面加以把握：一是实体方面，股东行使权利不得超越法律规定的边界；二是程序方面，股东权利的行使要遵守法律规定的程序。根据本条的规定，只要能够认定股东的行为属于滥用权利损害公司利益或其他股东利益，相关的法律行为、决议行为应属无效，而由此给公司和其他股东造成损失的，滥用权利的出资人应承担赔偿责任。	《民法典》 第83条第1款　营利法人的出资人不得滥用出资人权利损害法人或者其他出资人的利益；滥用出资人权利造成法人或者其他出资人损失的，应当依法承担民事责任。
第二十二条　【禁止关联交易】公司的控股股东、实际控制人、董事、监事、高级管理人员不得利用关联关系损害公司利益。 　　违反前款规定，给公司造成损失的，应当承担赔偿责任。 　　**解读：**本条是关于禁止关联交易的规定。关联交易，一般是指具有投资关系	《公司法》（2018年修正） 第21条　公司的控股股东、实际控制人、董事、监事、高级管理人员不得利用其关联关系损害公司利益。 　　违反前款规定，给公司造成损失的，应当承担赔偿责任。

修订后《公司法》及解读等	修订前《公司法》及关联规定
或合同关系的不同主体之间所进行的交易，又称为关联方交易。关联交易本身是一种中性的经济行为。但实践中常有控制法人利用与从属法人的关联关系和控制地位，迫使从属法人与自己或其他关联方从事不利益的交易，损害从属法人和其他出资人利益。公司关联关系的类型主要有：1. 依据投资行为形成的关联关系。典型如母、子公司，除了母公司对子公司的直接控制外，还存在母公司对孙公司等的间接控制。2. 依据企业管理活动形成的关联关系。即公司董事、监事、经理等也可能因为管理权而与其他公司形成关联关系。3. 依据支配合同形成的关联关系。公司之间如签订承包经营合同、租赁经营合同、顾问管理合同、托管经营合同或企业集团加入合同等，也可以形成关联关系。4. 因家庭成员或特定关联人之间的密切关系而形成的关联关系。我国法律并没有禁止关联交易，而是要求关联交易不得损害公司利益。在程序上，《公司法》对某些会存在非公平关联交易的情况作出严格规定。从公司诉讼的角度看，《公司法司法解释五》第1条第1款以原《公司法》第21条为依据，明确规定在原告能够证明关联交易实际侵害公司利益的情况下，即使关联交易经过了正当程序，如信息披露、股东会或者其他章程规定的程序，不免除被告对关联交易损害责任的承担。该	**《民法典》** **第84条** 营利法人的控股出资人、实际控制人、董事、监事、高级管理人员不得利用其关联关系损害法人的利益；利用关联关系造成法人损失的，应当承担赔偿责任。 **《公司法司法解释五》** **第1条** 关联交易损害公司利益，原告公司依据民法典第八十四条、公司法第二十一条规定请求控股股东、实际控制人、董事、监事、高级管理人员赔偿所造成的损失，被告仅以该交易已经履行了信息披露、经股东会或者股东大会同意等法律、行政法规或者公司章程规定的程序为由抗辩的，人民法院不予支持。 公司没有提起诉讼的，符合公司法第一百五十一条第一款规定条件的股东，可以依据公司法第一百五十一条第二款、第三款规定向人民法院提起诉讼。 **第2条** 关联交易合同存在无效、可撤销或者对公司不发生效力的情形，公司没有起诉合同相对方的，符合公司法第一百五十一条第一款规定条

修订后《公司法》及解读等	修订前《公司法》及关联规定
解释旨在要求法院对关联交易行为进行实质性审查，回应了关联交易损害纠纷诉讼中，被告方仅以正当程序作为抗辩理由所产生的问题。但在我国现行法律及监管规则之下，不正当关联交易损害赔偿责任的主体及构成要件、程序抗辩对损害赔偿责任的影响以及如何界定关联交易损害责任的形式和赔偿范围等方面仍不尽完善，对中小股东的权利救济仍有不足。 **案例参考：** 控股股东将公司本身即可完成的业务以公司名义交由与该股东有关联关系的公司经营，能否认定属利用关联关系损害公司利益的情形？（杨某军、某物流公司损害公司利益责任纠纷案）① 公司的控股股东、实际控制人不得利用关联关系损害公司利益。该案中，某物流公司为某公司的控股股东，中某物流公司、中某外服公司与某物流公司之间存在关联关系。某公司作为 B 铁路专用线的产权人，其有权决定是否允许他人在该专用线上从事货运代理，并且其自身有资格、有能力在该专用线上从事国内货物运输代理业务，但控股股东某物流公司滥用控股股东地位，将该业务交由与其具有关联关系的公司经营，并且对此不能做出合理的解释，篡夺属于	件的股东，可以依据公司法第一百五十一条第二款、第三款规定向人民法院提起诉讼。 **《民法典合同编通则解释》** **第23条** 法定代表人、负责人或者代理人与相对人恶意串通，以法人、非法人组织的名义订立合同，损害法人、非法人组织的合法权益，法人、非法人组织主张不承担民事责任的，人民法院应予支持。法人、非法人组织请求法定代表人、负责人或者代理人与相对人对因此受到的损失承担连带赔偿责任的，人民法院应予支持。 根据法人、非法人组织的举证，综合考虑当事人之间的交易习惯、合同在订立时是否显失公平、相关人员是否获取了不正当利益、合同的履行情况等因素，人民法院能够认定法定代表人、负责人或者代理人与相对人存在恶意串通的高度可能性的，可以要求前述人员就合同订立、履行的过程等相关事实作出陈述或者提供相应的证据。其无正当理由拒绝

---

① 案号：最高人民法院（2019）最高法民终350号民事判决书，载中国裁判文书网，最后访问时间：2023年12月15日。

修订后《公司法》及解读等	修订前《公司法》及关联规定
某公司的商业机会，违反同业禁止的义务，损害了某公司的利益。根据《公司法》的规定，某物流公司在此范围内应当对某公司在B铁路专用线损失的代理费承担赔偿责任。	作出陈述，或者所作陈述不具合理性又不能提供相应证据的，人民法院可以认定恶意串通的事实成立。
第二十三条　【公司人格否认】公司股东滥用公司法人独立地位和股东有限责任，逃避债务，严重损害公司债权人利益的，应当对公司债务承担连带责任。 **股东利用其控制的两个以上公司实施前款规定行为的，各公司应当对任一公司的债务承担连带责任。** 只有一个股东的公司，股东不能证明公司财产独立于股东自己的财产的，应当对公司债务承担连带责任。 **解读**：本条是对公司人格否认（刺破公司面纱）制度进一步完善的规定。不同于前条，本条侧重于规制股东滥用独立人格与有限责任损害外部债权人利益时所应承担的责任。对债权人而言，公司的独立财产是其债权实现的一般担保。公司在经营活动中，与债权人独立地发生债权、债务关系，承担由此产生的民事责任。但在实际经济生活中，许多股东在出资后，并不遵循法律规定的权力分工的治理结构，而是通过各种途径控制着其所出资的公司，赚取高额利润或逃避债务，常擅自挪用公司的财产或与自己的财产、账目、业务混同。有的股东	《公司法》（2018年修正） **第20条第3款**　公司股东滥用公司法人独立地位和股东有限责任，逃避债务，严重损害公司债权人利益的，应当对公司债务承担连带责任。 **第63条**　<u>一人有限责任公司的股东</u>不能证明公司财产独立于股东自己的财产的，应当对公司债务承担连带责任。 《民法典》 **第83条第2款**　营利法人的出资人不得滥用法人独立地位和出资人有限责任损害法人债权人的利益；滥用法人独立地位和出资人有限责任，逃避债务，严重损害法人债权人的利益的，应当对法人债务承担连带责任。 《全国法院民商事审判工作会议纪要》 **11.【过度支配与控制】**公司控制股东对公司过度支配与控制，操纵公司的决策过程，使公司完全丧失独立性，沦为控制股东的工具或躯壳，严重

修订后《公司法》及解读等	修订前《公司法》及关联规定
为达到非法目的，设立一个空壳企业从事违法活动，实际控制该公司，但又以有限责任为掩护逃避责任，公司此时已失去了独立地位。同时，股东利用上述方式逃避其应承担的责任，滥用了有限责任制度，债权人将面临极大的交易风险。为此，《公司法》创制了法人人格否认的制度，即当符合法定条件，认定出资人滥用法人独立地位和有限责任时，可以"揭开公司的面纱"，将股东和公司视为一体，追究二者共同的法律责任。根据本条规定，股东滥用公司法人独立地位和股东有限责任逃避债务，严重损害债权人利益的，应对公司债务承担连带责任。值得注意的是，本条另在吸收《全国法院民商事审判工作会议纪要》第11条相关规定的基础上，增加了第2款的规定，即当股东作为同一控制人控制多家公司时，发生滥用公司法人独立地位逃避债务严重侵害债权人利益的行为时，该股东及其控制的公司均需对债务承担连带责任。如此规定，在于适应公司设立较为容易、股权交叉关系多样、利益输送隐蔽、清查难度较大等情形。另就一人公司而言，由于一人公司由一人持有少许股权即可，非常容易规避，而由此引发司法实践中如何认定实质为一人公司的问题，无疑徒增司法难点。本书后面章节中将单独介绍，此处不再阐述。 案例参考：能否以股东低价转让公司	损害公司债权人利益，应当否认公司人格，由滥用控制权的股东对公司债务承担连带责任。实践中常见的情形包括： （1）母子公司之间或者子公司之间进行利益输送的； （2）母子公司或者子公司之间进行交易，收益归一方，损失却由另一方承担的； （3）先从原公司抽走资金，然后再成立经营目的相同或者类似的公司，逃避原公司债务的； （4）先解散公司，再以原公司场所、设备、人员及相同或者相似的经营目的另设公司，逃避原公司债务的； （5）过度支配与控制的其他情形。 控制股东或实际控制人控制多个子公司或者关联公司，滥用控制权使多个子公司或者关联公司财产边界不清、财务混同，利益相互输送，丧失人格独立性，沦为控制股东逃避债务、非法经营，甚至违法犯罪工具的，可以综合案件事实，否认子公司或者关联公司法人人格，判令承担连带责任。

修订后《公司法》及解读等	修订前《公司法》及关联规定
股权而要求其对公司债务承担连带清偿责任？（亿某信公司与某钢铁公司损害公司利益责任纠纷案）① 股东以极低价格转让公司股权是否属于《公司法》规定的滥用公司法人独立人格和股东有限责任、损害债权人利益的行为，应从公司人格与股东人格是否混同、股权转让行为是否造成公司责任财产的不当减少从而降低公司对外偿债能力、损害债权人利益等方面进行分析判断。公司法人人格独立建立在财产独立的基础之上，是否贯彻财产、利益、业务、组织机构等方面的分离，是判断是否构成人格混同的标准。股东转让股权是股东对自有权利的处分，影响的是股东自身的财产权益，对公司财产和其对外偿债能力并不产生直接影响，且股权转让价格的高低在一定程度上反映的是公司经营状况，故股东不因低价转让公司股权而对公司债务承担连带清偿责任。	
第二十四条　【电子方式会议及表决】公司股东会、董事会、监事会召开会议和表决可以采用电子通信方式，公司章程另有规定的除外。 解读：本条是关于会议召开与表决可采电子方式的规定。本条虽属新增内容，但很多公司在实践中早已开始采用这	

---

① 杜万华主编、最高人民法院民事审判第一庭编：《民事审判指导与参考》（2017年第2辑·总第70辑），人民法院出版社2017年版，第103页。

修订后《公司法》及解读等	修订前《公司法》及关联规定
种模式，采用电子通信方式召开股东会、董事会成本低、效率高。本次公司法修订，明确公司可以按照公司章程的规定通过电子通信方式召开股东会、董事会，并进行表决，以适应信息化时代需要，是提高效率、降低成本的必要之举。需注意，本条所谓的"电子通信方式"并非仅指电子邮件、电视电话等传统电子通信方式，近年来出现的用于在线视频通讯的"腾讯会议""钉钉""微信通话"等也属其中。此外，本条进一步强调了公司的自治性，允许公司通过公司章程决定是否采用电子通信的召开方式，这是时代的进步使然，也是《公司法》充分保障当事人的意思自治与自主经营权的体现。	
第二十五条 【决议无效】公司股东会、董事会的决议内容违反法律、行政法规的无效。 解读：本条是关于公司决议无效的规定。首先，本条针对的是公司决议内容方面，而非作出决议的程序方面，程序方面违法或存在瑕疵的，《公司法》后面作了规定。其次，本条中的决议的作出主体为公司的股东会和董事会，其他主体作出的不在此限。股东会作为公司的权力机构，应当依法行使职权，而其行使职权的形式，就是对相关事项作出决议。董事会是公司的执行机构，享有特定职权，其应当依法行使职权，作出的决议也必须符合法律、行政法规的规定。	《公司法》（2018年修正） 第22条第1款 公司股东会或者股东大会、董事会的决议内容违反法律、行政法规的无效。 《民法典》 第153条 违反法律、行政法规的强制性规定的民事法律行为无效。但是，该强制性规定不导致该民事法律行为无效的除外。 违背公序良俗的民事法律行为无效。 《公司法司法解释四》 第1条 公司股东、董事、

修订后《公司法》及解读等	修订前《公司法》及关联规定
若股东会、董事会作出的决议内容违反法律、行政法规的规定，应当无效。最后，本条规定违反的文件为法律、行政法规，而不包括公司章程。所谓的"违反法律、行政法规的"，解释上应为"法律、行政法规的强制性规定"，以与《民法典》第153条的规定保持一致。但关于"强制性规定"是否必然导致无效的判断，则是司法实践中的一大难点。某些强制性规定尽管要求主体不得违反，但其并不导致民事法律行为无效。学理上常认为可按照"效力性强制性规定"与"管理性强制性规定"进行区分，但在具体判断效力时，也很难凭一个简单的标准加以认定，仍需综合认定某一强制性规定究竟是属于《民法典》第153条前半部分所谓的效力性规定，还是属于其后半部分所谓的"但书"规定。《民法典合同编通则解释》并未沿用"效力性强制性规定"的说法，而是创造性采用对《民法典》第153条第1款中的"强制性规定"进一步解释与明确的方式，就实践中违反强制性规定是否造成合同无效的后果作了较为明确的规定，非常值得关注，这也是《民法典合同编通则解释》中的一大创新之处。 案例参考：股东会在公司存续期间分配公司财产（非公司利润）的决议是否有效？（黄某高与何某贤债权人代位权	监事等请求确认股东会或者股东大会、董事会决议无效或者不成立的，人民法院应当依法予以受理。 **第3条** 原告请求确认股东会或者股东大会、董事会决议不成立、无效或者撤销决议的案件，应当列公司为被告。对决议涉及的其他利害关系人，可以依法列为第三人。 一审法庭辩论终结前，其他有原告资格的人以相同的诉讼请求申请参加前款规定诉讼的，可以列为共同原告。 **第6条** 股东会或者股东大会、董事会决议被人民法院判决确认无效或者撤销的，公司依据该决议与善意相对人形成的民事法律关系不受影响。 **《民法典合同编通则解释》** **第16条** 合同违反法律、行政法规的强制性规定，有下列情形之一，由行为人承担行政责任或者刑事责任能够实现强制性规定的立法目的的，人民法院可以依据民法典第一百五十三条第一款关于"该强制性规定不导致该民事法律行为无效的除外"的规定认定该合

修订后《公司法》及解读等	修订前《公司法》及关联规定
纠纷案)① 公司是企业法人，有独立的法人财产，享有法人财产权。在公司存续期间，公司股东根据《公司法》第4条规定依法享有的资产收益权，主要是对公司利润的分配权。《公司法》第37条规定，股东会的职权包括审议批准公司的利润分配方案和弥补亏损方案，并未规定股东会可以决议分配公司财产。该案中，案涉股东会决议通过的股权转让款分配方案分配的并不是公司的利润，而是公司财产收入，违反了《公司法》的规定，且有可能损害公司及公司债权人的合法权益；应为无效。	同不因违反强制性规定无效： （一）强制性规定虽然旨在维护社会公共秩序，但是合同的实际履行对社会公共秩序造成的影响显著轻微，认定合同无效将导致案件处理结果有失公平公正； （二）强制性规定旨在维护政府的税收、土地出让金等国家利益或者其他民事主体的合法利益而非合同当事人的民事权益，认定合同有效不会影响该规范目的的实现； （三）强制性规定旨在要求当事人一方加强风险控制、内部管理等，对方无能力或者无义务审查合同是否违反强制性规定，认定合同无效将使其承担不利后果； （四）当事人一方虽然在订立合同时违反强制性规定，但是在合同订立后其已经具备补正违反强制性规定的条件却违背诚信原则不予补正； （五）法律、司法解释规定的其他情形。 法律、行政法规的强制性规定旨在规制合同订立后的履

① 案号：最高人民法院（2020）最高法民申1229号民事裁定书，载中国裁判文书网，最后访问时间：2023年12月16日。

修订后《公司法》及解读等	修订前《公司法》及关联规定
	行行为,当事人以合同违反强制性规定为由请求认定合同无效的,人民法院不予支持。但是,合同履行必然导致违反强制性规定或者法律、司法解释另有规定的除外。 依据前两款认定合同有效,但是当事人的违法行为未经处理的,人民法院应当向有关行政管理部门提出司法建议。当事人的行为涉嫌犯罪的,应当将案件线索移送刑事侦查机关;属于刑事自诉案件的,应当告知当事人可以向有管辖权的人民法院另行提起诉讼。 **第17条** 合同虽然不违反法律、行政法规的强制性规定,但是有下列情形之一,人民法院应当依据民法典第一百五十三条第二款的规定认定合同无效: (一)合同影响政治安全、经济安全、军事安全等国家安全的; (二)合同影响社会稳定、公平竞争秩序或者损害社会公共利益等违背社会公共秩序的; (三)合同背离社会公德、家庭伦理或者有损人格尊严等违背善良风俗的。

修订后《公司法》及解读等	修订前《公司法》及关联规定
	人民法院在认定合同是否违背公序良俗时，应当以社会主义核心价值观为导向，综合考虑当事人的主观动机和交易目的、政府部门的监管强度、一定期限内当事人从事类似交易的频次、行为的社会后果等因素，并在裁判文书中充分说理。当事人确因生活需要进行交易，未给社会公共秩序造成重大影响，且不影响国家安全，也不违背善良风俗的，人民法院不应当认定合同无效。
第二十六条 【决议撤销】公司股东会、董事会的会议召集程序、表决方式违反法律、行政法规或者公司章程，或者决议内容违反公司章程的，股东自决议作出之日起六十日内，可以请求人民法院撤销。但是，股东会、董事会的会议召集程序或者表决方式仅有轻微瑕疵，对决议未产生实质影响的除外。 未被通知参加股东会会议的股东自知道或者应当知道股东会决议作出之日起六十日内，可以请求人民法院撤销；自决议作出之日起一年内没有行使撤销权的，撤销权消灭。 解读：本条是关于公司决议撤销的规定。本条规定的决议可撤销与决议无效情形的不同：一是针对情形不同。决议无效针对的是决议内容违反法律、行政	《公司法》（2018年修正） **第22条第2款、第3款、第4款** 股东会或者股东大会、董事会的会议召集程序、表决方式违反法律、行政法规或者公司章程，或者决议内容违反公司章程的，股东可以自决议作出之日起六十日内，请求人民法院撤销。 <s>股东依照前款规定提起诉讼的，人民法院可以应公司的请求，要求股东提供相应担保。</s> 公司根据股东会或者股东大会、董事会决议已办理变更登记的，人民法院宣告该决议无效或者撤销该决议后，公司应当向公司登记机关申请撤销变更登记。

修订后《公司法》及解读等	修订前《公司法》及关联规定
法规；而决议可撤销则是针对决议程序违反法律、行政法规或者决议内容违反公司章程。值得注意的是，按照本条第1款的规定，对已被通知参加股东会的股东而言，召集程序或表决方式仅有轻微瑕疵，对决议未产生实质影响的，则不应予以撤销。二是认定方式不同。决议内容违法，自然归于无效，不需认定。而可撤销的决议，需要相关主体提起请求。没有请求，法院也不会主动撤销。三是诉讼期间不同。对于无效决议的诉讼，《公司法》没有明确规定期间；而可撤销决议的诉讼，本条则规定自决议作出之日起60日内请求法院撤销。超出的，该决议将不能被撤销。由于时间较短，为更好地保护股东尤其是未参加股东会股东的合法权益，本条第2款专门规定了"未被通知参加股东会会议的股东自知道或者应当知道股东会决议作出之日起六十日内，可以请求人民法院撤销"的内容。公司决议撤销之诉的审查范围，主要包括会议召集程序、表决方式是否违反法律、行政法规或者公司章程，以及决议内容是否违反公司章程。在未违反上述内容的前提下，决议的具体内容不属于司法审查的范围。此外，增加的本条第2款明确了未被通知的股东提起撤销权之诉一年的"客观期间"。一般而言，撤销权的消灭时间主要采取"主观期间"的标准，即知道或者应当知道	《民法典》 第85条　营利法人的权力机构、执行机构作出决议的会议召集程序、表决方式违反法律、行政法规、法人章程，或者决议内容违反法人章程的，营利法人的出资人可以请求人民法院撤销该决议。但是，营利法人依据该决议与善意相对人形成的民事法律关系不受影响。 第152条　有下列情形之一的，撤销权消灭： （一）当事人自知道或者应当知道撤销事由之日起一年内、重大误解的当事人自知道或者应当知道撤销事由之日起九十日内没有行使撤销权； （二）当事人受胁迫，自胁迫行为终止之日起一年内没有行使撤销权； （三）当事人知道撤销事由后明确表示或者以自己的行为表明放弃撤销权。 当事人自民事法律行为发生之日起五年内没有行使撤销权的，撤销权消灭。 《公司法司法解释四》 第2条　依据民法典第八十五条、公司法第二十二条第

修订后《公司法》及解读等	修订前《公司法》及关联规定
撤销事由开始计算撤销权消灭的时间，但主观期间有可能影响交易关系的稳定。为此，规定了一个"客观期间"，即当事人自民事法律行为发生之日起1年内没有行使撤销权的，撤销权消灭。 **案例参考**：在未违反相关规定的前提下，解聘总经理职务的决议所依据的事实及理由是否属于公司决议撤销之诉的审查范围？（李某军诉某环保科技公司公司决议撤销纠纷案）① 董事会决议可撤销的事由包括：1. 召集程序违反法律、行政法规或公司章程；2. 表决方式违反法律、行政法规或公司章程；3. 决议内容违反公司章程。就该案而言，从召集程序看，某环保科技公司于2009年7月18日召开的董事会由董事长葛某乐召集，三位董事均出席董事会，该次董事会的召集程序未违反法律、行政法规或公司章程的规定。从表决方式看，根据某环保科技公司章程规定，对所议事项作出的决定应由占全体股东2/3以上的董事表决通过方才有效，上述董事会决议由三位股东（兼董事）中的两名表决通过，故在表决方式上未违反法律、行政法规或公司章程的规定。从决议内容看，某环保科技公司章程规定董事会有权解聘公司经理，董事会决议内容中"总经理李某军不经董事会	二款请求撤销股东会或者股东大会、董事会决议的原告，应当在起诉时具有公司股东资格。 **第3条** 原告请求确认股东会或者股东大会、董事会决议不成立、无效或者撤销决议的案件，应当列公司为被告。对决议涉及的其他利害关系人，可以依法列为第三人。 一审法庭辩论终结前，其他有原告资格的人以相同的诉讼请求申请参加前款规定诉讼的，可以列为共同原告。 **第4条** 股东请求撤销股东会或者股东大会、董事会决议，符合民法典第八十五条、公司法第二十二条第二款规定的，人民法院应当予以支持，但会议召集程序或者表决方式仅有轻微瑕疵，且对决议未产生实质影响的，人民法院不予支持。 **第6条** 股东会或者股东大会、董事会决议被人民法院判决确认无效或者撤销的，公司依据该决议与善意相对人形成的民事法律关系不受影响。

---

① 最高人民法院指导案例第10号。

修订后《公司法》及解读等	修订前《公司法》及关联规定
同意私自动用公司资金在二级市场炒股,造成巨大损失"的陈述,仅是董事会解聘李某军总经理职务的原因,而其决议内容本身并不违反公司章程。董事会决议解聘李某军总经理职务的原因如果不存在,并不导致董事会决议撤销。首先,《公司法》尊重公司自治,公司内部法律关系原则上由公司自治机制调整,司法机关原则上不介入公司内部事务;其次,某环保科技公司的章程中未对董事会解聘公司经理的职权作出限制,并未规定董事会解聘公司经理必须要有一定原因,该章程内容未违反《公司法》的强制性规定,应认定有效,因此,某环保科技公司董事会可以行使公司章程赋予的权力作出解聘公司经理的决定。故法院应当尊重公司自治,无须审查某环保科技公司董事会解聘公司经理的原因是否存在,即无须审查决议所依据的事实是否属实、理由是否成立。	**《公司法司法解释一》** **第3条** 原告以公司法第二十二条第二款、第七十四条第二款规定事由,向人民法院提起诉讼时,超过公司法规定期限的,人民法院不予受理。
第二十七条 【决议不成立】 有下列情形之一的,公司股东会、董事会的决议不成立: (一)未召开股东会、董事会会议作出决议; (二)股东会、董事会会议未对决议事项进行表决; (三)出席会议的人数或者所持表决权数未达到本法或者公司章程规定的人数或者所持表决权数;	**《民法典》** **第134条** 民事法律行为可以基于双方或者多方的意思表示一致成立,也可以基于单方的意思表示成立。 法人、非法人组织依照法律或者章程规定的议事方式和表决程序作出决议的,该决议行为成立。

修订后《公司法》及解读等	修订前《公司法》及关联规定
（四）同意决议事项的人数或者所持表决权数未达到本法或者公司章程规定的人数或者所持表决权数。 **解读：** 本条是关于公司决议不成立的规定。本条形式上虽属新增，但实际上系在参考《公司法司法解释四》第5条规定基础上完善而来。原《公司法》只对决议无效、决议可撤销的情形作了规定，本次修订通过本条在法律层面增加了决议不成立的情形，既与《民法典》第134条的规定相衔接，也形成了有限责任公司决议行为不成立、成立、生效、可撤销的逻辑自治。公司决议不成立，是指公司决议有重大瑕疵且该重大瑕疵无法被治愈，以至于欠缺了决议成立的构成要件，具体体现在会议召集、举行、表决以及表决结果通过比例等方面。结合《民法典》有关民事法律行为成立的规定，公司股东会决议须为股东会作出，且须以发生一定法律效果为目的而作出，最后需形成意思表示方能成立。如果出现会议参加人员并非股东，或会议召集程序的瑕疵严重到足以影响他人对股东会性质评价，或足以认定未能形成意思表示或不具备意思表示等情形，则应认为决议不成立。需注意，关于公司决议不成立与可撤销的区别主要在于：一是瑕疵程度不同。可撤销决议的程序瑕疵严重程度弱于不成立的决议，决议不成立针对的程序瑕疵更为	《公司法司法解释四》 **第1条** 公司股东、董事、监事等请求确认股东会或者股东大会、董事会决议无效或者不成立的，人民法院应当依法予以受理。 **第3条** 原告请求确认股东会或者股东大会、董事会决议不成立、无效或者撤销决议的案件，应当列公司为被告。对决议涉及的其他利害关系人，可以依法列为第三人。 一审法庭辩论终结前，其他有原告资格的人以相同的诉讼请求申请参加前款规定诉讼的，可以列为共同原告。 **第5条** 股东会或者股东大会、董事会决议存在下列情形之一，当事人主张决议不成立的，人民法院应当予以支持： （一）公司未召开会议的，但依据公司法第三十七条第二款或者公司章程规定可以不召开股东会或者股东大会而直接作出决定，并由全体股东在决定文件上签名、盖章的除外； （二）会议未对决议事项进行表决的； （三）出席会议的人数或者股东所持表决权不符合公司

修订后《公司法》及解读等	修订前《公司法》及关联规定
严重。二是瑕疵原因不同。可撤销决议除了程序瑕疵外，还包括决议内容违反公司章程，其范围大于程序瑕疵，而决议不成立的原因限于程序瑕疵。此外，由于决议不成立和无效的相似性，以及决议效力体系重视对公司、第三人利益的保护，重视维护决议行为的效力，决议不成立的事由也应该是限定的。决议的最低要件，应限定在召集、会议记录的缺乏或严重瑕疵以及表决的缺乏，本条在适用时应进行适当限缩。另需注意，本条并未像《公司法司法解释四》第5条那样，规定一个兜底性条款。对于其他情形能否认定不成立，有待司法实践以及相关司法解释的进一步规定。 **案例参考**：股东个人利用控制公司的便利作出个人决策过程以代替股东会会议，由此形成的股东会决议是否成立？（张某娟诉江苏万某工贸发展有限公司、万某、吴某亮、毛某伟股东权纠纷案）① 当股东会议需要对相关事项作出决议时，应由股东依照法律、公司章程规定的议事方式、表决程序进行议决，达到法律、公司章程规定的表决权比例时方可形成股东会决议。公司股东实际参与股	法或者公司章程规定的； （四）会议的表决结果未达到公司法或者公司章程规定的通过比例的； （五）导致决议不成立的其他情形。

---

① 《中华人民共和国最高人民法院公报》2007年第9期。

修订后《公司法》及解读等	修订前《公司法》及关联规定
东会议并作出真实意思表示,是股东会议及其决议有效的必要条件。虽然公司个人股东享有公司绝对多数的表决权,但并不意味着股东个人利用控制公司的便利作出的个人决策过程就等同于召开了公司股东会议。实际控制公司的个人股东虚构股东会议并作出股东会决议的,可认定该决议不成立,不能产生法律效力。该案中,虽然被告万某享有被告万某工贸公司的绝对多数的表决权,但并不意味着万某个人利用控制公司的便利作出的个人决策过程就等同于召开了公司股东会议,也不意味着万某个人的意志即可代替股东会决议的效力。据此,不能认定2004年4月6日万某工贸公司实际召开了股东会,更不能认定就该次会议形成了真实有效的股东会决议。万某工贸公司据以决定办理公司变更登记、股权转让等事项的所谓"股东会决议",是当时该公司的控制人万某所虚构,实际上并不存在,不能产生法律效力。	
第二十八条 【决议无效、被撤销、不成立的法律后果】公司<u>股东会、董事会决议被人民法院宣告无效、撤销或者确认不成立的,公司应当向公司登记机关申请撤销根据该决议已办理的登记。</u> **股东会、董事会决议被人民法院宣告无效、撤销或者确认不成立的,公司根据该决议与善意相对人形成的民事法律关系不受影响。**	《公司法》(2018年修正) 第22条第4款 公司根据股东会或者股东大会、董事会决议已办理变更登记的,人民法院宣告该决议无效或者撤销该决议后,公司应当向公司登记机关申请撤销变更登记。 《民法典》 第85条 营利法人的权力

修订后《公司法》及解读等	修订前《公司法》及关联规定
解读：本条是关于公司决议无效、被撤销或确认不成立相关后果的规定，具体包括已变更的登记撤销、与善意相对人形成的法律关系方面。就已变更的登记而言，本条第1款明确了公司应向登记机关申请撤销根据前述被否定的决议已经进行的变更登记。实践中，在很多提起宣告公司决议无效、申请撤销公司决议以及请求确认公司决议不成立的案件之前，公司即可能已经根据股东会或者董事会作出的相关决议办理了变更登记。在前述相关诉讼中，若法院依法撤销了股东会、董事会的该项决议或者宣告决议无效或者确认该决议不成立，按照《民法典》第155条的规定，应自始没有法律约束力，这也表明依据该不具有法律约束力的决议进行的公司变更登记也不应具有法律效力，公司应向公司登记机关申请撤销变更登记。在善意相对人保护方面，本条第2款作了规定，该规定属新增内容。基于公司决议一经作出即可推定有效的特点，为保护善意第三人的利益，本条规定决议无效、被撤销、被确认不成立并不影响营利法人依据该决议与善意相对人形成的民事法律关系。保护善意相对人的立法政策是为保护交易安全。交易安全之所以受保护，是因为交易相对人在交易中善意无过失。而对于是否善意的判断，需看该相对人在形成该法律关系时是否知道或者	机构、执行机构作出决议的会议召集程序、表决方式违反法律、行政法规、法人章程，或者决议内容违反法人章程的，营利法人的出资人可以请求人民法院撤销该决议。但是，营利法人依据该决议与善意相对人形成的民事法律关系不受影响。 **第155条** 无效的或者被撤销的民事法律行为自始没有法律约束力。 **《公司法司法解释四》** **第3条** 原告请求确认股东会或者股东大会、董事会决议不成立、无效或者撤销决议的案件，应当列公司为被告。对决议涉及的其他利害关系人，可以依法列为第三人。 一审法庭辩论终结前，其他有原告资格的人以相同的诉讼请求申请参加前款规定诉讼的，可以列为共同原告。 **第6条** 股东会或者股东大会、董事会决议被人民法院判决确认无效或者撤销的，公司依据该决议与善意相对人形成的民事法律关系不受影响。

修订后《公司法》及解读等	修订前《公司法》及关联规定
应当知道决议存在被宣告无效或不成立、被撤销的瑕疵事由，若知道或应当知道，则并非善意第三人，无权根据本条第2款规定主张相应的利益。 　　案例参考：在公司法定代表人越权担保中，如何认定相对人是否善意？（张某明诉周某、连云港某公司民间借贷纠纷案）① 　　公司实际出资人向第三人借款，公司法定代表人未经股东会决议加盖公司印章为实际出资人的借款提供担保，属于越权担保；因法律已规定公司为股东提供担保必须经股东会决议，故第三人理应知晓并遵守该规定；第三人没有审查公司章程、没有要求提供股东会决议，未尽审慎注意义务，不构成对法定代表人越权担保行为的善意，不属于受法律所保护的善意相对人。第三人要求公司承担担保责任的，不予支持。 　　此外，在最高人民法院作出的《贾某平、张某平合同纠纷再审审查与审判监督民事裁定书》中也有类似观点：孙某晶虽为金某公司法定代表人，但私刻公司印章签订案涉《合作协议》《补充协议》，构成越权代表。因此，需根据债权人在签订《合作协议》《补充协议》时是不是善意相对人、是否尽到了合理的注意义务来认定案涉担保条款的效力。该案	

---

① 潘亚伟、陈志韵：《公司违规为实际控制人提供担保无效》，载《人民司法·案例》2020年第11期。

修订后《公司法》及解读等	修订前《公司法》及关联规定
《合作协议》《补充协议》的签订过程中，贾某平、张某平既未要求孙某晶出示公司决议，也未对印章的真实性有任何审查行为，难以认定两人为善意相对人。（贾某平、张某平合同纠纷案）①	
第二章　公司登记	
第二十九条　【设立登记】设立公司，应当依法向公司登记机关申请设立登记。 法律、行政法规规定设立公司必须报经批准的，应当在公司登记前依法办理批准手续。 **解读：**本条是关于公司设立登记的规定。本次修订的《公司法》专章设立了"公司登记"的内容，系统规定公司设立登记、变更登记、注销登记的事项和程序，优化登记流程，提升登记效率及便利化水平。该章属新增章节，但其内容并非完全新增，部分是将分散在原来诸多条文中的内容移至该章，部分系在吸收《市场主体登记管理条例》等规定基础上增加的内容。本条内容即是在原法第6条规定基础上转化而来。就设立公司而言，我国公司法实行准则主义加核准主义相结合的原则，即只要符合法律规定的公司设立条件，即允许设立公司，法律、行政法明确规定设立公司	《公司法》(2018年修正) 第6条第1款、第2款 设立公司，应当依法向公司登记机关申请设立登记。~~符合本法规定的设立条件的，由公司登记机关分别登记为有限责任公司或者股份有限公司；不符合本法规定的设立条件的，不得登记为有限责任公司或者股份有限公司。~~ 法律、行政法规规定设立公司必须报经批准的，应当在公司登记前依法办理批准手续。 《民法典》 第77条　营利法人经依法登记成立。 《市场主体登记管理条例》 第2条　本条例所称市场主体，是指在中华人民共和国境内以营利为目的从事经营活动的下列自然人、法人及非法人组织：

---

① 案号：最高人民法院（2020）最高法民申209号民事裁定书，载中国裁判文书网，最后访问时间：2023年12月17日。

修订后《公司法》及解读等	修订前《公司法》及关联规定
必须事先取得批准的除外。公司设立，是指公司设立人依照法定的条件和程序，为组建公司并取得法人资格而必须采取和完成的行为。公司的设立登记不等同于公司设立，公司设立登记，是指公司设立人按法定程序向公司登记机关申请，经公司登记机关审核并记录在案，以供公众查阅的行为。设立登记仅是公司设立行为的最后阶段。公司设立登记制度，旨在巩固公司信誉并保障交易安全。需注意，根据本条规定，有权决定在公司登记前须依法办理审批手续的，仅限于法律与行政法规。	（一）公司、非公司企业法人及其分支机构； （二）个人独资企业、合伙企业及其分支机构； （三）农民专业合作社（联合社）及其分支机构； （四）个体工商户； （五）外国公司分支机构； （六）法律、行政法规规定的其他市场主体。 **第3条** 市场主体应当依照本条例办理登记。未经登记，不得以市场主体名义从事经营活动。法律、行政法规规定无需办理登记的除外。 市场主体登记包括设立登记、变更登记和注销登记。 **第5条** 国务院市场监督管理部门主管全国市场主体登记管理工作。 县级以上地方人民政府市场监督管理部门主管本辖区市场主体登记管理工作，加强统筹指导和监督管理。 **第21条第2款** 法律、行政法规或者国务院决定规定设立市场主体须经批准的，应当在批准文件有效期内向登记机关申请登记。

修订后《公司法》及解读等	修订前《公司法》及关联规定
第三十条 【设立登记申请材料】申请设立公司，应当提交设立登记申请书、公司章程等文件，提交的相关材料应当真实、合法和有效。 申请材料不齐全或者不符合法定形式的，公司登记机关应当一次性告知需要补正的材料。 解读：本条是关于公司设立材料要求及补正告知的规定。该条虽系《公司法》修订中的新增内容，但在《市场主体登记管理条例》等规定中已存在相应内容。根据该条规定，申请提交的材料应当真实、合法、有效。需说明的是，提交的材料是否真实、合法、有效的责任，由公司承担。公司登记机关只是对申请人提交的有关申请材料和证明文件是否齐全，以及是否符合有关登记管理法律法规的规定进行形式审查。因申请材料不真实所引起的后果，公司登记机关不承担相应的责任。但对不符合规定条件或不按规定程序予以登记的，登记主管机关应根据情节给予相关工作人员相应的行政处分；构成犯罪的，交司法机关处理。此外，按照优化营商环境及推动"放、管、服"改革的要求，对需补正的材料，登记机关应一次性告知，避免申请人浪费不必要的时间，本条第2款对此进行了明确。 案例参考：股东在公司设立时明知材料虚假但未提出异议，但后因材料虚假	《公司法》（2018年修正） ~~第29条 股东认足公司章程规定的出资后，由全体股东指定的代表或者共同委托的代理人向公司登记机关报送公司登记申请书、公司章程等文件，申请设立登记。~~ 《市场主体登记管理条例》 **第6条** 国务院市场监督管理部门应当加强信息化建设，制定统一的市场主体登记数据和系统建设规范。 县级以上地方人民政府承担市场主体登记工作的部门（以下称登记机关）应当优化市场主体登记办理流程，提高市场主体登记效率，推行当场办结、一次办结、限时办结等制度，实现集中办理、就近办理、网上办理、异地可办，提升市场主体登记便利化程度。 **第15条** 市场主体实行实名登记。申请人应当配合登记机关核验身份信息。 **第16条** 申请办理市场主体登记，应当提交下列材料： （一）申请书； （二）申请人资格文件、自然人身份证明； （三）住所或者主要经营场

修订后《公司法》及解读等	修订前《公司法》及关联规定

提出撤销登记的,能否支持?(上海某投资公司与某区市场监督管理局工商登记案)①
   登记机关收到设立公司的登记申请后,应当对申请材料是否齐全、是否符合法定形式进行审查。申请材料符合法定形式是指申请材料符合法定时限、记载事项符合法定要求、文书格式符合规范。该案中,某区市场监管局经对申请人提交的全部材料及对申请人设立公司股东的身份信息、营业执照进行核查,也比对了相关材料,认定所收到的涉案设立登记申请材料齐全,符合《公司登记管理条例》②等相关登记管理规定要求的形式,予以公司登记,并无不当,某区市场监管局对于申请材料内容真实性已尽审慎合理的审查义务。上诉人作为某信息公司的股东之一,在其于2016年向上海股交中心申报挂牌时,提交了某信息公司的设立登记材料,并未提出设立登记材料虚假的异议,可见其对公司设立的知情,也是对相关材料的认可。现上诉人在与某信息公司产生民事纠纷后,在公司设立登记两年以后以印章虚假,要求撤销公司登记显然依据不足。且因其公司存在多枚公章的情况,其提出的印
	所相关文件;
	   (四)公司、非公司企业法人、农民专业合作社(联合社)章程或者合伙企业合伙协议;
	   (五)法律、行政法规和国务院市场监督管理部门规定提交的其他材料。
	   国务院市场监督管理部门应当根据市场主体类型分别制定登记材料清单和文书格式样本,通过政府网站、登记机关服务窗口等向社会公开。
	   登记机关能够通过政务信息共享平台获取的市场主体登记相关信息,不得要求申请人重复提供。
	   第17条 申请人应当对提交材料的真实性、合法性和有效性负责。
	   第18条 申请人可以委托其他自然人或者中介机构代其办理市场主体登记。受委托的自然人或者中介机构代为办理登记事宜应当遵守有关规定,不得提供虚假信息和材料。

---

① 案号:上海市第三中级人民法院(2018)沪03行终495号行政判决书,载中国裁判文书网,最后访问时间:2023年12月15日。

② 该文件已失效,下文不再提示。

修订后《公司法》及解读等	修订前《公司法》及关联规定
章印文差异尚不足以证明其公章被伪造。若上诉人上海某投资公司认为其内部工作人员与他人合谋伪造某投资公司公章、篡改某信息公司章程的行为，侵害其公司利益，可另行通过其他途径寻求救济。故其上诉请求不能成立。	**第 19 条** 登记机关应当对申请材料进行形式审查。对申请材料齐全、符合法定形式的予以确认并当场登记。不能当场登记的，应当在 3 个工作日内予以登记；情形复杂的，经登记机关负责人批准，可以再延长 3 个工作日。 申请材料不齐全或者不符合法定形式的，登记机关应当一次性告知申请人需要补正的材料。
第三十一条 【登记类型】申请设立公司，符合本法规定的设立条件的，由公司登记机关分别登记为有限责任公司或者股份有限公司；不符合本法规定的设立条件的，不得登记为有限责任公司或者股份有限公司。 **解读：**本条是关于公司设立后登记类型的规定。按照《公司法》的规定，在我国境内设立的公司类型包括有限责任公司和股份有限公司。设立的公司要么为有限责任公司，要么为股份有限公司，只能择一确定。而本条规定实际上是对公司登记机关的要求，即公司登记机关在收到设立公司的申请文件后，需进行审查，对于符合本法规定的公司设立条件的，应当依法登记为有限责任公司或者股份有限公司；对于不符合本法规定的公司设立条件的，不得违反法律规	《公司法》(2018 年修正) **第 6 条第 1 款** 设立公司，<u>应当依法向公司登记机关申请设立登记</u>。符合本法规定的设立条件的，由公司登记机关分别登记为有限责任公司或者股份有限公司；不符合本法规定的设立条件的，不得登记为有限责任公司或者股份有限公司。

修订后《公司法》及解读等	修订前《公司法》及关联规定
定登记为有限责任公司或者股份有限公司。基于本条规定，可看出我国《公司法》对公司设立采取了准则主义。准则主义，是指公司设立的条件由法律作出规定，凡符合法定条件的，不必经国家主管机关批准，即可设立公司并取得法人资格。准则设立一般还须进行登记，但这不同于核准设立，登记只是公司成立的事实记载，而核准是决定公司能否成立。	
第三十二条　【登记事项】公司登记事项包括： （一）名称； （二）住所； （三）注册资本； （四）经营范围； （五）法定代表人的姓名； （六）有限责任公司股东、股份有限公司发起人的姓名或者名称。 公司登记机关应当将前款规定的公司登记事项通过国家企业信用信息公示系统向社会公示。 **解读**：本条是关于公司登记事项的规定。较原《公司法》而言，本条虽属新增条文，但相应内容在《市场主体登记管理条例》等规定中均有体现，本质上并非"新增"内容。按照《市场主体登记管理条例》的规定，公司名称只能登记一个，关于公司名称的具体要求、公司的主要办事机构所在地等，前文已有，不再赘述。关于注册资本，公司实行	《公司法》（2018年修正） **第6条第3款**　公众可以向公司登记机关申请查询公司登记事项，公司登记机关应当提供查询服务。 **《市场主体登记管理条例》** **第8条**　市场主体的一般登记事项包括： （一）名称； （二）主体类型； （三）经营范围； （四）住所或者主要经营场所； （五）注册资本或者出资额； （六）法定代表人、执行事务合伙人或者负责人姓名。 除前款规定外，还应当根据市场主体类型登记下列事项： （一）有限责任公司股东、股份有限公司发起人、非公司

修订后《公司法》及解读等	修订前《公司法》及关联规定
认缴登记制，并以人民币表示，出资方式应遵守法律、行政法规的规定，股东不得以劳务、信用、自然人姓名、商誉、特许经营权或者设定担保的财产等作价出资。就经营范围而言，公司应在登记的经营范围内进行，但这并不意味着超出登记的经营范围的行为当然无效，关于此点将在后面条文详细论述。关于本条第1款第5项、第6项规定的法定代表人的姓名，有限责任公司股东、股份有限公司发起人的姓名或名称，并不难理解，且在其他条文解读中亦有涉及，不再赘述。但需注意，就股份公司而言，除发起人外的其他股东，并不属于公司登记的法定事项。本条第2款明确了登记机关的公示义务。相较原《公司法》第6条第3款，该款变"被动"为"主动"，并要求登记机关通过国家企业信用信息公示系统向社会公示登记事项、公司章程等信息，符合优化营商环境、"放、管、服"改革的需要，也适应了信息化时代对效率、便捷的要求。公示是法人登记制度维护交易安全与效率的重要手段。通过向社会发布法人的基础信息和基础资料，通过赋予公示的登记事项公信力来保护善意第三人，以达到维护交易安全、市场诚信以及降低交易成本的效果，这正是法人登记制度的核心价值所在。可以说，法人登记公示制度毫无疑问处于整个法人登记制度的核心地位。	企业法人出资人的姓名或者名称； （二）个人独资企业的投资人姓名及居所； （三）合伙企业的合伙人名称或者姓名、住所、承担责任方式； （四）个体工商户的经营者姓名、住所、经营场所； （五）法律、行政法规规定的其他事项。 **第9条** 市场主体的下列事项应当向登记机关办理备案： （一）章程或者合伙协议； （二）经营期限或者合伙期限； （三）有限责任公司股东或者股份有限公司发起人认缴的出资数额，合伙企业合伙人认缴或者实际缴付的出资数额、缴付期限和出资方式； （四）公司董事、监事、高级管理人员； （五）农民专业合作社（联合社）成员； （六）参加经营的个体工商户家庭成员姓名； （七）市场主体登记联络员、外商投资企业法律文件送达接受人；

修订后《公司法》及解读等	修订前《公司法》及关联规定
案例参考：股份有限公司发起人以外的其他股东的姓名或名称是否属法定登记事项？（黄某琼、某信托公司借款合同纠纷执行审查类执行裁定书）[①] 《公司登记管理条例》规定，有限责任公司股东或者股份有限公司发起人的姓名或者名称属于登记事项。根据以上规定，该案成都某公司，除发起人以外的股东姓名或者名称不属于法定的公司登记事项，无须向登记机关登记，信息发生变更的亦无须向登记机关办理变更登记。被执行人公司并非成都某公司的发起人，其作为股东的情况及信息变更情况均无须向公司登记机关登记以及办理变更登记，相关信息依法应以股东名册为准。	（八）公司、合伙企业等市场主体受益所有人相关信息； （九）法律、行政法规规定的其他事项。 **第10条** 市场主体只能登记一个名称，经登记的市场主体名称受法律保护。 市场主体名称由申请人依法自主申报。 **第11条** 市场主体只能登记一个住所或者主要经营场所。 电子商务平台内的自然人经营者可以根据国家有关规定，将电子商务平台提供的网络经营场所作为经营场所。 省、自治区、直辖市人民政府可以根据有关法律、行政法规的规定和本地区实际情况，自行或者授权下级人民政府对住所或者主要经营场所作出更加便利市场主体从事经营活动的具体规定。 **第12条** 有下列情形之一的，不得担任公司、非公司企业法人的法定代表人： （一）无民事行为能力或者限制民事行为能力；

---

① 案号：最高人民法院（2020）最高法执复61号执行裁定书，载中国裁判文书网，最后访问时间：2023年12月17日。

修订后《公司法》及解读等	修订前《公司法》及关联规定
	（二）因贪污、贿赂、侵占财产、挪用财产或者破坏社会主义市场经济秩序被判处刑罚，执行期满未逾5年，或者因犯罪被剥夺政治权利，执行期满未逾5年； （三）担任破产清算的公司、非公司企业法人的法定代表人、董事或者厂长、经理，对破产负有个人责任的，自破产清算完结之日起未逾3年； （四）担任因违法被吊销营业执照、责令关闭的公司、非公司企业法人的法定代表人，并负有个人责任的，自被吊销营业执照之日起未逾3年； （五）个人所负数额较大的债务到期未清偿； （六）法律、行政法规规定的其他情形。 **第13条** 除法律、行政法规或者国务院决定另有规定外，市场主体的注册资本或者出资额实行认缴登记制，以人民币表示。 出资方式应当符合法律、行政法规的规定。公司股东、非公司企业法人出资人、农民专业合作社（联合社）成员不

修订后《公司法》及解读等	修订前《公司法》及关联规定
	得以劳务、信用、自然人姓名、商誉、特许经营权或者设定担保的财产等作价出资。 **第 14 条** 市场主体的经营范围包括一般经营项目和许可经营项目。经营范围中属于在登记前依法须经批准的许可经营项目，市场主体应当在申请登记时提交有关批准文件。 市场主体应当按照登记机关公布的经营项目分类标准办理经营范围登记。
第三十三条 【营业执照】 依法设立的公司，由公司登记机关发给公司营业执照。公司营业执照签发日期为公司成立日期。 公司营业执照应当载明公司的名称、住所、注册资本、经营范围、法定代表人姓名等事项。 公司登记机关可以发给电子营业执照。电子营业执照与纸质营业执照具有同等法律效力。 **解读：** 本条是关于公司营业执照的规定。营业执照是市场监督管理部门（原工商行政管理部门）发给企业等营利法人，准许其从事某项生产经营活动的凭证。营业执照的格式由国家市场监督管理总局统一规定。营业执照分为正本和副本，二者具有相同的法律效力。根据《公司法》《市场主体登记管理条例》	《公司法》(2018 年修正) **第 7 条第 1 款、第 2 款** 依法设立的公司，由公司登记机关发给公司营业执照。公司营业执照签发日期为公司成立日期。 公司营业执照应当载明公司的名称、住所、注册资本、经营范围、法定代表人姓名等事项。 《民法典》 **第 77 条** 营利法人经依法登记成立。 **第 78 条** 依法设立的营利法人，由登记机关发给营利法人营业执照。营业执照签发日期为营利法人的成立日期。

修订后《公司法》及解读等	修订前《公司法》及关联规定
等规定，市场主体经登记主管机关核准登记注册，领取营业执照后，该主体即告成立。营业执照签发日期为该主体的成立日期。营业执照具有公司等营利法人取得法人资格和经营资格的双重功能。公司等营利法人凭借营业执照可以刻制公章、开立银行账户、签订合同，进行经营活动。登记主管机关可以根据法人开展业务的需要，核发营业执照副本。为适应信息化时代与无纸化趋势，便利市场主体，提升工作效率，本条第3款明确了电子营业执照与纸质营业执照具有同等效力，属本次《公司法》修订新增的内容。此外需注意，未取得营业执照的用工行为或超越经营范围对外订立合同的法律效力的认定问题。基于倾斜保护劳动者的原则，未取得营业执照即用工的，由用人单位承担相应的责任，用人单位不存在或者无力担责时，由发起人或出资人承担责任。就超越经营范围订立的合同而言，法人的经营范围虽然是法定登记事项，但即便超越经营范围签订了合同，只要不违反法律的强制性规定，从保护相对方的角度应认定有效。 案例参考：能否以营业执照经营范围注明了"筹建"来否定公司不具备独立法人资格？（某铝业公司、河南某环保公司技术转让合同纠纷案）[1]	**《市场主体登记管理条例》** **第3条第2款** 市场主体登记包括设立登记、变更登记和注销登记。 **第21条** 申请人申请市场主体设立登记，登记机关依法予以登记的，签发营业执照。营业执照签发日期为市场主体的成立日期。 法律、行政法规或者国务院决定规定设立市场主体须经批准的，应当在批准文件有效期内向登记机关申请登记。 **第22条** 营业执照分为正本和副本，具有同等法律效力。 电子营业执照与纸质营业执照具有同等法律效力。 营业执照样式、电子营业执照标准由国务院市场监督管理部门统一制定。

---

[1] 案号：最高人民法院（2019）最高法民再390号民事裁定书，载中国裁判文书网，最后访问时间：2023年12月16日。

修订后《公司法》及解读等	修订前《公司法》及关联规定
公司是企业法人，有独立的法人财产，享有法人财产权。公司以其全部财产对公司的债务承担责任。根据《公司法》前述规定及本案补充查明的事实，某公司已经按照《公司法》的规定领取了营业执照，且营业执照中明确载明公司的成立时间为 2009 年 7 月 7 日。至此，某能源公司自 2009 年 7 月 7 日起已经合法成立，具有独立法人资格，应以其全部财产对公司债务承担责任。某公司的营业执照经营范围部分虽载明"筹建"，但营业执照中对经营范围或事项作出的表述或限制，不具有否定某公司独立法人资格的法律效力。二审法院认为某公司不具有独立法人资格，明显缺乏事实与法律依据，应予纠正。	
第三十四条　【变更登记】公司登记事项发生变更的，应当依法办理变更登记。 　　公司登记事项未经登记或者未经变更登记，不得对抗善意相对人。 　　**解读：**本条是关于公司变更登记的规定。不同于原《公司法》第 32 条第 3 款主要针对的是股东姓名或名称，本条所谓的"公司登记事项"应包括前面第 32 条规定的所有事项。基于本条及《民法典》第 64 条的规定，公司（法人）的变更，则是指公司在存续期间，公司组织上合并、分立以及活动宗旨、业务范围等登记事项的变化。存续期间，公司	《公司法》（2018 年修正） 　　第 7 条第 3 款　公司营业执照记载的事项发生变更的，~~公司~~应当依法办理变更登记，~~由公司登记机关换发营业执照~~。 　　第 32 条第 3 款　~~公司应当将股东的姓名或者名称向公司登记机关登记；~~登记事项发生变更的，应当办理变更登记。未经登记或者变更登记的，不得对抗第三人。 　　《民法典》 　　第 64 条　法人存续期间登

修订后《公司法》及解读等	修订前《公司法》及关联规定
基于各种原因和目的，如调整经营方向、改变经营规模、分散经营风险、优化资源配置，可能会变更与其自身存在条件有密切关联的登记事项，如组织形式、注册资本、合并、分立等。公司的变更通常对其法人人格产生重要影响，特别是合并和分立，会导致法人人格的消灭。由于公司等法人的变更通常会涉及第三人及交易安全，故规定登记事项变更的应依法办理变更登记。此外，本条第2款以及《民法典》第65条另明确了公司（法人）登记的公信效力，即公司凡经登记的内容，应当推定其具有相应的法律效力，善意第三人根据登记内容所为的行为应当有效。如此规定，系"商事外观"原则的应有之义。一来是基于公权力的可信任性，二来是交易安全的需要。而实践中如何判断第三人善意与否是值得注意的问题。一般而言，第三人在实际查阅了登记簿内容后仍进行交易的，一般不应认定为善意第三人。但实践中，不必过分探求第三人是否实际查阅登记簿内容从而确定知或不知，只要第三人交易行为与登记内容相符合，即可以推定第三人属善意。 **案例参考**：股东违反股东会决议限制性规定与第三人签订股权转让合同，该未被披露的股东会决议能否对抗善意	记事项发生变化的，应当依法向登记机关申请变更登记。 **第65条** 法人的实际情况与登记的事项不一致的，不得对抗善意相对人。 **《市场主体登记管理条例》** **第3条** 市场主体应当依照本条例办理登记。未经登记，不得以市场主体名义从事经营活动。法律、行政法规规定无需办理登记的除外。 市场主体登记包括设立登记、变更登记和注销登记。

修订后《公司法》及解读等	修订前《公司法》及关联规定
受让人?(肖某诉林某珏、王某阅等股权转让纠纷案)① 　　无从查阅的公司文件不应被认为属第三人应当知悉的资料范围。股东会决议没有在市场监督管理局登记备案,不能产生公示的法律后果。该案中,2013年11月4日的股东会决议没有登记备案,石家庄某公司在受让股权时没有义务也不可能查阅该股东会决议内容,故不应受股东会决议的约束,因而主观上是善意。石家庄某公司受让林某珏、王某阅的股权时,对该股东会决议并不知情,是遵循公司法和某公司公司章程办理股权交易,程序正当,属于善意第三人。《民法总则》第65条规定,"法人的实际情况与登记的事项不一致的,不得对抗善意相对人",石家庄某公司作为善意相对人对海某公司对外公示的外观产生合理信赖而做出的行为,应当受到法律保护。故该股东会决议不能对抗相关第三人与石家庄某公司在之后签订的关于第三人某公司股权的系列转让协议,该系列协议均属合法有效。	

---

① 最高人民法院中国应用法学研究所编:《人民法院案例选》(2019年第11辑·总第141辑),人民法院出版社2019年版,第96页。

修订后《公司法》及解读等	修订前《公司法》及关联规定
第三十五条 【变更登记材料要求】公司申请变更登记，应当向公司登记机关提交公司法定代表人签署的变更登记申请书、依法作出的变更决议或者决定等文件。 公司变更登记事项涉及修改公司章程的，应当提交修改后的公司章程。 公司变更法定代表人的，变更登记申请书由变更后的法定代表人签署。 **解读：**本条是关于公司变更登记材料要求的规定。本条在形式上属新增，但其实质内容在《市场主体登记管理条例》中已有规定。重点讨论本条第3款。该款主要是为了解决实践中公司变更法定代表人后，原法定代表人不配合办理变更登记的问题。为此，该款明确了"公司变更法定代表人的，变更登记申请书由变更后的法定代表人签署"。当然，该款虽然只明文规定变更登记申请书，但实际上，法定代表人的变更当然也属本条第1款规定的变更登记范围，依然需要按照规定的程序及要求提交其他材料，如变更决议或决定等文件。此外需注意，为股权受让方办理变更登记也属公司变更登记事项范畴。当董事、高级管理人员违反法律，未为股权受让方办理此项变更登记致使其权利受损的，董事、高级管理人员应当在其过错范围内承担相应的损害赔偿责任。实际控制人虽然未在公司内担任具体职务，但由于其实际控制	**《公司法司法解释三》** **第 24 条第 3 款** 实际出资人未经公司其他股东半数以上同意，请求公司变更股东、签发出资证明书、记载于股东名册、记载于公司章程并办理公司登记机关登记的，人民法院不予支持。 **第 27 条** 股权转让后尚未向公司登记机关办理变更登记，原股东将仍登记于其名下的股权转让、质押或者以其他方式处分，受让股东以其对于股权享有实际权利为由，请求认定处分股权行为无效的，人民法院可以参照民法典第三百一十一条的规定处理。 原股东处分股权造成受让股东损失，受让股东请求原股东承担赔偿责任、对于未及时办理变更登记有过错的董事、高级管理人员或者实际控制人承担相应责任的，人民法院应予支持；受让股东对于未及时办理变更登记也有过错的，可以适当减轻上述董事、高级管理人员或者实际控制人的责任。 **《市场主体登记管理条例》** **第 24 条** 市场主体变更登记事项，应当自作出变更决

修订后《公司法》及解读等	修订前《公司法》及关联规定
着公司，如果实际控制人滥用控制权，通过其控制行为不正当地阻止公司为股权受让方办理变更登记而致其利益受损时，实际控制人应当在其过错范围内对股权受让方承担相应的损害赔偿责任。股权转让后，股权受让方应及时请求公司协助办理变更登记，因受让方自身过错未及时办理此项登记致其利益受损的，受让方应根据其过失程度承担相应后果。《公司法司法解释三》第27条对此作了规定。 　　**案例参考：**被法院裁判确认为不真实的股东会决议能否作为公司变更登记的申请文件？(东某公司与某市工商行政管理局工商登记案)① 　　公司申请变更登记，应提交变更登记申请书、依法作出的变更决议或者决定等文件。该案中，根据《公司法》及东某公司章程规定，申请办理法定代表人、执行董事变更登记，须经过股东会决议，并向某市工商局提交作出的变更决议或者决定。东某公司于2016年8月26日向某市工商局申请公司变更登记时，提交的主要材料有2014年11月3日《股东会决议》和2015年5月30日《股东会决议》，但2014年11月3日《股东会决议》已经生效裁判认定属于与实际情况不符、不真实的材料，故不能作为变更登	议、决定或者法定变更事项发生之日起30日内向登记机关申请变更登记。 　　市场主体变更登记事项属于依法须经批准的，申请人应当在批准文件有效期内向登记机关申请变更登记。 　　**第25条**　公司、非公司企业法人的法定代表人在任职期间发生本条例第十二条所列情形之一的，应当向登记机关申请变更登记。 　　**第26条**　市场主体变更经营范围，属于依法须经批准的项目的，应当自批准之日起30日内申请变更登记。许可证或者批准文件被吊销、撤销或者有效期届满的，应当自许可证或者批准文件被吊销、撤销或者有效期届满之日起30日内向登记机关申请变更登记或者办理注销登记。 　　**第27条**　市场主体变更住所或者主要经营场所跨登记机关辖区的，应当在迁入新的住所或者主要经营场所前，向迁入地登记机关申请变更登记。

---

①　案号：广东省茂名市中级人民法院（2017）粤09行终39号行政判决书，载中国裁判文书网，最后访问时间：2023年12月17日。

修订后《公司法》及解读等	修订前《公司法》及关联规定
记的申请文件。至于 2015 年 5 月 30 日《股东会决议》，由于作为持股 92.65%的第一大股东高州某街道办事处某社区居民委员会没有出席股东会，也没有在股东会决议中签名或盖章认可，该决议不符合《公司法》和《公司章程》规定，不能反映公司真实意思表示，同样不能作为变更登记的申请依据。原审判决驳回东某公司的诉讼请求正确。东某公司上诉称，公司登记机关对登记申请材料只能进行形式审查，不能进行实体审查。对此，二审法院认为，工商登记作为行政许可行为，根据《最高人民法院关于审理行政许可案件若干问题的规定》第 13 条的规定，某市工商局无论是对申请材料是否齐全、是否符合法定形式的审查还是对实质内容的核实，都应当依照法定程序履行审慎合理的审查职责，否则会有实体登记错误导致行政赔偿之虞，故某市工商局对登记申请材料进行实质性审查，并无不当。东某公司还称，2015 年 5 月 30 日《股东会决议》的效力已经生效的（2015）茂中法行终字第 180 号行政裁定所确认，故应予认定。法院认为，这涉及同一份材料作为诉讼主体资格证据审查与作为申请行政登记依据审查的角度与深度不同的问题，该决议书虽然已被生效判决作为证据予以采纳，但仅是从初步赋予卢某忠作为东某公司法定代表人提起诉讼的主体资格角度进行审查，	迁出地登记机关无正当理由不得拒绝移交市场主体档案等相关材料。 **第 29 条** 市场主体变更本条例第九条规定的备案事项的，应当自作出变更决议、决定或者法定变更事项发生之日起 30 日内向登记机关办理备案。农民专业合作社（联合社）成员发生变更的，应当自本会计年度终了之日起 90 日内向登记机关办理备案。

修订后《公司法》及解读等	修订前《公司法》及关联规定
未涉及决议程序、决议内容是否符合《公司法》和《公司章程》的规定，不能排斥公司登记机关对该材料的实质内容进行审查。	
第三十六条　【换发营业执照】公司营业执照记载的事项发生变更的，公司办理变更登记后，由公司登记机关换发营业执照。 **解读：**本条是关于公司变更登记后换发营业执照的规定。本条系在原《公司法》第7条第3款规定基础上略微调整表述而来，将原来的一款单独成一条，彰显了变更登记后换发营业执照的必要性。公司成立后，涉及营业执照上记载的事项不可能一直不变，应允许公司根据客观情况的需要，对有关事项作出调整，如变更公司法定代表人、主要办公地址、公司名称等。但是，公司调整的事项属于公司营业执照载明事项的，即涉及公司名称、住所、注册资本、经营范围、法定代表人姓名等事项变更的，在依法办理变更登记后，由公司登记机关换发营业执照。	**《公司法》（2018年修正）** **第7条第3款**　公司营业执照记载的事项发生变更的，公司~~应当依法~~办理变更登记，由公司登记机关换发营业执照。 **《市场主体登记管理条例》** **第28条**　市场主体变更登记涉及营业执照记载事项的，登记机关应当及时为市场主体换发营业执照。
第三十七条　【注销登记】公司因解散、被宣告破产或者其他法定事由需要终止的，应当依法向公司登记机关申请注销登记，由公司登记机关公告公司终止。 **解读：**本条是关于公司注销登记的规定。修订后的《公司法》将清算的内容安排在"公司解散和清算"一章中，使公司登记一章的内容更具有体系性和逻辑性。	**《公司法》（2018年修正）** **第188条**　公司清算结束后，清算组应当制作清算报告，报股东会~~、股东大会~~或者人民法院确认，并报送公司登记机关，申请注销公司登记，公告公司终止。

修订后《公司法》及解读等	修订前《公司法》及关联规定
公司终止的事由一般包括公司被依法宣告破产、公司章程规定营业期限届满或者其他解散事由出现、公司因合并、分立、解散和公司被依法责令关闭。企业在注销登记前需要完成如下工作：1. 股东决议清算。2. 成立清算小组，职权包括：清理公司财产，分别编制资产负债表和财产清单；通知、公告债权人；处理与清算有关的公司未了结的业务；清缴所欠税款以及清算过程中产生的税款；清理债权、债务；处理公司清偿债务后的剩余财产；代表公司参与民事诉讼活动。3. 注销备案，持公司营业执照、各种章、法人股东身份证原件、清算组签字的《清算备案申请书》《备案确认申请书》等资料去工商部门窗口办理注销备案（部分省份可以网上电子办理），每个地方规定略有不同，备案前要先咨询当地工商部门。4. 注销公告，在国家企业信用信息公示系统自行公告，自公告之日起45天后申请注销登记。5. 税务注销登记，根据企业情况不同又分为简易注销、即办注销和一般注销。6. 注销工商登记，包括简易注销和一般注销。7. 注销社保登记，企业应当自办理企业注销登记之日起30日内，向原社会保险登记机构提交注销社会保险登记申请和其他有关注销文件，办理注销社会保险登记手续。8. 注销银行账户，到公司开户行注销公司的开户许可证和银行基本户等其他账户。9. 注	《民法典》 第72条第3款 清算结束并完成法人注销登记时，法人终止；依法不需要办理法人登记的，清算结束时，法人终止。 《公司法司法解释二》 第13条第2款 公司清算程序终结，是指清算报告经股东会、股东大会或者人民法院确认完毕。 第20条 公司解散应当在依法清算完毕后，申请办理注销登记。公司未经清算即办理注销登记，导致公司无法进行清算，债权人主张有限责任公司的股东、股份有限公司的董事和控股股东，以及公司的实际控制人对公司债务承担清偿责任的，人民法院应依法予以支持。 公司未经依法清算即办理注销登记，股东或者第三人在公司登记机关办理注销登记时承诺对公司债务承担责任，债权人主张其对公司债务承担相应民事责任的，人民法院应依法予以支持。 《市场主体登记管理条例》 第31条 市场主体因解散、被宣告破产或者其他法定事由需要终止的，应当依法向

修订后《公司法》及解读等	修订前《公司法》及关联规定
销印章，到公司印章登记的公安机关注销公司印章的法律效力。此外需注意，自2022年3月1日开始施行的《市场主体登记管理条例》第33条另规定了简易注销程序，包括公司在内的符合特定条件的市场主体可通过简易程序办理注销登记，以提高效率、便利投资主体。 **案例参考**：有限责任公司股东以虚假的清算报告骗取公司登记机关办理法人注销登记，公司股东作为清算义务人应否承担相应赔偿责任？（陆某某诉曹某1、曹某2公司股东未依法清算损害债权人利益纠纷案）[①] 有限责任公司股东未经依法清算，以虚假的清算报告骗取公司登记机关办理法人注销登记，损害债权人利益的，公司股东作为清算义务人需要承担相应的赔偿责任。该赔偿责任的范围，以依法清算下债权人应得金额为限。而依法清算下债权人应得金额，根据诚实信用原则和股东对公司情况知情的优势地位，应由作为清算义务人的股东承担举证责任。本案中，曹某1、曹某2未能举证证明公司依法清算时应当剩余的财产数额，其提供的清算报告因存在虚假情形亦不能准确认定该剩余财产数额，对此，曹某1、曹某2应承担举证不能的不利后果，	登记机关申请注销登记。经登记机关注销登记，市场主体终止。 市场主体注销依法须经批准的，应当经批准后向登记机关申请注销登记。 **第32条** 市场主体注销登记前依法应当清算的，清算组应当自成立之日起10日内将清算组成员、清算组负责人名单通过国家企业信用信息公示系统公告。清算组可以通过国家企业信用信息公示系统发布债权人公告。 清算组应当自清算结束之日起30日内向登记机关申请注销登记。市场主体申请注销登记前，应当依法办理分支机构注销登记。 **第33条** 市场主体未发生债权债务或者已将债权债务清偿完结，未发生或者已结清清偿费用、职工工资、社会保险费用、法定补偿金、应缴纳税款（滞纳金、罚款），并由全体投资人书面承诺对上述情况的真实性承担法律责任的，可以按照简易程序办理注销登记。

[①] 江苏省高级人民法院编：《江苏省高级人民法院公报》，2017年（第5辑 总第47辑），法律出版社2018年版。

修订后《公司法》及解读等	修订前《公司法》及关联规定
故对曹某1的上述主张不予支持。公司股东不能证明依法清算情形下公司真实的剩余财产数额的,应当承担不利法律后果。	市场主体应当将承诺书及注销登记申请通过国家企业信用信息公示系统公示,公示期为20日。在公示期内无相关部门、债权人及其他利害关系人提出异议的,市场主体可以于公示期届满之日起20日内向登记机关申请注销登记。 个体工商户按照简易程序办理注销登记的,无需公示,由登记机关将个体工商户的注销登记申请推送至税务等有关部门,有关部门在10日内没有提出异议的,可以直接办理注销登记。 市场主体注销依法须经批准的,或者市场主体被吊销营业执照、责令关闭、撤销,或者被列入经营异常名录的,不适用简易注销程序。 **第34条** 人民法院裁定强制清算或者裁定宣告破产的,有关清算组、破产管理人可以持人民法院终结强制清算程序的裁定或者终结破产程序的裁定,直接向登记机关申请办理注销登记。
第三十八条 【分公司登记及营业执照】公司设立分公司,应当向公司登记机关申请登记,领取营业执照。	《公司法》(2018年修正) **第14条第1款** 公司可以设立分公司。设立分公司,应

修订后《公司法》及解读等	修订前《公司法》及关联规定
解读：本条是关于设立分公司登记及领取营业执照的规定。原《公司法》第 14 条第 1 款加下划线的部分并未删除，而是被调整到了修订后的第 13 条，对此需注意。按照规定，设立分公司应当向公司登记机关申请登记。需注意，这里的申请主体应为设立分公司的公司（总公司），而非拟设立的分公司。另，登记机关应为分支机构所在地的登记机关，而非总公司所在地的登记机关。分公司一经核准登记，由登记机关发给《营业执照》。该营业执照不同于总公司持有的营业执照，之所以不同，在于其不具备法人资格，并非完全独立的法人。但分公司设立登记及其营业执照的效力在于使之获得在其所在地以分公司名义从事活动的能力及对外公示力。而实践中的常见情形是，有些分公司虽领取了营业执照，但对外仍以总公司名义签订合同，此时应认定是分公司行为还是总公司行为呢？对此，应区别来看：若分公司是基于总公司在概括授权之外单独委托分公司以总公司名义对外签订的特定合同，应认定为代总公司签订的合同更为妥当；若分公司是在总公司概括授权范围内从事经营活动，只是对外所签合同为总公司标准合同，此时宜认定属分公司自己签订的合同。 **案例参考**：总公司与不具有资质的分公司签订的电梯安装工程承包合同效力	当向公司登记机关申请登记，领取营业执照。分公司不具有法人资格，其民事责任由公司承担。 **《民法典》** **第 74 条** 法人可以依法设立分支机构。法律、行政法规规定分支机构应当登记的，依照其规定。 分支机构以自己的名义从事民事活动，产生的民事责任由法人承担；也可以先以该分支机构管理的财产承担，不足以承担的，由法人承担。 **《市场主体登记管理条例》** **第 2 条** 本条例所称市场主体，是指在中华人民共和国境内以营利为目的从事经营活动的下列自然人、法人及非法人组织： （一）公司、非公司企业法人及其分支机构； （二）个人独资企业、合伙企业及其分支机构； （三）农民专业合作社（联合社）及其分支机构； （四）个体工商户； （五）外国公司分支机构； （六）法律、行政法规规定的其他市场主体。

修订后《公司法》及解读等	修订前《公司法》及关联规定
如何认定？(北海某房地产公司与广州某电梯公司买卖合同纠纷案)① 　　电梯被列为特种设备，因涉及广大人民群众的人身及财产安全，涉及公共利益，我国对电梯等特种设备的生产、安装及维护实行特别规定，进行严格管理，凡不符合规定的都予以禁止。《特种设备安全法》第18条规定"国家按照分类监督管理的原则对特种设备生产实行许可制度"、第22条规定"电梯的安装、改造、修理，必须由电梯制造单位或者其委托的依照本法取得相应许可的单位进行"，《公司登记管理条例》第47条规定"法律、行政法规或者国务院决定规定设立分公司必须报经批准，或者分公司经营范围中属于法律、行政法规或者国务院决定规定在登记前须经批准的项目的，还应当提交有关批准文件"。该案广西某电梯公司北海分公司的营业执照载明的经营范围是"受公司委托联系相关业务（依法须经批准的项目，经相关部门批准后方可开展经营活动）"，该分公司应具有相关部门颁发的《特种设备安装改造维修许可证》，方可进行电梯的安装、改造、维修工作。北海某房地产公司与广州某电梯公司签订的《电梯设备供货及安装合同》虽未约定不得分包、	**第23条**　市场主体设立分支机构，应当向分支机构所在地的登记机关申请登记。 **第32条第2款**　清算组应当自清算结束之日起30日内向登记机关申请注销登记。市场主体申请注销登记前，应当依法办理分支机构注销登记。

---

①　案号：广西壮族自治区北海市中级人民法院（2017）桂05民终747号民事判决书，载中国裁判文书网，最后访问时间：2023年12月16日。

修订后《公司法》及解读等	修订前《公司法》及关联规定
转包，但在广州某电梯公司与广西某电梯公司北海分公司签订《电（扶）梯安装工程承包合同》时及之后广西某电梯公司北海分公司交付电梯使用的过程中，该分公司无质量技术监督局颁发的《特种设备安装改造维修许可证》或取得有关批准文件，且该分公司在工程竣工前仍未获得电梯安装维保资质，故该合同违反法律、行政法规的强制性规定，应为无效。	
第三十九条 【虚假登记应予撤销】 虚报注册资本、提交虚假材料或者采取其他欺诈手段隐瞒重要事实取得公司设立登记的，公司登记机关应当依照法律、行政法规的规定予以撤销。 **解读：**本条是关于欺诈取得公司登记应予撤销的规定。原《公司法》第198条其他法律责任如罚款、吊销营业执照等内容，规定在修订后的公司法"法律责任"一章中，本条仅规定撤销登记事项。本条所规定的欺诈取得公司登记，是指违反《公司法》规定，以虚报注册资本、提交虚假材料或采取其他欺诈手段隐瞒重要事实取得公司登记。而"虚报注册资本"又主要有两种形式：一是注册资本完全虚假，随着注册资本认缴制的改革，为骗取公司登记而故意夸大资本数额的情形已几乎不存在了；二是注册资本部分虚假部分真实。"提交虚假材料"，是指行为人在申请设立公司登记	**《公司法》(2018年修正)** **第198条** 违反本法规定，虚报注册资本、提交虚假材料或者采取其他欺诈手段隐瞒重要事实取得公司登记的，由公司登记机关责令改正，对虚报注册资本的公司，处以虚报注册资本金额百分之五以上百分之十五以下的罚款；对提交虚假材料或者采取其他欺诈手段隐瞒重要事实的公司，处以五万元以上五十万元以下的罚款；情节严重的，撤销公司登记或者吊销营业执照。 **《市场主体登记管理条例》** **第40条** 提交虚假材料或者采取其他欺诈手段隐瞒重要事实取得市场主体登记的，受虚假市场主体登记影响的自然人、法人和其他组织可以向

修订后《公司法》及解读等	修订前《公司法》及关联规定
时，向公司登记机关提交的公司登记申请书、公司章程等材料存在不真实情况（全部不真实，或部分真实部分虚假）。譬如设立申请书中股东出资额的验资证明是虚构的，或者从事特种行业所提交的有关部门的批准文件是伪造的，等等。"其他欺诈手段"，是指虚报注册资本、提交虚假证明文件以外的手段。隐瞒的"重要事实"，系指除注册资本、证明文件外足以影响公司登记的事实。 **案例参考：**帮助他人设立注册资金虚假的公司应当如何承担民事责任？（最高人民法院关于对帮助他人设立注册资金虚假的公司应当如何承担民事责任的请示的答复） 　　鞍福公司成立时，借用砖桥贸易城的资金登记注册，虽然该资金在鞍福公司成立后即被抽回，但鞍福公司并未被撤销，其民事主体资格仍然存在，可以作为诉讼当事人。如果确认鞍福公司应当承担责任，可以判决并未实际出资的设立人承担连带清偿责任。砖桥贸易城的不当行为，虽然没有直接给当事人造成损害后果，但由于其行为，使得鞍福公司得以成立，并从事与之实际履行能力不相适应的交易活动，给他人造成不应有的损害后果。因此，砖桥贸易城是有过错的。砖桥贸易城应在鞍福公司注册资金不实的范围内承担补充赔偿责任。	登记机关提出撤销市场主体登记的申请。 　　登记机关受理申请后，应当及时开展调查。经调查认定存在虚假市场主体登记情形的，登记机关应当撤销市场主体登记。相关市场主体和人员无法联系或者拒不配合的，登记机关可以将相关市场主体的登记时间、登记事项等通过国家企业信用信息公示系统向社会公示，公示期为45日。相关市场主体及其利害关系人在公示期内没有提出异议的，登记机关可以撤销市场主体登记。 　　因虚假市场主体登记被撤销的市场主体，其直接责任人自市场主体登记被撤销之日起3年内不得再次申请市场主体登记。登记机关应当通过国家企业信用信息公示系统予以公示。 　　**第41条**　有下列情形之一的，登记机关可以不予撤销市场主体登记： 　　（一）撤销市场主体登记可能对社会公共利益造成重大损害； 　　（二）撤销市场主体登记后无法恢复到登记前的状态；

修订后《公司法》及解读等	修订前《公司法》及关联规定
	（三）法律、行政法规规定的其他情形。 第42条　登记机关或者其上级机关认定撤销市场主体登记决定错误的，可以撤销该决定，恢复原登记状态，并通过国家企业信用信息公示系统公示。 第44条　提交虚假材料或者采取其他欺诈手段隐瞒重要事实取得市场主体登记的，由登记机关责令改正，没收违法所得，并处5万元以上20万元以下的罚款；情节严重的，处20万元以上100万元以下的罚款，吊销营业执照。
第四十条　【企业信息公示系统公示事项】公司应当按照规定通过国家企业信用信息公示系统公示下列事项： （一）有限责任公司股东认缴和实缴的出资额、出资方式和出资日期，股份有限公司发起人认购的股份数； （二）有限责任公司股东、股份有限公司发起人的股权、股份变更信息； （三）行政许可取得、变更、注销等信息； （四）法律、行政法规规定的其他信息。 公司应当确保前款公示信息真实、准确、完整。	《民法典》 第66条　登记机关应当依法及时公示法人登记的有关信息。 《市场主体登记管理条例》 第40条　提交虚假材料或者采取其他欺诈手段隐瞒重要事实取得市场主体登记的，受虚假市场主体登记影响的自然人、法人和其他组织可以向登记机关提出撤销市场主体登记的申请。 登记机关受理申请后，应当及时开展调查。经调查认定

修订后《公司法》及解读等	修订前《公司法》及关联规定
解读：本条是关于公司通过公示系统公示事项的规定，属新增内容。通过统一的国家企业信用信息公示系统公示本条所涉事项，便于信息时代交易相对方及潜在的交易者对相关信息的获取，契合信息化时代商事外观主义的要求。需注意本条与前面第32条在主体与公示内容等方面的区别。主体方面，本条的义务主体为公司，而第32条的义务主体为登记机关。公示内容方面，本条需公示有限责任公司股东认缴和实缴的出资额、出资方式和出资日期，股份有限公司发起人认购的股份数；有限责任公司股东、股份有限公司发起人的股权、股份变更信息；行政许可取得、变更、注销等信息；法律、行政法规规定的其他信息，而第32条主要为公司登记事项。当然，二者在公示的节点上也有不同。	存在虚假市场主体登记情形的，登记机关应当撤销市场主体登记。相关市场主体和人员无法联系或者拒不配合的，登记机关可以将相关市场主体的登记时间、登记事项等通过国家企业信用信息公示系统向社会公示，公示期为45日。相关市场主体及其利害关系人在公示期内没有提出异议的，登记机关可以撤销市场主体登记。 因虚假市场主体登记被撤销的市场主体，其直接责任人自市场主体登记被撤销之日起3年内不得再次申请市场主体登记。登记机关应当通过国家企业信用信息公示系统予以公示。 **第42条** 登记机关或者其上级机关认定撤销市场主体登记决定错误的，可以撤销该决定，恢复原登记状态，并通过国家企业信用信息公示系统公示。
第四十一条 【优化公司登记】公司登记机关应当优化公司登记办理流程，提高公司登记效率，加强信息化建设，推行网上办理等便捷方式，提升公司登记便利化水平。	《市场主体登记管理条例》 **第6条** 国务院市场监督管理部门应当加强信息化建设，制定统一的市场主体登记数据和系统建设规范。

修订后《公司法》及解读等	修订前《公司法》及关联规定
国务院市场监督管理部门根据本法和有关法律、行政法规的规定，制定公司登记注册的具体办法。 **解读**：本条属新增条款，该条以国家法律的形式，吸收信息化建设成果，进一步强化公司登记的信息化建设，以适应网络时代进一步优化营商环境与推进"放、管、服"改革的需要，为市场主体提供更加高效、便捷的营商环境和办事平台，为社会公众更好监督提供便利途径。此外，《**市场主体登记管理条例**》第6条、第7条分别明确了国家、地方相应登记机关在优化登记流程、强化信息化建设中的具体要求，如国务院市场监督管理部门应制定统一的市场主体登记数据和系统建设，地方各级登记机关应推行当场办结、一次办结、限时办结等制度，通过实现集中办理、就近办理、网上办理、异地可办，不断提升市场主体登记便利化程度等。	县级以上地方人民政府承担市场主体登记工作的部门（以下称登记机关）应当优化市场主体登记办理流程，提高市场主体登记效率，推行当场办结、一次办结、限时办结等制度，实现集中办理、就近办理、网上办理、异地可办，提升市场主体登记便利化程度。 第7条 国务院市场监督管理部门和国务院有关部门应当推动市场主体登记信息与其他政府信息的共享和运用，提升政府服务效能。
第三章　有限责任公司的设立和组织机构	
第一节　设　立	
第四十二条　【股东人数】有限责任公司由一个以上五十个以下股东出资设立。 **解读**：本条是关于有限责任公司股东人数限制的规定。按照《民法典》第1259条关于计数语词含义的规定，"以上""以下""以内""届满"包括本数	《公司法》（2018年修正） 第24条　有限责任公司由五十个以下股东出资设立。 《民法典》 　　第1259条　民法所称的"以上"、"以下"、"以内"、"届满"，包括本数；所称的

修订后《公司法》及解读等	修订前《公司法》及关联规定
在内,即"一个以上"包括一个在内。就股东人数而言,修订后的《公司法》在原《公司法》基础上增加了"一个以上"的表述,但实际上并未有实质内容的变化。关于有限公司股东人数的上限,按照本条规定为50人,既可以是自然人,也可以是法人。而限定股东人数,主要在于有限责任公司是一种资合与人合性质兼有的公司,更多是基于股东之间的信任而建立起来的一种合作,人数太多不利于股东间的合作与信任,不利于有限责任公司的经营、决策。 **案例参考:夫妻以共同财产设立的公司且股东仅为夫妻二人,能否认定为一人有限责任公司?(熊某平、沈某霞申请执行人执行异议之诉案)**[①] 一人有限责任公司,是指只有一个自然人股东或者一个法人股东的有限责任公司。该案中,某公司虽系熊某平、沈某霞两人出资成立,但熊某平、沈某霞为夫妻,某公司设立于双方婚姻关系存续期间,且某公司工商登记备案资料中没有熊某平、沈某霞财产分割的书面证明或协议,熊某平、沈某霞亦未补充提交。可认定某公司的注册资本来源于熊某平、沈某霞的夫妻共同财产,某公司的全部股权属于熊某平、沈某霞婚后取得的财产,应归双方共同共有。某公司的	"不满"、"超过"、"以外",不包括本数。

---

① 案号:最高人民法院(2019)最高法民再372号裁定书,载中国裁判文书网,最后访问时间:2023年12月16日。

修订后《公司法》及解读等	修订前《公司法》及关联规定
全部股权实质来源于同一财产权,并为一个所有权共同享有和支配,该股权主体具有利益的一致性和实质的单一性。此外,一人有限责任公司区别于普通有限责任公司的特别规定在于"一人有限责任公司的股东不能证明公司财产独立于股东自己的财产的,应当对公司债务承担连带责任",即一人有限责任公司的法人人格否认适用举证责任倒置规则。如此规定,原因系一人有限责任公司只有一个股东,缺乏社团性和相应的公司机关,没有权力制衡的内部治理结构,缺乏内部监督。股东既是所有者,又是管理者,个人财产和公司财产极易混同,极易损害公司债权人利益。故通过举证责任倒置,强化一人有限责任公司的财产独立性,从而加强对债权人的保护。该案某公司由熊某平、沈某霞夫妻二人在婚姻关系存续期间设立,公司资产归熊某平、沈某霞共同共有,双方利益具有高度一致性,亦难以形成有效的内部监督。熊某平、沈某霞均实际参与公司的管理经营,夫妻其他共同财产与某公司财产亦容易混同,从而损害债权人利益。在此情况下,应将公司财产独立于股东自身财产的举证责任分配给股东熊某平、沈某霞。某公司与一人有限责任公司在主体构成和规范适用上具有高度相似性,二审法院认定某公司系实质意义上的一人有限责任公司并无不当。	

修订后《公司法》及解读等	修订前《公司法》及关联规定
第四十三条 【设立协议】有限责任公司设立时的股东可以签订设立协议，明确各自在公司设立过程中的权利和义务。 **解读**：本条是关于有限责任公司设立协议的规定。该条虽为新增条款，但实际上参考了股份有限责任公司的发起人协议的内容。发起人协议是股份有限公司设立中，全体发起人共同订立以确定设立的公司的基本性质和结构，明确设立过程中的法律关系及发起人之间的权利义务的协议。规定发起人协议，主要在于防止因各发起人权利义务的不明确，而导致股份有限公司无法设立或产生各种纠纷。同样，对于有限责任公司而言，股东在设立有限责任公司过程中，也可以对公司基本结构以及各股东在设立过程中的权利义务进行约定，为此，本条进行了规定。但需注意，本条规定的是"可以"签订设立协议，而股份有限公司相应规定中用的是"应当"签订发起人协议。另，基于《公司法司法解释三》第1条"为设立公司而签署公司章程、向公司认购出资或者股份并履行公司设立职责的人，应当认定为公司的发起人，包括有限责任公司设立时的股东"之规定，广义上的"发起人协议"即通常所谓的"发起人协议"，应包括股份有限责任公司发起人签订的"发起人协议"以及有限责任公司股东签订的"设立公司的协议"。	**《公司法司法解释三》** **第1条** 为设立公司而签署公司章程、向公司认购出资或者股份并履行公司设立职责的人，应当认定为公司的发起人，包括有限责任公司设立时的股东。

修订后《公司法》及解读等	修订前《公司法》及关联规定
案例参考：股东基于设立公司的协议（或发起人协议）产生的出资纠纷，能否根据合同管辖原则确立管辖法院？（宁夏某公司与上海某公司股东出资纠纷案）[①] 股东设立公司的协议（或发起人协议）的内容主要就是确认股东之间为筹建公司所进行协商的结果。设立行为的目的在于最终成立公司，使公司具有权利能力和行为能力，取得主体资格。该协议本质上应是一种合同。理由在于：第一，公司不能成立时，设立人或发起人要依据法律的规定，对外承担连带赔偿责任，对内要依据协议约定承担各自的责任；第二，公司成立后该协议由于已经完成了其历史使命而失去其法律效力。也就是说，无论公司成立与否，均存在该协议失效从而依据法律规定转化责任的问题。据此，应认为该协议就是设立人（发起人）之间的合同。该案中，从宁夏某公司依据设立协议起诉上海某公司的内容上看，并没有涉及第三人的问题，应将该协议定性为合同。简言之，股东依据发起人协议起诉其他股东不履行出资义务的，应将该协议作为发起人之间的合同，因此股东出资纠纷就具备合同纠纷的性质，应根据合同管辖原则确立管辖法院。就该案而言，由于未约定增资义务履行	

[①] 《中华人民共和国最高人民法院公报》2005年第7期。

修订后《公司法》及解读等	修订前《公司法》及关联规定
地,因此应以接受货币一方所在地即公司住所地作为履行地,公司住所地人民法院对案件有管辖权,当事人提出管辖异议的,应予驳回。	
第四十四条 【设立公司行为法律后果】有限责任公司设立时的股东为设立公司从事的民事活动,其法律后果由公司承受。 公司未成立的,其法律后果由公司设立时的股东承受;设立时的股东为二人以上的,享有连带债权,承担连带债务。 设立时的股东为设立公司以自己的名义从事民事活动产生的民事责任,第三人有权选择请求公司或者公司设立时的股东承担。 设立时的股东因履行公司设立职责造成他人损害的,公司或者无过错的股东承担赔偿责任后,可以向有过错的股东追偿。 **解读:** 本条是关于有限责任公司设立行为法律后果的规定。相较原《公司法》,本条虽属新增内容,但《民法典》第75条以及《公司法司法解释二》已有相关规定。关于公司设立人(包括有限责任公司股东,下同)的法律地位,存在不同学说观点,具有很大的复杂性。从实践角度看,对设立人法律地位的认识可从两个角度进行:第一,从设立人与设立中法人的关系看,设立人作为一个整体属于设立中法人的机关,对外代表	《民法典》 **第75条** 设立人为设立法人从事的民事活动,其法律后果由法人承受;法人未成立的,其法律后果由设立人承受,设立人为二人以上的,享有连带债权,承担连带债务。 设立人为设立法人以自己的名义从事民事活动产生的民事责任,第三人有权选择请求法人或者设立人承担。 《公司法司法解释三》 **第1条** 为设立公司而签署公司章程、向公司认购出资或者股份并履行公司设立职责的人,应当认定为公司的发起人,包括有限责任公司设立时的股东。 **第2条** 发起人为设立公司以自己名义对外签订合同,合同相对人请求该发起人承担合同责任的,人民法院应予支持;公司成立后合同相对人请求公司承担合同责任的,人民法院应予支持。 **第3条** 发起人以设立中

修订后《公司法》及解读等	修订前《公司法》及关联规定
设立中的法人从事设立活动。由于设立中的法人与成立后的法人是同一的，设立人因设立行为所产生的权利义务应归属于成立后的法人。第二，从设立人之间的关系看，设立人之于外部表征应属合伙，法人未能合法成立，设立人对因设立行为产生的义务对外承担连带责任；而设立人内部则为协议（合同）关系，对外承担责任后可按照协议内容分配权利义务。就本条规定具体而言，理解时需注意以下三点：1. 本条第1款的适用限定在股东以设立公司为目的而从事的民事活动。此时，一般应以公司名义从事有关民事活动，民事责任由成立后的法人承担。未以公司名义而是以自己名义从事的民事活动所产生的民事责任如何承担，应根据本条第3款规定确定。2. 股东从事的民事活动不限于民事法律行为。设立人为设立公司，需要对外签订民事合同，因合同订立、履行产生的义务和责任，均由成立后的法人承担。设立人为设立公司，还可能从事其他一些民事活动，其在履行设立职责过程中可能造成他人损失，产生赔偿责任，如建造办公场所可能造成他人损害的侵权责任、雇用工作人员可能存在的工伤赔偿等，这些责任亦应由成立后的法人承担。此时应按照本条第4款规定确定公司责任及追偿权利。3. 公司成立的，法律后果由法人承担；未成立的，法律后果	公司名义对外签订合同，公司成立后合同相对人请求公司承担合同责任的，人民法院应予支持。 公司成立后有证据证明发起人利用设立中公司的名义为自己的利益与相对人签订合同，公司以此为由主张不承担合同责任的，人民法院应予支持，但相对人为善意的除外。 第4条 公司因故未成立，债权人请求全体或者部分发起人对设立公司行为所产生的费用和债务承担连带清偿责任的，人民法院应予支持。 部分发起人依照前款规定承担责任后，请求其他发起人分担的，人民法院应当判令其他发起人按照约定的责任承担比例分担责任；没有约定责任承担比例的，按照约定的出资比例分担责任；没有约定出资比例的，按照均等份额分担责任。 因部分发起人的过错导致公司未成立，其他发起人主张其承担设立行为所产生的费用和债务的，人民法院应当根据过错情况，确定过错一方的责任范围。

第三章　有限责任公司的设立和组织机构 | 107

修订后《公司法》及解读等	修订前《公司法》及关联规定
由设立人承担。公司依法成立的，股东所实施的设立公司的行为，性质上应认定为设立中法人的机关从事的民事活动，相关法律后果当然由成立后的法人承担；公司未成立的，股东所实施的设立法人的行为，性质上应认定为设立人自己的活动，相关法律后果由设立人承担。股东为数人的，全体股东享有连带债权，承担连带债务。即本条第2款的规定。 **案例参考**：发起人签订合同就发起人与拟设立的公司约定民事权利义务，公司成立后已实际享有合同权利或履行合同义务，发起人请求公司承担合同责任的，应否支持？（格尔木某新能源公司与青海某新能源公司合同纠纷案）① 根据《公司法司法解释三》第2条的规定，发起人为设立公司以自己名义对外签订合同，合同相对人请求该发起人承担合同责任的，人民法院应予支持；公司成立后合同相对人请求公司承担合同责任的，人民法院应予支持。该案中，青海某新能源公司与西安某公司为实现合作目的，签订《合作框架协议书》设立目标公司格尔木某新能源公司，并就青海某新能源公司将案涉项目移交格尔木某新能源公司，以及格尔木某新能源公司向青海某新能源公司支付相应转让款作出	**第5条**　发起人因履行公司设立职责造成他人损害，公司成立后受害人请求公司承担侵权赔偿责任的，人民法院应予支持；公司未成立，受害人请求全体发起人承担连带赔偿责任的，人民法院应予支持。 公司或者无过错的发起人承担赔偿责任后，可以向有过错的发起人追偿。

---

① 案号：最高人民法院（2019）最高法民终211号判决书，载中国裁判文书网，最后访问时间：2023年12月17日。

修订后《公司法》及解读等	修订前《公司法》及关联规定
约定。青海某新能源公司已依据其与西安某公司《合作框架协议书》的约定，将案涉项目前期投资成果注入移交格尔木某新能源公司，格尔木某新能源公司已经支付部分费用，并已实际经营管理案涉风电场一期项目。格尔木某新能源公司虽然不是《合作框架协议书》的签订主体，但其系基于《合作框架协议书》而设立，并实际享有《合作框架协议书》为其约定的合同权利，且已履行部分合同义务，理应承担《合作框架协议书》约定的合同责任。格尔木某新能源公司知晓合同内容，已经接受了协议并按协议履行，《合作框架协议书》对格尔木某新能源公司有约束力，对于格尔木某新能源公司提出的其不是合同相对人故不承担合同责任的上诉理由，不予支持。	
第四十五条　【章程制定】设立有限责任公司，应当由股东共同制定公司章程。 **解读：**本条是关于公司章程制定的规定。较原《公司法》第 23 条，本条将公司章程的制定单独规定出来，可见修订后的《公司法》对公司章程的重视。公司章程，是指公司必须具备的，由设立公司的股东制定的，就公司重要事务及其组织活动作出具有规范性长期安排，对公司、股东、内部经营管理人员具有约束力的调整公司内部组织关系和经营行为的自治规则。公司章程是根据公司成员	《公司法》（2018 年修正） **第 23 条**　设立有限责任公司，应当具备下列条件： …… （三）股东共同制定公司章程； …… 《民法典》 **第 79 条**　设立营利法人应当依法制定法人章程。

修订后《公司法》及解读等	修订前《公司法》及关联规定
共同的民事法律行为而成立的，其内容对于《公司法》具有补充性和排除其中选择性条款的效力，实体上则构成了公司组织活动的基本准则，在公司一系列文件中处于宪章性的地位，是公司自治的根本规则。需注意，按照规定，公司章程应由公司股东共同制定。若是新设立的公司，则由参与设立的各个股东共同制定。所谓"共同制定"，指制定公司章程时，股东们需取得协商一致，有共同意思表示，以体现全体股东意志。 **案例参考：股东能否请求法院审查公司章程效力？（宋某国诉山东龙某化工机械集团有限公司股权确认纠纷上诉案）**[①] 公司章程在公司运作中具有十分重要的意义。公司自治理念通过对公司章程的规定得到了很大的体现，诸如公司章程条款中的任意性记载事项、公司法规范上的补充性规范授权公司章程另作规定等。但公司自治与国家干预应当保持适度的张力，对于滥用公司自治的章程条款股东有权提起司法审查。审查公司章程条款的效力，应当保持谨慎干预的司法态度，坚持制定和修改公司章程过程中股东平等原则，执行公司章程的利益兼顾原则等基本裁判标准，维持公司章程的有效性和公司运行的稳定性。	

[①] 丁俊峰、闫志旻：《股东请求法院审查公司章程的效力》，载《人民司法·案例》2010年第6期。

修订后《公司法》及解读等	修订前《公司法》及关联规定
第四十六条 【章程记载事项】有限责任公司章程应当载明下列事项： （一）公司名称和住所； （二）公司经营范围； （三）公司注册资本； （四）股东的姓名或者名称； （五）股东的出资额、出资方式和出资日期； （六）公司的机构及其产生办法、职权、议事规则； （七）公司法定代表人的产生、变更办法； （八）股东会认为需要规定的其他事项。 股东应当在公司章程上签名或者盖章。 解读：本条是关于公司章程记载事项的规定。公司章程所记载的事项可以分为必备事项和任意事项（有观点又进一步分为绝对必要记载事项、相对必要记载事项和任意记载事项）。必备事项是法律规定在公司章程中必须记载的事项，也称绝对必要事项，即本条第 1 款前 7 项规定的事项。任意事项是由公司自行决定是否记载的事项，包括公司有自主决定权的一些事项，即本条第 1 款第 8 项。相较原规定，除第 5 项表述上有一定调整外，其他主要体现在第 7 项，即由原来的"公司法定代表人"变更为"法定代表人的产生、变更办法"。如此变化，	《公司法》（2018 年修正） 第 25 条　有限责任公司章程应当载明下列事项： （一）公司名称和住所； （二）公司经营范围； （三）公司注册资本； （四）股东的姓名或者名称； （五）股东的出资方式、出资额和出资时间； （六）公司的机构及其产生办法、职权、议事规则； （七）公司法定代表人； （八）股东会会议认为需要规定的其他事项。 股东应当在公司章程上签名、盖章。 《市场主体登记管理条例》 第 9 条　市场主体的下列事项应当向登记机关办理备案： （一）章程或者合伙协议； （二）经营期限或者合伙期限； （三）有限责任公司股东或者股份有限公司发起人认缴的出资数额，合伙企业合伙人认缴或者实际缴付的出资数额、缴付期限和出资方式； （四）公司董事、监事、高

修订后《公司法》及解读等	修订前《公司法》及关联规定
在于指引公司不仅要考虑法定代表人的具体人员，更重要的是要立足长远，充分考量并重点设计法定代表人的产生、变动办法，通过制度选好人、管好人进而促进公司长期健康发展。原《公司法》规定公司章程应载明"法定代表人"，反映到公司章程的具体记载中表现为"法定代表人由执行董事或经理担任"。此时会产生如下问题：由于变更法定代表人非属公司重大事项，无须经三分之二以上表决权通过。但修改章程上的法定代表人姓名时，又可被认定为修改公司章程，这又属公司重大事项，需经三分之二以上表决权通过。为解决这一问题并基于前述着眼公司长远利益考量，本次《公司法》修订不再要求章程载明法定代表人具体姓名，而是载明其产生、变更办法。	级管理人员； （五）农民专业合作社（联合社）成员； （六）参加经营的个体工商户家庭成员姓名； （七）市场主体登记联络员、外商投资企业法律文件送达接受人； （八）公司、合伙企业等市场主体受益所有人相关信息； （九）法律、行政法规规定的其他事项。
第四十七条 【注册资本】有限责任公司的注册资本为在公司登记机关登记的全体股东认缴的出资额。**全体股东认缴的出资额由股东按照公司章程的规定自公司成立之日起五年内缴足。** 法律、行政法规以及国务院决定对有限责任公司注册资本实缴、注册资本最低限额、**股东出资期限**另有规定的，从其规定。 **解读：**本条是关于公司注册资本的规定，沿袭了原有内容，仍然规定为"认缴"而非"实缴"，即不要求注册资	《公司法》（2018年修正） **第26条** 有限责任公司的注册资本为在公司登记机关登记的全体股东认缴的出资额。 法律、行政法规以及国务院决定对有限责任公司注册资本实缴、注册资本最低限额另有规定的，从其规定。 **《市场主体登记管理条例》** **第8条** 市场主体的一般登记事项包括： （一）名称；

修订后《公司法》及解读等	修订前《公司法》及关联规定
一次性全部到位，股东可以在一定年限内缴清出资。但值得注意的是，本条进一步完善注册资本认缴制，明确有限责任公司股东自成立起5年内缴足出资，这相当于折中而成了"五年实缴制"，有助于维护资本充实和交易安全，减少"注水"情形，保障债权人利益。公司注册资本对公司的意义重大：一是提供了公司生产经营所需要的部分资本；二是系确定股东权利和义务的主要标准；三是作为公司对债权人的基本责任财产来源和基本信用担保。可以说，注册资本对于公司法人资格取得、公司生产经营活动顺利进行及保障债权人利益及交易安全，维护交易秩序均有着重要意义。需注意，第2款明确法律、行政法规以及国务院决定可以对有限责任公司股东出资期限作出特别规定，为重点行业领域设定短于5年的认缴期限留出制度空间。另根据第2款规定，虽然《公司法》不再对有限责任公司最低注册资本设定限制，但法律、行政法规及国务院决定对有限责任公司注册资本的最低限额另有规定的，仍应按照其规定，如《拍卖法》《商业银行法》等。如此规定，在于一些特定行业的经营需要的资本额较大，同时也为避免行业风险增大须严格控制资本额度不足的企业涉足，进而维护社会公共利益与稳定的市场秩序。	（二）主体类型； （三）经营范围； （四）住所或者主要经营场所； （五）注册资本或者出资额； （六）法定代表人、执行事务合伙人或者负责人姓名。 除前款规定外，还应当根据市场主体类型登记下列事项： （一）有限责任公司股东、股份有限公司发起人、非公司企业法人出资人的姓名或者名称； （二）个人独资企业的投资人姓名及居所； （三）合伙企业的合伙人名称或者姓名、住所、承担责任方式； （四）个体工商户的经营者姓名、住所、经营场所； （五）法律、行政法规规定的其他事项。 **第13条第1款** 除法律、行政法规或者国务院决定另有规定外，市场主体的注册资本或者出资额实行认缴登记制，以人民币表示。 **《市场主体登记管理条例实施细则》** **第13条** 申请人申请登记

修订后《公司法》及解读等	修订前《公司法》及关联规定
	的市场主体注册资本（出资额）应当符合章程或者协议约定。 市场主体注册资本（出资额）以人民币表示。外商投资企业的注册资本（出资额）可以用可自由兑换的货币表示。 依法以境内公司股权或者债权出资的，应当权属清楚、权能完整，依法可以评估、转让，符合公司章程规定。
第四十八条　【出资方式】股东可以用货币出资，也可以用实物、知识产权、土地使用权、**股权**、**债权**等可以用货币估价并可以依法转让的非货币财产作价出资；但是，法律、行政法规规定不得作为出资的财产除外。 　　对作为出资的非货币财产应当评估作价，核实财产，不得高估或者低估作价。法律、行政法规对评估作价有规定的，从其规定。 　　**解读**：本条是关于有限责任公司出资方式的规定，除增加"股权、债权"作为明确列举的出资方式外，其他内容并无变动。货币是股东最主要的出资方式，包括人民币、外币。非货币财产作为投资人重要的财产形态，亦应允许作为出资方式。在市场经济下，股权、债权均能以货币估价并可依法转让，而对出资方式限制过严，不利于社会经济发展，	《公司法》（2018年修正） 　　**第27条**　股东可以用货币出资，也可以用实物、知识产权、土地使用权等可以用货币财产作价出资；但是，法律、行政法规规定不得作为出资的财产除外。 　　对作为出资的非货币财产应当评估作价，核实财产，不得高估或者低估作价。法律、行政法规对评估作价有规定的，从其规定。 《公司法司法解释三》 　　**第11条**　出资人以其他公司股权出资，符合下列条件的，人民法院应当认定出资人已履行出资义务： 　　（一）出资的股权由出资人

修订后《公司法》及解读等	修订前《公司法》及关联规定
故在实物、知识产权、土地使用权外，明确规定允许以股权、债权方式出资。实际上，按照原规定，只要可以用货币估价并可以依法转让的非货币财产都可以用于出资。需注意，本条所谓"实物"是指房屋、机械设备、工具、原材料、零部件等有形财产，设立担保的实物或租赁他人的实物，一般不作为出资的财产。此外，以货币财产出资的，为确定股东的出资数额并计算公司注册资本总额，确定各股东出资在公司全部注册资本中所占的比例，应明确各股东取得收益、承担风险责任的依据；对以非货币财产出资的，必须评估作价，核实财产。因不同财产形态的评估作价方法、要求、规则及主管部门等存在区别，法律、行政法规对评估作价有规定的，要严格按照规定执行。 **案例参考**：股东作为公司的债权人，能否以"债转股"的方式完成增资？（安徽某公司与某纺机公司买卖合同纠纷案）① 股东可以用货币出资，也可以用实物、知识产权、土地使用权等可以用货币估价并可以依法转让的非货币财产作价出资。《公司注册资本登记管理规定》② 第 7 条规定："债权人可以将其依法享有的对在中国境内设立的公司的债权，	合法持有并依法可以转让； （二）出资的股权无权利瑕疵或者权利负担； （三）出资人已履行关于股权转让的法定手续； （四）出资的股权已依法进行了价值评估。 股权出资不符合前款第（一）、（二）、（三）项的规定，公司、其他股东或者公司债权人请求认定出资人未履行出资义务的，人民法院应当责令该出资人在指定的合理期间内采取补正措施，以符合上述条件；逾期未补正的，人民法院应当认定其未依法全面履行出资义务。 股权出资不符合本条第一款第（四）项的规定，公司、其他股东或者公司债权人请求认定出资人未履行出资义务的，人民法院应当按照本规定第九条的规定处理。 **《市场主体登记管理条例》** **第 13 条第 2 款**　出资方式应当符合法律、行政法规的规定。公司股东、非公司企业法人出资人、农民专业合作社

---

① 案号：最高人民法院（2020）最高法民终 303 号民事判决书，载中国裁判文书网，最后访问时间：2023 年 12 月 15 日。

② 该文件已失效，仅供读者研究参考，下文不再提示。

修订后《公司法》及解读等	修订前《公司法》及关联规定
转为公司股权。转为公司股权的债权应当符合下列情形之一：（一）债权人已经履行债权所对应的合同义务，且不违反法律、行政法规、国务院决定或者公司章程的禁止性规定……用以转为公司股权的债权有两个以上债权人的，债权人对债权应当已经作出分割。债权转为公司股权的，公司应当增加注册资本。"2016年5月9日，时任某汽车公司股东的某纺机公司、随州某公司、曾都某公司签订《增资协议》，约定经某纺机公司以债转股的形式向某汽车公司增资122085640元，增资后某纺机公司累计出资372085640元，债转股完成后，某纺机公司不再享有对某汽车公司122085640元的债权。某纺机公司向某汽车公司122085640元的增资，经债转股的形式已经实缴到位并于2016年6月30日在市工商行政管理局申请登记备案。同时，国家企业信用信息公示系统企业信用公示报告显示某纺机公司认缴出资和实缴37208.564万元，认缴出资方式为货币、债权和股权。2017年9月19日公示信息显示某汽车公司现股东出资全部已实缴，现有或原股东无未实缴出资的情形。安徽某公司关于"某纺机公司债权转股权的行为系虚假的，是不真实的，不合法的"上诉理由不能成立。	（联合社）成员不得以劳务、信用、自然人姓名、商誉、特许经营权或者设定担保的财产等作价出资。 **《公司注册资本登记管理规定》** 第5条 股东或者发起人可以用货币出资，也可以用实物、知识产权、土地使用权等可以用货币估价并可以依法转让的非货币财产作价出资。 股东或者发起人不得以劳务、信用、自然人姓名、商誉、特许经营权或者设定担保的财产等作价出资。 第6条 股东或者发起人可以以其持有的在中国境内设立的公司（以下称股权所在公司）股权出资。 以股权出资的，该股权应当权属清楚、权能完整、依法可以转让。 具有下列情形的股权不得用作出资： （一）已被设立质权； （二）股权所在公司章程约定不得转让； （三）法律、行政法规或者国务院决定规定，股权所在公司股东转让股权应当报经批

修订后《公司法》及解读等	修订前《公司法》及关联规定
	准而未经批准; （四）法律、行政法规或者国务院决定规定不得转让的其他情形。 **第7条** 债权人可以将其依法享有的对在中国境内设立的公司的债权，转为公司股权。 转为公司股权的债权应当符合下列情形之一： （一）债权人已经履行债权所对应的合同义务，且不违反法律、行政法规、国务院决定或者公司章程的禁止性规定； （二）经人民法院生效裁判或者仲裁机构裁决确认； （三）公司破产重整或者和解期间，列入经人民法院批准的重整计划或者裁定认可的和解协议。 用以转为公司股权的债权有两个以上债权人的，债权人对债权应当已经作出分割。 债权转为公司股权的，公司应当增加注册资本。 **第8条** 股东或者发起人应当以自己的名义出资。
第四十九条　【按期足额缴纳出资】 股东应当按期足额缴纳公司章程规定的各自所认缴的出资额。	《公司法》(2018年修正) **第28条** 股东应当按期足额缴纳公司章程中规定的各

修订后《公司法》及解读等	修订前《公司法》及关联规定
股东以货币出资的,应当将货币出资足额存入有限责任公司在银行开设的账户;以非货币财产出资的,应当依法办理其财产权的转移手续。 股东未按期足额缴纳出资的,除应当向公司足额缴纳外,还应当对给公司造成的损失承担赔偿责任。 **解读**:本条是关于股东按期足额缴纳出资的规定。原《公司法》第28条规定的股东出资义务的履行有两款,分别为按期足额缴纳出资、不按期缴纳出资的违约责任。这两款在本次《公司法》修订中被分割为本条以及第50条,本条对应为第1款即股东按期足额缴纳出资。股东应当严格按照公司章程的规定,按期足额缴纳自己所认缴的出资额。关于足额缴纳出资,具体包括:1. 以货币出资的,应按照章程规定的时间、金额,存入有限责任公司在银行开设的账户。一次性缴纳货币出资的,须一次性足额存入;分期缴纳的,须按期足额存入。2. 以非货币财产出资的,须进行作价评估,并依法办理转移财产权的手续。此处的手续,主要指过户手续。按照2014年颁布的《公司注册资本登记管理规定》的规定,作为股东或者发起人出资的非货币财产,应当由具有评估资格的资产评估机构评估作价后,由验资机构进行验资。换而言之,非货币财产的出资应当而非可以采取"评估作价",之前的	自所认缴的出资额。股东以货币出资的,应当将货币出资足额存入有限责任公司在银行开设的账户;以非货币财产出资的,应当依法办理其财产权的转移手续。 股东不按照前款规定缴纳出资的,除应当向公司足额缴纳外,还应当向已按期足额缴纳出资的股东承担违约责任。 《公司法司法解释三》 第7条 出资人以不享有处分权的财产出资,当事人之间对于出资行为效力产生争议的,人民法院可以参照民法典第三百一十一条的规定予以认定。 以贪污、受贿、侵占、挪用等违法犯罪所得的货币出资后取得股权的,对违法犯罪行为予以追究、处罚时,应当采取拍卖或者变卖的方式处置其股权。 第8条 出资人以划拨土地使用权出资,或者以设定权利负担的土地使用权出资,公司、其他股东或者公司债权人主张认定出资人未履行出资义务的,人民法院应当责令当事人在指定的合理期间内办理土

修订后《公司法》及解读等	修订前《公司法》及关联规定
"约定作价"原则上不再采用。此外，本条第3款为增加补足出资与损害赔偿责任的内容。	地变更手续或者解除权利负担；逾期未办理或者未解除的，人民法院应当认定出资人未依法全面履行出资义务。 第10条 出资人以房屋、土地使用权或者需要办理权属登记的知识产权等财产出资，已经交付公司使用但未办理权属变更手续，公司、其他股东或者公司债权人主张认定出资人未履行出资义务的，人民法院应当责令当事人在指定的合理期间内办理权属变更手续；在前述期间内办理了权属变更手续的，人民法院应当认定其已经履行了出资义务；出资人主张自其实际交付财产给公司使用时享有相应股东权利的，人民法院应予支持。 出资人以前款规定的财产出资，已经办理权属变更手续但未交付给公司使用，公司或者其他股东主张其向公司交付、并在实际交付之前不享有相应股东权利的，人民法院应予支持。 《全国法院民商事审判工作会议纪要》 6.【**股东出资应否加速到期**】在注册资本认缴制下，股

修订后《公司法》及解读等	修订前《公司法》及关联规定
	东依法享有期限利益。债权人以公司不能清偿到期债务为由，请求未届出资期限的股东在未出资范围内对公司不能清偿的债务承担补充赔偿责任的，人民法院不予支持。但是，下列情形除外： （1）公司作为被执行人的案件，人民法院穷尽执行措施无财产可供执行，已具备破产原因，但不申请破产的； （2）在公司债务产生后，公司股东（大）会决议或以其他方式延长股东出资期限的。 7.**【表决权能否受限】**股东认缴的出资未届履行期限，对未缴纳部分的出资是否享有以及如何行使表决权等问题，应当根据公司章程来确定。公司章程没有规定的，应当按照认缴出资的比例确定。如果股东（大）会作出不按认缴出资比例而按实际出资比例或者其他标准确定表决权的决议，股东请求确认决议无效的，人民法院应当审查该决议是否符合修改公司章程所要求的表决程序，即必须经代表三分之二以上表决权的股东通过。符合的，人民法院不予支持；反之，则依法予以支持。

修订后《公司法》及解读等	修订前《公司法》及关联规定
	《市场主体登记管理条例》 **第44条** 提交虚假材料或者采取其他欺诈手段隐瞒重要事实取得市场主体登记的,由登记机关责令改正,没收违法所得,并处5万元以上20万元以下的罚款;情节严重的,处20万元以上100万元以下的罚款,吊销营业执照。 **第45条** 实行注册资本实缴登记制的市场主体虚报注册资本取得市场主体登记的,由登记机关责令改正,处虚报注册资本金额5%以上15%以下的罚款;情节严重的,吊销营业执照。 实行注册资本实缴登记制的市场主体的发起人、股东虚假出资,未交付或者未按期交付作为出资的货币或者非货币财产的,或者在市场主体成立后抽逃出资的,由登记机关责令改正,处虚假出资金额5%以上15%以下的罚款。
第五十条 【设立时不按期出资的责任】有限责任公司设立时,股东未按照公司章程规定实际缴纳出资,或者实际出资的非货币财产的实际价额显著低于所认缴的出资额的,设立时的其他股东与该股东在出资不足的范围内承担连带责任。	《公司法》(2018年修正) **第28条第2款** 股东<u>不按照前款规定缴纳出资的,除</u>应当向公司足额缴纳外,<u>还应当向已按期足额缴纳出资的股东承担违约责任。</u>

修订后《公司法》及解读等	修订前《公司法》及关联规定
解读：本条是关于有限责任公司设立时股东不按期缴纳出资责任的规定。按期、足额缴纳出资，是股东的一项重要法定义务。所谓的按期、足额包括时间上要及时、数额上要充足。股东违反该项义务主要表现在没有按照公司章程规定的时间及时出资，或者没有按照公司章程规定的出资金额足额出资（包括非货币财产实际价额显著低于所认缴的出资额的情况），或者兼而有之。根据本条规定，有限责任公司设立时出现上述情况的需承担法律责任主体包括两类：一是相应股东补足出资差额。如前所述，该股东不按期足额缴纳出资的，不因此免除或减轻其按照公司章程规定应当履行缴纳出资义务的责任。二是其他股东的连带责任。需注意，这里的连带责任仅针对"有限责任公司设立时"的情形，而不应扩大化。《公司法司法解释三》第13条第3款亦有类似规定，并明确了承担连带责任后相应的追偿权。 **案例参考**：已出资并经评估的知识产权后被宣告无效的，出资人是否需补足出资？（青海某生物公司、北京某生物公司公司增资纠纷案）① 根据《公司法》的规定，股东可以用知识产权等可以用货币估价并可以依法转让的非货币财产作价出资，对作为出资的非货币财产应当评估作价，核实财产，不得高估或者低估作价。《公司法	**第30条** 有限责任公司成立后，发现作为设立公司出资的非货币财产的实际价额显著低于公司章程所定价额的，应当由交付该出资的股东补足其差额；公司设立时的其他股东承担连带责任。 《公司法司法解释三》 **第9条** 出资人以非货币财产出资，未依法评估作价，公司、其他股东或者公司债权人请求认定出资人未履行出资义务的，人民法院应当委托具有合法资格的评估机构对该财产评估作价。评估确定的价额显著低于公司章程所定价额的，人民法院应当认定出资人未依法全面履行出资义务。 **第13条** 股东未履行或者未全面履行出资义务，公司或者其他股东请求其向公司依法全面履行出资义务的，人民法院应予支持。 公司债权人请求未履行或者未全面履行出资义务的股东在未出资本息范围内对公司债务不能清偿的部分承担补充赔偿责任的，人民法院应予支持；未履行或者未全面履行出

---

① 案号：最高人民法院（2019）最高法民终959号判决书，载中国裁判文书网，最后访问时间：2023年12月17日。

修订后《公司法》及解读等	修订前《公司法》及关联规定
司法解释三》第15条亦规定，出资人以符合法定条件的非货币财产出资后，因市场变化或者其他客观因素导致出资财产贬值，该出资人不承担补足出资责任，除非当事人另有约定。据此，出资人以知识产权出资的，知识产权的价值由出资时所作评估确定，出资人不对其后因市场变化或其他客观因素导致的贬值承担责任，除非当事人另有约定。该案中，北京某生物公司于2010年委托北京某评估公司对其所有的知识产权价值进行了评估，并据此增资入股至青海某生物公司，双方未作其他约定。随后，青海某生物公司召开股东会会议，决议同意北京某生物公司以知识产权评估作价1300万元入股青海某生物公司，并履行了股东变更工商登记手续。上述事实表明，北京某生物公司的出资严格遵循了《公司法》对知识产权出资的要求。青海某生物公司未能提交证据证明北京某生物公司存在明知其知识产权会被宣告无效的恶意情形，亦未能证明评估存在违法情形，现以案涉知识产权被确认无效，要求北京某生物公司承担补足出资和赔偿损失的责任，缺乏事实和法律依据，不应予以支持。一审法院认定北京某生物公司增资到位，判令驳回青海某生物公司对北京某生物公司、殷某、张某的诉讼请求，处理正确，予以维持。	资义务的股东已经承担上述责任，其他债权人提出相同请求的，人民法院不予支持。 股东在公司设立时未履行或者未全面履行出资义务，依照本条第一款或者第二款提起诉讼的原告，请求公司的发起人与被告股东承担连带责任的，人民法院应予支持；公司的发起人承担责任后，可以向被告股东追偿。 股东在公司增资时未履行或者未全面履行出资义务，依照本条第一款或者第二款提起诉讼的原告，请求未尽公司法第一百四十七条第一款规定的义务而使出资未缴足的董事、高级管理人员承担相应责任的，人民法院应予支持；董事、高级管理人员承担责任后，可以向被告股东追偿。 **第15条** 出资人以符合法定条件的非货币财产出资后，因市场变化或者其他客观因素导致出资财产贬值，公司、其他股东或者公司债权人请求该出资人承担补足出资责任的，人民法院不予支持。但是，当事人另有约定的除外。

修订后《公司法》及解读等	修订前《公司法》及关联规定
第五十一条　【董事会资本充实责任】有限责任公司成立后，董事会应当对股东的出资情况进行核查，发现股东未按期足额缴纳公司章程规定的出资的，应当由公司向该股东发出书面催缴书，催缴出资。 　　未及时履行前款规定的义务，给公司造成损失的，负有责任的董事应当承担赔偿责任。 　　**解读**：本条是关于催缴出资及相应董事责任的规定，属本次修订的新增内容。董事对债权人具有信义义务，相较于公司出现股东抽逃出资等问题后的整改与事后弥补，本条意在督促公司以及董事会、董事在发展前期尽可能催促股东按期完成出资，避免部分股东在公司出现危机时逃避履行出资义务，给公司及利害关系人造成更大损失。本条将对股东出资情况的核查义务责任主体设定为"董事会"，并通过第2款明确相应董事的赔偿责任，有利于督促董事及时履行催缴出资义务，进一步强化债权人等相关主体的利益保护，提升解决出资认缴难题的有效性。此外，也有助于提升董事会对公司的资本话语权。	
第五十二条　【股东催缴失权制度】股东未按照公司章程规定的出资日期缴纳出资，公司依照前条第一款规定发出书面催缴书催缴出资的，可以载明缴纳出资的宽限期；宽限期自公司发出催缴书之日起，不得少于六十日。宽限期届满，	《公司法司法解释三》 　　第16条　股东未履行或者未全面履行出资义务或者抽逃出资，公司根据公司章程或者股东会决议对其利润分配请求权、新股优先认购权、剩余

修订后《公司法》及解读等	修订前《公司法》及关联规定
股东仍未履行出资义务的，公司经董事会决议可以向该股东发出失权通知，通知应当以书面形式发出。自通知发出之日起，该股东丧失其未缴纳出资的股权。 依照前款规定丧失的股权应当依法转让，或者相应减少注册资本并注销该股权；六个月内未转让或者注销的，由公司其他股东按照其出资比例足额缴纳相应出资。 股东对失权有异议的，应当自接到失权通知之日起三十日内，向人民法院提起诉讼。 **解读**：本条属本次修订新增的关于公司出资宽限期及失权制度等的规定。该条虽参考借鉴了《公司法司法解释三》第16条、第17条相关规定，但制度上的突破仍然明显。实践中，前条对相应股东催缴出资的实际效果将受到以下因素的限制。首先，董事会只能在股东已认缴出资的金额内催缴，超出已认缴范围，则须经股东会决议增加注册资本。董事会也无权超出现有股东的范围去筹集资本。其次，董事会只能在章程预先设立的股东催缴时间区间内催缴，除非章程赋予董事会根据经营需要任意催缴。最后，如果董事会成员与股东高度重合，或者受股东全面控制，那么，当股东无意愿催缴时，期待董事会以公司利益至上的立场向股东催缴是不现实的。因此，有必要通过本条针对股东规定催缴失权制度。一方面，从公司契约理论的角度来看，	财产分配请求权等股东权利作出相应的合理限制，该股东请求认定该限制无效的，人民法院不予支持。 **第17条** 有限责任公司的股东未履行出资义务或者抽逃全部出资，经公司催告缴纳或者返还，其在合理期间内仍未缴纳或者返还出资，公司以股东会决议解除该股东的股东资格，该股东请求确认该解除行为无效的，人民法院不予支持。 在前款规定的情形下，人民法院在判决时应当释明，公司应当及时办理法定减资程序或者由其他股东或者第三人缴纳相应的出资。在办理法定减资程序或者其他股东或者第三人缴纳相应的出资之前，公司债权人依照本规定第十三条或者第十四条请求相关当事人承担相应责任的，人民法院应予支持。 **第13条** 股东未履行或者未全面履行出资义务，公司或者其他股东请求其向公司依法全面履行出资义务的，人民法院应予支持。 公司债权人请求未履行或者未全面履行出资义务的股东

修订后《公司法》及解读等	修订前《公司法》及关联规定
股东与公司之间存在以缴纳出资与接受出资为内容的合同关系，不依法履行出资义务，公司通过组织法形成解除合同的意思表示并遵循一定程序性要件后可"解除合同"。另一方面，有限责任公司封闭程度较高，建立催缴失权制度有助于督促股东及时缴纳出资，切实保障公司和其他利害关系人利益。此外，为平衡股东权益保护，本条第3款同时明确了失权股东的异议程序，即自接到失权通知之日起30日内提起诉讼。 **案例参考**：未履行完毕出资义务的股东，请求公司收购（回购）其股份的权利应否受到限制？（伍某与湖南某医疗公司请求公司收购股份纠纷案）[①] 　　出资是股东最基本的义务，是取得股东资格的前提条件之一，也是《公司法》对股东最基本的要求。股东对股东权利的行使应当以履行股东义务为前提，未履行出资义务的股东其所享有的股东权利应当受到限制。该案中，伍某作为湖南某医疗公司的股东，在没有履行完毕出资义务时，请求公司收购其股份的权利应当受到限制，伍某称已实缴出资75.6万元并提交湖南某医疗公司2016年年报作为证据证明，但伍某未提供其他直接证据证明实际出资情况，故对此不予认可。伍某诉请判令湖南某医疗公司回	在未出资本息范围内对公司债务不能清偿的部分承担补充赔偿责任的，人民法院应予支持；未履行或者未全面履行出资义务的股东已经承担上述责任，其他债权人提出相同请求的，人民法院不予支持。 　　股东在公司设立时未履行或者未全面履行出资义务，依照本条第一款或者第二款提起诉讼的原告，请求公司的发起人与被告股东承担连带责任的，人民法院应予支持；公司的发起人承担责任后，可以向被告股东追偿。 　　股东在公司增资时未履行或者未全面履行出资义务，依照本条第一款或者第二款提起诉讼的原告，请求未尽公司法第一百四十七条第一款规定的义务而使出资未缴足的董事、高级管理人员承担相应责任的，人民法院应予支持；董事、高级管理人员承担责任后，可以向被告股东追偿。 　　**第14条**　股东抽逃出资，公司或者其他股东请求其向公司返还出资本息、协助抽逃出

[①] 案号：湖南省长沙市中级人民法院（2019）湘01民终8785号判决书，载中国裁判文书网，最后访问时间：2023年12月17日。

修订后《公司法》及解读等	修订前《公司法》及关联规定
购其持有湖南某医疗公司的12.6%股份，回购股份价格以湖南某医疗公司的实际价值为标准（暂定126万元），违反相关法律规定且不符合公司股东权利义务的对等，不予支持。	资的其他股东、董事、高级管理人员或者实际控制人对此承担连带责任的，人民法院应予支持。 公司债权人请求抽逃出资的股东在抽逃出资本息范围内对公司债务不能清偿的部分承担补充赔偿责任、协助抽逃出资的其他股东、董事、高级管理人员或者实际控制人对此承担连带责任的，人民法院应予支持；抽逃出资的股东已经承担上述责任，其他债权人提出相同请求的，人民法院不予支持。
第五十三条 【不得抽逃出资】公司成立后，股东不得抽逃出资。 违反前款规定的，股东应当返还抽逃的出资；给公司造成损失的，负有责任的董事、监事、高级管理人员应当与该股东承担连带赔偿责任。 解读：本条是关于股东不得抽逃出资的规定。股东出资是公司设立并从事生产经营活动的物质基础。公司一旦成立，股东的出资就成为公司财产，成为公司对外承担债务责任的保证。换言之，股东不得抽逃出资义务是资本维持原则的体现，即公司在其存续过程中，应当经常保持与其资本额相当的财产。本条对此进行了明确。本条第1款沿袭原《公司法》第35条内容，明确股东在公司成立后	《公司法》（2018年修正） 第35条 公司成立后，股东不得抽逃出资。 《公司法司法解释三》 第12条 公司成立后，公司、股东或者公司债权人以相关股东的行为符合下列情形之一且损害公司权益为由，请求认定该股东抽逃出资的，人民法院应予支持： （一）制作虚假财务会计报表虚增利润进行分配； （二）通过虚构债权债务关系将其出资转出； （三）利用关联交易将出资转出；

修订后《公司法》及解读等	修订前《公司法》及关联规定
不得抽逃出资。修订前的《公司法》就股东抽逃出资承担的责任一般为返还出资、在抽逃出资范围内对公司不能清偿的债务承担连带补充赔偿责任等。但实践中，若债权人不主张，股东内部很少会出现对抽逃出资追责的情形。为此，本条将抽逃出资的法律责任补充完整，并且强化了董事、监事、高级管理人员的责任。简而言之，即对抽逃出资的法律责任包括返还出资，加收利息；造成损失，赔偿损失；董事、监事、高级管理人员怠于履职，连带赔偿。此外，原《公司法》及司法解释要求协助抽逃出资的董事、监事、高级管理人员才承担连带责任，本条第2款并未要求"协助"这一要件，即因不作为造成公司损失的亦需承担赔偿责任。且该款规定的责任主体较《公司法司法解释三》第14条第1款增加了"监事"，删除了"实际控制人"，但责任形态仍为连带责任。 **案例参考**：公司增资时未进行登记但已成为公司财产的出资，是否属抽逃出资的范畴？（万某某诉丽江某公司等股东资格确认纠纷案）① 股东不得抽逃出资是《公司法》的一项基本制度和原则，《公司法》对此作了明确规定。股东向公司出资后，出资财产即转变为公司的法人财产。股东从公司抽回出资，会减少公司资本，动摇公	（四）其他未经法定程序将出资抽回的行为。 **第14条** 股东抽逃出资，公司或者其他股东请求其向公司返还出资本息、协助抽逃出资的其他股东、董事、高级管理人员或者实际控制人对此承担连带责任的，人民法院应予支持。 公司债权人请求抽逃出资的股东在抽逃出资本息范围内对公司债务不能清偿的部分承担补充赔偿责任、协助抽逃出资的其他股东、董事、高级管理人员或者实际控制人对此承担连带责任的，人民法院应予支持；抽逃出资的股东已经承担上述责任，其他债权人提出相同请求的，人民法院不予支持。 **第17条** 有限责任公司的股东未履行出资义务或者抽逃全部出资，经公司催告缴纳或者返还，其在合理期间内仍未缴纳或者返还出资，公司以股东会决议解除该股东的股东资格，该股东请求确认该解除行为无效的，人民法院不予支持。

---

① 案号：最高人民法院（2014）民提字第00054号裁定书，载中国裁判文书网，最后访问时间：2023年12月15日。

修订后《公司法》及解读等	修订前《公司法》及关联规定
司的独立法人地位，侵害公司、其他股东和公司债权人的利益，因而为法律所严禁。该案中，万某某打入丽江某公司账户的 510 万元性质上为出资款，且为公司章程所确认，该 510 万元进入丽江某公司的账户后，即成为丽江某公司的法人财产，无论是万某某主动要求丽江某公司将其出资转变为借款，还是唐某 1 代表丽江某公司向万某某出具《借条》并将出资作为借款偿还，抑或是万某某与丽江某公司协商一致，将出资转变为借款而归还，本质上都是改变万某某对丽江某公司出资性质的违法行为，都会导致万某某抽逃出资并退股的法律后果，这是有违《公司法》的禁止性规定的，因而上述行为均应无效，万某某的股东身份自然也不应因此种无效行为而改变。该案尤其需要强调的是，抽逃出资并不限于抽逃注册资本中已经实缴的出资，在公司增资的情况下，股东抽逃尚未经工商部门登记但已经成为公司法人财产的出资同样属于抽逃出资的范畴，亦在《公司法》禁止之列。故此，二审法院关于丽江某公司并未将万某某出资的 510 万元登记为公司注册资本，丽江某公司或者万某某将 510 万元转变为借款并非抽逃出资的认定不当，法院予以纠正。	在前款规定的情形下，人民法院在判决时应当释明，公司应当及时办理法定减资程序或由其他股东或者第三人缴纳相应的出资。在办理法定减资程序或者其他股东或者第三人缴纳相应的出资之前，公司债权人依照本规定第十三条或者第十四条请求相关当事人承担相应责任的，人民法院应予支持。 第 19 条 公司股东未履行或者未全面履行出资义务或者抽逃出资，公司或者其他股东请求其向公司全面履行出资义务或者返还出资，被告股东以诉讼时效为由进行抗辩的，人民法院不予支持。 公司债权人的债权未过诉讼时效期间，其依照本规定第十三条第二款、第十四条第二款的规定请求未履行或者未全面履行出资义务或者抽逃出资的股东承担赔偿责任，被告股东以出资义务或者返还出资义务超过诉讼时效期间为由进行抗辩的，人民法院不予支持。 《全国法院民商事审判工作会议纪要》 5.【与目标公司"对赌"】投资方与目标公司订立的"对赌协议"在不存在法定无效事由

修订后《公司法》及解读等	修订前《公司法》及关联规定
	的情况下，目标公司仅以存在股权回购或者金钱补偿约定为由，主张"对赌协议"无效的，人民法院不予支持，但投资方主张实际履行的，人民法院应当审查是否符合公司法关于"股东不得抽逃出资"及股份回购的强制性规定，判决是否支持其诉讼请求。 　　投资方请求目标公司回购股权的，人民法院应当依据《公司法》第35条关于"股东不得抽逃出资"或者第142条关于股份回购的强制性规定进行审查。经审查，目标公司未完成减资程序的，人民法院应当驳回其诉讼请求。 　　投资方请求目标公司承担金钱补偿义务的，人民法院应当依据《公司法》第35条关于"股东不得抽逃出资"和第166条关于利润分配的强制性规定进行审查。经审查，目标公司没有利润或者虽有利润但不足以补偿投资方的，人民法院应当驳回或者部分支持其诉讼请求。今后目标公司有利润时，投资方还可以依据该事实另行提起诉讼。

修订后《公司法》及解读等	修订前《公司法》及关联规定
第五十四条 【出资加速到期】公司不能清偿到期债务的，公司或者已到期债权的债权人有权要求已认缴出资但未届出资期限的股东提前缴纳出资。 解读：本条系新增的关于股东认缴出资加速到期制度的规定。该制度虽属新增内容，但在公司法理论和实践中早已不是新的话题。公司不能清偿到期债务时股东出资加速到期制度，《全国法院民商事审判工作会议纪要》第6条从最小的成本解决角度出发，欲在股东期限利益受保护与禁止权利滥用原则之间找到平衡，避免因个案债权而动全身，规定了股东出资加速到期的两种情形。本条并未明确债权人主张未届出资期限的股东提前缴纳出资的资金归属问题，提前缴纳的出资是归入公司资产对所有债权人公平受偿，抑或是对主张加速到期的债权人个别清偿不甚明确。结合引发股东出资义务加速到期之原因、债权人主张加速到期的动力及引发其他债权人申请破产等因素，倾向认为股东提前缴纳的出资应对申请债权人个别清偿。关于该条中"不能清偿到期债务的"认定，可参照《企业破产法司法解释一》第2条之规定，当债权债务关系依法成立、债务履行期限已经届满、债务人未完全清偿债务三种情形同时存在时，认定债务人不能清偿到期债务。	《企业破产法》 第35条 人民法院受理破产申请后，债务人的出资人尚未完全履行出资义务的，管理人应当要求该出资人缴纳所认缴的出资，而不受出资期限的限制。 《企业破产法司法解释一》 第2条 下列情形同时存在的，人民法院应当认定债务人不能清偿到期债务： （一）债权债务关系依法成立； （二）债务履行期限已经届满； （三）债务人未完全清偿债务。 《公司法司法解释二》 第22条第1款 公司解散时，股东尚未缴纳的出资均应作为清算财产。股东尚未缴纳的出资，包括到期应缴未缴的出资，以及依照公司法第二十六条和第八十条的规定分期缴纳尚未届满缴纳期限的出资。 《全国法院民商事审判工作会议纪要》 6.【股东出资应否加速到期】在注册资本认缴制下，股

修订后《公司法》及解读等	修订前《公司法》及关联规定
	东依法享有期限利益。债权人以公司不能清偿到期债务为由，请求未届出资期限的股东在未出资范围内对公司不能清偿的债务承担补充赔偿责任的，人民法院不予支持。但是，下列情形除外： （1）公司作为被执行人的案件，人民法院穷尽执行措施无财产可供执行，已具备破产原因，但不申请破产的； （2）在公司债务产生后，公司股东（大）会决议或以其他方式延长股东出资期限的。
第五十五条 【出资证明书记载事项】有限责任公司成立后，应当向股东签发出资证明书，记载下列事项： （一）公司名称； （二）公司成立日期； （三）公司注册资本； （四）股东的姓名或者名称、**认缴和实缴**的出资额、**出资方式**和出资日期； （五）出资证明书的编号和核发日期。 出资证明书**由法定代表人签名**，并由公司盖章。 **解读**：本条是关于有限责任公司出资证明书的规定。本次修订增加了"出资证明书由法定代表人签名"及出资证明书应当载明"认缴和实缴的出资额、出资方式"的规定。出资证明书，是由公司	《公司法》（2018年修正） **第31条** 有限责任公司成立后，应当向股东签发出资证明书。 ~~出资证明书应当~~载明下列事项： （一）公司名称； （二）公司成立日期； （三）公司注册资本； （四）股东的姓名或者名称、缴纳的出资额和出资日期； （五）出资证明书的编号和核发日期。 出资证明书由公司盖章。 《公司法司法解释三》 **第23条** 当事人依法履行

修订后《公司法》及解读等	修订前《公司法》及关联规定
签发，证明股东已经履行出资义务的法律文件。出资证明书是投资人成为有限责任公司股东，并依法享有股东权利、承担股东义务的法律凭证。基于本条规定可知，向股东签发出资证明书是有限责任公司的义务，且其签发只能发生在有限责任公司成立之后。基于出资证明书的法律性质，可知其具有以下效力：一是具有证明有限责任公司股东资格的效力；二是具有股东权利、义务范围的效力；三是交付出资证明书，是出资转让的要件之一。另需注意，本条第2款对出资证明书的形式要件，增加了"由法定代表人签名"的规定。也就是说，按照新的规定，出资证明书只有经过法定代表人签字并加盖公司印章后，才能产生法律效力。	出资义务或者依法继受取得股权后，公司未根据公司法第三十一条、第三十二条的规定签发出资证明书、记载于股东名册并办理公司登记机关登记，当事人请求公司履行上述义务的，人民法院应予支持。 **第24条第3款** 实际出资人未经公司其他股东半数以上同意，请求公司变更股东、签发出资证明书、记载于股东名册、记载于公司章程并办理公司登记机关登记的，人民法院不予支持。 **《最高人民法院关于人民法院强制执行股权若干问题的规定》** **第17条** 在审理股东资格确认纠纷案件中，当事人提出要求公司签发出资证明书、记载于股东名册并办理公司登记机关登记的诉讼请求且其主张成立的，人民法院应当予以支持；当事人未提出前述诉讼请求的，可以根据案件具体情况向其释明。 生效法律文书仅确认股权属于当事人所有，当事人可以持该生效法律文书自行向股权所在公司、公司登记机关申请办理股权变更手续；向人民法院申请强制执行的，不予受理。

第三章 有限责任公司的设立和组织机构 | 133

修订后《公司法》及解读等	修订前《公司法》及关联规定
第五十六条　【股东名册记载事项】 有限责任公司应当置备股东名册，记载下列事项： （一）股东的姓名或者名称及住所； （二）股东**认缴和实缴**的出资额、出资方式和出资日期； （三）出资证明书编号； （四）**取得和丧失股东资格的日期。** 记载于股东名册的股东，可以依股东名册主张行使股东权利。 **解读：**本条是关于有限责任公司股东名册的规定。相较原规定，本条明确了"股东认缴和实缴的出资额、出资方式和出资日期""取得和丧失股东资格的日期"属于股东名册记载事项。如此，更有利于具体确定股东出资义务的履行及明确股东资格的取得与丧失时间。此外，本条第2款还明确了股东名册的推定效力，即"记载于股东名册的股东，可以依股东名册主张行使股东权利"。股东名册，指记载有限责任公司的股东个人情况及其所缴纳的出资额等事项的簿册。设置股东名册是有限责任公司的法定义务。既然仅在对公司之关系中，股东资格概念才具有意义，则本条之依股东名册来行使股东权利，所针对的也只能是对公司之关系。考察原《公司法》之规定，围绕股东资格之取得，在公司设立时存在一系列的程序性环节与要素，包括出资证明书之签发、股东名册之记载、公司章程之载明以及公司登记机关之登记，	《公司法》（2018年修正） **第32条第1款、第2款** 有限责任公司应当置备股东名册，记载下列事项： （一）股东的姓名或者名称及住所； （二）股东的出资额； （三）出资证明书编号。 记载于股东名册的股东，可以依股东名册主张行使股东权利。 **《最高人民法院关于人民法院强制执行股权若干问题的规定》** **第4条**　人民法院可以冻结下列资料或者信息之一载明的属于被执行人的股权： （一）股权所在公司的章程、股东名册等资料； （二）公司登记机关的登记、备案信息； （三）国家企业信用信息公示系统的公示信息。 案外人基于实体权利对被冻结股权提出排除执行异议的，人民法院应当依照民事诉讼法第二百二十七条的规定进行审查。 **第17条**　在审理股东资格确认纠纷案件中，当事人提出要求公司签发出资证明书、

修订后《公司法》及解读等	修订前《公司法》及关联规定
这些程序性环节均具有外部形式性特征。其中，由国家机关性质的登记机关来执掌公司的登记程序，更能保障登记的真实性，而股东名册的设置与掌管，均由公司自己来承担，且股东名册可以脱离公司章程，在设置、变更以及更正等程序运作上具有一定的独立性，其程序相对来说更为简便。故相较而言，以股东名册作为公司内部确定股东资格的标准，更符合公司内部的运行逻辑，更符合其效率与成本规则。这是确立股东名册标准的内在理路。在股东资格争议案件中，股东名册之推定效力意味着，记载于股东名册中的主体只需援引该记载，即已完成其举证负担，而处于攻击地位的其他主体，则须提出股东名册以外的其他证据，以推翻股东名册之记载。只有在其他主体提出有效攻击证据后，股东名册所记载之主体才需进一步提出其他证据，来捍卫自己的股东地位。只有如此理解，才能有股东名册在公司运行上的制度意义，在功能上形成合乎逻辑的体系。此外，股东名册并不是以其记载来确定股东权身份，即股东名册不是确定谁为真正股东的"权利所在的依据"，而不过是确定谁可以无举证地主张股东权的"形式上资格的根据"。有权主张股东名册权利推定效力的主体只限于公司或者股东，除此之外的第三人不能仅以股东名册的记载主张推定股东身份，同时若有人对股东名册有异议，异议者负担举证责任证明其不是真正的股东。	记载于股东名册并办理公司登记机关登记的诉讼请求且其主张成立的，人民法院应当予以支持；当事人未提出前述诉讼请求的，可以根据案件具体情况向其释明。 生效法律文书仅确认股权属于当事人所有，当事人可以持该生效法律文书自行向股权所在公司、公司登记机关申请办理股权变更手续；向人民法院申请强制执行的，不予受理。

修订后《公司法》及解读等	修订前《公司法》及关联规定
第五十七条 【股东知情权】股东有权查阅、复制公司章程、**股东名册**、股东会会议记录、董事会会议决议、监事会会议决议和财务会计报告。 股东可以要求查阅公司会计账簿、**会计凭证**。股东要求查阅公司会计账簿、**会计凭证**的，应当向公司提出书面请求，说明目的。公司有合理根据认为股东查阅会计账簿、**会计凭证**有不正当目的，可能损害公司合法利益的，可以拒绝提供查阅，并应当自股东提出书面请求之日起十五日内书面答复股东并说明理由。公司拒绝提供查阅的，<u>股东可以向人民法院提起诉讼</u>。 股东查阅前款规定的材料，可以委托会计师事务所、律师事务所等中介机构进行。 股东及其委托的会计师事务所、律师事务所等中介机构查阅、复制有关材料，应当遵守有关保护国家秘密、商业秘密、个人隐私、个人信息等法律、行政法规的规定。 股东要求查阅、复制公司全资子公司相关材料的，适用前四款的规定。 解读：本条是关于股东知情权的规定。股东是公司的投资人、出资者，是公司财产的最终所有人，其对公司如何开展生产经营活动、重大事务决策以及如何运用公司财产、公司盈余如何分配等，拥有决定权。因而，股东有权了解公司的一切情况，特别是公司经营决策和	《公司法》（2018年修正） 第33条 股东有权查阅、复制公司章程、股东会会议记录、董事会会议决议、监事会会议决议和财务会计报告。 股东可以要求查阅公司会计账簿。股东要求查阅公司会计账簿的，应当向公司提出书面请求，说明目的。公司有合理根据认为股东查阅会计账簿有不正当目的，可能损害公司合法利益的，可以拒绝提供查阅，并应当自股东提出书面请求之日起十五日内书面答复股东并说明理由。公司拒绝提供查阅的，<u>股东可以请求人民法院要求公司提供查阅</u>。 《公司法司法解释四》 第7条 股东依据公司法第三十三条、第九十七条或者公司章程的规定，起诉请求查阅或者复制公司特定文件材料的，人民法院应当依法予以受理。 公司有证据证明前款规定的原告在起诉时不具有公司股东资格的，人民法院应当驳回起诉，但原告有初步证据证明在持股期间其合法权益受到损害，请求依法查阅或者复制其持股期间的公司特定文件材料的除外。

修订后《公司法》及解读等	修订前《公司法》及关联规定
公司财产使用的情况。相较原规定，本次修订有三大亮点：一是明确了会计凭证属于股东知情权的行使范围。原《公司法》规定，有限公司的股东可以要求查阅公司会计账簿，但会计账簿是否包含会计凭证，则并未明确规定。司法实践中，存在不同观点。有的认为股东知情权是一项重要权利，股东有权了解公司实际经营情况，可查阅会计凭证；有的则认为会计账簿本身不包含会计凭证，不应随意扩大知情权范围，股东不可以查阅会计凭证。本次修订，则明确了有限公司股东可以查阅会计凭证，有助于实践操作层面的统一。二是由于查阅会计账簿、会计凭证是一项较为专业的工作，不具备财务知识很难发现问题，为此，在吸收《公司法司法解释四》规定的情况下，本条增加股东可以委托会计师事务所、律师事务所等专业机构进行查阅，且对其参与查阅的条件规定得也较为宽松，一般不需要通过诉讼方式进行，也不必然要求股东在场，股东可直接委托会计师和律师携带相关证明材料进行。当然，由于查阅的资料具有秘密性，股东及其委托查阅的主体负有保密等义务。此外需注意，股东查阅、复制公司的公司章程、股东会会议记录、董事会会议记录、监事会会议记录和财务会计报告等资料，是不需要经公司批准的，即股东的这部分查阅、复制权是由公司法授予的。与此不同的是，股东虽然也有权	**第 8 条** 有限责任公司有证据证明股东存在下列情形之一的，人民法院应当认定股东有公司法第三十三条第二款规定的"不正当目的"： （一）股东自营或者为他人经营与公司主营业务有实质性竞争关系业务的，但公司章程另有规定或者全体股东另有约定的除外； （二）股东为了向他人通报有关信息查阅公司会计账簿，可能损害公司合法利益的； （三）股东在向公司提出查阅请求之日前的三年内，曾通过查阅公司会计账簿，向他人通报有关信息损害公司合法利益的； （四）股东有不正当目的的其他情形。 **第 9 条** 公司章程、股东之间的协议等实质性剥夺股东依据公司法第三十三条、第九十七条规定查阅或者复制公司文件材料的权利，公司以此为由拒绝股东查阅或者复制的，人民法院不予支持。 **第 10 条** 人民法院审理股东请求查阅或者复制公司特定文件材料的案件，对原告诉讼请求予以支持的，应当在判

修订后《公司法》及解读等	修订前《公司法》及关联规定
查阅公司的会计账簿、会计凭证，但必须提出书面请求并说明正当目的，取得公司的批准，且股东即使取得批准，但并无权复制公司的会计账簿、会计凭证。三是明确股东可按前4款规定查阅、复制全资子公司材料，需注意这里限定为"全资"。 **案例参考：未向公司提出书面申请并说明目的，能否直接提起诉讼主张查阅公司会计账簿？（谢某与贵州某公司股东知情权纠纷再审案）**[①] 作为公司的投资人、出资者，知情权是股东的法定权利，但股东知情权的行使不宜影响公司的正常经营，且需依法依规进行。根据《公司法》有关规定，就该案而言，一方面，谢某在行使查阅公司会计账簿的知情权诉讼之前，需要先向公司提出书面要求并说明目的，公司有合理理由认为股东查阅会计账簿有不当目的，可能损害公司合法利益的，可拒绝提供查阅，在股东向公司提交书面申请遭到公司拒绝提供查阅后，股东才可寻求司法救济，即谢某向法院主张股东知情权需履行向贵州某公司提出书面请求并说明查阅目的等前置程序。另一方面，谢某在原审中提交的调查笔录只能证明法院基于民间借贷纠纷案件审理需要所作的调查，未能体现谢某因行使股东知情权以书面形式向公司提出过申请，	决中明确查阅或者复制公司特定文件材料的时间、地点和特定文件材料的名录。 股东依据人民法院生效判决查阅公司文件材料的，在该股东在场的情况下，可以由会计师、律师等依法或者依据执业行为规范负有保密义务的中介机构执业人员辅助进行。 **第11条** 股东行使知情权后泄露公司商业秘密导致公司合法利益受到损害，公司请求该股东赔偿相关损失的，人民法院应当予以支持。 根据本规定第十条辅助股东查阅公司文件材料的会计师、律师等泄露公司商业秘密导致公司合法利益受到损害，公司请求其赔偿相关损失的，人民法院应当予以支持。 **第12条** 公司董事、高级管理人员等未依法履行职责，导致公司未依法制作或者保存公司法第三十三条、第九十七条规定的公司文件材料，给股东造成损失，股东依法请求负有相应责任的公司董事、高级管理人员承担民事赔偿责任的，人民法院应当予以支持。

[①] 案号：最高人民法院（2019）最高法民申4231号裁定书，载中国裁判文书网，最后访问时间：2023年12月16日。

修订后《公司法》及解读等	修订前《公司法》及关联规定
原审以谢某未能提供证据证明其已履行股东知情权的前置程序为由驳回其诉讼请求并无不当。需释明的是,股权知情权是公司经营或存续期间一个持续性的问题,谢某若有合理事由需行使知情权亦可再行主张。	
第二节　组织机构	
第五十八条　【股东会组成及地位】有限责任公司股东会由全体股东组成。股东会是公司的权力机构,依照本法行使职权。 **解读:**本条是关于股东会组成及其地位的规定。股东会,是依照《公司法》和公司章程规定设立,由全体股东共同组成,对公司经营管理及涉及公司、股东利益的事项拥有最高决策权的机构,是公司的权力机构。股东会以会议的形式行使权力,其并非常设机构。股东会可对公司的哪些重大问题作出决定,法律划定了具体的范围。股东会虽系公司权力机构,但也不应当超越职权,代行公司其他机构如董事会、监事会等的职权。股东参加股东会是法定权利,可以亲自参加,也可以委托他人代为参加。需注意,本条所谓的"全体股东"包括原始股东和继受股东。原始股东,是指在公司设立时因出资筹办公司或认缴公司资本后随公司成立而成为公司的股东。继受股东,是指因公司合并、认缴公司新增资本,以受让、继承、遗赠、共同财产分割等方式取得原始股东的出资或向公司出资而成为公司的股东。	《公司法》(2018年修正) 第36条　有限责任公司股东会由全体股东组成。股东会是公司的权力机构,依照本法行使职权。 《民法典》 第80条第1款　营利法人应当设权力机构。

修订后《公司法》及解读等	修订前《公司法》及关联规定
第五十九条 【股东会职权】股东会行使下列职权： （一）选举和更换董事、监事，决定有关董事、监事的报酬事项； （二）审议批准董事会的报告； （三）审议批准监事会的报告； （四）审议批准公司的利润分配方案和弥补亏损方案； （五）对公司增加或者减少注册资本作出决议； （六）对发行公司债券作出决议； （七）对公司合并、分立、解散、清算或者变更公司形式作出决议； （八）修改公司章程； （九）公司章程规定的其他职权。 股东会可以授权董事会对发行公司债券作出决议。 对本条第一款所列事项股东以书面形式一致表示同意的，可以不召开股东会会议，直接作出决定，并由全体股东在决定文件上签名或者盖章。 **解读**：本条是关于股东会职权的规定。相较原规定，本条形式上删除了"决定公司的经营方针和投资计划""审议批准公司的年度财务预算方案、决算方案"的职权，并增加了第2款授权董事会发行公司债券的职权的内容。股东会的主要职权，可概括为以下六类：一是投资经营决定权。即股东会有权对公司的投资计划和经营方针作出决定。公司的投资计划和经营方针是公司经营的	《公司法》（2018年修正） 第37条 股东会行使下列职权： （一）~~决定公司的经营方针和投资计划~~； （二）选举和更换~~非由职工代表担任的~~董事、监事，决定有关董事、监事的报酬事项； （三）审议批准董事会的报告； （四）审议批准监事会~~或者监事~~的报告； （五）~~审议批准公司的年度财务预算方案、决算方案~~； （六）审议批准公司的利润分配方案和弥补亏损方案； （七）对公司增加或者减少注册资本作出决议； （八）对发行公司债券作出决议； （九）对公司合并、分立、解散、清算或者变更公司形式作出决议； （十）修改公司章程； （十一）公司章程规定的其他职权。 对前款所列事项股东以书面形式一致表示同意的，可以不召开股东会会议，直接作出决定，并由全体股东在决定文

修订后《公司法》及解读等	修订前《公司法》及关联规定
目标、方向和资金运用的长期计划,决定了公司的未来。二是人事决定权。即选举或更换董事、监事,并决定相应报酬。需注意,此处针对所有董事、监事,并未将"由职工代表担任的董事、监事"排除在外。三是重大事项审批权。一方面体现在审议批准工作报告,即有权对公司董事会、监事会报告进行审议,并决定是否批准。另一方面体现在审议批准有关经营管理方面方案,即对利润分配方案以及弥补亏损方案进行审议,并决定是否批准。四是重大事项决议权。即对公司增加或减少注册资本,发行公司债券,公司合并、分立、解散、清算或变更公司形式作出决议。五是章程修改权。公司章程是由公司全体股东在设立公司时共同制定的,是公司组织和行为的基本规则,应由股东会而非董事会修改。六是其他职权。即公司章程规定的其他职权。一般认为,只有"重大事项"才应该由股东会决定,因为其并非公司常设机构,不可能任何事情均经其决定,此举不太现实亦不经济。股东会权利的行使特点并非对特定事项和交易进行决定,而是被动地行使决议权,即赞成或者否决由董事会提出的议案,这是权力制衡机制下的制度安排,股东会和董事会分别作为权力机关和执行机关,分享相应的不同职权。当然,鉴于股东尤其是控股股东往往兼任董事、经理,故他们能够在执行和决策双重层面	件上签名、盖章。 《民法典》 第80条第2款 权力机构行使修改法人章程,选举或者更换执行机构、监督机构成员,以及法人章程规定的其他职权。

修订后《公司法》及解读等	修订前《公司法》及关联规定
控制公司。本条第1款对于股东会的职权采用了集中规定加分散规定、列举加概括的立法技术。此外，在法定职权之外公司可以通过章程自我赋权，其边界是：不得与《公司法》规定的法定职权相矛盾；不得违反法律、行政法规的强行性规定。 **案例参考：股东会能否依据公司章程对股东罚款？（南京某财务公司与祝某公司决议效力纠纷案）**① 　　有限责任公司的公司章程关于股东会对股东处以罚款的规定，系公司全体股东所预设的对违反公司章程股东的一种制裁措施，符合公司的整体利益，体现了有限公司的人合性特征，不违反《公司法》的禁止性规定，应合法有效。但公司章程在赋予股东会对股东处以罚款职权时，应明确规定罚款的标准、幅度，股东会在没有明确标准、幅度的情况下处罚股东，属法定依据不足，相应决议无效。 **解除股东资格是否属股东会职权范围的认定？（永顺某旅游公司与向某、唐某、谢某某公司决议纠纷案）**② 　　《公司法》规定了股东会的职权，但并未直接赋予股东会具有解除股东资格的职权。且就该案而言，2018年3月26日某旅游公司股东会召开前最近的公司章程中关于股东会职权的章节，亦未明确赋予股东会具有解除股东资格的职权。	

---

① 《中华人民共和国最高人民法院公报》2012年第10期。
② 案号：湖南省湘西土家族苗族自治州中级人民法院（2018）湘31民终1259号判决书，载中国裁判文书网，最后访问时间：2023年12月15日。

修订后《公司法》及解读等	修订前《公司法》及关联规定
《公司法司法解释三》第17条第1款虽规定了有限责任公司股东会解除股东资格情形为"股东未履行出资义务或者抽逃全部出资,经公司催告缴纳或者返还,其在合理期间内仍未缴纳或者返还出资,公司以股东会决议解除该股东的股东资格,该股东请求确认该解除行为无效的,人民法院不予支持",但该适用规定前提条件是有限责任公司股东存在未履行出资义务或者抽逃全部出资的情形,而有限责任公司股东仅存在未全面履行出资义务或者抽逃部分出资的情形并不属于该条规定的范围。某旅游公司股东谢某某已实缴部分资本金,该公司无充分证据证明谢某某存在抽逃全部出资的情形,故该案不适用上述司法解释的规定。因此,某旅游公司于2018年3月26日作出的决议将向某、唐某、谢某某一并解除股东资格缺乏法律依据,一审认定该决议无效并无不当。	
第六十条 【一人公司股东决议】 只有一个股东的有限责任公司不设股东会。股东作出前条第一款所列事项的决定时,应当采用书面形式,并由股东签名或者盖章后置备于公司。 **解读**:本条是关于一人有限责任公司股东决议的规定。由于一人有限责任公司的股东只有一个(这里的股东既可以是自然人,也可以是法人),故不需要设立股东会。一人有限责任公司的股东享有一般有限责任公司股东会享有的职权,	《公司法》(2018年修正) 第61条 一人有限责任公司不设股东会。股东作出本法第三十七条第一款所列决定时,应当采用书面形式,并由股东签名后置备于公司。

修订后《公司法》及解读等	修订前《公司法》及关联规定
即前条第1款规定的内容。当然，股东决定前述第1款规定的事项时，仍需以书面形式作出并签名或者盖章，该文件也放置于公司。如此规定，在于进一步强化公众对一人有限责任公司股东作出重大决策的知情权，更好地保护交易对象与相关债权人相关利益。	
第六十一条　【首次股东会会议】首次股东会会议由出资最多的股东召集和主持，依照本法规定行使职权。 **解读**：本条是关于首次股东会会议的规定。首次股东会会议即股东会的首次会议，是指有限责任公司第一次召开的由全体股东参加的会议。召开会议，无疑需要召集人和主持人。股东会的召集一般由董事会负责。但在首次股东会召开之前，公司董事还没有选出，董事会以及董事长亦未产生，如何召集并主持首次股东会呢？为此，本条明确了由出资最多的股东召集和主持，主要基于其预期利益大，投入资本多，有召集的动力。所谓"召集和主持"，主要包括会议的筹备、组织、会议文件准备、会议进程确定和推动、有关各项决议通过等工作。对首次股东会的职权，本条规定"依照本法规定行使职权"，主要有两层含义：一是股东会的首次会议也依法行使本法规定的股东会职权。二是首次会议在行使股东会的职权时，须遵守本法的有关规定，即于首次会议召开15日以前由出资最多的股东通知全体股东。	《公司法》(2018年修正) **第38条**　首次股东会会议由出资最多的股东召集和主持，依照本法规定行使职权。

修订后《公司法》及解读等	修订前《公司法》及关联规定
此外，股东会首次会议应对所议事项的决定作成会议记录，出席首次会议的股东应当在会议记录上签名。	
第六十二条【定期会议和临时会议】股东会会议分为定期会议和临时会议。 定期会议应当按照公司章程的规定按时召开。代表十分之一以上表决权的股东、三分之一以上的董事或者监事会提议召开临时会议的，应当召开临时会议。 **解读**：本条是关于股东会定期会议与临时会议的规定。相较原规定，本条并未有实质性变更，虽然删除了"或者不设监事会的公司的监事"的内容，但修订后的《公司法》通过专门条文就不设监事会的监事职责作了统一规定（下同，不再重复）。根据本条规定，股东会会议包括定期会议、临时会议两种。定期会议，指依照公司章程规定在一定时期内必须召开的会议。由于定期会议无特殊情况必须召开，因此公司章程需就定期股东会会议作出具体规定。临时会议，是指公司章程中没有明确何时召开的不定期的会议，一般是在正常召开的定期会议外由于法定事项的出现而临时召开的会议。本条第2款就有权提议召开临时会议的主体要求、比例限制作了规定，这也表明临时会议并非随意就召开的。只有当公司需要作出重要决策或出现重大问题时，才由法定人员提议召开，且对法定人员提议召开临时会议的，本条规定的是"应当"即必须召开临时会议。	《公司法》（2018年修正） **第39条** 股东会会议分为定期会议和临时会议。 定期会议应当依照公司章程的规定按时召开。代表十分之一以上表决权的股东，三分之一以上的董事，监事会或者不设监事会的公司的监事提议召开临时会议的，应当召开临时会议。

修订后《公司法》及解读等	修订前《公司法》及关联规定
第六十三条 【股东会会议召集和主持】股东会会议由董事会召集，董事长主持；董事长不能履行职务或者不履行职务的，由副董事长主持；副董事长不能履行职务或者不履行职务的，由过半数的董事共同推举一名董事主持。 董事会不能履行或者不履行召集股东会会议职责的，由监事会召集和主持；监事会不召集和主持的，代表十分之一以上表决权的股东可以自行召集和主持。 解读：本条是关于股东会会议召集和主持的规定。相较原规定，本条在多处进行了表述上的删减与优化。值得注意的是，本条将第1款最后一句中的"半数以上"改为"过半数"，意味着"一半"这一本数将不再包含在内，即一半的董事推荐尚不可以，需要超过一半。另，前面已有提及，公司法修订删除了不设董事会情形中有关执行董事称呼的表述，本条亦对此作了相关表述上的调整。就股东会会议的召集而言，无论是定期会议还是临时会议，均由董事会来召集（按照规定，不设董事会的，由董事或经理行使董事会职权）。关于股东会会议的主持，按下列次序确定：第一，董事长主持；第二，董事长不能履行职务或者不履行职务的，由副董事长主持；第三，副董事长不能履行职务或者不履行职务的，由过半数的董事共同推举一名	《公司法》（2018年修正） 第40条 ~~有限责任公司设立董事会的，~~股东会会议由董事会召集，董事长主持；董事长不能履行职务或者不履行职务的，由副董事长主持；副董事长不能履行职务或者不履行职务的，由半数以上董事共同推举一名董事主持。 ~~有限责任公司不设董事会的，股东会会议由执行董事召集和主持。~~ 董事会或者执行董事不能履行或者不履行召集股东会会议职责的，由监事会或者~~不设监事会的公司的监事~~召集和主持；监事会或者~~监事~~不召集和主持的，代表十分之一以上表决权的股东可以自行召集和主持。

修订后《公司法》及解读等	修订前《公司法》及关联规定
董事主持。不设立董事会的公司,由董事或经理主持。董事会必须履行主持股东会会议的职责,但也存在大股东担任董事长的情况下不召集、主持董事会,进而不召集股东会会议的可能。为此,本条第2款作了一定规制,根据该款规定,董事会不能履行或者不履行召集股东会会议职责的,由监事会召集和主持;监事会不召集和主持的,代表十分之一以上表决权的股东可自行召集和主持,以更好地维护中小股东合法权益。 案例参考:股东提议召开临时股东会但法定代表人故意躲避,股东能否自行召开?(黎某某、某物流公司公司决议效力确认纠纷案)① 　　股东会是股东依法行使股东权利的重要途径,参加股东会以及在特定条件下提议召开临时股东会是股东的法定权利。该案中,根据某物流公司提交的2019年1月29日、2019年2月20日的4份EMS快递单载明的内容来看,收件人均为公司执行董事兼法定代表人黎某某,邮件封面均载明寄件人黄某1提议召开股东会会议的主要事项,被退回的原因则分别为"收件人拒收""收件人不在	

---

① 案号:广东省广州市中级人民法院(2019)粤01民终20992号判决书,载中国裁判文书网,最后访问时间:2023年12月16日。

修订后《公司法》及解读等	修订前《公司法》及关联规定
指定地址"。由于该 4 份快递单上载明的收件人手机号码均为黎某某所使用的号码,且结合黎某某本人签名的《情况说明》中提到其是于 2019 年 1 月 29 日知悉黄某 1 欲更换执行董事及法定代表人事宜的及其一审陈述的"其与黄某 1、董某 1 发生纠纷后就把其微信和电话拉黑"的陈述内容来看,黎某某对某物流公司股东黄某 1、董某 1 向其发送提议召开某物流公司临时股东会应该是清楚的,只是为了逃避三人间的矛盾而故意拒绝接受其二人所寄送的资料及传递的信息。况且,从涉案临时股东会会议召开的地点——某物流公司一楼的会议室来看,若某物流公司股东黄某 1、董某 1 有意隐瞒某物流公司召开临时股东会,故意剥夺其权利,依照常理在明知黎某某当时为某物流公司法定代表人的情况下,其二人是不会将会议的地点确定为上述地点的。因此,对黎某某上诉称某物流公司股东黄某 1、董某 1 召开临时股东会(2019 年 3 月 11 日)前未依照法律规定提议并通知其参会的主张,不予采信。黎某某在收到提议后并未召集临时股东会会议,黄某 1 作为公司监事依照法律规定进行召集,并在临时股东会开会时间(2019 年 3 月 11 日)15 日前(2019 年 2 月 20 日)向黎某某发出了会议通知及会议议题程序合法,予以维持。	

修订后《公司法》及解读等	修订前《公司法》及关联规定
第六十四条 【股东会会议通知和记录】召开股东会会议,应当于会议召开十五日前通知全体股东;但是,公司章程另有规定或者全体股东另有约定的除外。 股东会应当对所议事项的决定作成会议记录,出席会议的股东应当在会议记录上签名**或者盖章**。 **解读**:本条是关于股东会会议的通知与记录的规定,相较原规定并未变化。就股东会会议的通知而言,一般主要有两个方面的要求:一是须提前通知,即会议召开前15日,以便于股东安排时间、准备材料等。二是须通知股东名册上记载的全体股东,不能只通知部分股东。当然,若公司章程对此另有规定或者全体股东对此另有约定的,按公司章程规定和全体股东约定执行。会议通知的方式,包括电话通知、当面口述、寄送或电子邮件,甚至微信、微信公众号等形式,但最好由公司章程进行规定。若公司章程没有对此作出规定,则可由股东会会议召集者根据具体情况来确定。关于股东会会议的记录,会议的召集人、主持人应当对会议记录作出具体安排,指定专人记录,出席会议的股东需在会议记录上签名或者盖章。会议记录的内容,是所议事项的决定,即会议议题及其结论性意见。做好会议记录,有利于股东日后的查阅,也有利于公司生产经营活动	《公司法》(2018年修正) **第41条** 召开股东会会议,应当于会议召开十五日前通知全体股东;但是,公司章程另有规定或者全体股东另有约定的除外。 股东会应当对所议事项的决定作成会议记录,出席会议的股东应当在会议记录上签名。

修订后《公司法》及解读等	修订前《公司法》及关联规定
的开展，董事会、监事会、经理等可根据会议记录的决定具体实施公司日常经营管理活动。此外，也有利于国家执法机关今后的执法检查或调查取证。 **案例参考：没有股东会记录的股东会决议的效力如何？（四川某公司与绵阳某宾馆民间借贷纠纷案）**① 根据《公司法》第22条之规定，股东会的决议瑕疵可以归为内容瑕疵与程序瑕疵：股东会决议内容违反法律、行政法规的无效，违反公司章程的可予撤销；召集程序和表决方式违反法律、行政法规或公司章程的可予撤销。并未明确没有股东会会议记录即构成股东会程序上的瑕疵。另，《公司法司法解释四》第4条和第5条对有程序瑕疵的股东会决议作出了补充规定：有严重程序瑕疵的股东会决议不成立，会议召集程序或者表决程序仅有轻微瑕疵，不对决议产生实质影响的，推定其为有效的决议。具体到该案，则需认定案涉股东会决议中会议记录的缺失是否构成对决议产生实质影响的严重程序瑕疵。针对该问题，绵阳某宾馆在原审中提交了四川省绵阳市某公证处就2018年4月20日绵阳某宾馆召开的股东会会议所作的《公证书》，该《公证书》从案涉股东会的召集到召开均作出了相应记载与公证。同时，对于申	

---

① 案号：最高人民法院（2020）最高法民申3256号裁定书，载中国裁判文书网，最后访问时间：2023年12月17日。

修订后《公司法》及解读等	修订前《公司法》及关联规定
请人主张的曾在会议中对利润分配提出质疑的主张，该《公证书》中亦有记载。该《公证书》与案涉《股东会决议》相互印证，足以证明股东会会议召集和表决并不存在程序上的严重瑕疵，不对案涉《股东会决议》的形成产生实质影响，案涉《股东会决议》应认定为有效决议。	
第六十五条 【股东表决权】股东会会议由股东按照出资比例行使表决权；但是，公司章程另有规定的除外。 **解读：**本条是关于股东表决权的规定。股东表决权，是指股东基于投资人地位对公司有关事项表示同意、不同意或放弃发表意见的权利，该项权利是股东参与管理权的最重要体现，也是股东各项权利得到保证的基础。股东会会议是股东表达自己对公司的意志的场所，其在股东会上应当且有权行使表决权。关于表决权的行使，应优先按照公司章程的规定行使表决权。有限责任公司是由出资人创办，出资人订立的公司章程对公司每一个股东均有约束力，章程可以规定以投资比例行使表决权、以股东人数行使表决权等。若公司章程未对股东表决权的行使作具体规定，则股东应按照本条规定即以股东出资比例来行使表决权。有限责任公司兼具资合性与人合性，一般以出资多少为基础和标准决定股东的利益分配和风险分担，具体在表决权上，即是将出资比例作为分配表决权的主要标准。	《公司法》（2018年修正） 第42条 股东会会议由股东按照出资比例行使表决权；但是，公司章程另有规定的除外。

修订后《公司法》及解读等	修订前《公司法》及关联规定
案例参考：公司章程规定的"资本多数决"是否意味着大股东享有"一票否决权"？（某咨询公司、中某某和公司公司决议撤销纠纷案）[①] 　　有限责任公司的章程可以规定按照投资比例或股东人数等行使表决权的方式。该案中，某咨询公司依据中某某和公司的公司章程第19条规定，主张其对股东会决议有一票否决权，并以其未出席中某某和公司股东会会议、中某某和公司股东会的会议召集程序及表决方式违反公司章程为由，依据《公司法》第22条第2款及相关司法解释之规定，请求法院撤销该股东会决议。鉴于股东对股东会决议具有一票否决权意味着该股东可以任意否决公司权力机构的决议，会对公司架构、决策及治理造成较大影响，公司章程对此应有专门明确的记载。从司法审慎介入公司治理的角度，亦应对此采取较为严格的认证标准。根据中某某和公司的公司章程第19条规定，股东会会议应有全体股东参加……第20条则明确了股东会表决权行使方式为资本多数决。依据前述章程整体文义内容，在无明确记载的情况下，二审判决认定依现有证据无法得出任何股东可以一票否决股东会决议的结论并无不当。在中某某和公司已就诉争股东会会议事项提前通知某咨询公司的	

[①] 案号：浙江省高级人民法院（2019）浙民申1574号裁定书，载中国裁判文书网，最后访问时间：2023年12月17日。

修订后《公司法》及解读等	修订前《公司法》及关联规定
情况下，某咨询公司以其未出席会议为由否认股东会决议的主张难以成立。	
第六十六条 【股东会议事方式和表决程序】 股东会的议事方式和表决程序，除本法有规定的外，由公司章程规定。 股东会作出决议，应当经代表过半数表决权的股东通过。 股东会作出修改公司章程、增加或者减少注册资本的决议，以及公司合并、分立、解散或者变更公司形式的决议，应当经代表三分之二以上表决权的股东通过。 解读：本条是关于股东会的议事方式和表决程序的规定，基本沿用了原《公司法》的规定。股东会的议事方式和表决程序，是股东通过股东会会议行使股东权利、股东会作为公司权力机构行使权力的具体途径。"议事方式"，具体指股东会以什么方式就公司重大问题进行讨论并作出决议。"表决程序"则指股东会就决定事项如何表决以及需多少比例赞成，才能通过某一特定决议的程序。为强化对公司、股东、公司债权人以及社会公共利益的保护，《公司法》就部分事项作了法定要求，公司、股东、股东会必须严格遵守。如股东会会议一般按照出资比例行使表决权（此为原则性规定，公司章程不得作出不一致的规定），以及本条第2款、第3款之规定。	《公司法》（2018年修正） **第43条** 股东会的议事方式和表决程序，除本法有规定的外，由公司章程规定。 股东会会议作出修改公司章程、增加或者减少注册资本的决议，以及公司合并、分立、解散或者变更公司形式的决议，必须经代表三分之二以上表决权的股东通过。 《民法典》 **第85条** 营利法人的权力机构、执行机构作出决议的会议召集程序、表决方式违反法律、行政法规、法人章程，或者决议内容违反法人章程的，营利法人的出资人可以请求人民法院撤销该决议。但是，营利法人依据该决议与善意相对人形成的民事法律关系不受影响。 《公司法司法解释三》 **第17条** 有限责任公司的股东未履行出资义务或者抽逃全部出资，经公司催告缴纳或者返还，其在合理期间内仍未缴纳或者返还出资，公司以股东会决议解除该股东的股东

修订后《公司法》及解读等	修订前《公司法》及关联规定
需注意，第2款是对除第3款规定事项以外的一般事项的表决权要求，第3款则是对特定重大事项的要求。第2款要求的是"过半数"，即"半数"本身不包含在内，达到"一半"尚不可以，还需超过一半。第3款规定"应当经代表三分之二以上表决权的股东通过"，不受股东人数多少的限制，只要表示同意的股东代表了2/3以上的表决权，该决议即通过。上述规定属强制性规定，不允许公司章程就此作出不一致的规定。也就是说，按照本条第1款"股东会的议事方式和表决程序，除本法有规定的外，由公司章程规定"的内容，公司章程不能违背第2款、第3款的规定。 **案例参考：公司对解除某股东的资格事项表决时，该股东是否享有表决权？（张某某与臧某某、凯某公司公司决议纠纷案）**[①] 公司以股东会决议方式解除股东资格，除了需要具备《公司法司法解释三》第17条规定的特别条件外，还需要符合公司法以及公司章程有关股东会决议程序的要求。案涉股东会决议除了解除张某某等人的股东资格外，还涉及增资的内容，根据凯某公司的章程以及《公司法》第43条第2款的规定，该决议只有经代表2/3以上有表决权的股东通过才	资格，该股东请求确认该解除行为无效的，人民法院不予支持。 在前款规定的情形下，人民法院在判决时应当释明，公司应当及时办理法定减资程序或者由其他股东或者第三人缴纳相应的出资。在办理法定减资程序或者其他股东或者第三人缴纳相应的出资之前，公司债权人依照本规定第十三条或者第十四条请求相关当事人承担相应责任的，人民法院应予支持。

[①] 案号：最高人民法院（2018）最高法民再328号判决书，载中国裁判文书网，最后访问时间：2023年12月16日。

修订后《公司法》及解读等	修订前《公司法》及关联规定
合法有效,而这又涉及被除名的股东是否享有表决权这一问题。法院认为,被除名的股东不享有表决权,主要理由为:一是股权来自出资,在拟被除名股东没有任何出资或者抽逃全部出资的情况下,其不应享有股权,自然也不享有表决权;二是除名权是形成权,在符合一定条件下,公司即享有单方面解除未履行出资义务或抽逃全部出资股东的股东资格的权利。如果认为被除名的大股东仍然享有表决权的话,那么《公司法司法解释三》第17条的规定将会被虚置,失去其意义。故张某某不享有表决权。	
第六十七条 【董事会职权】有限责任公司设董事会,本法第七十五条另有规定的除外。 董事会行使下列职权: (一)召集股东会会议,并向股东会报告工作; (二)执行股东会的决议; (三)决定公司的经营计划和投资方案; (四)制订公司的利润分配方案和弥补亏损方案; (五)制订公司增加或者减少注册资本以及发行公司债券的方案; (六)制订公司合并、分立、解散或者变更公司形式的方案; (七)决定公司内部管理机构的设置;	《公司法》(2018年修正) 第46条 董事会对股东会负责,行使下列职权: (一)召集股东会会议,并向股东会报告工作; (二)执行股东会的决议; (三)决定公司的经营计划和投资方案; (四)~~制订公司的年度财务预算方案、决算方案~~; (五)制订公司的利润分配方案和弥补亏损方案; (六)制订公司增加或者减少注册资本以及发行公司债券的方案; (七)制订公司合并、分

修订后《公司法》及解读等	修订前《公司法》及关联规定
（八）决定聘任或者解聘公司经理及其报酬事项，并根据经理的提名决定聘任或者解聘公司副经理、财务负责人及其报酬事项； （九）制定公司的基本管理制度； （十）公司章程规定或者股东会授予的其他职权。 **公司章程对董事会职权的限制不得对抗善意相对人。** 解读：本条是关于董事会职权的规定。对于公司治理机关采取股东会中心主义还是董事会中心主义，是本次公司法修改的最大看点，一度成为热门的话题，本次修改采取了折中的办法。采用原《公司法》中的具体列举模式，也明确了股东会可以授予董事会其他职权。该制度的调整和回归在某种程度上也反映出立法者从"股东会中心主义"迈向"董事会中心主义"过程的纠结。一方面，在现有制度设计下，董事的权责利不匹配的问题可能进一步突出，公司董事享有的权利有限，但是相应的责任追究机制随着立法和司法的不断调整日益完善；另一方面，公司治理的一大难题就是控股股东和中小股东之间的矛盾问题，《公司法司法解释四》涉及决议效力、股东知情权、利润分配权、优先购买权和股东代表诉讼等多个方面，即是因为实践中一些公司大股东滥用原则，排挤、压榨小股东，损害小股东权利的	立、解散或者变更公司形式的方案； （八）决定公司内部管理机构的设置； （九）决定聘任或者解聘公司经理及其报酬事项，并根据经理的提名决定聘任或者解聘公司副经理、财务负责人及其报酬事项； （十）制定公司的基本管理制度； （十一）公司章程规定的其他职权。 **《民法典》** **第 81 条** 营利法人应当设执行机构。 执行机构行使召集权力机构会议，决定法人的经营计划和投资方案，决定法人内部管理机构的设置，以及法人章程规定的其他职权。 执行机构为董事会或者执行董事的，董事长、执行董事或者经理按照法人章程的规定担任法定代表人；未设董事会或者执行董事的，法人章程规定的主要负责人为其执行机构和法定代表人。

修订后《公司法》及解读等	修订前《公司法》及关联规定
现象时有发生,严重破坏了公司自治。"董事会中心主义"是否会加强"内部人控制",可能这也是立法者的一个隐忧。 案例参考:对下属子公司相关人员的任免是否超出公司董事会职权范围?(感某集团与感某科技公司公司决议效力确认纠纷案)[1] 董事会是公司的执行机构,有权按照公司法及公司章程的规定行使职权。该案中,感某集团主张,案涉决议第四项超越感某科技公司的公司章程中对董事会职权范围的规定。法院认为,感某科技公司的公司章程中董事会的职权包括"决定聘任或者解聘公司总经理及某某报酬事项,并根据股东的提名决定聘任或者解聘副总经理、财务负责人及某某报酬事项"。案涉决议第四项系感某科技公司对其下属全资或参股子公司的相关人员任免等事项的规定,并未超越公司章程的规定。感某科技公司的该主张与事实不符,不予采信。	

---

[1] 案号:上海市第一中级人民法院(2019)沪01民终4476号判决书,载中国裁判文书网,最后访问时间:2023年12月16日。

修订后《公司法》及解读等	修订前《公司法》及关联规定
第六十八条 【董事会组成人员】有限责任公司董事会成员为三人以上，其成员中可以有公司职工代表。职工人数三百人以上的有限责任公司，除依法设监事会并有公司职工代表的外，其董事会成员中应当有公司职工代表。董事会中的职工代表由公司职工通过职工代表大会、职工大会或者其他形式民主选举产生。 董事会设董事长一人，可以设副董事长。董事长、副董事长的产生办法由公司章程规定。 解读：本条是关于有限责任公司董事会组成人员的规定。本条对董事会组成人员不再设上限规定，但为方便董事会决策以及成本控制，实践中绝大多数有限责任公司的董事会成员并不会太多。需注意，本条规定的仅是设置董事会的有限责任公司的情形，有些有限责任公司，如规模较小的有限责任公司，可以不设董事会，设一名董事或者经理，行使本法规定的董事会的职权。对于此类不设董事会的有限责任公司，本条关于董事会人数的限制则不适用。另，相较原规定只要求国有独资公司、两个以上的国有企业、两个以上的其他国有投资主体投资设立的有限责任公司董事会中应当有职工代表，本条规定实际上扩大了职工董事的存在范围，即职工人数300人以上的有限责任公司的董事会中应当有职工代表。但也有例外，即该类公司已	《公司法》（2018年修正） 第44条 有限责任公司设董事会，其成员为三人至十三人；但是，本法第五十条另有规定的除外。 两个以上的国有企业或者两个以上的其他国有投资主体投资设立的有限责任公司，其董事会成员中应当有公司职工代表，其他有限责任公司董事会成员中可以有公司职工代表。董事会中的职工代表由公司职工通过职工代表大会、职工大会或者其他形式民主选举产生。 董事会设董事长一人，可以设副董事长。董事长、副董事长的产生办法由公司章程规定。 《公司法司法解释五》 第5条 人民法院审理涉及有限责任公司股东重大分歧案件时，应当注重调解。当事人协商一致以下列方式解决分歧，且不违反法律、行政法规的强制性规定的，人民法院应予支持： （一）公司回购部分股东股份； （二）其他股东受让部分股东股份；

修订后《公司法》及解读等	修订前《公司法》及关联规定
设监事会并在监事会中有职工代表的除外。如此规定，更有利于公司职工参与公司决策以及董事会决策的执行，提高董事会决策的科学性与可执行性，有助于对公司利益以及职工利益的保护。另需注意，董事会中的职工代表，不应由股东会任命或指定，而应由职工民主选举产生。 **案例参考**：能否认定董事长与公司之间同时形成委任关系与劳动合同关系？（孙某祥、吉林某公司劳动争议再审案）① 从公司法的角度看，公司依据章程规定及股东会决议聘任董事行使法定职权，董事同意任职并依法开展委托事项，公司与董事之间即形成委任关系，从双方法律行为的角度看实为委托合同关系。但公司与董事之间的委任关系并不排斥劳动合同关系的存在，即二者之间在符合特定条件时还可以同时构成《劳动法》上的劳动合同关系。《公司法》第44条第2款规定"两个以上的国有企业或者两个以上的其他国有投资主体投资设立的有限责任公司，其董事会成员中应当有公司职工代表；其他有限责任公司董事会成员中可以有公司职工代表"，这就以法律形式明确肯定了董事与公司之间可以形成劳动关系，委任关系与劳动关系并非	（三）他人受让部分股东股份； （四）公司减资； （五）公司分立； （六）其他能够解决分歧，恢复公司正常经营，避免公司解散的方式。

---

① 案号：最高人民法院（2020）最高法民再50号裁定书，载中国裁判文书网，最后访问时间：2023年12月15日。

修订后《公司法》及解读等	修订前《公司法》及关联规定
绝对排斥、不能兼容。该案中，孙某祥于2017年7月被任命为某公司董事长，与公司形成委任关系。孙某祥虽未与公司签订书面劳动合同，但其被任命为董事长的同时，还担任公司法定代表人，负责公司融资、对外协调及财务管理等大量具体经营管理事务，受公司规章制度管理和约束，公司按月向其支付工资并委托外服公司代缴"五险一金"费用。故孙某祥因担任法定代表人而从事除董事职权以外的公司其他具体业务，并以工资为主要生活来源等事实，符合劳动关系的构成要素，足以认定吉林某公司与孙某祥同时形成委任关系和事实上的劳动合同关系。	
第六十九条 【审计委员会】有限责任公司可以按照公司章程的规定在董事会中设置由董事组成的审计委员会，行使本法规定的监事会的职权，不设监事会或者监事。公司董事会成员中的职工代表可以成为审计委员会成员。 **解读**：本条是关于有限责任公司设置审计委员会的规定。公司法长期以来以"三会"模式（股东会、董事会、监事会）作为公司的基本组织机构模式，但实践中监事会并未发挥出制度设计中的理想作用。本次修订，在公司董事会内部创设审计委员会并明确该审计委员会由董事组成，有部分替代甚至完全替代监事会职能的考量。实践中，股东会、	

修订后《公司法》及解读等	修订前《公司法》及关联规定
董事会由于职责较多且会议不经常召开，无法实现日常的有效监督尤其是无时无刻不在发生变化的财务、会计情况，而这方面的有效监督必须依赖具有专业性和职业性的工作机构和人员，在董事会中设置由董事组成的审计委员会或许不失为一个有效且妥善的办法。此外，为进一步强化职工民主管理、保护职工合法权益，本条另明确公司董事会成员中的职工代表可以成为审计委员会成员。	
第七十条 【董事任期和辞任】董事任期由公司章程规定，但每届任期不得超过三年。董事任期届满，连选可以连任。 董事任期届满未及时改选，或者董事在任期内辞任导致董事会成员低于法定人数的，在改选出的董事就任前，原董事仍应当依照法律、行政法规和公司章程的规定，履行董事职务。 董事辞任的，应当以书面形式通知公司，公司收到通知之日辞任生效，但存在前款规定情形的，董事应当继续履行职务。 解读：本条是关于董事任期与董事辞任的规定。关于董事任期，本条规定每一届最高年限为3年，当然公司章程也可以规定董事任期少于3年。3年任期届满后，董事应当退任，但任期届满后可连选连任，至于可以连任多少届，法律没有	《公司法》（2018年修正） 第45条 董事任期由公司章程规定，但每届任期不得超过三年。董事任期届满，连选可以连任。 董事任期届满未及时改选，或者董事在任期内辞职导致董事会成员低于法定人数的，在改选出的董事就任前，原董事仍应当依照法律、行政法规和公司章程的规定，履行董事职务。

修订后《公司法》及解读等	修订前《公司法》及关联规定
作出限制性规定，但公司章程可对此作出规定。一般情况下，只要董事忠实履行董事职务，尽到勤勉与忠实义务，维护好公司利益、股东权益，对公司发展有贡献，可以一直连选连任。此外，本条第2款明确了董事不得辞任的情形。第一种系董事任期届满未及时改选的。董事开始任职和终止任职，必须由股东会作出决议。董事终止任职的标志是在股东会上经选举被其他人员代替职务。若董事的任期在时间上虽已届满，但在法律上尚未终止，还应继续履行董事职责。第二种是董事任期内辞任导致董事会成员低于法定人数的。此种情况下，该董事的辞任不能立刻生效，而必须等到公司补选董事使得董事会成员达到法定人数才能生效。关于董事辞任的程序，本条第3款明确需以书面形式通知公司并自公司收到通知之日辞任生效，但按照本条第2款需留任的情形除外。一般而言，董事在任期内是可以提出辞任的。从法律关系角度来看，公司与董事之间类似委托关系，双方依股东会的选任决议和董事个人同意任职而成立合同法上的委托合同（许多公司还与董事签署正式的董事服务协议）。而根据《民法典》第933条的规定，作为平等民事主体的委托合同双方均有任意解除权。因此，除非法律法规或公司章程另有明确相反规定，否则无论董事任期是否届	

修订后《公司法》及解读等	修订前《公司法》及关联规定
满，公司可以随时解除董事职务，董事也可以随时辞任。当然，双方通过平等协商，可以就董事辞任事宜达成其他具体安排，并载入相关的董事服务协议之中。对于特定行业和领域（如保险公司、证券基金经营机构、金融控股公司等），董事任职资格需要经过监管机构核准或备案，但目前尚未有相关法律法规明确规定相关监管机构是否对董事辞任有监管权，能否限制董事辞任或强制已经提出辞任的董事继续履行职责。	
第七十一条 【董事解任】 股东会可以决议解任董事，决议作出之日解任生效。 无正当理由，在任期届满前解任董事的，该董事可以要求公司予以赔偿。 **解读**：本条是关于有限责任公司股东会解任董事的规定。该条属新增内容，系在吸收借鉴《公司法司法解释五》第3条规定基础上转化而来。公司董事的解任，指根据法律法规或公司章程的规定，依法解除董事的职务。选举与更换董事是股东会的职权，公司其他机构如董事会、监事会都无权行使这一职权。广义的董事解任包括任期届满后解任、届满前解任。任期届满后的解任如前条规定，董事任期届满且未连任的，将不再具有董事资格。任期届满前的解任则包括决议解任与失格解任。决议解任是指	《公司法司法解释五》 **第3条** 董事任期届满前被股东会或者股东大会有效决议解除职务，其主张解除不发生法律效力的，人民法院不予支持。 董事职务被解除后，因补偿与公司发生纠纷提起诉讼的，人民法院应当依据法律、行政法规、公司章程的规定或者合同的约定，综合考虑解除的原因、剩余任期、董事薪酬等因素，确定是否补偿以及补偿的合理数额。

修订后《公司法》及解读等	修订前《公司法》及关联规定
由公司股东会以决议形式解除公司董事的职务。一般由于董事违背了法律法规或是公司章程规定,或是未尽诚信、谨慎、勤勉义务,给公司带来了重大损害,股东会以此为由作出解除其职务的决议。失格解任,指董事丧失了担任董事的法定资格,须对其进行解任,如董事成为无民事行为能力人或是限制民事行为能力人等情形的。除此之外,公司章程也可以对董事的解任事由进行具体规定。需注意,本条规定的解任,包括决议解任和失格解任,且有无正当理由均可解任。但无正当理由解任的,该董事有权要求公司进行补偿。具体补偿的数额,应依据法律、行政法规、公司章程的规定或者合同的约定,综合考虑解除的原因、剩余任期、董事薪酬等因素确定。 **案例参考:**被法院列入失信被执行人名单后是否意味着已自动丧失董事长资格?(王某治与宁波某公司公司决议撤销纠纷案)[①] 该案中,岑某某因负有数额较大的债务到期未清偿,被法院列入失信被执行人名单,根据《公司法》相关规定,公司应解除其职务。但《公司法》第37条及宁波某公司章程第16条均规定,选举和更换非由职工代表担任董事、监事属	

[①] 案号:浙江省高级人民法院(2019)浙民申4018号裁定书,载中国裁判文书网,最后访问时间:2023年12月15日。

修订后《公司法》及解读等	修订前《公司法》及关联规定
于股东会的职权。因董事长系由股东会选举产生，故董事长职务的罢免也应由股东会决定，未经股东会会议决定，其罢免行为不符合法律规定的程序要求。宁波某公司章程第22条规定，公司董事会成员由股东会委派产生，董事长由股东委派，并经全体股东协商一致形成决议后产生。在改选的董事就任前，原董事仍应依照法律、行政法规和公司章程的规定，履行董事职务。故此，虽岑某某被法院列为失信人员，但其并非即刻自然解除董事长职务，其职务解除仍需经法律和公司章程规定的相应程序。在未经股东会会议决定罢免其董事长职务之前，其仍有权以董事长身份召集和主持董事会。	
第七十二条 【董事会会议召集和主持】董事会会议由董事长召集和主持；董事长不能履行职务或者不履行职务的，由副董事长召集和主持；副董事长不能履行职务或者不履行职务的，由过半数的董事共同推举一名董事召集和主持。 **解读**：本条是关于有限责任公司董事会会议召集与主持的规定。召开董事会会议，研究决定公司经营管理事务，是公司的重要活动。召开会议就必然需要人召集与主持，就董事会会议而言，由于董事长一般由大股东或大股东推选的人担任，同时还往往担任公司法定代表	《公司法》(2018年修正) **第47条** 董事会会议由董事长召集和主持；董事长不能履行职务或者不履行职务的，由副董事长召集和主持；副董事长不能履行职务或者不履行职务的，由半数以上董事共同推举一名董事召集和主持。

修订后《公司法》及解读等	修订前《公司法》及关联规定
人,对外代表公司,因此,规定由董事长作为第一召集和主持董事会会议,符合实际。但实践中,在特殊情况下,如董事长由于身体原因无法召集主持(主要为客观原因)或不履行董事长职务(主要为主观原因),不积极召集和主持董事会会议,此时为有效发挥董事会的职能,保障董事会依法行使职权,本条还规定:董事长不能履行职务或者不履行职务的,由副董事长召集和主持;副董事长不能履行职务或者不履行职务的,由过半数的董事共同推举一名董事召集和主持。需注意,较原《公司法》,这里使用的是"过半数",而非"半数以上"。半数以上包括半数本身在内,过半数并不包括半数在内。由于不少公司的董事会成员并不太多,因此,是否包括半数在实践中有一定意义。 　　**案例参考**：董事长被监视居住时,能否委托他人代行包括召集、主持董事会等在内的董事长职权?(某能源公司诉某物资公司确认合同无效纠纷案)① 　　董事长作为董事会的负责人,对于公司的总体发展、生产经营等承担着重要的职责,董事长因故不能履职时,理应通过法定程序让渡权力或者进行改选,	

---

① 案号:最高人民法院(2019)最高法民再35号判决书,载中国裁判文书网,最后访问时间:2023年12月15日。

修订后《公司法》及解读等	修订前《公司法》及关联规定
而不能通过个人总体概括授权的方式让渡董事长职权。《公司法》第47条规定："董事会会议由董事长召集和主持；董事长不能履行职务或者不履行职务的，由副董事长召集和主持；副董事长不能履行职务或者不履行职务的，由半数以上董事共同推举一名董事召集和主持。"该案中，袁某某因被监视居住而不能正常履行包括召集、主持董事会等在内的董事长及法定代表人职务，其在未经公司股东会或董事会决议的情况下，向丁某1出具《授权委托书》，委托其"代为行使某物资公司董事长和法定代表人职权、保管公司公章印鉴并依法开展公司经营活动"，系将其公司董事长、法定代表人的职权概括授权给丁某1，违背了《公司法》相关规定，丁某1不能因此获得某物资公司法定代表人及董事长的权限。	
第七十三条　【董事会议事程序与会议记录】董事会的议事方式和表决程序，除本法有规定的外，由公司章程规定。 董事会会议应当有过半数的董事出席方可举行。董事会作出决议，应当经全体董事的过半数通过。 董事会决议的表决，<u>应当一人一票</u>。 董事会应当对所议事项的决定作成会议记录，出席会议的董事应当在会议记录上签名。	《公司法》（2018年修正） **第48条**　董事会的议事方式和表决程序，除本法有规定的外，由公司章程规定。 董事会应当对所议事项的决定作成会议记录，出席会议的董事应当在会议记录上签名。 董事会决议的表决，<u>实行一人一票</u>。

修订后《公司法》及解读等	修订前《公司法》及关联规定
解读：本条是关于有限责任公司董事会议事程序与会议记录的规定。本次《公司法》修订，有意扩大董事会在有限责任公司中的作用与规范化发展。相较原规定，本条在吸收借鉴股份有限公司相关规定的基础上，明确了有限责任公司董事会会议需过半数董事参加才可举行，且董事会作出决议，要求经全体董事而非出席董事会的过半数通过。需注意，这里是指董事人数而非表决权或所代表股权的过半数，即有限责任公司董事会决议的表决实行一人一票制，不同于有限责任公司股东会的表决一般按股权比例。这是因为董事被选任很大程度上在于对其专业知识和管理经验以及品格的信任，与其是否出资及出资的多少并无直接关系，因此只能每人平等地享有一票表决权，而股东则是因出资而具有股东身份的，故应按照出资多少分享表决权。同样，基于《民法典》第1259条关于计数语词中"超过"并不包括本数在内的规定，本条所谓的过半数也应理解为不包括一半在内。按照《公司法司法解释四》第5条的规定，不符合相关表决比例要求的，当事人可以主张决议不成立。另，本条最后一款规定了董事会会议的记录。董事会作为公司的决策与执行机构会经常作出决定，为便于执行以及后续备查，需作好会议记录。记录内容应包括会议所议事项及结论，出席会议的董事应当在会议记录上签名。	**《公司法司法解释四》** **第5条** 股东会或者股东大会、董事会决议存在下列情形之一，当事人主张决议不成立的，人民法院应当予以支持： （一）公司未召开会议的，但依据公司法第三十七条第二款或者公司章程规定可以不召开股东会或者股东大会而直接作出决定，并由全体股东在决定文件上签名、盖章的除外； （二）会议未对决议事项进行表决的； （三）出席会议的人数或者股东所持表决权不符合公司法或者公司章程规定的； （四）会议的表决结果未达到公司法或者公司章程规定的通过比例的； （五）导致决议不成立的其他情形。

修订后《公司法》及解读等	修订前《公司法》及关联规定
第七十四条 【经理及其职权】有限责任公司可以设经理，由董事会决定聘任或者解聘。 经理对董事会负责，根据公司章程的规定或者董事会的授权行使职权。经理列席董事会会议。 **解读：** 本条是关于有限责任公司经理及其职权的规定。本条就有限责任公司经理的职权未采用原《公司法》的列举方式予以明确，而是规定为"根据公司章程的规定或者董事会的授权行使职权"。如此规定，相当于赋予公司一定的灵活性，经理职权大还是小，具体包括哪些，可以由公司自行决定。在有限责任公司的内部机构中，股东会是权力机构，决定公司重大问题；董事会是公司的经营管理决策机关，也是股东会的执行机构；经理则是公司经营管理的执行机构，也可视作董事会的执行机构。但不同公司有不同的情况，法律允许股东人数较少或者规模较小的有限责任公司不设董事会，而只设一名董事或经理。当然，本条并不要求公司都必须设经理，其规定的是有限责任公司"可以"设经理。此外，因经理是公司具体业务的执行者，由董事会决定聘任或者解聘，因此其需对董事会负责。为方便经理更好地执行董事会决议，本条最后一款明确了经理列席董事会会议，这既是其权利也是其义务。需注意，经理列席董事会会议，一般是没有表决权的，但由董事兼任的经理除外。	《公司法》（2018年修正） 第49条 有限责任公司可以设经理，由董事会决定聘任或者解聘。经理对董事会负责，行使下列职权： （一）主持公司的生产经营管理工作，组织实施董事会决议； （二）组织实施公司年度经营计划和投资方案； （三）拟订公司内部管理机构设置方案； （四）拟订公司的基本管理制度； （五）制定公司的具体规章； （六）提请聘任或者解聘公司副经理、财务负责人； （七）决定聘任或者解聘除应由董事会决定聘任或者解聘以外的负责管理人员； （八）董事会授予的其他职权。 公司章程对经理职权另有规定的，从其规定。 经理列席董事会会议。

修订后《公司法》及解读等	修订前《公司法》及关联规定
案例参考：经理作出某公司一般账户的决定是否为违反、超越其职权范围的判断？（汪某同、朱某明等与桐城某驾驶培训公司等损害股东利益责任纠纷案）① 　　公司章程对公司、股东、董事、监事、高级管理人员具有约束力。该案中，桐城某驾驶培训公司是依法设立的有限公司。公司章程规定，公司经理的职权包括主持公司的审查经营管理工作，公司的法定代表人兼执行董事有权制定公司的基本管理制度、决定公司的经营计划和投资方案等。公司章程还对公司股东会的相关职权作出了规定。被告琚某某系该公司股东、法定代表人并担任执行董事兼总经理职务，其有权依据公司章程规定履行工作职责。该案争议的焦点是，被告琚某某在履行公司经理职责期间，因公司开立一般账户需要，作出的《关于某公司一般账户的通知》的决定，是否违反了公司章程规定。法院认为，被告在履行公司经理职责期间，因公司经营需要为公司开立一般账户的行为，是其履行公司经理职责的行为，不违反法律规定。而判断该行为是否违反公司章程规定，前提是看公司章程对该事项有无具体规定，但从该公司章程的	

---

① 案号：安徽省桐城市人民法院（2018）皖0881民初2792号判决书，载中国裁判文书网，最后访问时间：2023年12月16日。

修订后《公司法》及解读等	修订前《公司法》及关联规定
内容来看，并未制定有关开立公司一般账户须经过股东会决议的条款，亦无对该事项的其他相关约束性条款。原告现认为被告为公司开立一般账户行为，违反公司章程规定，显然缺乏基本的事实依据。且原告亦未提供证据证明被告为公司开立一般账户的行为损害了公司利益或其他股东的利益。因此，原告的诉讼请求缺乏事实和法律依据，依法应予驳回。	
第七十五条　【不设董事会的有限责任公司】规模较小或者股东人数较少的有限责任公司，可以不设董事会，设一名董事，<u>行使本法规定的董事会的职权</u>。该董事可以兼任公司经理。 **解读：**本条是关于可以不设董事会的有限责任公司相关职权行使的规定。新增"行使本法规定的董事会的职权"，是本次修订公司法时做的体例上的调整，以避免在涉及有限责任公司董事会的其他条文处再规定"未设董事会……"的情形，而是通过该条统一进行规定。此外，本条并未再保留原《公司法》第50条所谓的"执行董事"的称呼。因不设董事会的有限责任公司，大多只设一名董事或经理，并不需要冠"执行董事"以与其他董事相区分。此外，在实践中，董事会往往负责业务经营的决策，而总经理往往负责业务经营的执行，	《公司法》(2018年修正) **第50条**　股东人数较少或者规模较小的有限责任公司，可以设一名<u>执行董事</u>，不设董事会。执行董事可以兼任公司经理。 <u>执行董事的职权由公司章程规定。</u>

第三章 有限责任公司的设立和组织机构 | 171

修订后《公司法》及解读等	修订前《公司法》及关联规定
并对公司日常经营管理事务负总责，公司董事会成员兼任经理、董事长兼任总经理的现象也比较多。 　　**案例参考**：能否以不设董事会的有限责任公司未按公司章程规定召开股东会为由，认定公司经营管理出现困难？（杜某某、长春某公司等公司解散纠纷案）① 　　判断公司的经营管理是否出现严重困难，应从公司组织机构的运行状态进行综合分析，侧重点在于判断公司管理方面是否存在严重的内部障碍，如股东会机制失灵、无法就公司的经营管理进行决策、公司的一切事务处于瘫痪状态等。该案中，根据长春某公司公司章程规定，公司股东会由全体股东组成，是公司的权力机构，股东会议由股东按照认缴出资比例行使表决权。公司不设立董事会，设立执行董事一名，执行董事职权包括召集股东会会议、决定公司的经营计划和投资方案、决定公司内部管理机构的设置等。股东会是该公司的权力机构，虽然该公司从2017年2月6日至杜某某起诉要求解散公司时未召开股东会，但根据工商登记，王某某持股51%（杜某某持股34%、吕某某持股10%、刘某1持股5%），其亦是公司执行	

---

① 案号：最高人民法院（2020）最高法民申7067号判决书，载中国裁判文书网，最后访问时间：2023年12月17日。

修订后《公司法》及解读等	修订前《公司法》及关联规定
董事，具有召集股东会的权利，且按照其持股比例所享有的表决权，即便其他股东拒绝参加，也不影响股东会按照公司章程对一般经营事项形成有效决议。2019年8月18日长春某公司召开临时股东会议并形成决议即印证了此点。公司虽未按公司章程召开股东会，但未召开不等同于无法召开股东会，也不等同于股东会议机制失灵。在执行董事对公司经营计划、投资方案具有决定权的情况下，杜某某主张公司经营管理严重困难无法正常运转依据不足。	
第七十六条 【监事会设立与组成】有限责任公司设监事会，<u>本法第六十九条、第八十三条另有规定的除外</u>。 监事会成员为<u>三人以上</u>。监事会成员应当包括股东代表和适当比例的公司职工代表，其中职工代表的比例不得低于三分之一，具体比例由公司章程规定。监事会中的职工代表由公司职工通过职工代表大会、职工大会或者其他形式民主选举产生。 监事会设主席一人，由全体监事过半数选举产生。监事会主席召集和主持监事会会议；监事会主席不能履行职务或者不履行职务的，由过半数的监事共同推举一名监事召集和主持监事会会议。 董事、高级管理人员不得兼任监事。	《公司法》（2018年修正） **第51条** 有限责任公司设监事会，<u>其成员不得少于三人</u>。股东人数较少或者规模较小的有限责任公司，可以设一至二名监事，不设监事会。 监事会应当包括股东代表和适当比例的公司职工代表，其中职工代表的比例不得低于三分之一，具体比例由公司章程规定。监事会中的职工代表由公司职工通过职工代表大会、职工大会或者其他形式民主选举产生。 监事会设主席一人，由全体监事过半数选举产生。监事会主席召集和主持监事会会议；

修订后《公司法》及解读等	修订前《公司法》及关联规定

解读：本条是关于监事会设立与组成的规定。关于监事会成员的要求，本条相较原规定在表述上作了调整，将监事会成员"不得少于三人"改为"三人以上"（两种表述均具有包括三人在内的意思）。但第3款的"过半数"不包括半数在内，"半数以上"则包括半数在内。另需注意，本条并未保留"股东人数较少或者规模较小的有限责任公司，可以设一至二名监事，不设监事会"的内容，但实际上该相关内容并非被删除，被放在了有限责任公司监事会规定的最后一条，这属体系上的调整，以进一步强化《公司法》条文编排的科学性与合理性。另，监事会成员中需有1/3以上的职工代表，以充分发挥公司职工维护公司与自身合法权益、监督公司依法运作的作用。此外，虽然公司的董事、高管一般也是公司职工，但因其职务特殊，需履行特定的职权，属于监事会监督的对象，为避免利益与职能冲突，故法律规定董事、高管不得兼任监事。
  案例参考：非职工代表监事与公司之间的关系是否属于劳动关系？（上海某咨询公司与施某明劳动合同纠纷案)①
  公司中的非职工代表监事由股东会选举，并由股东会决定监事的报酬，且该
	监事会主席不能履行职务或者不履行职务的，由半数以上监事共同推举一名监事召集和主持监事会会议。
	  董事、高级管理人员不得兼任监事。
	  《民法典》
	  第82条 营利法人设监事会或者监事等监督机构的，监督机构依法行使检查法人财务，监督执行机构成员、高级管理人员执行法人职务的行为，以及法人章程规定的其他职权。

---

① 国家法官学院、中国人民大学法学院编：《中国审判案例要览》(2011年民事审判案例卷)，中国人民大学出版社2013年版，第204页。

修订后《公司法》及解读等	修订前《公司法》及关联规定
类监事与公司之间没有管理与被管理的关系，缺乏人身隶属性，所以此类公司监事并非我国劳动法意义上的劳动者。其在控制公司公章、法人章及营业执照期间与公司签订的劳动合同无公司法定代表人签名，且合同落款中作为公司一方代表签名的人亦未得到公司法定代表人或其他负责人的授权，应认定监事与公司签订的该合同并非公司的真实意思表示，此时公司监事无权要求公司按照该合同约定的工资标准支付其工资。	
第七十七条　【监事任期】监事的任期每届为三年。监事任期届满，连选可以连任。 监事任期届满未及时改选，或者监事在任期内辞任导致监事会成员低于法定人数的，在改选出的监事就任前，原监事仍应当依照法律、行政法规和公司章程的规定，履行监事职务。 **解读**：本条是关于监事任期的规定，相较原规定未有变动。监事每届任期与董事一样，都是3年。任期届满后需退任，但连选可以连任。至于监事可以连任多少届，法律并没有作出限制。监事任期届满或在任期内辞职的，原则上不能再继续履行监事职务，但存在两种例外情形，即本条第2款的规定：一是任期届满后未及时改选出下届监事的。在改选出新的监事就任前，原监事仍应履行监事职务，这是监事任期届满后的一	《公司法》（2018年修正） **第52条**　监事的任期每届为三年。监事任期届满，连选可以连任。 监事任期届满未及时改选，或者监事在任期内辞职导致监事会成员低于法定人数的，在改选出的监事就任前，原监事仍应当依照法律、行政法规和公司章程的规定，履行监事职务。

修订后《公司法》及解读等	修订前《公司法》及关联规定
项法定义务，监事不得拒绝。二是监事辞任后导致监事会成员低于法定人数的，在补选出新的监事前其仍需履行监事职责。需注意，这里规定的是监事在任期内辞任导致监事会成员低于法定人数的，若其辞任后监事成员仍不低于法定人数（3人）的，则不在此列。 **案例参考：**公司只有一名监事，其能否不经公司股东（会）确认自行辞去监事职务、不再履行监事职责？（刘某与自贸区市监局要求履行法定职责案）① 该案某商贸公司系一人有限责任公司，股东为张某华，公司设一名监事刘某。公司章程明确规定公司不设监事会、设监事一名，由股东任免。由此，某商贸公司监事的变更事宜应由股东作出书面决定，自贸区市监局在接到刘某要求其责令某商贸公司限期办理变更备案的《律师函》后，在经查找无法联系到该公司唯一股东的情况下，认为尚未发现该公司监事已发生变动需办理监事变更备案事项的情况，认定事实清楚。原审法院判决驳回刘某要求判令自贸区市监局履行法定职责，责令某商贸公司限期进行监事变更备案的诉讼请求，并无不当。按照《公司法》相关规定，监事任期届满未及时改选，或者监事在任期内辞任	

---

① 案号：上海市高级人民法院（2017）沪行申912号判决书，载中国裁判文书网，最后访问时间：2023年12月16日。

修订后《公司法》及解读等	修订前《公司法》及关联规定
导致监事会成员低于法定人数的，在改选出的监事就任前，原监事仍应当依照法律、行政法规和公司章程的规定，履行监事职务；对于非职工代表担任的监事的选举和更换权限属于有限责任公司股东会。刘某主张其在某商贸公司担任监事一职系与该公司的委托合同关系，由于刘某已经向某商贸公司提出辞职，双方的合同关系已经终止，无须经某商贸公司股东的确认，理由不能成立。	
第七十八条 【监事会职权】 监事会行使下列职权： （一）检查公司财务； （二）对董事、高级管理人员执行职务的行为进行监督，对违反法律、行政法规、公司章程或者股东会决议的董事、高级管理人员提出<u>解任</u>的建议； （三）当董事、高级管理人员的行为损害公司的利益时，要求董事、高级管理人员予以纠正； （四）提议召开临时股东会会议，在董事会不履行本法规定的召集和主持股东会会议职责时召集和主持股东会会议； （五）向股东会会议提出提案； （六）依照本法第一百八十九条的规定，对董事、高级管理人员提起诉讼； （七）公司章程规定的其他职权。 **解读：**本条是关于监事会一般职权的规定，之所以称为一般，是为了与第**79条另外规定的监事列席董事会会议及**	《公司法》（2018年修正） **第53条** 监事会、~~不设监事会的公司的监事~~行使下列职权： （一）检查公司财务； （二）对董事、高级管理人员执行~~公司~~职务的行为进行监督，对违反法律、行政法规、公司章程或者股东会决议的董事、高级管理人员提出<u>罢免</u>的建议； （三）当董事、高级管理人员的行为损害公司的利益时，要求董事、高级管理人员予以纠正； （四）提议召开临时股东会会议，在董事会不履行本法规定的召集和主持股东会会议职责时召集和主持股东会会议；

第三章 有限责任公司的设立和组织机构

修订后《公司法》及解读等	修订前《公司法》及关联规定
监事会调查权相区分。本条关于监事会一般职权的规定，相较原规定并无实质性修改。本条列举规定了监事会的七种职权，其中检查公司财务，包括审核、查阅公司的财务会计报告和其他财务会计资料，对公司的各种财务账目、财务报表等进行检查。在行使检查权时，可以聘请会计师、审计师协助审查，费用由公司承担。另需注意第3项即"当董事、高级管理人员的行为损害公司的利益时，要求董事、高级管理人员予以纠正"，发生董事、高级管理人员的行为损害公司的利益的行为时，监事会应当立即制止纠正而不应待股东会召开时再建议解任董事、高级管理人员。当然，因情况紧急，董事、高级管理人员实施严重违法行为且拒绝监事会要求纠正的意见，此时监事会也可进一步行使第4项的职权即"提议召开临时股东会会议，在董事会不履行本法规定的召集和主持股东会会议职责时召集和主持股东会会议"。此外，由于监事会的监督结果最终要通过公司股东会的意思决定才能落到实处，在股东会会议上陈述意见、提出议案并由股东会会议作出决定，这也是监事会把监督结果推向实施的最有效且最合适的方法，故第5项规定了向股东会会议提出提案的权利。 案例参考：监事提起股东代表诉讼后，公司免除其监事身份的，能否当然阻却该案诉讼程序的正常进行？(某投资公司、王某林与王某斌、某置业公司损害	（五）向股东会会议提出提案； （六）依照本法第一百五十一条的规定，对董事、高级管理人员提起诉讼； （七）公司章程规定的其他职权。 **《民法典》** **第82条** 营利法人设监事会或者监事等监督机构的，监督机构依法行使检查法人财务，监督执行机构成员、高级管理人员执行法人职务的行为，以及法人章程规定的其他职权。 **《公司法司法解释四》** **第23条** 监事会或者不设监事会的有限责任公司的监事依据公司法第一百五十一条第一款规定对董事、高级管理人员提起诉讼的，应当列公司为原告，依法由监事会主席或者不设监事会的有限责任公司的监事代表公司进行诉讼。 董事会或者不设董事会的有限责任公司的执行董事依据公司法第一百五十一条第一款规定对监事提起诉讼的，或者依据公司法第一百五十一条第三款规定对他人提起诉讼的，

修订后《公司法》及解读等	修订前《公司法》及关联规定
公司利益责任纠纷案)① 作为公司监事,认为公司利益受到损害的,有权代表公司提起损害赔偿之诉,所得的利益归属于公司;在公司监事已经提起股东代表诉讼后,公司免除其监事身份的,并不影响诉讼程序的正常进行。首先,《公司法》第53条第6项及《公司法司法解释四》第23条规定的功能,在于赋予监事会或者不设监事会的有限责任公司的监事发动监事代表诉讼的权利。该案中,在乔某业已根据前述规定发动了该案诉讼的情况下,某投资公司免除乔甲的监事职务,并不影响案件启动程序的合法性,亦不当然阻却案件诉讼程序的正常进行。其次,不设监事会的公司的监事是公司的法定监督机关,公司设置监事之目的在于防止董事、高级管理人员滥用职权损害公司及小股东的利益。在持股达一定比例的大股东担任公司董事、高级管理人员的情况下,监事对公司董事、高级管理人员进行监督,实系对大股东的监督。股东会免除正在履行监督职责的监事职务,实系大股东利用优势地位规避监督,属于权力滥用行为,该行为将导致监事职责落空,有悖《公司法》立法旨趣。该案中,某投资公司在该案诉讼期间通过内部决议程序免去乔甲监事身份并任命董某丰为监事后,由董某丰代表投资公司提交申请撤回起诉,意在阻却该案诉讼,不予准许。	应当列公司为原告,依法由董事长或者执行董事代表公司进行诉讼。

① 案号:江苏省高级人民法院(2020)苏民申777号裁定书,载中国裁判文书网,最后访问时间:2023年12月15日。

修订后《公司法》及解读等	修订前《公司法》及关联规定
第七十九条 【监事会或监事职权一】监事可以列席董事会会议，并对董事会决议事项提出质询或者建议。 监事会发现公司经营情况异常，可以进行调查；必要时，可以聘请会计师事务所等协助其工作，费用由公司承担。 解读：本条是关于监事列席董事会会议及监事会调查权的规定，相较原规定，并无实质性修改。本条第1款规定了监事列席董事会会议的权利。该权利是法律赋予监事的，董事会应当保障，会议召开前应及时通知监事列席。需注意的是，监事列席董事会会议与制止董事、高级管理人员的不当行为一样，均属事中而非事后监督。在董事会或高级管理人员执行职务过程中而非事后对其监督，不仅可以提高监督效率，强化监督的公开性与透明度，而且可以更好地避免不当行为的继续。监事会履行监督职责，需调查了解有关情况，这需要公司董事会、董事及经理等高级管理人员的配合和协助，为此需赋予监事会一定的调查权。为此，有了本条第2款的规定。按照该款规定，监事会行使调查权的条件是发现公司经营情况异常。所谓"异常"，是指公司经营情况出现了不正常的变化，具备突发性与剧烈性，且明显不符合公司利益。一般包括公司财务情况异常、异常的重大决策（如投资借贷、对外担保等）以及其他异常情况。但	《公司法》(2018年修正) 第54条 监事可以列席董事会会议，并对董事会决议事项提出质询或者建议。 监事会~~，不设监事会的公司的监事~~发现公司经营情况异常，可以进行调查；必要时，可以聘请会计师事务所等协助其工作，费用由公司承担。

修订后《公司法》及解读等	修订前《公司法》及关联规定
基于专业能力限制，对有些异常及其原因，监事会自身难以正确辨认。故本条明确了监事会有权聘请会计师事务所等专业机构来协助监督工作，且无须经董事会或经理的同意。由于调查的最终目的是维护公司利益，调查费应由公司承担。这里的费用主要包括合理的调查费用以及会计师事务所的合理报酬。 案例参考：公司监事能否提起知情权诉讼？（黄某与广州某营养品有限公司知情权纠纷案）[1] 公司监事或监事会行使检查公司财务的职权，属于公司内部的经营管理范畴，该权利的行使并不涉及其民事权益，且《公司法》未赋予公司监事通过司法途径获取知情权的权利。因此，监事会或监事以其知情权受到侵害为由提起的诉讼不具有可诉性，人民法院不予受理；已经受理的，应当裁定驳回起诉。	
第八十条　【监事会或监事职权二】监事会可以要求董事、高级管理人员提交执行职务的报告。 董事、高级管理人员应当如实向监事会提供有关情况和资料，不得妨碍监事会或者监事行使职权。 解读：本条是关于监事会要求董事、	《公司法》（2018年修正） 第150条第2款　董事、高级管理人员应当如实向监事会或者不设监事会的有限责任公司的监事提供有关情况和资料，不得妨碍监事会或者监事行使职权。

---

[1] 刘浚、王灯、赵卓丰：《黄某与广州某营养品有限公司知情权纠纷案》，载《人民司法·案例》2010年第22期。

修订后《公司法》及解读等	修订前《公司法》及关联规定
高级管理人员提交报告及董事、高级管理人员对监事会义务的规定。第1款明确了监事会可以要求董事、高级管理人员提交执行职务的报告，增强了监事会履职的主动性。公司董事、高级管理人员在公司经营管理方面有很大决策权，而一般的监督力度对其影响有限，尤其一些独立董事，其履职的自由度与随意性较大。而履职报告具有很强的规范性及事后的证明效力，董事、高级管理人员对此应给予较高的重视，为此本条赋予监事会要求董事、高级管理人员提交执行职务报告的权利。监事会在履行《公司法》规定的监督职权时，有权要求董事、高级管理人员提供相应资料如生产经营情况、财务状况等，以了解公司的有关情况，确保正确有效地行使自己的职权。为此，本条第2款规定了董事、高级管理人员应如实向监事会或者监事提供有关情况和资料，不得妨碍监事会或监事依规定履行职责。	
第八十一条　【监事会会议】监事会每年度至少召开一次会议，监事可以提议召开临时监事会会议。 　　监事会的议事方式和表决程序，除本法有规定的外，由公司章程规定。 　　监事会决议应当经<u>全体监事的过半数</u>通过。 　　**监事会决议的表决，应当一人一票。**	《公司法》(2018年修正) 　　**第55条**　监事会每年度至少召开一次会议，监事可以提议召开临时监事会会议。 　　监事会的议事方式和表决程序，除本法有规定的外，由公司章程规定。 　　监事会决议应当<u>经半数以上</u>监事通过。

修订后《公司法》及解读等	修订前《公司法》及关联规定
监事会应当对所议事项的决定作成会议记录，出席会议的监事应当在会议记录上签名。 　　**解读：**本条是关于监事会会议的规定。相较原规定，本条除增加第4款、调整第3款外，其他并无变动。监事会会议分定期会议与临时会议。定期会议每年至少召开一次，而临时会议对此并没有限制，监事在必要时可以提议召开临时会议。因不同公司情况不同，对会议议事方式和表决程序的要求也不同，法律对此不可能规定得过于具体，由公司章程根据本公司的具体情况作出规定最为合适。为此，本条第2款规定，监事会的议事方式和表决程序，除本法有规定的外，由公司章程规定。监事会决议表决实行一人一票制。本条第3款就监事会决议的表决通过要求作了规定，即为"经全体监事的过半数通过"，不同于原规定的"经半数以上监事通过"。一方面，本条第3款明确了计算基数为全体监事，而非参加会议的监事，原规定对此并未明确。另一方面，本条规定的"过半数"，按照《民法典》第1259条的规定，应不包括本数即半数在内，而原规定的"半数以上"，则应包括半数在内。另，本条新增的第4款明确了监事会表决是一人一票的表决方法，这符合监事的属性与工作职责要求，实践中大多也是如此计算的。此外，第5款就监事会	监事会应当对所议事项的决定作成会议记录，出席会议的监事应当在会议记录上签名。

修订后《公司法》及解读等	修订前《公司法》及关联规定
会议记录作了规定。监事会会议记录应包括监事会会议所议事项及讨论后所得出的结论，具体包括会议召开时间、地点、出席人员、议题、讨论意见、决议情况等，出席会议的监事应当在会议记录上签名。监事在会议记录上签名，既是监事的法定义务，也是其一项权利。	
第八十二条　【监事会履职费用承担】监事会行使职权所必需的费用，由公司承担。 **解读：**本条是关于监事会履职费用承担的规定。监事会履职过程中可能会遇到使用费用的情况，基于监督行为的职务属性以及监督履职的最终目的在于维护公司利益，因此，监事会、不设监事会的有限责任公司的监事行使职权所产生的费用，由公司承担。需注意，这里的费用仅限于"所必需的费用"。所谓"必需"，意味着是必不可少的，即监事会行使职权所不可缺少的费用，如依法对董事、高级管理人员提起诉讼时的诉讼费用等。	《公司法》（2018年修正） 第56条　监事会、~~不设监事会的公司的~~监事行使职权所必需的费用，由公司承担。
第八十三条　【不设监事会的情形】规模较小或者股东人数较少的有限责任公司，可以不设监事会，设一名监事，行使本法规定的监事会的职权；经全体股东一致同意，也可以不设监事。 **解读：**本条是关于有限责任公司不设监事会情形的规定。除了可以不设监事	《公司法》（2018年修正） 第51条第1款　有限责任公司设监事会，其成员不得少于三人。股东人数较少或者规模较小的有限责任公司，可以设一~~至二~~名监事，不设监事会。

修订后《公司法》及解读等	修订前《公司法》及关联规定
会的两种情形外，本条增加了不设监事的内容，但不设监事需全体股东一致同意。此外，因"规模较小或者股东人数较少"而不设监事会的，设置监事的数量要求为一名，主要在于该类公司本来规模就较小或股东人数较少，内部组织机构往往更为精干、灵活，没有必要设立较多的监事。此外，本条"行使本法规定的监事会的职权"与不设董事会的规定相类似，也是本次修订《公司法》时作出的体例上的调整，避免在涉及有限责任公司监事会的其他条文处再规定"未设董事会……"的情形，而是通过本条统一进行规定，更简洁、科学。	
第四章 有限责任公司的股权转让	
第八十四条 【股权转让】有限责任公司的股东之间可以相互转让其全部或者部分股权。 股东向股东以外的人转让股权的，**应当将股权转让的数量、价格、支付方式和期限等事项书面通知其他股东**，其他股东在同等条件下有优先购买权。股东自接到书面通知之日起三十日内未答复，视为放弃优先购买权。两个以上股东行使优先购买权的，协商确定各自的购买比例；协商不成的，按照转让时各自的出资比例行使优先购买权。 公司章程对股权转让另有规定的，从其规定。	《公司法》（2018年修正） 第71条 有限责任公司的股东之间可以相互转让其全部或者部分股权。 股东向股东以外的人转让股权，应当经其他股东过半数同意。股东应就其股权转让事项书面通知其他股东征求同意，其他股东自接到书面通知之日起满三十日未答复的，视为同意转让。其他股东半数以上不同意转让的，不同意的股东应当购买该转让的股权；不购买的，视为同意转让。

修订后《公司法》及解读等	修订前《公司法》及关联规定
解读：本条是关于有限责任公司股权转让的规定。出于多方面原因，股东需要将其持有的股权在内部或外部进行部分或全部转让。就内部转让即有限责任公司股东之间转让股权而言，由于这种转让只会引起公司股东数量和持股比例的变化，对于股东之间的人合关系影响较小，因此没有必要对这种股东内部间的转让行为进行限制。故本条第1款相较原规定并无变化。就外部转让即股东向股东以外的人转让股权而言，本条第2款对优先购买权机制进行了完善，明确了应当书面通知其他股东的具体事项、取消了股东对外转让股权时其他股东的同意权、不同意转让时的购买义务及不购买即默认为同意的反转机制，极大地简化了股权转让程序，赋予了股东更大的转股自由，以提高交易效率。可以说，《公司法》此次修订显现了对有限责任公司外部转让松绑的态度，以给予市场主体更大自由度和灵活性。具体而言，对外转让股权不再要求其他股东过半数同意，也不再要求不同意的股东购买拟转让股权，只要求将转让数量、价格、支付方式、期限等事项书面通知其他股东，其他股东在接到股权转让书面通知后30日内未答复的，视为放弃优先购买权，而非原《公司法》规定的视为同意对外股权转让。当然，就股权转让而言，也应充分尊重公司意思自治，这就	经股东同意转让的股权，在同等条件下，其他股东有优先购买权。两个以上股东主张行使优先购买权的，协商确定各自的购买比例；协商不成的，按照转让时各自的出资比例行使优先购买权。 　　公司章程对股权转让另有规定的，从其规定。 　　**《公司法司法解释四》** 　　**第16条**　有限责任公司的自然人股东因继承发生变化时，其他股东主张依据公司法第七十一条第三款规定行使优先购买权的，人民法院不予支持，但公司章程另有规定或者全体股东另有约定的除外。 　　**第17条**　有限责任公司的股东向股东以外的人转让股权，应就其股权转让事项以书面或者其他能够确认收悉的合理方式通知其他股东征求同意。其他股东半数以上不同意转让，不同意的股东不购买的，人民法院应当认定视为同意转让。 　　经股东同意转让的股权，其他股东主张转让股东应当向其以书面或者其他能够确认收悉的合理方式通知转让股权的

修订后《公司法》及解读等	修订前《公司法》及关联规定
体现在章程约定优先的规定,即本条第3款规定的"公司章程对股权转让另有规定的,从其规定",该内容与原规定比并无实质性变化。简而言之,公司章程可以对股东间的股权转让以及股东向股东以外的人转让股权,作出与本条前两款不同的规定。此外,本条涉及了"股东优先购买权"这一概念,其是指股东对外转让股权时,其他股东享有的以同等条件优于第三人购买该股权的权利。就其实现的具体方式,前面已经具体阐述,不再重复。但值得注意的是,为了限制股东滥用优先购买权,一般会要求股东不得单独就优先购买权请求主张股权转让无效,而须同时主张按照同等条件购买转让股权,《公司法司法解释四》第21条第2款对此作了规定。 **案例参考:股权转让时约定受让方日后需支付一定数额的"股东权益分红",该"分红"性质如何?(银川某公司与樊某军合同纠纷案)**① 该案中,夏某兰与樊某军签订的股权转让协议约定,樊某军将其占有的某公司40%的股权转让给夏某兰,作为股权转让的对价有两项:一是夏某兰在2012年6月30日前支付给樊某军1550万元人民币,二是夏某兰在该协议签署之日起两年内支付给樊某军股东权益分红	同等条件的,人民法院应当予以支持。 经股东同意转让的股权,在同等条件下,转让股东以外的其他股东主张优先购买的,人民法院应当予以支持,但转让股东依据本规定第二十条放弃转让的除外。 **第18条** 人民法院在判断是否符合公司法第七十一条第三款及本规定所称的"同等条件"时,应当考虑转让股权的数量、价格、支付方式及期限等因素。 **第19条** 有限责任公司的股东主张优先购买转让股权的,应当在收到通知后,在公司章程规定的行使期间内提出购买请求。公司章程没有规定行使期间或者规定不明确的,以通知确定的期间为准,通知确定的期间短于三十日或者未明确行使期间的,行使期间为三十日。 **第20条** 有限责任公司的转让股东,在其他股东主张优先购买后又不同意转让股权的,对其他股东优先购买的主

---

① 案号:最高人民法院(2021)最高法民申2346号裁定书,载中国裁判文书网,最后访问时间:2023年12月15日。

修订后《公司法》及解读等	修订前《公司法》及关联规定
24315492.48元。该协议中所谓的股东权益分红应是作为股权转让的对价支付的,虽然名称为股东权益分红,但实际是夏某兰应当支付给樊某军的股权转让款的一部分,负有付款责任的应为夏某兰。因案涉纠纷系樊某军与夏某兰之间因股权转让产生的纠纷,并非公司股东因利润分配产生的纠纷,因此并不存在变更公司利润分配方案的问题,亦无须经过某公司股东会决议。综上,二审法院认定案涉法律关系为普通债权债务关系,夏某兰应当承担付款责任并无不当,进而判决夏某兰以金钱方式履行偿付义务并无不当。	张,人民法院不予支持,但公司章程另有规定或者全体股东另有约定的除外。其他股东主张转让股东赔偿其损失合理的,人民法院应当予以支持。 **第21条** 有限责任公司的股东向股东以外的人转让股权,未就其股权转让事项征求其他股东意见,或者以欺诈、恶意串通等手段,损害其他股东优先购买权,其他股东主张按照同等条件购买该转让股权的,人民法院应当予以支持,但其他股东自知道或者应当知道行使优先购买权的同等条件之日起三十日内没有主张,或者自股权变更登记之日起超过一年的除外。 前款规定的其他股东仅提出确认股权转让合同及股权变动效力等请求,未同时主张按照同等条件购买转让股权的,人民法院不予支持,但其他股东非因自身原因导致无法行使优先购买权,请求损害赔偿的除外。 股东以外的股权受让人,因股东行使优先购买权而不能实现合同目的的,可以依法请求转让股东承担相应民事责任。

修订后《公司法》及解读等	修订前《公司法》及关联规定
	第22条 通过拍卖向股东以外的人转让有限责任公司股权的，适用公司法第七十一条第二款、第三款或者第七十二条规定的"书面通知""通知""同等条件"时，根据相关法律、司法解释确定。 在依法设立的产权交易场所转让有限责任公司国有股权的，适用公司法第七十一条第二款、第三款或者第七十二条规定的"书面通知""通知""同等条件"时，可以参照产权交易场所的交易规则。 **《公司法司法解释三》** 第25条 名义股东将登记于其名下的股权转让、质押或者以其他方式处分，实际出资人以其对于股权享有实际权利为由，请求认定处分股权行为无效的，人民法院可以参照民法典第三百一十一条的规定处理。 名义股东处分股权造成实际出资人损失，实际出资人请求名义股东承担赔偿责任的，人民法院应予支持。 第26条 公司债权人以登记于公司登记机关的股东未履行出资义务为由，请求其对

修订后《公司法》及解读等	修订前《公司法》及关联规定
	公司债务不能清偿的部分在未出资本息范围内承担补充赔偿责任，股东以其仅为名义股东而非实际出资人为由进行抗辩的，人民法院不予支持。

名义股东根据前款规定承担赔偿责任后，向实际出资人追偿的，人民法院应予支持。

第27条 股权转让后尚未向公司登记机关办理变更登记，原股东将仍登记于其名下的股权转让、质押或者以其他方式处分，受让股东以其对于股权享有实际权利为由，请求认定处分股权行为无效的，人民法院可以参照民法典第三百一十一条的规定处理。

原股东处分股权造成受让股东损失，受让股东请求原股东承担赔偿责任、对于未及时办理变更登记有过错的董事、高级管理人员或者实际控制人承担相应责任的，人民法院应予支持；受让股东对于未及时办理变更登记也有过错的，可以适当减轻上述董事、高级管理人员或者实际控制人的责任。

《全国法院民商事审判工作会议纪要》

9.【侵犯优先购买权的股 |

修订后《公司法》及解读等	修订前《公司法》及关联规定
	权转让合同的效力】审判实践中,部分人民法院对公司法司法解释(四)第21条规定的理解存在偏差,往往以保护其他股东的优先购买权为由认定股权转让合同无效。准确理解该条规定,既要注意保护其他股东的优先购买权,也要注意保护股东以外的股权受让人的合法权益,正确认定有限责任公司的股东与股东以外的股权受让人订立的股权转让合同的效力。一方面,其他股东依法享有优先购买权,在其主张按照股权转让合同约定的同等条件购买股权的情况下,应当支持其诉讼请求,除非出现该条第1款规定的情形。另一方面,为保护股东以外的股权受让人的合法权益,股权转让合同如无其他影响合同效力的事由,应当认定有效。其他股东行使优先购买权的,虽然股东以外的股权受让人关于继续履行股权转让合同的请求不能得到支持,但不影响其依约请求转让股东承担相应的违约责任。

修订后《公司法》及解读等	修订前《公司法》及关联规定
第八十五条　【强制执行中的优先购买权】人民法院依照法律规定的强制执行程序转让股东的股权时，应当通知公司及全体股东，其他股东在同等条件下有优先购买权。其他股东自人民法院通知之日起满二十日不行使优先购买权的，视为放弃优先购买权。 解读：本条是关于强制执行程序中股权转让的规定，主要针对的是该情形下股东优先购买权的问题。因较原规定，本条并未进行修改。本条所谓强制执行程序，是指人民法院依据有效的法律文书，对股东在有限责任公司中的股权所采取的一种强制性转让措施。由于该强制执行程序的股权转让，无论是将出资转让于债权人还是第三人，一般均属新股东加入有限责任公司的情形，基于有限责任公司的人合因素，故法院应将转让事宜于一定的期间通知全体股东（无须征得其同意），以保证公司及全体股东的知情权。若有股东愿意以股东以外的人所出的同等条件购买该股权，则股权应优先转让给该股东。需注意，基于强制执行程序的时效性，此种情况下其他股东优先购买权并非无期限，其法定期限是自人民法院通知之日起20日内，略短于前条规定的一般对外转让的30日。 案例参考：作为被执行人的股东能否以其股权被拍卖时，法院未通知其他股东而提起执行异议？（C××E××公司申请	《公司法》（2018年修正） 第72条　人民法院依照法律规定的强制执行程序转让股东的股权时，应当通知公司及全体股东，其他股东在同等条件下有优先购买权。其他股东自人民法院通知之日起满二十日不行使优先购买权的，视为放弃优先购买权。 《公司法司法解释四》 第22条　通过拍卖向股东以外的人转让有限责任公司股权的，适用公司法第七十一条第二款、第三款或者第七十二条规定的"书面通知""通知""同等条件"时，根据相关法律、司法解释确定。 在依法设立的产权交易场所转让有限责任公司国有股权的，适用公司法第七十一条第二款、第三款或者第七十二条规定的"书面通知""通知""同等条件"时，可以参照产权交易场所的交易规则。 《最高人民法院关于人民法院执行工作若干问题的规定（试行）》 37.对被执行人在其他股份有限公司中持有的股份凭证（股票），人民法院可以扣押，

修订后《公司法》及解读等	修订前《公司法》及关联规定

监督案执行裁定案)①
   优先购买权产生的基础是有限责任公司兼具资合与人合特性,当有限责任公司股东需转让其股份时,其他股东通过行使优先购买权尽可能地排斥陌生人进入公司,从而维护自己的利益。该案中,申诉人C××E××公司主张执行法院拍卖股权未通知除C××E××公司之外上海某公司的其他股东,侵犯了其他股东的优先购买权。法院认为,C××E××公司所持有的上海某公司的股权在强制执行程序中被法院拍卖,该公司的其他股东是否得到通知以及是否行使优先购买权与其没有直接利害关系,C××E××公司无权就此提出异议,故对这一申诉理由,不予审查。
	并强制被执行人按照公司法的有关规定转让,也可以直接采取拍卖、变卖的方式进行处分,或直接将股票抵偿给债权人,用于清偿被执行人的债务。
	   38.对被执行人在有限责任公司、其他法人企业中的投资权益或股权,人民法院可以采取冻结措施。
	   冻结投资权益或股权的,应当通知有关企业不得办理被冻结投资权益或股权的转移手续,不得向被执行人支付股息或红利。被冻结的投资权益或股权,被执行人不得自行转让。
	   39.被执行人在其独资开办的法人企业中拥有的投资权益被冻结后,人民法院可以直接裁定予以转让,以转让所得清偿其对申请执行人的债务。
	   对被执行人在有限责任公司中被冻结的投资权益或股权,人民法院可以依据《中华人民共和国公司法》第七十一条、第七十二条、第七十三条

---

① 案号:最高人民法院(2013)执监字第202号裁定书,载中国裁判文书网,最后访问时间:2023年12月17日。

修订后《公司法》及解读等	修订前《公司法》及关联规定
	的规定，征得全体股东过半数同意后，予以拍卖、变卖或以其他方式转让。不同意转让的股东，应当购买该转让的投资权益或股权，不购买的，视为同意转让，不影响执行。 人民法院也可允许并监督被执行人自行转让其投资权益或股权，将转让所得收益用于清偿对申请执行人的债务。
第八十六条 【股权转让相关程序】 股东转让股权的，应当书面通知公司，请求变更股东名册；需要办理变更登记的，并请求公司向公司登记机关办理变更登记。公司拒绝或者在合理期限内不予答复的，转让人、受让人可以依法向人民法院提起诉讼。 股权转让的，受让人自记载于股东名册时起可以向公司主张行使股东权利。 **解读：** 本条系新增的股权转让后的登记请求权与股东权利行使起始期间的规定。股权转让后的受让股东的登记请求权，对公司而言则属于一种配合变更登记的义务。无论是转让双方签订的股权转让协议，还是公司作出的相应股东会决议，都仅具有内部确权的效力，在未进行股权变更登记前，不具备对外公示效力，不能当然产生对抗善意第三人的效果。为避免因未及时办理变更登记而致的权利不明状态，尽可能维护市场交	**《公司法司法解释三》** **第23条** 当事人依法履行出资义务或者依法继受取得股权后，公司未根据公司法第三十一条、第三十二条的规定签发出资证明书、记载于股东名册并办理公司登记机关登记，当事人请求公司履行上述义务的，人民法院应予支持。 **《最高人民法院关于人民法院强制执行股权若干问题的规定》** **第15条** 股权变更应当由相关部门批准的，人民法院应当在拍卖公告中载明法律、行政法规或者国务院决定规定的竞买人应当具备的资格或者条件。必要时，人民法院可以就竞买资格或者条件征询相关部门意见。

修订后《公司法》及解读等	修订前《公司法》及关联规定
易安全与稳定，本条第1款明确规定股权转让后公司负有配合变更登记的义务，否则当事人有权诉请法院判令公司配合变更登记，案由应是"请求变更公司登记纠纷"。需注意，此处当事人包括转让人与受让人，任何一方都可提出请求。此外，如因股权被查封、冻结等客观因素，导致股权无法变更的，则不在此限。本条通过第2款明确了受让股东可自记载于股东名册时起可以向公司主张行使股东权利，表明了立法者倾向于形式主义立场，进一步彰显了股东名册在股东权利证明中的重要作用。 **案例参考：股权转让后未办理变更登记，能否对抗转让方债权人的强制执行？（贵州某公司与某投资合伙企业案外人执行异议之诉案）**① 公司登记对社会具有公示公信效力，善意第三人有权信赖公司登记机关的登记文件，登记表现的权利外观应作为认定股权权属的依据。该案中，2016年8月10日，贵州某公司与付某签订《代持股协议书》，约定付某代贵州某公司持有某投资合伙企业10%的股权。某投资合伙企业《企业信用信息公示报告》显示，付某持有某投资合伙企业10%股权。贵州某公司在二审中提交两组证据，证明其与付某之间存在股权转让关系，贵州某	拍卖成交后，人民法院应当通知买受人持成交确认书向相关部门申请办理股权变更批准手续。买受人取得批准手续的，人民法院作出拍卖成交裁定书；买受人未在合理期限内取得批准手续的，应当重新对股权进行拍卖。重新拍卖的，原买受人不得参加竞买。 买受人明知不符合竞买资格或者条件依然参加竞买，且在成交后未能在合理期限内取得相关部门股权变更批准手续的，交纳的保证金不予退还。保证金不足以支付拍卖产生的费用损失、弥补重新拍卖价款低于原拍卖价款差价的，人民法院可以裁定原买受人补交；拒不补交的，强制执行。 **第17条** 在审理股东资格确认纠纷案件中，当事人提出要求公司签发出资证明书、记载于股东名册并办理公司登记机关登记的诉讼请求且其主张成立的，人民法院应当予以支持；当事人未提出前述诉讼请求的，可以根据案件具体情况向其释明。

---

① 案号：最高人民法院（2020）最高法民终845号判决书，载中国裁判文书网，最后访问时间：2023年12月17日。

修订后《公司法》及解读等	修订前《公司法》及关联规定
公司按照股权转让协议的约定支付了对价。法院认为，该两组证据仅能证明贵州某公司与付某之间进行了股权转让，但双方关于股权转让的约定和案涉《代持股协议书》均仅在协议签订双方之间具有法律效力，对外不具有公示效力，不能对抗第三人。在诉争股权仍然登记在付某名下的情形下，某投资合伙企业作为申请执行人有理由相信工商行政管理机关的登记和国家企业信用信息公示系统公示的信息是真实的。因此，不论贵州某公司是否支付对价，均不能以其与付某之间的代持股关系排除人民法院的强制执行行为。	生效法律文书仅确认股权属于当事人所有，当事人可以持该生效法律文书自行向股权所在公司、公司登记机关申请办理股权变更手续；向人民法院申请强制执行的，不予受理。 《市场主体登记管理条例》 第24条 市场主体变更登记事项，应当自作出变更决议、决定或者法定变更事项发生之日起30日内向登记机关申请变更登记。 市场主体变更登记事项属于依法须经批准的，申请人应当在批准文件有效期内向登记机关申请变更登记。 《全国法院民商事审判工作会议纪要》 8.【有限责任公司的股权变动】当事人之间转让有限责任公司股权，受让人以其姓名或者名称已记载于股东名册为由主张其已经取得股权的，人民法院依法予以支持，但法律、行政法规规定应当办理批准手续生效的股权转让除外。未向公司登记机关办理股权变更登记的，不得对抗善意相对人。

修订后《公司法》及解读等	修订前《公司法》及关联规定
第八十七条 【股权转让后续程序】 依照本法转让股权后,公司应当及时注销原股东的出资证明书,向新股东签发出资证明书,并相应修改公司章程和股东名册中有关股东及其出资额的记载。对公司章程的该项修改不需再由股东会表决。 **解读:**本条是关于股权转让后公司相关后续程序的规定,具体而言,包括注销原股东的出资证明书、向新股东签发出资证明书,修改公司章程及股东名册中的相应内容。需注意,本条规定的股权转让,包括股东自愿的转让(包括对内转让与对外转让),也包括法院强制执行中的转让。由于各公司股权转让的情况各有差异、股权转让的具体交割时间与方式也可能不尽一致,故本条并未规定该两项程序义务的履行时间。该两项义务的履行应当在合理的时间内完成。此外,因股权转让而需要对公司章程进行的修改,仅是对股权变化结果的客观记载,无须股东就此表示同意与否(实际上,此时股东间已就股权转让达成书面协议或同意、视为同意),故不再需要股东会表决。 **案例参考:**公司能否通过决议或章程免除办理股权变更登记的法定义务?(傅某明、朱某军诉无锡某公司公司决议效力确认纠纷案)①	《公司法》(2018年修正) **第73条** 依照本法第七十一条、第七十二条转让股权后,公司应当注销原股东的出资证明书,向新股东签发出资证明书,并相应修改公司章程和股东名册中有关股东及其出资额的记载。对公司章程的该项修改不需再由股东会表决。

---

① 最高人民法院中国应用法学研究所编:《人民法院案例选》(2013年第2辑·总第84辑),人民法院出版社2013年版,第156页。

修订后《公司法》及解读等	修订前《公司法》及关联规定
《公司法》规定，依照本法转让股权后，公司应当注销原股东的出资证明书，向新股东签发出资证明书，并相应修改公司章程和股东名册中有关股东及其出资额的记载。对公司章程的该项修改不需再由股东会表决。《公司登记管理条例》及《公司法》相关司法解释等均规定办理股权变更登记是公司的法定义务。因此，该案中，某公司不能通过股东会决议免除其应尽的法定义务或者为其应尽的法定义务设置前提条件。某公司的公司章程中规定，股东对公司负有到期债务的，在其转让或受让股权时，应当先行向公司清偿其债务，否则，公司不予办理登记、过户手续。该规定也与上述法律、行政法规、司法解释相悖，且该案所涉决议内容范围要宽于公司章程规定的情形。傅某明、朱某军主张5号决议中关于暂停办理股权转让手续的决议内容违反上述法律、行政法规、司法解释的规定，应予支持。	
第八十八条　【股权转让剩余出资义务分担】 股东转让已认缴出资但未届出资期限的股权的，由受让人承担缴纳该出资的义务；受让人未按期足额缴纳出资的，转让人对受让人未按期缴纳的出资承担补充责任。 　　未按照公司章程规定的出资日期缴纳出资或者作为出资的非货币财产的实际	**《公司法司法解释三》** 　　**第13条**　股东未履行或者未全面履行出资义务，公司或者其他股东请求其向公司依法全面履行出资义务的，人民法院应予支持。 　　公司债权人请求未履行或者未全面履行出资义务的股东

修订后《公司法》及解读等	修订前《公司法》及关联规定
价额显著低于所认缴的出资额的股东转让股权的，转让人与受让人在出资不足的范围内承担连带责任；受让人不知道且不应当知道存在上述情形的，由转让人承担责任。 **解读：**本条系新增的关于有限责任公司股权转让剩余出资义务分担的规定，也称瑕疵股权转让责任承担。2013年《公司法》修改时，为鼓励市场主体设立，不再强调实缴注册资本而改为认缴制，但也造成"只认缴，不实缴"的普遍现象，给公司债权人以及其他实际出资的股东利益带来不利影响。股权转让领域，也出现了转让尚未实际缴付出资的股权的情况。为加强对公司、其他股东和公司债权人的保护，新增本条第1款就已认缴出资但未届出资期限的股权的转让，规定由受让人承担缴纳该出资的义务，出让人承担补充责任。换言之，转让的标的股权没到缴资期限，该股权的后续出资义务即由受让方来承担。受让人未按期足额缴纳的，公司、其他股东、公司债权人均可向受让人请求承担出资责任，出让人承担补充责任，不管转让合同是否存在其他约定，均不能对抗合同之外的公司、其他股东及公司债权人。第2款针对股东出资存在瑕疵（未按期足额出资）或非货币财产实际价额显著低于认缴出资的，明确转让人与	在未出资本息范围内对公司债务不能清偿的部分承担补充赔偿责任的，人民法院应予支持；未履行或者未全面履行出资义务的股东已经承担上述责任，其他债权人提出相同请求的，人民法院不予支持。 股东在公司设立时未履行或者未全面履行出资义务，依照本条第一款或者第二款提起诉讼的原告，请求公司的发起人与被告股东承担连带责任的，人民法院应予支持；公司的发起人承担责任后，可以向被告股东追偿。 股东在公司增资时未履行或者未全面履行出资义务，依照本条第一款或者第二款提起诉讼的原告，请求未尽公司法第一百四十七条第一款规定的义务而使出资未缴足的董事、高级管理人员承担相应责任的，人民法院应予支持；董事、高级管理人员承担责任后，可以向被告股东追偿。 **第18条** 有限责任公司的股东未履行或者未全面履行

修订后《公司法》及解读等	修订前《公司法》及关联规定
受让人在出资不足范围内承担连带责任，但受让人为善意（不知道且不应当知道）时其不承担，只需转让人承担。此外，《公司法司法解释三》第18条虽有相关规定，但其规定的"未履行""未全面履行出资义务"是仅针对实缴期限届满而未履行或者未全面履行出资的情形，还是也包括实缴期限尚未届至的情形在内则并未进行明确。本条则在《公司法司法解释三》的基础上增加第1款即"股东转让已认缴出资但未届出资期限的股权的，由受让人承担缴纳该出资的义务"的规定，将实缴期限尚未届至的与"未履行""未全面履行出资义务"区分开来。如此规定，有利于消除相关交易带来的出资责任的不确定性、明确各主体责任。 **案例参考**：能否在认缴期限届满前，要求转让其股权的股东对公司不能清偿的债务承担连带责任？（榆林某公司、陕西某公司等执行异议之诉案）[①] 根据《公司法》"股东应当按期足额缴纳公司章程中规定的各自所认缴的出资额"之规定，在认缴期限届满前，股东享有期限利益，故股东在认缴期限内未	出资义务即转让股权，受让人对此知道或者应当知道，公司请求该股东履行出资义务、受让人对此承担连带责任的，人民法院应予支持；公司债权人依照本规定第十三条第二款向该股东提起诉讼，同时请求前述受让人对此承担连带责任的，人民法院应予支持。 受让人根据前款规定承担责任后，向该未履行或者未全面履行出资义务的股东追偿的，人民法院应予支持。但是，当事人另有约定的除外。

[①] 案号：最高人民法院（2021）最高法民申6423号裁定书，载中国裁判文书网，最后访问时间：2023年12月16日。

修订后《公司法》及解读等	修订前《公司法》及关联规定
缴纳或未全部缴纳出资不属于未履行或未完全履行出资义务。在认缴期限届满前转让股权的股东无须在未出资本息范围内对公司不能清偿的债务承担连带责任，除非该股东具有转让股权以逃避出资义务的恶意，或存在在注册资本不高的情况下零实缴出资并设定超长认缴期等例外情形。该案中，某能源投资公司于 2008 年 6 月 25 日转让股权时，其尚在正常经营，榆林某公司与某能源投资公司签订的建设施工合同亦处于正常履行过程中。原判决认定某能源投资公司无逃避债务的主观故意，不存在恶意规避公司债务清偿的情形，并无不当。此外，《全国法院民商事审判工作会议纪要》第 6 条系关于股东出资应否加速到期的规定，不适用于该案股东已经转让股权的情形。	
第八十九条 【异议股东回购请求权】有下列情形之一的，对股东会该项决议投反对票的股东可以请求公司按照合理的价格收购其股权： （一）公司连续五年不向股东分配利润，而公司该五年连续盈利，并且符合本法规定的分配利润条件； （二）公司合并、分立、转让主要财产； （三）公司章程规定的营业期限届满或者章程规定的其他解散事由出现，股东会通过决议修改章程使公司存续。	《公司法》(2018 年修正) **第 74 条** 有下列情形之一的，对股东会该项决议投反对票的股东可以请求公司按照合理的价格收购其股权： （一）公司连续五年不向股东分配利润，而公司该五年连续盈利，并且符合本法规定的分配利润条件的； （二）公司合并、分立、转让主要财产的；

修订后《公司法》及解读等	修订前《公司法》及关联规定
自股东会决议作出之日起六十日内，股东与公司不能达成股权收购协议的，股东可以自股东会决议作出之日起九十日内向人民法院提起诉讼。 　　公司的控股股东滥用股东权利，严重损害公司或者其他股东利益的，其他股东有权请求公司按照合理的价格收购其股权。 　　公司因本条第一款、第三款规定的情形收购的本公司股权，应当在六个月内依法转让或者注销。 　　**解读：** 本条是关于异议股东回购请求权的规定，该种情形本质上系一种特殊的股权转让行为。该条除第3款、第4款属新增内容外，前两款内容较原规定并无实质性修改，仅在个别处进行了表述调整，并用"作出之日"代替"通过之日"，表述更为准确。按照传统的法定资本制和资本维持原则的要求，股东投资公司后一般不得退股。但随着市场经济发展，一味强调法定资本制和资本维持原则，已不符合对维持公司主体存续以及保护中小投资者利益原则。为此，在特定情形下如股东会某些决议违背部分股东意愿，损害该部分股东的利益，此时应允许该股东经过一定的程序退出公司，因此产生了异议股东回购请求权。该回购请求权的适用，需满足如下条件：一是主体上限定为异议股东。即对股东会相关决议事项投反对票的股东。二是	（三）公司章程规定的营业期限届满或者章程规定的其他解散事由出现，股东会~~会议~~通过决议修改章程使公司存续~~的~~。 　　自股东会~~会议~~决议通过之日起六十日内，股东与公司不能达成股权收购协议的，股东可以自股东会~~会议~~决议通过之日起九十日内向人民法院提起诉讼。 　　**《公司法司法解释一》** 　　**第3条** 原告以公司法第二十二条第二款、第七十四条第二款规定事由，向人民法院提起诉讼时，超过公司法规定期限的，人民法院不予受理。

修订后《公司法》及解读等	修订前《公司法》及关联规定
事由法定。即本条第1款规定的三种情形。其中需要解释的是第三种情形。该种情形下允许回购，在于股东会会议通过决议修改章程使公司存续，实际上相当于股东通过决议重新设立公司，若有股东对此持有异议，应允许这部分股东退出公司，相当于允许其选择不参与"设立新公司"。三是先行协商，无果起诉。即自股东会决议作出之日起60日内，异议股东可与公司就回购事宜协商，无法达成协议的，该股东可自决议作出之日起90日内向法院起诉。以上属于股东请求公司回购自己股权的类型。而本条增加的第3款，则属于股东请求公司收购其他股东（控股股东）股权的情形，该款明确了其他股东有权请求公司收购滥用股东权利的控股股东的股权，这无疑有助于进一步加强对股东尤其是中小股东权利的保护。此外，无论是协商达成的回购，还是诉讼判决的回购，根据新增的第4款内容，公司对其回购的股权仅有6个月的持有期限。如此限定在于公司回购股权后，将处于自己持有自己股权的状态，有悖于资本维持原则。长期下去不利于维护公司债权人以及公司本身、其他股东的利益。为此规定公司回购股权后，应在6个月内转让或注销。	

修订后《公司法》及解读等	修订前《公司法》及关联规定

案例参考：公司章程关于"人走股留"的规定是否违反了公司法的禁止性规定？（宋某军诉某餐饮公司股东资格确认纠纷案）①
   有限公司章程系公司设立时全体股东一致同意并对公司及全体股东产生约束力的规则性文件，初始章程对股权转让进行限制，明确约定公司回购条款，只要不违反《公司法》等法律强制性规定，可认定为有效。该案中，宋某军在公司章程上签名的行为，应视为其对规定的认可和同意，该章程对某餐饮公司及宋某军均产生约束力。基于有限责任公司封闭性和人合性的特点，由公司章程对公司股东转让股权作出某些限制性规定，系公司自治的体现。某公司章程将是否与公司具有劳动合同关系作为取得股东身份的依据继而作出"人走股留"的规定，符合有限责任公司封闭性和人合性的特点，亦系公司自治原则的体现，不违反公司法的禁止性规定。
 公司法关于异议股东回购请求权适用范围的规定，能否排除公司章程下的合意回购股权？（宋某军诉某餐饮公司股东资格确认纠纷案）②
   《公司法》第74条所规定的异议股东回购请求权具有法定的适用情形，即	

---

① 最高人民法院指导案例第96号。
② 最高人民法院指导案例第96号。

修订后《公司法》及解读等	修订前《公司法》及关联规定
只有在"（一）公司连续五年不向股东分配利润，而公司该五年连续盈利，并且符合本法规定的分配利润条件的；（二）公司合并、分立、转让主要财产的；（三）公司章程规定的营业期限届满或者章程规定的其他解散事由出现，股东会会议通过决议修改章程使公司存续的"三种情形下，异议股东才有权要求公司回购其股权，而这对应的是公司是否应当履行回购异议股东股权的法定义务。而该案属于某餐饮公司是否有权基于公司章程的约定及与宋某军的合意而回购宋某军股权，对应的是某餐饮公司是否具有回购宋某军股权的权利，二者性质不同，《公司法》第74条规定不能排除某餐饮公司依照公司章程的规定回购宋某军股权的权利。	
第九十条　【股东资格继承】自然人股东死亡后，其合法继承人可以继承股东资格；但是，公司章程另有规定的除外。 **解读：**本条是关于股东资格继承的规定。依照《民法典》的规定，自然人股东死亡后，其遗留的个人合法财产依法由他人继承。股东的出资额是股东的个人合法财产，也将依照《民法典》的规定，由他人依法继承。但《民法典》规定的继承，仅限于财产权的范围。有限责任公司具有人合性，成为其股东，不仅需有一定出资额，而且需要与其他股东之间存在相互信任的关系。换言之，	《公司法》（2018年修正） **第75条**　自然人股东死亡后，其合法继承人可以继承股东资格；但是，公司章程另有规定的除外。 《公司法司法解释四》 **第16条**　有限责任公司的自然人股东因继承发生变化时，其他股东主张依据公司法第七十一条第三款规定行使优先购买权的，人民法院不予支持，但公司章程另有规定或者全体股东另有约定的除外。

修订后《公司法》及解读等	修订前《公司法》及关联规定
公司股份的继承,仅仅是财产的继承;而股东资格的继承,则不仅是财产的继承,而且是人身权的继承。继承人可以继承股份,但是否可以继承股东资格,则依具体情况而定。为此,本条对股东资格的继承作出了专门规定,即自然人股东的合法继承人可以继承其股东资格,但公司章程可以作出除外规定。如果公司章程规定自然人股东死亡后,其合法继承人不能继承股东资格,则该继承人在继承该股东的出资额后,并不能成为公司的股东。此外需注意的是,因股权继承导致股权发生转让的,其他股东对此并没有优先购买权,但公司章程另有规定或全体股东另有约定的除外。 **案例参考**:如何判断公司章程是否排除了对股东资格的继承?(建某公司、周某股东资格确认纠纷案)① 《公司法》赋予了自然人股东的继承人继承股东资格的权利,但是同时亦允许公司章程对死亡股东的股权处理方式另行作出安排。该案中,判断周某是否有权继承其父周某新的股东资格的关键,在于解读建某公司章程有无对股东资格继承问题作出例外规定。案涉建某公司章程第 7 条规定"股东不得向股东以外的人转让股权……股本金实行动态持股管理办法。对免职、调离、终止合同、退	

---

① 案号:最高人民法院(2017)最高法民辖终 64 号裁定书,载中国裁判文书网,最后访问时间:2023 年 12 月 15 日。

修订后《公司法》及解读等	修订前《公司法》及关联规定
休等人员及时办理股权转让手续……"2015年1月10日，建某公司章程第7条在前述章程规定基础上增加第3款规定"对正常到龄退休、长病、长休、死亡的股东，应及时办理股权转让手续，股东退股时，公司累计有盈余的，持股期间按本人持股额每年享受20%以内回报"。理解章程条款应在文义解释的基础上，综合考虑章程体系、制定背景以及实施情况等因素加以分析。首先，建某公司自2007年以来先后经历五次章程修订。自2009年起章程中删除了继承人可以继承股东资格的条款，且明确规定股东不得向股东以外的人转让股权，可以反映出建某公司具有高度的人合性和封闭性特征。其次，周某新去世前，2015年1月10日的公司章程第7条第3款对死亡股东股权的处理已经作出了规定，虽然未明确死亡股东的股东资格不能继承，但结合该条所反映的建某公司高度人合性和封闭性的特征，以及死亡股东应及时办理股权转让手续的表述，可以认定排除股东资格继承是章程的真实意思表示。最后，周某新去世之前，股东郁某新、曹某华在离职时均将股权进行了转让，不再是建某公司的在册股东，建某公司亦根据章程规定支付了他们持股期间的股权回报款。该事例亦进一步印证了股东离开公司后按照章程规定不再享有股东资格的实践情况。因此，纵观建某	

修订后《公司法》及解读等	修订前《公司法》及关联规定
公司章程的演变，并结合建某公司对离职退股的实践处理方式，应认定案涉公司章程已经排除了股东资格的继承。排除股东资格继承后，标的股权由公司回购还是由其他股东受让，均可通过公司自治实现。	
第五章　股份有限公司的设立和组织机构	
第一节　设　立	
第九十一条　【股份有限公司设立方式】 设立股份有限公司，可以采取发起设立或者募集设立的方式。 发起设立，是指由发起人认购设立公司时应发行的全部股份而设立公司。 募集设立，是指由发起人认购设立公司时应发行股份的一部分，其余股份向特定对象募集或者向社会公开募集而设立公司。 **解读**：本条是关于股份有限公司设立方式的规定。股份有限公司是资合性公司，其资本的来源主要有两种方式：一是全部由发起人缴纳，二是由发起人缴纳一部分，其余部分则募集而来。本条对这两种方式都作出规定，即发起人在设立股份有限公司时，可以根据发起人及设立公司的具体情况，决定在设立公司时是否向发起人以外的人发行股份。设立公司时不向发起人以外的人发行股份而全部由发起人认购的，为发起设立。由于该种设立方式不向社会募集股份，	《公司法》（2018年修正） **第77条**　股份有限公司的设立，可以采取发起设立或者募集设立的方式。 发起设立，是指由发起人认购公司应发行的全部股份而设立公司。 募集设立，是指由发起人认购公司应发行股份的一部分，其余股份向社会公开募集或者向特定对象募集而设立公司。 《公司法司法解释三》 **第1条**　为设立公司而签署公司章程、向公司认购出资或者股份并履行公司设立职责的人，应当认定为公司的发起人，包括有限责任公司设立时的股东。

修订后《公司法》及解读等	修订前《公司法》及关联规定
比较简便，但对发起人有比较雄厚的资金要求。而募集设立则指由发起人认购设立公司时应发行股份的一部分，其余股份向社会公开募集或者向特定对象募集而设立公司。换言之，以募集方式设立的股份有限公司，认购公司应发行股份的人不仅有发起人，还有发起人以外的人。该种方式对发起人的资金要求不高，但由于涉及发起人以外的人的利益，故法律对募集设立的要求也较为严格，以保护广大投资者的利益。需注意，本条相较原规定除强调"设立公司时"这一时间要求外，其他并无调整。	
第九十二条　【发起人数量要求】设立股份有限公司，应当有<u>一人</u>以上二百人以下为发起人，其中应当有半数以上的发起人在<u>中华人民共和国</u>境内有住所。 **解读：**本条是关于股份有限公司发起人数量要求的规定。相较原规定，本条不再对股份有限公司发起人的下限进行限制，不再要求发起人须为2人以上，即发起人可以是1人，允许设立1人股份有限公司。如此规定，以进一步激发市场活力，充分释放市场主体积极性，便于主体更好地借助股份有限公司的身份参与市场、金融等活动，是《公司法》本次修订的一大亮点。另需注意，关于股份有限公司发起人上限的规定并未取消，仍限定在200人以下。此外，《公司法》	《公司法》（2018年修正） **第78条**　设立股份有限公司，应当有<u>二人</u>以上二百人以下为发起人，其中须有半数以上的发起人在<u>中国</u>境内有住所。 《公司法司法解释三》 **第1条**　为设立公司而签署公司章程、向公司认购出资或者股份并履行公司设立职责的人，应当认定为公司的发起人，包括有限责任公司设立时的股东。

修订后《公司法》及解读等	修订前《公司法》及关联规定
对发起人身份资格并无过多要求，自然人或者法人、中国人或者外国人，均可作为设立股份有限公司的发起人，但要求必须有半数以上（包括半数）的发起人在中国境内有住所，以保证有一定数量的人负责具体办理设立的各种手续，也便于一定的监督管理，保障社会公众利益。	
第九十三条 【发起人义务】股份有限公司发起人承担公司筹办事务。 发起人应当签订发起人协议，明确各自在公司设立过程中的权利和义务。 **解读：**本条是关于股份有限公司发起人义务（筹办义务）的规定，相较原规定并无变化。参与股份有限公司的筹办，是发起人的一项重要义务，也是之所以称为发起人并赋予其发起人资格的原因所在。公司筹办事务包括倡议设立公司、制定公司章程、募集股份、依法选举董事会和监事会、公告招股说明书、制作认股书、召开创立大会，以及申请公司设立登记等一系列事项。发起人必须参与公司的筹办事务，并依法对公司筹办事务承担责任。此外，本条第2款明确要求发起人应当签订发起人协议。发起人协议，指公司发起人之间签订的、明确各个发起人在公司设立过程中的权利和义务的协议。由于发起人数量可能较多，各个发起人在公司设立过程中应认购多少股份、具体负责哪些事务、各	《公司法》（2018年修正） **第79条** 股份有限公司发起人承担公司筹办事务。 发起人应当签订发起人协议，明确各自在公司设立过程中的权利和义务。 **《民法典》** **第75条** 设立人为设立法人从事的民事活动，其法律后果由法人承受；法人未成立的，其法律后果由设立人承受，设立人为二人以上的，享有连带债权，承担连带债务。 设立人为设立法人以自己的名义从事民事活动产生的民事责任，第三人有权选择请求法人或者设立人承担。 **《公司法司法解释三》** **第2条** 发起人为设立公司以自己名义对外签订合同，合同相对人请求该发起人承担合同责任的，人民法院应予支

修订后《公司法》及解读等	修订前《公司法》及关联规定
自权利等均需明确，否则容易出现因权利事项等不明确导致公司无法设立或产生矛盾纠纷，为公司今后治理增加难度并留下隐患。为尽可能确保公司顺利设立并预防纠纷发生，故规定公司发起人应当签订发起人协议，并在协议中明确各自在公司设立过程中的权利和义务。	持；公司成立后合同相对人请求公司承担合同责任的，人民法院应予支持。 **第3条** 发起人以设立中公司名义对外签订合同，公司成立后合同相对人请求公司承担合同责任的，人民法院应予支持。 公司成立后有证据证明发起人利用设立中公司的名义为自己的利益与相对人签订合同，公司以此为由主张不承担合同责任的，人民法院应予支持，但相对人为善意的除外。 **第4条** 公司因故未成立，债权人请求全体或者部分发起人对设立公司行为所产生的费用和债务承担连带清偿责任的，人民法院应予支持。 部分发起人依照前款规定承担责任后，请求其他发起人分担的，人民法院应当判令其他发起人按照约定的责任承担比例分担责任；没有约定责任承担比例的，按照约定的出资比例分担责任；没有约定出资比例的，按照均等份额分担责任。 因部分发起人的过错导致公司未成立，其他发起人主张其承担设立行为所产生的费用

修订后《公司法》及解读等	修订前《公司法》及关联规定
	和债务的，人民法院应当根据过错情况，确定过错一方的责任范围。 **《公司法司法解释二》** **第22条** 公司解散时，股东尚未缴纳的出资均应作为清算财产。股东尚未缴纳的出资，包括到期应缴未缴的出资，以及依照公司法第二十六条和第八十条的规定分期缴纳尚未届满缴纳期限的出资。 　　公司财产不足以清偿债务时，债权人主张未缴出资股东，以及公司设立时的其他股东或者发起人在未缴出资范围内对公司债务承担连带清偿责任的，人民法院应依法予以支持。
第九十四条　【制订公司章程】设立股份有限公司，应当由发起人共同制订公司章程。 　　**解读：**本条明确了股份有限公司章程的制定主体为发起人，且要求由发起人共同制定。股份有限公司的章程，是指以书面形式表现出来的，关于公司组织及行动的基本规则。股份有限公司的章程由公司的发起人共同制定，是发起人共同意志的体现，是股份有限公司设立的基本文件、必要文件。关于股份有限公司章程应当载明的具体事项，下一条进行了具体规定。	**《民法典》** **第79条** 设立营利法人应当依法制定法人章程。

修订后《公司法》及解读等	修订前《公司法》及关联规定
案例参考：未经登记备案的公司章程修正案是否有效、何时生效？（万某裕与丽江某公司等股东资格确认纠纷案）[①] 出现同一章程对其生效时间的规定前后不一致的情形时，根据章程本身已经无法确定生效的时间，而只能根据相关法律规定和法理，对章程的生效问题作出判断认定。公司章程是股东在协商一致的基础上所签订的法律文件，具有合同的某些属性，在股东对公司章程生效时间约定不明，而《公司法》又无明确规定的情况下，可以参照适用合同生效规定来认定章程的生效问题。该案中，某公司章程第64条规定："本章程经公司登记机关登记后生效。"第66条同时规定："本章程于二〇〇八年八月十日订立生效。"参照合同生效的相关规定，经法定程序修改的章程，自股东达成修改章程的合意后即发生法律效力，工商登记并非章程的生效要件，这与公司设立时制定的初始章程应报经工商部门登记后才能生效有所不同。某公司的股东在2008年8月10日即按法定程序修改了原章程，修订后的章程合法有效，因此应于2008年8月10日开始生效，某公司关于公司章程并未生效的主张，不予支持。某公司章程的修改，涉及公司股东的变更，某公司应依法办理变更登记，其未办	

[①] 案号：最高人民法院（2014）民提字第00054号裁定书，载中国裁判文书网，最后访问时间：2023年12月15日。

修订后《公司法》及解读等	修订前《公司法》及关联规定
理变更登记，应承担由此产生的民事及行政责任，但根据《公司法》的规定，公司股东变更未办理变更登记的，变更事项并非无效，而仅是不具有对抗第三人的法律效力。	
第九十五条　【章程载明事项】 股份有限公司章程应当载明下列事项： （一）公司名称和住所； （二）公司经营范围； （三）公司设立方式； （四）**公司注册资本、已发行的股份数和设立时发行的股份数，面额股的每股金额**； （五）**发行类别股的，每一类别股的股份数及其权利和义务**； （六）发起人的姓名或者名称、认购的股份数、出资方式； （七）董事会的组成、职权和议事规则； （八）公司法定代表人的产生、变更办法； （九）监事会的组成、职权和议事规则； （十）公司利润分配办法； （十一）公司的解散事由与清算办法； （十二）公司的通知和公告办法； （十三）股东会认为需要规定的其他事项。	《公司法》（2018年修正） **第81条**　股份有限公司章程应当载明下列事项： （一）公司名称和住所； （二）公司经营范围； （三）公司设立方式； （四）公司股份总数、每股金额和注册资本； （五）发起人的姓名或者名称、认购的股份数、出资方式和出资时间； （六）董事会的组成、职权和议事规则； （七）公司法定代表人； （八）监事会的组成、职权和议事规则； （九）公司利润分配办法； （十）公司的解散事由与清算办法； （十一）公司的通知和公告办法； （十二）股东大会会议认为需要规定的其他事项。

修订后《公司法》及解读等	修订前《公司法》及关联规定
解读：本条是关于股份有限公司的公司章程内容的规定。相较原有规定，本条有多处调整。一方面，将"公司注册资本、已发行的股份数和设立时发行的股份数，面额股的每股金额"作为应载明的事项进行明确列举，进一步适应投资市场的需求。另一方面，为适应不同投资者的投资需求及权利保障，引入了类别股的概念。类别股是在投票权、优先购买权、出售、限制转让、清算优先权等方面具有不同权利的股份。按照本条规定，对发行类别股的，章程应对此进行记载，并载明类别股的股份数及其权利和义务。此外，与有限责任公司章程记载事项变化类似，本条第8项将原来的"公司法定代表人"也变更为"公司法定代表人的产生、变更办法"，变动理由同有限责任公司变动，不再赘述。另，本条第4项不仅规定了公司注册资本需载入章程，还明确了已发行的股份数、设立时发行的股份数也应载入章程。此外，该条明确发行面额股的，应载明每股金额。但需注意，虽然本条关于章程记载事项中只涉及了面额股问题，但除面额股外，公司法本次修订另允许发行无面额股，"股份有限公司的股份发行和转让"一章对此有明确规定，这也是《公司法》修订涉及股份有限公司的一大亮点。当然，在本条明确的事项外，	

修订后《公司法》及解读等	修订前《公司法》及关联规定
股份有限公司也可根据实际需要，在不违反法律禁止性规定的前提下，通过章程规定其他事项。 **案例参考**：股份有限公司章程就股东享有股权对外转让时的优先购买权之约定能否对抗法院的执行拍卖？（甘肃某商贸公司、王某义等借款合同纠纷执行监督执行裁定书）① 《公司法》关于股东优先购买权的内容规定在有限责任公司的股权转让部分。可见，法律仅明确了有限责任公司的股东具有优先购买权，而该案甘肃某商贸公司营业执照显示其公司类型为股份有限公司，不适用《公司法》关于有限责任公司优先购买权的规定。甘肃某商贸公司章程虽规定了股东优先购买权，但该章程系约束其股东自主转让股权行为，对人民法院强制执行活动没有当然约束力。即使股东行使优先购买权，也应当在依法开展的拍卖、变卖程序中行使。该案变卖程序未经被执行人同意，股东优先购买权行使程序违法。	
第九十六条　【注册资本】股份有限公司的注册资本为在公司登记机关登记的已发行股份的股本总额。在发起人认购的股份缴足前，不得向他人募集股份。 法律、行政法规以及国务院决定对股份有限公司注册资本最低限额另有规定的，从其规定。	《公司法》(2018年修正) **第80条**　股份有限公司采取发起设立方式设立的，注册资本为在公司登记机关登记的全体发起人认购的股本总额。在发起人认购的股份缴足前，不得向他人募集股份。

---

① 案号：最高人民法院（2020）最高法执监18号裁定书，载中国裁判文书网，最后访问时间：2023年12月16日。

修订后《公司法》及解读等	修订前《公司法》及关联规定
解读：本条是关于股份有限公司注册资本的规定。相较原规定，本条引入已发行股份的概念，不再按照发起设立、募集设立方式的不同分别规定股份有限公司的注册资本，而是统一进行规定，将股份有限公司的注册资本明确为公司登记机关登记的已发行股份的股本总额，而不包括未发行的股份数。由于股份有限公司既可以向社会公开募集股份也可以向特定对象募集，为防止部分发起人利用向他人募集的途径进行投机，损害其他投资者利益，故规定在发起人认购的股份缴足前，不得向他人募集股份，即向他人募集的前提是发起人认购的股份需缴足。此外，基于权利义务相一致、利益与风险相适应的民商事原则，从事经营活动的主体尤其是从事特定经营活动的商事主体，需具备基本的责任能力，以承担与其行为相适应的义务。《公司法》虽不再明确规定股份有限公司的最低注册资本，但部分特定行业的公司经营需要的资本额较大，需严格控制资本不足的企业涉足此类行业，以降低市场风险，法律、行政法规以及国务院决定对其注册资本最低额度另有规定的（如《商业银行法》对股份制商业银行最低注册资本的规定），从其规定。 案例参考：股东实际出资大于应缴出资形成的资本溢价能否视为对公司的借款	股份有限公司~~采取募集方式设立~~的，注册资本为在公司登记机关登记的~~实收股本~~总额。 法律、行政法规以及国务院决定对股份有限公司~~注册资本实缴~~注册资本最低限额另有规定的，从其规定。 **《公司法司法解释三》** **第6条** 股份有限公司的认股人未按期缴纳所认股份的股款，经公司发起人催缴后在合理期间内仍未缴纳，公司发起人对该股份另行募集的，人民法院应当认定该募集行为有效。认股人延期缴纳股款给公司造成损失，公司请求该认股人承担赔偿责任的，人民法院应予支持。

修订后《公司法》及解读等	修订前《公司法》及关联规定
债权?(某建筑公司与某物业投资公司、某投资公司执行异议案)① 　　股东实际出资大于应缴出资形成的资本溢价,性质上属于公司的资本公积金,不构成股东对公司的借款,股东以此作为借款债权而与公司以物抵债的,构成变相抽逃出资,不符合《最高人民法院关于人民法院民事执行中查封、扣押、冻结财产的规定》规定的阻却人民法院执行的条件,不发生标的物所有权变动的法律效力。该案中,某物业投资公司主张林某培对某投资公司多缴的出资属于林某培对某投资公司的借款,但未提供证据证明双方事先对该出资的性质为借款以及借款期限、借款利息等有特别约定。在此情形下,根据《公司法》关于"股份有限公司以超过股票票面金额的发行价格发行股份所得的溢价款以及国务院财政部门规定列入资本公积金的其他收入,应当列为公司资本公积金"的规定,林某培多缴的出资应为资本公积金,而非借款。	
第九十七条　【发起人认购股份】以发起设立方式设立股份有限公司的,发起人应当认足公司章程规定的<u>公司设立时应发行的股份</u>。	《公司法》(2018年修正) 　　**第83条第1款**　以发起设立方式设立股份有限公司的,发起人应当书面认足公司

---

① 案号:最高人民法院(2013)民提字第226号裁定书,载中国裁判文书网,最后访问时间:2023年12月15日。

修订后《公司法》及解读等	修订前《公司法》及关联规定
以募集设立方式设立股份有限公司的，发起人认购的股份不得少于公司章程规定的公司设立时应发行股份总数的百分之三十五；但是，法律、行政法规另有规定的，从其规定。 **解读**：本条是关于股份有限公司设立时发起人认购股份要求的规定。对以发起方式设立的股份有限公司而言，由于公司章程规定的全部股份需由全体发起人按约定承担，不能由发起人之外的其他人认购，本条第1款对此也进行了明确，并强调需"认足"而不能与章程规定的数额有差额。否则，就会因发起人承诺认购的股份总和小于公司设立时应发行的全部股份，而不符合以发起方式设立原来股份有限公司的意图。该款中的"认足"应包含两层意思：一是每一位发起人须认足自己需承担的股份；二是全体发起人认购总额应达到章程规定的公司设立时应发行的股份总额。另需注意，相较原《公司法》第83条第1款，本条不再明确要求通过书面方式认足。对以募集方式设立的股份有限公司而言，本条第2款规定了发起人认购的股份不得少于公司章程规定的公司设立时应发行股份总数的35%（法律、行政法规另有规定的除外）。如此规定，在于强化发起人的责任，保护广大投资者的利益。若允许发起人不出资或出资很少就设立公司，利用他人资本进行经营活动，则不仅	章程规定其认购的股份，~~并按照公司章程规定缴纳出资~~。以非货币财产出资的，应当依法办理其财产权的转移手续。 第84条　以募集设立方式设立股份有限公司的，发起人认购的股份不得少于公司股份总数的百分之三十五；但是，法律、行政法规另有规定的，从其规定。 《公司法司法解释三》 第4条　公司因故未成立，债权人请求全体或者部分发起人对设立公司行为所产生的费用和债务承担连带清偿责任的，人民法院应予支持。 部分发起人依照前款规定承担责任后，请求其他发起人分担的，人民法院应当判令其他发起人按照约定的责任承担比例分担责任；没有约定责任承担比例的，按照约定的出资比例分担责任；没有约定出资比例的，按照均等份额分担责任。 因部分发起人的过错导致公司未成立，其他发起人主张其承担设立行为所产生的费用和债务的，人民法院应当根据过错情况，确定过错一方的责任范围。

修订后《公司法》及解读等	修订前《公司法》及关联规定
不利于公司发展，更可能纵容其通过设立公司进行欺诈，损害广大投资者及社会公众利益，故规定发起人所认购的股份必须达到设立时应发行股份总数的一定比例。需注意，此处是指所有发起人认购股份的总额，虽然某一个或某几个发起人认购的股份很少，但若所有发起人认购的股份总数达到了本条规定的35%，也符合本条第2款的要求。此外，发起人认购股份应达到公司设立时应发行股份总数的35%，是对募集设立公司而言。若公司成立以后又通过发行新股，使发起人所持的股份少于股份总数的35%的，则应允许。这也是本条第2款较原规定调整表述的原因所在，即明确为不少于"公司设立时应发行股份总数"而非"公司股份总数"的35%，以避免产生歧义。	第6条 股份有限公司的认股人未按期缴纳所认股份的股款，经公司发起人催缴后在合理期间内仍未缴纳，公司发起人对该股份另行募集的，人民法院应当认定该募集行为有效。认股人延期缴纳股款给公司造成损失，公司请求该认股人承担赔偿责任的，人民法院应予支持。
第九十八条 【足额缴纳股款和出资方式】发起人应当在公司成立前按照其认购的股份全额缴纳股款。 发起人的出资，适用本法第四十八条、第四十九条第二款关于有限责任公司股东出资的规定。 **解读：**本条是关于发起人足额缴纳股款及出资方式的规定。足额缴纳股款是股份有限公司发起人对公司的基本义务，是形成公司财产的基础，也是保障股份有限公司顺利成立及后续运营的必要条件，本条第1款重申了这一义务。相	《公司法》（2018年修正） 第83条第1款 以发起设立方式设立股份有限公司的，发起人应当书面认足公司章程规定其认购的股份…… 第82条 发起人的出资方式，适用本法第二十七条的规定。 《公司法司法解释三》 第6条 股份有限公司的认股人未按期缴纳所认股份的股款，经公司发起人催缴后在

修订后《公司法》及解读等	修订前《公司法》及关联规定
较原《公司法》而言,本条虽属新增条款,但实质上该条款对应内容在原《公司法》规定的相关责任条款以及相关司法解释规定中已有相应体现。另,关于股份有限公司具体的出资方式问题,按照本条第2款的规定,适用《公司法》关于有限责任公司股东出资的相关规定。需注意的是,这里规定的是"适用"而并非"参照适用"。 **案例参考**:以房产出资的,能否以办理所有权预告登记的时间为出资义务履行时间?(天津滨海某公司与天津某置业公司等股东出资纠纷案)① 《公司法司法解释三》第10条规定:"出资人以房屋、土地使用权或者需要办理权属登记的知识产权等财产出资,已经交付公司使用但未办理权属变更手续,公司、其他股东或者公司债权人主张认定出资人未履行出资义务的,人民法院应当责令当事人在指定的合理期间内办理权属变更手续;在前述期间内办理了权属变更手续的,人民法院应当认定其已经履行了出资义务;出资人主张自其实际交付财产给公司使用时享有相应股东权利的,人民法院应予支持。出资人以前款规定的财产出资,已经办理权属变更手续但未交付给公司使用,公司或者其他股东主张其向公司交付、并在实际	合理期间内仍未缴纳,公司发起人对该股份另行募集的,人民法院应当认定该募集行为有效。认股人延期缴纳股款给公司造成损失,公司请求该认股人承担赔偿责任的,人民法院应予支持。 **第7条** 出资人以不享有处分权的财产出资,当事人之间对于出资行为效力产生争议的,人民法院可以参照民法典第三百一十一条的规定予以认定。 以贪污、受贿、侵占、挪用等违法犯罪所得的货币出资后取得股权的,对违法犯罪行为予以追究、处罚时,应当采取拍卖或者变卖的方式处置其股权。 **第8条** 出资人以划拨土地使用权出资,或者以设定权利负担的土地使用权出资,公司、其他股东或者公司债权人主张认定出资人未履行出资义务的,人民法院应当责令当事人在指定的合理期间内办理土地变更手续或者解除权利负担;逾期未办理或者未解除的,人民法院应当认定出资人未依法全面履行出资义务。

① 案号:最高人民法院(2020)最高法民再85号判决书,载中国裁判文书网,最后访问时间:2023年12月17日。

第五章 股份有限公司的设立和组织机构 | 221

修订后《公司法》及解读等	修订前《公司法》及关联规定
交付之前不享有相应股东权利的,人民法院应予支持。"该规定允许股东以能够估价的实物出资,因非货币出资在财产变动上的特殊性,法律规定出资人应将财产从自己名下移转至公司名下,使其成为法人财产,避免公司将来处分财产面临的法律风险。同时,从公司实际利用发挥资本功效的角度而言,办理权属变更仅解决财产归属和处分权的问题,出资人应将财产实际交付公司,从而使公司能够直接使用而直接获得收益,故已办理权属变更手续但未实际交付的,出资人不应享有相应的股东权利。根据权利义务相适应的原则,在出资人完成实际交付且办理权属变更手续而享有相应股东权利的情况下,应将财产实际交付之日认定为完成出资义务的时间。该案中,某公司与某酒店签订商品房买卖合同,该合同约定了具体交房日期,某公司应按照买卖合同的约定将房屋交付某酒店,但某公司在买卖合同签订后仅办理了86套房屋的所有权预告登记,并未将涉案房屋实际交付某酒店。鉴于某公司在一审期间办理了房屋权属证书,某公司履行出资义务的时间应为涉案房屋交付之时,即2017年8月17日。	第9条 出资人以非货币财产出资,未依法评估作价,公司、其他股东或者公司债权人请求认定出资人未履行出资义务的,人民法院应当委托具有合法资格的评估机构对该财产评估作价。评估确定的价额显著低于公司章程所定价额的,人民法院应当认定出资人未依法全面履行出资义务。 第10条 出资人以房屋、土地使用权或者需要办理权属登记的知识产权等财产出资,已经交付公司使用但未办理权属变更手续,公司、其他股东或者公司债权人主张认定出资人未履行出资义务的,人民法院应当责令当事人在指定的合理期间内办理权属变更手续;在前述期间内办理了权属变更手续的,人民法院应当认定其已经履行了出资义务;出资人主张自其实际交付财产给公司使用时享有相应股东权利的,人民法院应予支持。 出资人以前款规定的财产出资,已经办理权属变更手续但未交付给公司使用,公司或者其他股东主张其向公司交付、并在实际交付之前不享有

修订后《公司法》及解读等	修订前《公司法》及关联规定
	相应股东权利的,人民法院应予支持。 **第 11 条** 出资人以其他公司股权出资,符合下列条件的,人民法院应当认定出资人已履行出资义务: (一)出资的股权由出资人合法持有并依法可以转让; (二)出资的股权无权利瑕疵或者权利负担; (三)出资人已履行关于股权转让的法定手续; (四)出资的股权已依法进行了价值评估。 股权出资不符合前款第(一)、(二)、(三)项的规定,公司、其他股东或者公司债权人请求认定出资人未履行出资义务的,人民法院应当责令该出资人在指定的合理期间内采取补正措施,以符合上述条件;逾期未补正的,人民法院应当认定其未依法全面履行出资义务。 股权出资不符合本条第一款第(四)项的规定,公司、其他股东或者公司债权人请求认定出资人未履行出资义务的,人民法院应当按照本规定第九条的规定处理。

修订后《公司法》及解读等	修订前《公司法》及关联规定
第九十九条 【发起人相关连带责任】发起人不按照其认购的股份缴纳股款，或者作为出资的非货币财产的实际价额显著低于所认购的股份的，其他发起人与该发起人在出资不足的范围内承担连带责任。 解读：本条是关于发起人未按要求缴纳股权或履行非货币出资义务应承担违约责任的规定。首先，不同于原《公司法》第83条第2款仅针对发起设立的股份有限公司发起人责任作出规定，本条并未区分发起设立与募集设立，即原则上针对这两种情形下的发起人。其次，本条涵盖的情形主要包括两种：一是发起人不按照其认购的股份缴纳股款。这主要针对发起人以货币方式认缴的情形。公司章程规定一次性缴纳的，发起人应当立即缴纳出资；对于公司章程规定分几次缴纳的，发起人应当立即缴纳首期出资并按期限要求及时履行后续缴纳义务。二是作为发起人，出资的非货币财产的实际价额显著低于所认购的股份。发起人并非以货币出资，而是以实物、知识产权等非货币出资，应依法进行评估作价，核实财产，在此基础上将其折合为股份，并应当依法办理财产权的转移手续。股份有限公司在设立时，发起人应当签订发起人协议，明确各自在公司设立过程中的权利和义务。需注意，本条规定的责任并不以公司成立与否为条件。	《公司法》（2018年修正） **第83条第2款** 发起人不依照前款规定缴纳出资的，应当按照发起人协议承担违约责任。 **第93条** 股份有限公司成立后，发起人未按照公司章程的规定缴足出资的，~~应当补缴~~；其他发起人承担连带责任。 股份有限公司成立后，发现作为设立公司出资的非货币财产的实际价额显著低于公司章程所定价额的，~~应当由交付该出资的发起人补足其差额~~；其他发起人承担连带责任。 《公司法司法解释三》 **第9条** 出资人以非货币财产出资，未依法评估作价，公司、其他股东或者公司债权人请求认定出资人未履行出资义务的，人民法院应当委托具有合法资格的评估机构对该财产评估作价。评估确定的价额显著低于公司章程所定价额的，人民法院应当认定出资人未依法全面履行出资义务。 **第15条** 出资人以符合法定条件的非货币财产出资后，因市场变化或者其他客观

修订后《公司法》及解读等	修订前《公司法》及关联规定
案例参考：发起人均未按照协议约定履行义务的，能否按约定的出资比例承担违约责任？（沈某春与沈某林发起人责任纠纷案）① 公司发起人均未按照发起人协议的约定实际缴纳出资，导致公司未能成立，发起人都存在违约行为，且发起人之间也未能充分证明公司未成立的过错全部在于对方，因此可依据发起人协议约定的出资比例要求各发起人分别承担相应的违约责任。	因素导致出资财产贬值，公司、其他股东或者公司债权人请求该出资人承担补足出资责任的，人民法院不予支持。但是，当事人另有约定的除外。
第一百条 【募股公告和认股书】 发起人向社会公开募集股份，<u>应当公告招股说明书</u>，并制作认股书。认股书应当载明本法第一百五十四条第二款、第三款所列事项，由认股人填写认购的股份数、金额、住所，并签名<u>或者</u>盖章。认股人应当按照所认购股份足额缴纳股款。 **解读**：<u>本条是关于募集股份公告和认股书的规定。招股说明书，是指专门表达募集股份的意思并载明有关信息的书面文件。就法律性质而言，公告招股说明书应属向公众发出的购买某股份的要约邀请。发起人向社会公开募集股份，应当公告招股说明书，才能使意向投资者及社会公众了解真实情况，维护公众利益。</u>	《公司法》（2018年修正） 第85条 发起人向社会公开募集股份，<u>必须公告招股说明书</u>，并制作认股书。认股书应当载明本法第八十六条所列事项，由认股人填写认购股数、金额、住所，并签名、<u>盖章</u>。认股人按照所认购股数缴纳股款。

---

① 案号：江苏省无锡市中级人民法院（2016）苏02民终1028号判决书，载中国裁判文书网，最后访问时间：2023年12月16日。

修订后《公司法》及解读等	修订前《公司法》及关联规定
对于采取什么方式公告招股说明书，《公司法》并未明确规定，但《证券法》明确规定了依法必须披露的信息及发布途径、放置地点等。此外，为便于社会公众认购股份，发起人还应制作认股书。其内容应包括发行的股份总数、发起人认购的股份数、面额股票面金额（无面额股发行价格）、认购人的权利和义务；本次募股的起止期限及逾期未募足时认股人可以撤回所认股份的说明书等事项。由于认股书是发起人向社会公众发出的要约，认股人填写认股书是一种承诺的行为，因此，认股书经认股人填写并签名或者盖章（原规定要求签名并盖章，本条改为择一即可）后，即为合同，发起人和认股人均应履行，否则需承担违约责任。	
第一百零一条 【验资】向社会公开募集股份的股款缴足后，<u>应当经依法设立的验资机构验资并出具证明</u>。 **解读**：本条是关于股款缴足进行验证的规定。向社会公开募集股份的股款缴足后，发起人应委托依法成立的验资机构进行验资。所谓依法成立的验资机构是指经财政部或省、自治区、直辖市财政厅（局）批准成立的会计师事务所或审计事务所，其他机构并无此类资格。当然，此处的会计师事务所或审计事务所并不要求为当地的，外地的也可以。此外需注意，若注册会计师与委托人（发	《公司法》（2018年修正） **第89条第1款** 发行股份的股款缴足后，<u>必须经依法设立的验资机构验资并出具证明</u>。…… **《最高人民法院关于金融机构为企业出具不实或者虚假验资报告资金证明如何承担民事责任问题的通知》** 一、出资人未出资或者未足额出资，但金融机构为企业提供不实、虚假的验资报告或者资金证明，相关当事人使用

修订后《公司法》及解读等	修订前《公司法》及关联规定
起人）有利害关系，其他委托人（发起人）或该委托人（发起人）有权要求其回避。按照《注册会计师法》的规定由注册会计师组成的会计师事务所和由依法取得注册会计师资格的注册审计师组成的审计师事务所出具的验资报告，具有法定证明的效力，受法律保护，该验资证明（报告）亦是公司设立的必备文件。 **案例参考**：出具虚假验资报告的会计师事务所应如何承担民事赔偿责任？（黑龙江某会计师事务所与林某侵权责任纠纷案）① 根据《注册会计师法》第42条规定，会计师事务所违反本法规定，给委托人、其他利害关系人造成损失的，应当依法承担赔偿责任。最高人民法院在相关批复中也明确，会计师事务所与案件的合同当事人虽没有直接法律关系，但鉴于其出具虚假验资证明的行为损害了当事人的合法权益，因此，在民事责任的承担上，应当先由债务人负责清偿，不足部分，再由会计师事务所在其证明金额的范围内承担赔偿责任。该案中，黑龙江某会计师事务所客观上出具了不实的验资报告，具有过错。林某出于对验资报告的信赖而造成的损失与该会计师事务所出具不实验资报告的行为具有因果	该报告或者证明，与该企业进行经济往来而受到损失的，应当由该企业承担民事责任。对于该企业财产不足以清偿债务的，由出资人在出资不实或者虚假资金额范围内承担责任。 二、对前项所述情况，企业、出资人的财产依法强制执行后仍不能清偿债务的，由金融机构在验资不实部分或者虚假资金证明金额范围内，根据过错大小承担责任，此种民事责任不属于担保责任。 三、未经审理，不得将金融机构追加为被执行人。 四、企业登记时出资人未足额出资但后来补足的，或者债权人索赔所依据的合同无效的，免除验资金融机构的赔偿责任。 五、注册会计师事务所不实或虚假验资民事责任案件的审理和执行中出现类似问题的，参照本通知办理。

---

① 案号：黑龙江省哈尔滨市中级人民法院（2021）黑01民终1416号判决书，载中国裁判文书网，最后访问时间：2023年12月15日。

修订后《公司法》及解读等	修订前《公司法》及关联规定
关系,该会计师事务所应承担虚假验资的责任。根据《最高人民法院关于审理涉及会计师事务所在审计业务活动中民事侵权赔偿案件的若干规定》第10条的规定,"确定会计师事务所承担与其过失程度相应的赔偿责任时,应按照下列情形处理……(二)对被审计单位、出资人的财产依法强制执行后仍不足以赔偿损失的,由会计师事务所在其不实审计金额范围内承担相应的赔偿责任"。就该案而言,黑龙江某会计师事务所应在700万元的不实审计金额范围内承担林某无法获得偿付的3456000元。	
第一百零二条　【股东名册】股份有限公司应当制作股东名册并置备于公司。股东名册应当记载下列事项: （一）股东的姓名或者名称及住所; （二）各股东所**认购**的股份**种类**及股份数; （三）发行**纸面形式的股票的**,股票的编号; （四）各股东取得股份的日期。 **解读**:本条是关于置备股东名册及其记载事项的规定。根据有关反洗钱规定的要求及适应新时代反腐败工作的需要,并结合我国股票发行的实际,本次《公司法》修订取消了无记名股票,为此,本条表述上不再区分记名股票与无记名股票。众所周知,股东名册对公司及股东具有十分重要的意义,是股东享有股东权利的法定证明文件,也是公司必须	《公司法》(2018年修正) **第130条**　公司发行~~记名~~股票的,应当置备股东名册,记载下列事项: （一）股东的姓名或者名称及住所; （二）各股东所持股份数; （三）各股东所持股票的编号; （四）各股东取得股份的日期。 ~~发行无记名股票的,公司应当记载其股票数量、编号及发行日期。~~ 《公司法司法解释三》 **第23条**　当事人依法履行出资义务或者依法继受取得股权后,公司未根据公司法第

修订后《公司法》及解读等	修订前《公司法》及关联规定
依法制作并将其置备于公司的重要文件。关于股东名册的记载事项应包括股东姓名（名称）及住所、取得股份时间等。需注意，由于《公司法》本次修订明确了类别股，故第 2 项的记载事项也调整为股东所认购的"股份种类及股份数"。另，由于股票发行也存在纸面与无纸化的不同形式，故第 3 项关于股票编码的记载事项限定为"发行纸面形式的股票"的情形。	三十一条、第三十二条的规定签发出资证明书、记载于股东名册并办理公司登记机关登记，当事人请求公司履行上述义务的，人民法院应予支持。
第一百零三条　【成立大会】募集设立股份有限公司的发起人应当自公司设立时应发行股份的股款缴足之日起三十日内召开公司<u>成立大会</u>。发起人应当在<u>成立大会</u>召开十五日前将会议日期通知各<u>认股人</u>或者予以公告。<u>成立大会</u>应当有持有表决权过半数的认股人出席，方可举行。 以发起设立方式设立股份有限公司成立大会的召开和表决程序由公司章程或者发起人协议规定。 **解读：**本条是关于股份有限公司成立大会的规定。值得注意的是，《公司法》修订不再使用"创立大会"这一名称，而是采用了"成立大会"这一概念。成立大会是指在股份有限公司成立前，由发起人、认股人参加、决定是否设立公司并决定公司设立过程中及成立后的重大事项的会议，属于公司成立前的决议机关，行使与股东会类似的职权。按照本条第 1 款的规定，募集设立的股份有限	《公司法》（2018 年修正） **第 89 条第 1 款**　……发起人应当自股款缴足之日起三十日内主持召开公司<u>创立大会</u>。创立大会由发起人、认股人组成。 **第 90 条第 1 款**　发起人应当在创立大会召开十五日前将会议日期通知各<u>认股人</u>或者予以公告。<u>创立大会</u>应有代表股份总数过半数的<u>发起人</u>、认股人出席，方可举行。

修订后《公司法》及解读等	修订前《公司法》及关联规定
公司，自公司设立时应发行股份的股款缴足之日起30日内应召开成立大会。该会议由发起人召集，并在召开15日前通知各股东或者予以公告。需注意，该款要求成立大会需有表决权过半数（非股东人数过半数，且过半数并不包括半数）的股东出席，方可举行。此外，关于以发起设立方式设立的股份有限公司成立大会的召开及表决程序，本条第2款明确由公司章程或发起人协议规定，给予较大自治权限。简而言之，以募集方式设立的股份有限公司在设立阶段由于涉及第三人及社会公众利益较大，故其成立大会召开及相应程序是"法定"的；以发起设立方式设立的股份有限公司在设立阶段主要涉及各发起人利益，对第三人及社会公众利益影响较小，故其成立大会的召开及相应程序为"约定"。	
第一百零四条　【成立大会职权】 公司成立大会行使下列职权： （一）审议发起人关于公司筹办情况的报告； （二）通过公司章程； （三）选举董事、监事； （四）对公司的设立费用进行审核； （五）对发起人非货币财产出资的作价进行审核； （六）发生不可抗力或者经营条件发生重大变化直接影响公司设立的，可以作出不设立公司的决议。	**《公司法》（2018年修正）** **第90条第2款、第3款** 创立大会行使下列职权： （一）审议发起人关于公司筹办情况的报告； （二）通过公司章程； （三）选举董事会成员； （四）选举监事会成员； （五）对公司的设立费用进行审核； （六）对发起人用于抵作股款的财产的作价进行审核；

修订后《公司法》及解读等	修订前《公司法》及关联规定
成立大会对前款所列事项作出决议，应当经出席会议的认股人所持表决权过半数通过。 解读：本条是关于成立大会职权的规定。相较原规定，本条除名称以及个别表述上有调整外，并无实质性变化。结合本条第1款规定的成立大会行使的职权，可看出成立大会是股份有限公司设立过程中的决议机关，具有第一次股东会的性质。具体而言，其职权包括：一是审议发起人关于公司筹办情况的报告。发起人提交公司筹办情况报告，大会进行审议并作出决议。二是通过公司章程。创立股份有限公司，必须要制定公司章程，因此通过公司章程是成立大会的一项重要职权。三是选举董事、监事。设董事会、监事会的，董事、监事自然为其成员；不设董事会、监事会的，可单独设董事、监事，为此，该项表述较原规定更科学。四是审核公司的设立费用。设立费用一般是指发起人为设立公司而支付的、应由成立后公司负担的费用，如公司章程及招股说明书、认股书的制作费、人员工资、房屋租赁费等。五是审核发起人非货币财产出资的作价。虽然非货币财产应当评估作价，但在成立大会通过前，这只得到了发起人的认可并未得到其他认股人的认可，为此还需通过成立大会审核认可。六是在特定情况下依法作出不设立公司的决议，如发	（七）发生不可抗力或者经营条件发生重大变化直接影响公司设立的，可以作出不设立公司的决议。 创立大会对前款所列事项作出决议，必须经出席会议的认股人所持表决权过半数通过。

修订后《公司法》及解读等	修订前《公司法》及关联规定
生不可抗力或经营条件发生重大变化直接影响公司设立的，成立大会可作出不设立公司的决议。此外，本条第2款就成立大会决议通过作了规定。按照该款规定，成立大会就本条第1款所列事项的表决，应当经出席会议的认股人所持表决权过半数通过，才具有法律效力。	
第一百零五条　【股款返还和不得任意抽回股本】公司设立时应发行的股份未募足，或者发行股份的股款缴足后，发起人在三十日内未召开成立大会的，认股人可以按照所缴股款并加算银行同期存款利息，要求发起人返还。 发起人、认股人缴纳股款或者交付非货币财产出资后，除未按期募足股份、发起人未按期召开成立大会或者成立大会决议不设立公司的情形外，不得抽回其股本。 **解读：**本条是关于股份未募足、未按时召开成立大会如何处理，以及不得任意抽回股本的规定。若股份有限公司设立时应发行的股份没有募足，设立公司所需的资本就不能达到，公司也就无法成立，认股人的股款也应返还。且该股款交由银行保存会产生一定存款利息，故认股人有权主张本息一并返还。同样，若发起人在规定期限内没有召开成立大会，认股人也有权要求发起人返还其所缴纳的股款本息，以防止发起人拖延成立大会，切实保护认股人的利益。本条	《公司法》(2018年修正) **第89条第2款**　发行的股份~~超过招股说明书规定的截止期限~~尚未募足的，或者发行股份的股款缴足后，发起人在三十日内未召开~~创立~~大会的，认股人可以按照所缴股款并加算银行同期存款利息，要求发起人返还。 **第91条**　发起人、认股人缴纳股款或者交付抵作股款的出资后，除未按期募足股份、发起人未按期召开创立大会或者创立大会决议不设立公司的情形外，不得抽回其股本。

修订后《公司法》及解读等	修订前《公司法》及关联规定
第1款对上述两种情形均作了规定。此外,由于股本是公司成立、生存、发展的物质基础,是维持公司信用的标准,其对公司至关重要。为保证公司资产完整性,确保其运营正常与可持续,同时为了保障全体认股人(股东)之利益,本条第2款对抽回股本作了限制性规定,即原则上不得抽回股本。但存在例外,即在未按期募足股份、发起人未按期召开成立大会以及成立大会决议不设立公司这三种情形下,由于公司不能成立,缴纳的股款与交付的出资也不再有意义,此时应允许发起人、认股人抽回股本。	
第一百零六条 【设立登记】董事会应当授权代表,于公司成立大会结束后三十日内向公司登记机关申请设立登记。 **解读:**本条是关于成立大会结束后的设立登记的规定。设立公司,应依法向公司登记机关申请设立登记,修订后的公司法就公司登记事宜专章进行了规定,故本条未再保留原规定列举的设立登记时要求的具体文件。成立大会若通过公司成立的决议,也一般会选出董事组成董事会。由于董事会是公司的执行机关,故董事会就应当负责向公司登记机关申请设立登记,以促使公司最终成立。需注意,为确保公司依法尽快成立,督促董事会依法及时提起设立的申请,本条规定申请时间限制在成立大会结束后的30日内。	《公司法》(2018年修正) 第92条 董事会应于创立大会结束后三十日内,向公司登记机关报送下列文件,申请设立登记: (一)公司登记申请书; (二)创立大会的会议记录; (三)公司章程; (四)验资证明; (五)法定代表人、董事、监事的任职文件及其身份证明; (六)发起人的法人资格证明或者自然人身份证明; (七)公司住所证明。

修订后《公司法》及解读等	修订前《公司法》及关联规定
	以募集方式设立股份有限公司公开发行股票的，还应当向公司登记机关报送国务院证券监督管理机构的核准文件。 **《市场主体登记管理条例》** **第9条** 市场主体的下列事项应当向登记机关办理备案： （一）章程或者合伙协议； （二）经营期限或者合伙期限； （三）有限责任公司股东或者股份有限公司发起人认缴的出资数额，合伙企业合伙人认缴或者实际缴付的出资数额、缴付期限和出资方式； （四）公司董事、监事、高级管理人员； （五）农民专业合作社（联合社）成员； （六）参加经营的个体工商户家庭成员姓名； （七）市场主体登记联络员、外商投资企业法律文件送达接受人； （八）公司、合伙企业等市场主体受益所有人相关信息； （九）法律、行政法规规定的其他事项。

修订后《公司法》及解读等	修订前《公司法》及关联规定
第一百零七条 【股东资本充实责任引致适用】本法第四十四条、第四十九条第三款、第五十一条、第五十二条、第五十三条的规定,适用于股份有限公司。 **解读:**本条是新增的一个引致条款,被引致的条款为第44条关于设立有限责任公司行为法律后果、第49条第3款关于股东未按期足额缴纳出资造成公司损失的赔偿责任、第51条关于催缴出资及相应董事责任、第52条关于催缴义务及失权制度、第53条关于股东不得抽逃出资的规定。《公司法》通过本条明确了有限责任公司的相关出资责任主要为股东资本充实责任的规定,适用于股份有限公司。如此规定,一方面,在于通过立法技术上的操作,减少法律文本,优化公司法体例结构。另一方面,将上述规定内容统一适用在公司法规定的所有公司类型(有限责任公司、股份有限公司),也有助于司法实践的统一,强化上述规定涉及的义务履行,明确责任归属与承担。鉴于其他内容前文已阐述,此处不再重复。	
第一百零八条 【公司性质变更】有限责任公司变更为股份有限公司时,折合的实收股本总额不得高于公司净资产额。有限责任公司变更为股份有限公司,为增加注册资本公开发行股份时,应当依法办理。	《公司法》(2018年修正) 第95条 有限责任公司变更为股份有限公司时,折合的实收股本总额不得高于公司净资产额。有限责任公司变更为股份有限公司,为增加资本

修订后《公司法》及解读等	修订前《公司法》及关联规定
解读：本条是关于有限责任公司变更为股份有限公司的规定，此变更可谓公司性质的变更。公司性质变更一般包括有限责任公司变更为股份有限公司，以及股份有限公司变更为有限责任公司这两种类型，本条仅涉及前一种。就有限责任公司变更为股份有限公司而言，由于有限责任公司在运营中既会产生资产也会产生负债，为此，有限责任公司的资产在计入股份有限公司实收股本总额时，应为有限责任公司净资产额（资产总额-负债）部分，而非其资产总额或者资产总额高于净资产额的部分。否则，股份有限公司以此作为实收股本总额将无法反映公司财产的真实状况，不利于公司今后的生产经营以及对债权人利益的保护，也有损原股东以外的其他股东的利益。因而，需规定有限责任公司变更为股份有限公司时，折合的实收股本总额不得高于公司净资产额。此外，有限责任公司之所以变更为股份有限公司，很大的一个原因在于可以更方便地进行融资。因此，有限责任公司变更为股份有限公司后，势必会为增加注册资本而公开发行股份。而公开发行股份会涉及社会公众利益与社会秩序的稳定。因此，本条还规定其公开发行股份不得擅自进行，而应当依法办理。所谓依法，主要依据《公司法》《证券法》等规定的相关程序与要求。具体来说，主要包括向国务院	公开发行股份时，应当依法办理。 **《市场主体登记管理条例》** **第24条** 市场主体变更登记事项，应当自作出变更决议、决定或者法定变更事项发生之日起30日内向登记机关申请变更登记。 市场主体变更登记事项属于依法须经批准的，申请人应当在批准文件有效期内向登记机关申请变更登记。

修订后《公司法》及解读等	修订前《公司法》及关联规定
证券监督管理机构报送募股申请和有关文件、制作并公告招股说明书、制作认股书、签订承销协议和代收股款协议等。	
第一百零九条　【重要资料置备】 股份有限公司应当将公司章程、股东名册、股东会会议记录、董事会会议记录、监事会会议记录、财务会计报告、债券持有人名册置备于本公司。 **解读：** 本条是关于股份有限公司重要资料置备的规定。本条列举的都是对公司经营管理有着重要影响的文件资料，将本条规定的重要资料等置备于公司，是为了将公司经营管理情况置于股东监督之下，也促使公司对股东人数情况及其变化、日常会议情况及财务会计情况明确掌握，便于股东知情权、建议权和质询权的行使，也方便相关机关的监督与审查。此外，由于本次修订对公司发行债券进行了完善，用"债券持有人名册"代替了"公司债券存根"，本条规定亦对此进行了体现。	《公司法》（2018年修正） 　　第96条　股份有限公司应当将公司章程、股东名册、~~公司债券存根~~、股东大会会议记录、董事会会议记录、监事会会议记录、财务会计报告置备于本公司。
第一百一十条　【股东查阅、复制、建议和质询权】 股东有权查阅、复制公司章程、股东名册、股东会会议记录、董事会会议决议、监事会会议决议、财务会计报告，对公司的经营提出建议或者质询。 　　**连续一百八十日以上单独或者合计持**	《公司法》（2018年修正） 　　第97条　股东有权查阅公司章程、股东名册、~~公司债券存根~~、股东大会会议记录、董事会会议决议、监事会会议决议、财务会计报告，对公司的经营提出建议或者质询。

修订后《公司法》及解读等	修订前《公司法》及关联规定
有公司百分之三以上股份的股东要求查阅公司的会计账簿、会计凭证的，适用本法第五十七条第二款、第三款、第四款的规定。公司章程对持股比例有较低规定的，从其规定。 股东要求查阅、复制公司全资子公司相关材料的，适用前两款的规定。 上市公司股东查阅、复制相关材料的，应当遵守《中华人民共和国证券法》等法律、行政法规的规定。 **解读**：本条是关于股份有限公司股东查阅、复制、建议和质询权的规定。除查阅外，本条第1款明确了股东的相关复制权。股东的查阅、复制权主要基于股东是公司财产的所有人，其对如何运用公司财产进行生产经营活动，拥有最终决定权，当然有权了解公司运营管理及财产使用等相关事项。因此，对反映公司重要决策、管理及财产使用情况的有关资料，股东有权进行查阅、复制。需注意，本条规定的查阅、复制权的范围与前条规定的公司应当置备的文件资料范围原则上是一致的，如此也表明公司按规定置备相关文件资料是股东行使查阅权的前提与保障，只有公司履行了前条规定的义务，本条规定的股东查阅权利的行使才能方便实现。此外，除查阅、复制权外，本条第1款还规定了股东的建议和质询权。非董事会成员以及非公司高管的股东，虽无法直接对公司进行经	**《证券法》** **第23条** 证券发行申请经注册后，发行人应当依照法律、行政法规的规定，在证券公开发行前公告公开发行募集文件，并将该文件置备于指定场所供公众查阅。 发行证券的信息依法公开前，任何知情人不得公开或者泄露该信息。 发行人不得在公告公开发行募集文件前发行证券。 **第86条** 依法披露的信息，应当在证券交易场所的网站和符合国务院证券监督管理机构规定条件的媒体发布，同时将其置备于公司住所、证券交易场所，供社会公众查阅。 **《公司法司法解释四》** **第7条** 股东依据公司法第三十三条、第九十七条或者公司章程的规定，起诉请求查阅或者复制公司特定文件材料的，人民法院应当依法予以受理。 公司有证据证明前款规定的原告在起诉时不具有公司股东资格的，人民法院应当驳回起诉，但原告有初步证据证明在持股期间其合法权益受到损

修订后《公司法》及解读等	修订前《公司法》及关联规定
营,但这并不意味着其对公司的经营管理不能过问。股东除可以参加股东会来参与决定公司重大事项外,还可通过提出建议或质询的形式来监督公司经营活动,以促进公司的经营管理。当然,准确了解公司情况是正确高效行使建议、质询权的保障,为此,本条将提出建议或质询的权利放在了查阅、复制权之后。此外,股东在法律明确规定之外依据公司章程的规定主张相应的知情权,以列举方式对股份有限公司的股东知情权作出不同于有限责任公司的规定,有其特定的立法意图,目的在于保证股东在享有了解公司经营状况的途径的同时,又将行使知情权可能对公司正常经营所造成的影响控制在合理的范围之内。因此,对于股份有限公司的股东以公司章程为依据主张的相关知情权,应结合《公司法》的立法目的以及该股份有限公司的个体情况综合考量。本条第2款是新增的股东辅助查阅的引致规定,即适用关于有限责任公司股东辅助查阅的第57条第2款、第3款、第4款的规定。辅助查阅的范围仅为公司的会计账簿、会计凭证,而不包括其他材料。由于这两类材料属于较为专业的资料,允许股东委托会计师事务所、律师事务所等专业机构协助或辅助查阅。另,股份有限公司请求辅助查阅主体需符合连续180日以上单独或者合计持有公司3%以上	害,请求依法查阅或者复制其持股期间的公司特定文件材料的除外。 **第9条** 公司章程、股东之间的协议等实质性剥夺股东依据公司法第三十三条、第九十七条规定查阅或者复制公司文件材料的权利,公司以此为由拒绝股东查阅或者复制的,人民法院不予支持。 **第10条** 人民法院审理股东请求查阅或者复制公司特定文件材料的案件,对原告诉讼请求予以支持的,应当在判决中明确查阅或者复制公司特定文件材料的时间、地点和特定文件材料的名录。 股东依据人民法院生效判决查阅公司文件材料的,在该股东在场的情况下,可以由会计师、律师等依法或者依据执业行为规范负有保密义务的中介机构执业人员辅助进行。 **第11条** 股东行使知情权后泄露公司商业秘密导致公司合法利益受到损害,公司请求该股东赔偿相关损失的,人民法院应当予以支持。 根据本规定第十条辅助股东查阅公司文件材料的会计师、

修订后《公司法》及解读等	修订前《公司法》及关联规定
股份的股东的条件。当然，允许公司章程规定对行使查阅权的股东持股比例在低于第2款规定的3%，以尊重公司自治性。此外，同有限责任公司类似，本条第3款增加了股东对全资子公司相关材料的查阅、复制权利。 　　**案例参考**：如何认定股份有限公司原股东是否有权查阅持股期间的公司特定文件？（河南某实业公司诉某银行股份有限公司股东知情权、公司盈余分配纠纷案）① 　　原股东有初步证据证明在持股期间其合法权益受到损害的，法院不应驳回起诉，应依法予以受理，即公司原股东在特殊情况下享有有限诉权。但"诉权"不等同于"胜诉权"，"初步证据"不等同于"实质证据"，赋予原股东诉权，并非当然地支持原股东的诉讼请求。在受理案件后，应审查原股东的证据是否能够证明在持股期间其合法权益受到损害。《公司法司法解释四》第7条第2款明确原股东的知情权的诉权问题，采纳相对有权说观点，即原则上应驳回起诉，但原告有初步证据证明在持股期间其合法权益受到损害的除外。在除外情形下，人民法院受理后应当进行实体审理，作出是否支持的判决。该案二审结果正是建立在	律师等泄露公司商业秘密导致公司合法利益受到损害，公司请求其赔偿相关损失的，人民法院应当予以支持。 　　**第12条**　公司董事、高级管理人员等未依法履行职责，导致公司未依法制作或者保存公司法第三十三条、第九十七条规定的公司文件材料，给股东造成损失，股东依法请求负有相应责任的公司董事、高级管理人员承担民事赔偿责任的，人民法院应当予以支持。

---

① 案号：河南省高级人民法院（2020）豫民终126号判决书，载中国裁判文书网，最后访问时间：2023年12月15日。

修订后《公司法》及解读等	修订前《公司法》及关联规定
正确的学理基础之上，对《公司法司法解释四》第7条作出了正确的理解。它厘清了适用该条款所要解决的程序问题和实体问题的界限，很好地贯彻了兼顾股东利益和公司利益的股东知情权的保护政策。 **特定情形下，公司能否要求股东另行选定辅助查阅人？（刘某妮、武汉某公司股东知情权纠纷案）**① 《公司法司法解释四》第10条第2款规定，股东依据人民法院生效判决查阅公司文件材料的，在该股东在场的情况下，可以由会计师、律师等依法或者依据执业行为规范负有保密义务的中介机构执业人员辅助进行。股东知情权专家辅助人制度，有助于股东更好地行使知情权，更好地发挥股东知情权的制度价值，解决股东行使知情权过程中遇到的实际问题，保障股东知情权的落实。专家辅助人在查阅、复制资料的过程中，有可能出现与查阅的公司有利益冲突的问题，因此，如果公司能够证明该专业人员与公司存在利益冲突，有权要求该股东另行选定专家辅助人。该案中，一审法院将刘某妮请求派遣的专业人员限定在会计师、律师等依法或者依据执业行为规范负有保密义务的中介机构执业人员的范围内于法有据，应予维持。	

---

① 案号：湖北省武汉市中级人民法院（2018）鄂01民终15号判决书，载中国裁判文书网，最后访问时间：2023年12月16日。

修订后《公司法》及解读等	修订前《公司法》及关联规定
第二节　股东会	
第一百一十一条　【股东会组成和地位】股份有限公司股东会由全体股东组成。股东会是公司的权力机构，依照本法行使职权。 　　解读：本条是关于股份有限公司股东会组成及其地位的规定。按照该规定，股份有限公司股东会由全体股东组成，是公司的权力机构。前面也有论及，本次《公司法》修订用"股东会"代替了"股东大会"这一名称，以与有限责任公司相统一。与有限责任公司的股东会类似，股东会是股份有限公司必须设立的法定机构，由股份有限公司全体股东组成。任何一个股东，无论其股份有多少，都是股东会的成员，有权参加股东会。任何人都不得以某一股东持有的股份少为理由而拒绝该股东参加股东大会。就地位而言，股东会是公司的权力机构，公司的一切重大事项如董事任免、章程修改、解散与合并等，都须由股东会作出决议。但需注意，股东会虽是公司的权力机构，但并非常设，且其只决定公司重大事宜，不能具体执行公司业务，本身也非权利义务主体。	《公司法》（2018年修正） 　　第98条　股份有限公司股东大会由全体股东组成。股东大会是公司的权力机构，依照本法行使职权。 《民法典》 　　第80条第1款　营利法人应当设权力机构。
第一百一十二条　【股东会职权】本法第五十九条第一款、第二款关于有限责任公司股东会职权的规定，适用于股份有限公司股东会。	《公司法》（2018年修正） 　　第99条　本法第三十七条第一款关于有限责任公司股东会职权的规定，适用于股份

修订后《公司法》及解读等	修订前《公司法》及关联规定
本法第六十条关于只有一个股东的有限责任公司不设股东会的规定，适用于只有一个股东的股份有限公司。 **解读**：本条是关于股份有限公司股东会职权的规定。本条属引致性条款，明确股份有限公司股东会的职权，适用《公司法》关于有限责任公司股东会职权的规定。此外，由于股份有限公司也允许设立一人股份有限公司，该类型公司并无股东会。因此，本条第2款明确，本法关于一人有限责任公司股东决议（职权）的规定，适用于一人股份有限公司。如此，减少了法律文本的烦琐性与重复性，强化了条文的统一性，优化了体例结构，提升了立法文本的科学性。关于股东会行权的特点，与其说是法律赋予股东对特定事项表决并决议的权力，不如说是法律赋予股东对董事会的提案予以赞同或否决的权力。譬如，股东不能命令董事会进行这样、那样的交易，或者事先告诉董事会如何进行一项交易，股东所能做的就是参加股东会并表决由董事会提出的议案，或赞成或弃权或反对。 **案例参考**：公司转让财产属公司章程规定的股东会职权的，应提交股东会讨论表决。若未召开股东会，异议股东能否通过其他途径反对并要求公司收购其股权？[上海某实业发展（集团）有限公司诉上海某房地产开发有限公司等请求公司收购股份纠纷案]①	有限公司股东大会。 《民法典》 第80条　营利法人应当设权力机构。 权力机构行使修改法人章程，选举或者更换执行机构、监督机构成员，以及法人章程规定的其他职权。

---

① 最高人民法院中国应用法学研究所编：《人民法院案例选》（2022年第5辑 总第171辑），人民法院出版社2022年版，第109页。

修订后《公司法》及解读等	修订前《公司法》及关联规定
公司转让财产，属于公司章程规定的股东会职权的，应当提交股东会讨论表决，如未召开股东会，异议股东仍可通过其他途径表示反对，并有权要求公司收购其股权。对有限责任公司异议股东要求公司回购股权中转让主要财产标准的认定，应当以转让财产是否对公司设立目的、存续产生实质性影响，导致公司发生根本性变化为主要判断标准，以转让财产价值占公司资产的比重、转让的财产对公司正常经营和盈利的影响作为辅助判断依据，以此来判断是否属于《公司法》意义上的转让主要财产。	
第一百一十三条　【股东会召开时间】股东会应当每年召开一次年会。有下列情形之一的，应当在两个月内召开临时股东会会议： 　　（一）董事人数不足本法规定人数或者公司章程所定人数的三分之二时； 　　（二）公司未弥补的亏损达股本总额三分之一时； 　　（三）单独或者合计持有公司百分之十以上股份的股东请求时； 　　（四）董事会认为必要时； 　　（五）监事会提议召开时； 　　（六）公司章程规定的其他情形。 **解读：**本条是关于股份有限公司股东会召开时间的规定。股东会包括年会和临时股东会。年会，是指依照法律和公司章程规定每年按时召开的股东会。股东会	《公司法》（2018年修正） 　　**第100条**　股东大会应当每年召开一次年会。有下列情形之一的，应当在两个月内召开临时股东大会： 　　（一）董事人数不足本法规定人数或者公司章程所定人数的三分之二时； 　　（二）公司未弥补的亏损达实收股本总额三分之一时； 　　（三）单独或者合计持有公司百分之十以上股份的股东请求时； 　　（四）董事会认为必要时； 　　（五）监事会提议召开时； 　　（六）公司章程规定的其他情形。

修订后《公司法》及解读等	修订前《公司法》及关联规定
作为公司权力机构，每年召开一次年会既可以对公司重大事项作出决议，又可避免过多占用股东时间、精力，同时减少公司相应开支。临时股东会，是指根据法定事由在两次股东年会间临时召集的不定期的股东会。由于公司经营期间难免会出现特殊情况如临时发生的一些事项，须由股东会及时作出决议而该年度的股东年会已举行或还未临近举行时间，这时就需要临时召集股东会，使公司的经营得以顺利进行。关于临时股东会，一是事由上须满足本条规定的六种情形之一，需注意其中第2项删除了"实收"的限定。二是时间上应在出现上述事由后2个月内召开。	
第一百一十四条 【股东会召集和主持】股东会会议由董事会召集，董事长主持；董事长不能履行职务或者不履行职务的，由副董事长主持；副董事长不能履行职务或者不履行职务的，由过半数的董事共同推举一名董事主持。 董事会不能履行或者不履行召集股东会会议职责的，监事会应当及时召集和主持；监事会不召集和主持的，连续九十日以上单独或者合计持有公司百分之十以上股份的股东可以自行召集和主持。 单独或者合计持有公司百分之十以上股份的股东请求召开临时股东会会议的，董事会、监事会应当在收到请求之	《公司法》(2018年修正) **第101条** 股东大会会议由董事会召集，董事长主持；董事长不能履行职务或者不履行职务的，由副董事长主持；副董事长不能履行职务或者不履行职务的，由半数以上董事共同推举一名董事主持。 董事会不能履行或者不履行召集股东大会会议职责的，监事会应当及时召集和主持；监事会不召集和主持的，连续九十日以上单独或者合计持有公司百分之十以上股份的股东可以自行召集和主持。

修订后《公司法》及解读等	修订前《公司法》及关联规定
日起十日内作出是否召开临时股东会会议的决定，并书面答复股东。 　　**解读：** 本条是关于股份有限公司股东会召集与主持的规定。相较原规定，本条将"半数以上"改为"过半数"，意味着半数将不包括在内，其他之处并未有实质性修改。由于股东会并非常设机构，并基于董事会是公司的经营决策和执行机构，它决定除由股东会决定以外的重要事项，因此，董事会是股东会会议的首要召集人，即由董事会按照规定决定股东会的举行以及会议召开的具体事项，并依法将必要的会议信息通知各股东。为确保会议顺利、高效进行，需有主持人进行掌握和处理有关事项，在正常情形下，股东会会议由董事会召集，由董事长主持。但在特殊情况下，董事会或董事长不能履行或不履行职责或职务时有发生，为保证股东会顺利进行，需明确其他替代者，本条两款内容即对此作了规定。但需注意，董事会、监事会、特定条件的股东的召集与主持是有先后顺序的，连续90日以上单独或者合计持有公司10%以上股份的股东可自行召集和主持股东会的前提是董事会、监事会均不召集。此外，董事长作为股东会的法定主持人，主持股东会既是其权利，也是其义务。若董事长可以履行职务而不履行职务，需依法承担法律责任。此外，前条第3项规定了单独或者合计	

修订后《公司法》及解读等	修订前《公司法》及关联规定
持有公司 10%以上股份的股东可请求召开临时股东会。但并未明确后续的处理。本条第 3 款对此作了明确规定，即应当在收到请求之日起 10 日内决定并书面答复。 案例参考：股东主持召开的股东会侵害了法律赋予公司董事会的召集权和主持权，能否确认无效？（王某诉某科技股份公司确认股东大会决议效力案）① 《公司法》规定，持有公司股份 10%以上的股东请求时，公司应当在两个月内召开临时股东大会，《上市公司股东大会规范意见》（以下简称规范意见）第 19 条及案涉《公司章程》第 69 条规定，单独或者合并持有公司有表决权总数 10%以上的股东或者监事会提议董事会召开临时股东大会时，应以书面形式向董事会提出会议议题和内容完整的提案。故具备法定条件的股东，有权依法提出关于召开临时股东大会的提案。该案中，王某作为在公司登记名册上占 18.03%股权的第一大股东，符合《公司法》对股权比例的要求，具有提议并决定自行召开股东大会的权利。规范意见第 24 条规定，提议股东决定自行召开临时股东大会，应当书面通知董事会，报公司所在地中国证监会派出机构和证交所备案。同时，提案不得增加新	

---

① 国家法官学院、中国人民大学法学院编：《中国审判案例要览》（2005 年商事审判案例卷），中国人民大学出版社 2007 年版，第 119 页。

修订后《公司法》及解读等	修订前《公司法》及关联规定
内容，否则提议股东应按上述程序重新向董事会提出召开股东大会的请求。该案中，王某在2004年1月11日股东大会召开前向中国证监会某特派办报备的内容和相关公告以及其在中国证监会某特派办的陈述均表明，其已提前剥夺了被告某科技股份公司的董事会对该次股东大会的召集权及董事长主持权。在股东大会召开当日，当董事长黄某民、董事会秘书杨某等人到场要求接管会务并主持会议时，仍遭到原告王某的工作人员的拒绝。原告王某及其工作人员的上述行为，侵害了公司董事会对于股东大会的召集权和董事长的主持权，并可能侵害其他股东的合法权益，且直接影响了其所召集和主持的"某科技股份有限公司2004年第一次临时股东大会"的正当性和有效性……法院最终确认由该临时股东大会所产生的决议无效。	
第一百一十五条　【会议通知和临时提案】召开股东会会议，应当将会议召开的时间、地点和审议的事项于会议召开二十日前通知各股东；<u>临时股东会会议</u>应当于会议召开十五日前通知各股东。 　　单独或者合计持有公司<u>百分之一</u>以上股份的股东，可以在<u>股东会会议</u>召开十日前提出临时提案并书面提交董事会，临时提案应当有明确议题和具体决议事项。	《公司法》(2018年修正) 　　**第102条**　召开股东大会会议，应当将会议召开的时间、地点和审议的事项于会议召开二十日前通知各股东；<u>临时股东大会</u>应当于会议召开十五日前通知各股东<del>；发行无记名股票的，应当于会议召开三十日前公告会议召开的时间、地点和审议事项</del>。

修订后《公司法》及解读等	修订前《公司法》及关联规定
董事会应当在收到提案后二日内通知其他股东,并将该临时提案提交股东会审议;但临时提案违反法律、行政法规或者公司章程的规定,或者不属于股东会职权范围的除外。公司不得提高提出临时提案股东的持股比例。 　　公开发行股份的公司,应当以公告方式作出前两款规定的通知。 　　股东会不得对通知中未列明的事项作出决议。 　　解读:本条是关于股东会会议通知和临时议案的规定。由于本次《公司法》修订删除了无记名股票,故本条未再保留相关涉无记名股票的内容。本条新增了临时提案范围的限制性规定,即不违反法律、行政法规和公司章程,且属股东会职权范围。为确保股东会顺利召开,召集人需将会议时间、地点、审议事项于会议召开20日前通知各股东;临时股东会会议应当于会议召开15日前通知各股东。此处的通知,应理解为通知到达而非通知发出。此外,对于公开发行股份的公司,由于涉及股东众多,为节省成本并提高效率,本条规定应当以公告方式作出前两款(包括第2款规定的临时提案的通知)规定的通知。对于召开的会议,股东有临时提案权。提案权,是指股东将建议作为股东会审议决定的议案的权利。本条第2款规定了股东的临时提案权,但具体行使时需满足以下要求:一是	单独或者合计持有公司百分之三以上股份的股东,可以在股东大会召开十日前提出临时提案并书面提交董事会;董事会应当在收到提案后二日内通知其他股东,并将该临时提案提交股东大会审议。临时提案的内容应当属于股东大会职权范围,并有明确议题和具体决议事项。 　　股东大会不得对前两款通知中未列明的事项作出决议。 　　~~无记名股票持有人出席股东大会会议的,应当于会议召开五日前至股东大会闭会时将股票交存于公司。~~

修订后《公司法》及解读等	修订前《公司法》及关联规定
主体方面，临时提案的股东可以是一个或多个，但须单独或合计持有公司1%以上的股份。原规定为3%，现改为1%，进一步降低了比例要求，且明确规定公司不得提高提出临时提案股东的持股比例，有助于进一步保障股东尤其是中小股东相关的提案权，强化对小股东权益的保护。二是时间方面，临时提案需在股东会召开10日前提出并书面提交董事会。董事会应在收到提案后两日内通知其他股东，并将该临时提案提交股东会审议。三是内容方面作了具体化限制，临时提案的内容无疑不能超出股东会职权范围，且不得违反法律、行政法规或者公司章程的规定。但并非所有股东会职权范围内的事项均可以临时提案方式提出，通常来看，选举、解任董事、监事以及本法第116条第3款规定的事项（修改公司章程、增加或者减少注册资本的决议，以及公司合并、分立、解散或者变更公司形式）一般认为不属其中。另外，由于股东会是公司的权力机构，其所审议的事项一般较为重大，关系公司生存发展及股东重大权益，故需提前通知并列入审议事项。为此，对通知中未列明的事项，本条第4款规定，股东会不得就此事项作出决议。 **案例参考**：向股东发出通知后，董事会能否临时修改提案或增加新提案？	

修订后《公司法》及解读等	修订前《公司法》及关联规定
（上海某投资公司、上海某基金公司公司决议撤销纠纷案）① 该案中，银川某百货2016年第一次临时股东大会《通知》公告的议案6，系银川某百货第六届董事会第二十一次会议决议第15项《关于本次非公开发行股票构成关联交易的议案》，其内容是"由于本次发行对象某控股集团有限公司持有公司30%以上股份，因此本次非公开发行股票构成关联关系"。但在临时股东大会实际提交审议的议案6中，银川某百货董事会修改了《通知》已列明的决议事项，增加了上海某投资公司、上海某基金公司构成关联交易的内容，违反了公司章程关于"……股东可以在股东大会召开10日前提出临时提案并书面提交召集人。召集人应当在收到提案后2日内发出股东大会补充通知，公告临时提案的内容。除前款规定的情形外，召集人在发出股东大会通知公告后，不得修改股东大会通知中未列明的提案或增加新提案"的规定，也违反了《公司法》关于"股东大会不得对前两款通知中未列明的事项作出决议"的规定。因此，即使上海某投资公司、上海某基金公司提出临时议案，请求将其作为非公开发行股票的发行对象，银川某百货董事会作为召集人，亦无权修改股东大会通知中已经列明的提案。因此，	

---

① 案号：最高人民法院（2016）最高法民终582号判决书，载中国裁判文书网，最后访问时间：2023年12月15日。

修订后《公司法》及解读等	修订前《公司法》及关联规定
银川某百货2016年第一次临时股东大会决议通过的议案6，应予撤销。	
第一百一十六条　【股东表决权】 股东出席股东会会议，所持每一股份有一表决权，**类别股股东除外**。公司持有的本公司股份没有表决权。 　　股东会作出决议，应当经出席会议的股东所持表决权过半数通过。 　　股东会作出修改公司章程、增加或者减少注册资本的决议，以及公司合并、分立、解散或者变更公司形式的决议，应当经出席会议的股东所持表决权的三分之二以上通过。 　　**解读：**本条是关于股份有限公司股东表决权计算方法及股东会决议的规定。表决权是股东基于其所拥有的股份而产生的权利，股东的表决权反映着公司资本的平等。一般而言，股份有限公司的资本总额按照一定标准划分为若干均等的份额，因此，每一股资本额都是相等的，其权利一般也是平等的。为便于计算，股东所持每一股份一般认定为一个表决权。但由于《公司法》本次修订增加了类别股，故针对存在类别股的股份有限公司，其同时存在两种以上不同权利义务关系的股份，仍按照一股份一表决权方式认定的话，无疑是不公平也不合理的。因此，增加了"类别股股东除外"的规定。此外，由于公司在特定时候可能会存在持有本公司股份的情况，若股东会	《公司法》（2018年修正） 　　**第103条**　股东出席<u>股东大会</u>会议，所持每一股份有一表决权。<del>但是，</del>公司持有的本公司股份没有表决权。 　　<u>股东大会</u>作出决议，<u>必须</u>经出席会议的股东所持表决权过半数通过。但是，<u>股东大会</u>作出修改公司章程、增加或者减少注册资本的决议，以及公司合并、分立、解散或者变更公司形式的决议，<u>必须</u>经出席会议的股东所持表决权的三分之二以上通过。

修订后《公司法》及解读等	修订前《公司法》及关联规定
恰好此时段召开并就重大事项进行表决，为防止公司经营者滥用公司自有股份的共益权、经营权，避免侵害其他股东利益，故规定公司持有的本公司股份没有表决权。关于股东会的决议，实行股份（资本）多数决原则。所谓股份（资本）多数决，是指股东会依照持有多数股份的股东意志作出决定，而不是按照股东人数的多少来决定。简而言之，即将股东会中多数股东的意思视为公司的意思，并对其他股东产生拘束力。股东会的决议事项分为特别决议事项和一般决议事项，按照规定，股份有限公司的股东会表决中，修改公司章程、增加或减少注册资本以及公司分立、合并、解散、变更形式的决议为特别决议事项，由于上述事项更加重大，对公司及股东利益影响更多，故应当经出席会议的股东所持表决权的 2/3 以上通过。而其他事项作为一般决议事项，按照多数决原则，经出席会议的股东所持表决权过半数通过即可。 　　案例参考：不同比例减资应适用资本多数决原则还是全体一致同意原则？（陈某和诉江阴某实业公司公司决议效力确认纠纷案）[1] 　　按照《公司法》规定，股东会会议作	

---

[1] 尹慧：《陈某和诉江阴某实业有限公司公司决议效力确认纠纷案》，载《人民司法·案例》2018 年第 35 期。

修订后《公司法》及解读等	修订前《公司法》及关联规定
出减少注册资本的决议,必须经代表2/3以上表决权的股东通过。该规定中减少注册资本仅指公司减少注册资本,而并非涵括减资在股东之间的分配。由于减资存在同比减资和不同比减资两种情况,不同比减资会直接突破公司设立时的股权分配情况,如果只要经2/3以上表决权的股东通过就可以作出不同比减资的决议,实际上是以多数决的形式改变公司设立时经发起人一致同意所形成的股权架构,故对于不同比减资不应适用资本多数决原则,而应由全体股东一致同意,除非全体股东另有约定。该案中,江阴某实业公司召开的4次股东会均未通知陈某和参加,并且利用大股东的优势地位,以多数决的形式通过了不同比减资决议,直接剥夺了陈某和作为小股东的知情权、参与重大决策权等程序权利,也在一定程度上损害了陈某和作为股东的实质利益。	
第一百一十七条 【累积投票制】股东会选举董事、监事,可以按照公司章程的规定或者股东会的决议,实行累积投票制。 本法所称累积投票制,是指股东会选举董事或者监事时,每一股份拥有与应选董事或者监事人数相同的表决权,股东拥有的表决权可以集中使用。	《公司法》(2018年修正) 第105条 股东大会选举董事、监事,可以依照公司章程的规定或者股东大会的决议,实行累积投票制。 本法所称累积投票制,是指股东大会选举董事或者监事时,每一股份拥有与应选董事

修订后《公司法》及解读等	修订前《公司法》及关联规定
解读：本条是关于累积投票制的规定。按照本条第 2 款的规定，累积投票制，是指股份有限公司在股东会选举董事或监事时，每一股份拥有与应选董事或监事人数相同的表决权，股东拥有的表决权可集中使用。举例说明，假定某位股东拥有 100 股，每股 1 个表决权，需选出 5 位董事，一般而言，该股东可给五位候选人中的每一位投 100 票，总共 500 票。而累积投票制下，该股东可将总共的 500 票投给一位候选人或根据自己的愿望分投给各候选人。可以说，累积投票制在一定程度上为中小股东的代言人进入董（监）事会提供了保障。虽然该投票制度为扩大中小股东发言权提供了一定保证，但这种保证仍以中小股东持有或合计持有一定数量的表决权为前提。若持股数量过低，与大股东持股比例悬殊，或小股东间未采取一致行动，该制度也难以充分发挥作用。另需注意，累积投票制毕竟不同于一般的投票方式，其适用范围有一定限制。首先，该投票制仅可以适用在股份有限公司的董事、监事选举中。其次，适用累积投票制，需要有公司章程的规定或者股东会的决议（股东会对是否采取累积投票制进行的决议，采用一股份一表决权制度。由于不属于特别决议事项，按照前条规定，由出席的股东所持表决权过半数通过即可），	或者监事人数相同的表决权，股东拥有的表决权可以集中使用。

修订后《公司法》及解读等	修订前《公司法》及关联规定
否则不适用累积投票制。换言之，本条关于股份有限公司选举董事、监事时是否采用累积投票制的内容，应属任意性规定而非强制性规定。	
第一百一十八条【股东会代理出席】股东委托代理人出席股东会会议的，<u>应当明确代理人代理的事项、权限和期限</u>；代理人应当向公司提交股东授权委托书，并在授权范围内行使表决权。 **解读：**本条是关于股份有限公司股东委托代理人出席股东会的规定。出席股东会并行使表决权，是股东法定的权利，但股东可能会因为身体、出差等而无法出席股东会，为保证股东能够充分地行使自己的权利，保护股东的利益，本条规定股东可委托他人代理自己出席股东会，并依法行使其表决权。代理人出席股东会应向公司提交股东授权委托书，授权委托书需载明代理事项、权限和期限，具体包括委托人和被委托人相关信息、参加哪一次股东会、可就哪些事项进行表决，并由股东在授权委托书上签名或盖章。需注意，股东委托代理人的，一个股东一般只能委托一个代理人，不应分开委托多人。但代理人可以接受多个股东的委托，不过其行使表决权时，只能按各股东授权的范围行使。另，关于代理人的身份，并不要求必须是股东。	《公司法》(2018年修正) **第106条**　股东可以委托代理人出席<u>股东大会</u>会议，代理人应当向公司提交股东授权委托书，并在授权范围内行使表决权。 《民法典》 **第165条**　委托代理授权采用书面形式的，授权委托书应当载明代理人的姓名或者名称、代理事项、权限和期限，并由被代理人签名或者盖章。

修订后《公司法》及解读等	修订前《公司法》及关联规定
第一百一十九条 【股东会会议记录】股东会应当对所议事项的决定作成会议记录，主持人、出席会议的董事应当在会议记录上签名。会议记录应当与出席股东的签名册及代理出席的委托书一并保存。 **解读**：本条是关于股东会会议记录的规定。股东会作为股份有限公司的权力机关，会议涉及的内容较为重要，而会议记录是载明股东会对所议事项作出决定的书面文件，《公司法》对股东会的会议记录及保存作出一定要求确有必要。股东会在举行会议时，负责召集会议的机构及会议主持者应安排人员，详细记录会议情况，包括举行时间、地点、主要内容、会议议定事项、出席股东及其表决权、具体表决情况及会议形成的决议情况等。会议主持人、出席会议的董事应在会议记录上签名，会议记录应与出席会议的股东签名册及代理出席的委托书一并保存。会议记录在公司运行中应受到重视，需要规范作成与保存。需注意，本条只规定了主持人及董事在会议记录上签名，并未要求所有股东均签名。如此规定在于股份有限公司一般股东人数较多，要求每个股东都签名在实践中不易操作与执行，且股东参会时已经在签名册上签过了，且该签名册需一并保存。	《公司法》（2018年修正） **第107条** 股东大会应当对所议事项的决定作成会议记录，主持人、出席会议的董事应当在会议记录上签名。会议记录应当与出席股东的签名册及代理出席的委托书一并保存。

修订后《公司法》及解读等	修订前《公司法》及关联规定
案例参考：只有董事签名的会议记录，无相应股东签名册及代理股东出席委托书的，能否认定已实际召开股东会？（吴某与某集团有限公司股权转让纠纷案）① 股份有限公司的股东会议，应当由符合法律规定的召集人依照法律或公司章程规定的程序，召集全体股东出席，并由符合法律规定的主持人主持会议。股东会议需要对相关事项作出决议时，应由股东依照法律、公司章程规定的议事方式、表决程序进行议决，达到法律、公司章程规定的表决权比例时方可形成股东会决议。该案中，案涉公司 2012 年 12 月 11 日《某集团有限公司股东大会决议》只有 5 名董事签名，且无股东会出席股东的签名册及代理股东出席的委托书等相关文书材料，某集团有限公司等在一审庭审时也称股东大会决议实际上为董事会决议，因此不能认定 2012 年 12 月 11 日某集团有限公司实际召开了股东大会，更不能认定就该次会议形成了真实有效的股东会决议。	
第三节　董事会、经理	
第一百二十条　【董事会组成、职权和董事任期】股份有限公司设董事会，本法第一百二十八条另有规定的除外。	《公司法》（2018 年修正） **第 108 条**　股份有限公司设董事会，其成员为<u>五人至十九人</u>。

---

① 案号：浙江省宁波市中级人民法院（2017）浙 02 民终 3883 号判决书，载中国裁判文书网，最后访问时间：2023 年 12 月 16 日。

修订后《公司法》及解读等	修订前《公司法》及关联规定
本法第六十七条、第六十八条第一款、第七十条、第七十一条的规定，适用于股份有限公司。 **解读**：本条是关于股份有限公司董事会组成、职权及董事任期等的规定。按照本条第2款引致的本法第68条第1款的规定，股份有限公司的董事会成员也为3人以上，而不同于原规定的5人至19人，且不再设置上限，更具灵活性，更能适应不同规模股份有限公司的实际需要。当然，按照本法第128条的规定，规模较小的股份有限公司，可以不设董事会，而是通过设置1名董事来行使董事会职权。另，本条第2款引致的条款也明确了股份有限公司涉及董事会职权、董事会中职工代表、董事任期辞职和解任等事项，适用有限责任公司的规定。需注意，本条规定是适用而非参照适用。参照适用又称为准用，而适用也称为直接适用。虽然参照适用和适用都是重要的立法技术，但仍存在本质区别。这主要表现在，就参照适用而言，该规范调整的法律事实与被适用的规范调整的法律事实只是类似，而就适用而言，该规范调整的法律事实与被适用的规范调整的法律事实具有同一性。虽然有限责任公司与股份有限公司在股东数量、设立方式等方面存在很多不同，但在本条规定的董事会组成、职权及董事任期等方面，则具有高度的一致性，故《公司法》通过本条明确了股份有限公司在出现相关情形时，应直接适用有限责任公司的规定。	董事会成员中可以有公司职工代表。董事会中的职工代表由公司职工通过职工代表大会、职工大会或者其他形式民主选举产生。 本法第四十五条关于有限责任公司董事任期的规定，适用于股份有限公司董事。 本法第四十六条关于有限责任公司董事会职权的规定，适用于股份有限公司董事会。 《民法典》 第81条 营利法人应当设执行机构。 执行机构行使召集权力机构会议，决定法人的经营计划和投资方案，决定法人内部管理机构的设置，以及法人章程规定的其他职权。 执行机构为董事会或者执行董事的，董事长、执行董事或者经理按照法人章程的规定担任法定代表人；未设董事会或者执行董事的，法人章程规定的主要负责人为其执行机构和法定代表人。 《公司法司法解释五》 第3条 董事任期届满前被股东会或者股东大会有效决议解除职务，其主张解除不发生法律效力的，人民法院不予支持。

修订后《公司法》及解读等	修订前《公司法》及关联规定
	董事职务被解除后，因补偿与公司发生纠纷提起诉讼的，人民法院应当依据法律、行政法规、公司章程的规定或者合同的约定，综合考虑解除的原因、剩余任期、董事薪酬等因素，确定是否补偿以及补偿的合理数额。
第一百二十一条 【审计委员会】股份有限公司可以按照公司章程的规定在董事会中设置由董事组成的审计委员会，行使本法规定的监事会的职权，不设监事会或者监事。 审计委员会成员为三名以上，过半数成员不得在公司担任除董事以外的其他职务，且不得与公司存在任何可能影响其独立客观判断的关系。公司董事会成员中的职工代表可以成为审计委员会成员。 审计委员会作出决议，应当经审计委员会成员的过半数通过。 审计委员会决议的表决，应当一人一票。 审计委员会的议事方式和表决程序，除本法有规定的外，由公司章程规定。 公司可以按照公司章程的规定在董事会中设置其他委员会。 **解读**：本条是关于股份有限公司设置审计委员会等专业委员会的规定。与本法关于有限责任公司设置审计委员会的规定类似，均属新增条款，也是亮点内容。	《国务院办公厅关于进一步完善国有企业法人治理结构的指导意见》 3. 规范董事会议事规则。……董事会应当设立提名委员会、薪酬与考核委员会、审计委员会等专门委员会，为董事会决策提供咨询，其中薪酬与考核委员会、审计委员会应由外部董事组成。改进董事会和董事评价办法，完善年度和任期考核制度，逐步形成符合企业特点的考核评价体系及激励机制。

修订后《公司法》及解读等	修订前《公司法》及关联规定
本条第1款规定了审计委员会由董事组成，并明确了审计委员会和监事会的替代关系，即设置审计委员会的，不再设监事会或监事。为进一步强化职工权益保护，本条增加公司董事会成员中的职工代表可以成为审计委员会成员的规定。审计委员会行使监事会的职权，不仅限于财务、会计监督，还包括监事会具有的对董事、高级管理人员的监督权、向股东会的提案权、召开临时股东会的提议权等。此外，与有限责任公司相比，股份有限公司的审计委员会还有更细致的要求，包括人数限制（3人以上）、除董事外其他职务的成员占比，以及不存在可能影响独立客观判断的关系等。这主要是基于审计委员会职能主要是对公司财务、会计等事项的监督，尽可能避免利益冲突。从以往的实践效果看，无论是有限责任公司，还是股份有限公司，原《公司法》长期以来均以"三会"模式（股东会、董事会、监事会）作为公司的基本组织机构模式，但监事会并未在实践中发挥出制度设计中的理想作用。本条允许股份有限公司在董事会内部创设审计委员会等专业委员会，有助于更好地强化对公司财务、会计等方面的监督。长期以来，公司股东会、董事会由于职责较多且会议不经常召开，无法实现日常的有效监督，尤其是无时无刻不在发生的财务、会计情况，而这方面的有效监督必须依赖具有专业性和职业性的工作	

修订后《公司法》及解读等	修订前《公司法》及关联规定
机构和人员，故在董事会中设置由董事组成的审计委员会等专业委员会或许不失为一个有效且妥善的办法。关于审计委员会的运作，本条第3款、第4款、第5款分别明确了决议做出需成员过半数通过、决议表决为一人一票、按公司章程规定补充。 **案例参考**：如何判断审计委员会人员是否做到勤勉履职？[杨某胜与中国证券监督管理委员会金融行政管理（金融）案][①] 该案中，再审申请人自担任某机床独立董事、审计委员会主任委员以来，围绕某机床的财务信息及其披露事宜与外部审计机构开展了一定的工作，也多次在董事会审计委员会会议及董事会会议中对公司财务方面存在的问题提出过异议、建议，存在积极履职的行为。但是，综合在案证据来看，尚不足以证明再审申请人对案涉信息披露行为已尽勤勉义务：首先，再审申请人未穷尽其应当采取的合理措施主动调查、获取履行相关职责所需要的信息。其次，再审申请人根据已获取的有限信息即做出决策，有失审慎。最后，再审申请人未采取实质性措施应对已发现的重大事项。综上，根据现有证据，再审申请人未穷尽其应当采取的合理措施主动调查、获取决策所需要的信息，并在此基础上做出审慎决	

---

① 案号：最高人民法院（2019）最高法行申12736号裁定书，载中国裁判文书网，最后访问时间：2023年12月15日。

修订后《公司法》及解读等	修订前《公司法》及关联规定
策，且未能就已发现的重大事项予以实质性应对。原审法院据此认定再审申请人未尽到勤勉尽责义务，并无不当。同时，被申请人考虑到再审申请人任职期间亦有积极履职行为，且存在信息披露违法行为被发现前主动向证券监管机构报告等从轻情节，对再审申请人处以3万元的罚款处罚，亦无不当。	
第一百二十二条　【董事长】董事会设董事长一人，可以设副董事长。董事长和副董事长由董事会以全体董事的过半数选举产生。 董事长召集和主持董事会会议，检查董事会决议的实施情况。副董事长协助董事长工作，董事长不能履行职务或者不履行职务的，由副董事长履行职务；副董事长不能履行职务或者不履行职务的，由<u>过半数的</u>董事共同推举一名董事履行职务。 **解读：**本条是关于股份有限公司董事长、副董事长产生及其职权的规定。董事会由股份有限公司股东会选举产生的董事组成，设董事长1人且只能为1人，且为自然人。董事长作为公司董事的一员，须具备董事所应具备的资格，任期与董事相同，可连选连任。除董事长外，董事会还可设副董事长。董事长和副董事长由董事会的全体董事（非出席会议董事）的过半数选举产生。如此规定在于，董事长及副董事长只有得到多数董事会成员的信任，才能更好地行使	《公司法》（2018年修正） **第109条**　董事会设董事长一人，可以设副董事长。董事长和副董事长由董事会以全体董事的过半数选举产生。 董事长召集和主持董事会会议，检查董事会决议的实施情况。副董事长协助董事长工作，董事长不能履行职务或者不履行职务的，由副董事长履行职务；副董事长不能履行职务或者不履行职务的，由<u>半数以上</u>董事共同推举一名董事履行职务。

修订后《公司法》及解读等	修订前《公司法》及关联规定
职权。另需注意，只有董事会才能选举董事长、副董事长，股东会并无此职权。关于董事长的职权，本条规定了两方面，即召集和主持董事会会议、检查董事会决议的实施情况。关于副董事长的职责，主要是协助董事长工作，包括日常的协助履职，以及在董事长不能履行职务或者不履行职务时的代行职权。当然，实践中也会出现董事长、副董事长均不能履行职务或者不履行职务的情形，此种情况下，则由过半数（不包括半数在内）董事共同推举一名董事履行职务。	
第一百二十三条　【董事会会议召开】 董事会每年度至少召开两次会议，每次会议应当于会议召开十日前通知全体董事和监事。 代表十分之一以上表决权的股东、三分之一以上董事或者监事会，可以提议召开临时董事会会议。董事长应当自接到提议后十日内，召集和主持董事会会议。 董事会召开临时会议，可以另定召集董事会的通知方式和通知时限。 **解读：** 本条是关于股份有限公司董事会会议召开的规定。需注意，董事会、董事会会议是两个不同的概念。董事会是股份有限公司的决策机构，而董事会会议是一种会议，通过董事会会议作出决议是董事会职权的具体体现。与股东会类似，股份有限公司的董事会会议也	《公司法》（2018年修正） **第110条** 董事会每年度至少召开两次会议，每次会议应当于会议召开十日前通知全体董事和监事。 代表十分之一以上表决权的股东、三分之一以上董事或者监事会，可以提议召开董事会临时会议。董事长应当自接到提议后十日内，召集和主持董事会会议。 董事会召开临时会议，可以另定召集董事会的通知方式和通知时限。

修订后《公司法》及解读等	修订前《公司法》及关联规定
分为定期会议和临时会议。定期会议，是指法定期限内必须召开的董事会会议。本条规定，股份有限公司董事会每年至少召开两次会议，每次会议应当于会议召开10日前通知全体董事和监事，以防止董事会工作懈怠，确保股东权益得到一定的保障以及董事权利的行使。临时董事会会议，是指在两次董事会定期会议之间，经特定主体提议而不定期召开的讨论公司决策问题的董事会会议。所谓"特定主体"，即本条第2款规定的代表1/10以上表决权的股东、1/3以上董事或者监事会，只有上述主体可以提议召开临时董事会会议。为确保临时会议不被拖延，该款还规定董事长应当自接到提议后10日内，召集和主持董事会会议，这无疑也是对董事长权力的制约。关于临时会议的通知，根据本条第3款规定，董事会召开临时会议，可以另定召集董事会的通知方式和通知时限。也就是说，公司董事有权对临时董事会会议的通知程序作出事先规定，不按公司章程规定的一般通知方式通知全体董事和监事，可以不在会议召开10日以前通知全体董事和监事，也可以不受前述的接到提议后10日内须召集和召开董事会会议的约束。如此规定，系从实际情况出发，具有很大的灵活性。 案例参考：能否以董事会对外发布的改革方案公告证明董事会会议已召开并形成决议？（某公司与厦门某实业公司公司	

修订后《公司法》及解读等	修订前《公司法》及关联规定
决议效力确认纠纷案)① 要求撤销董事会决议的前提必须是该份董事会决议是客观存在的。该案中,从某公司目前提交的证据材料看,并无证据显示厦门某实业公司曾于 2017 年 3 月 8 日召开董事会会议并形成决议。厦门某实业公司董事会在全国中小企业股份转让系统上发布的《厦门某实业公司关于股权分置改革方案股东沟通与协商情况暨调整股权分置改革方案的公告》,仅是该公司董事会依法履行职责,对公司股权分置调整方案进行说明并公布,并非《公司法》规定的法律意义上的董事会会议决议。因此,在某公司不能证明其诉请撤销的董事会会议决议客观存在的情况下,法院驳回某公司的诉讼请求,并无不当,应予维持。	
第一百二十四条 【董事会会议议事规则】董事会会议应当有过半数的董事出席方可举行。董事会作出决议,应当经全体董事的过半数通过。 董事会决议的表决,应当一人一票。 董事会应当对所议事项的决定作成会议记录,出席会议的董事应当在会议记录上签名。 **解读:** 本条是关于股份有限公司董事会会议议事规则以及会议记录的规定。董事会作为集体决策的机构,举行会议须有足够的董事参加,一般将半数作为集	《公司法》(2018 年修正) 第 111 条 董事会会议应有过半数的董事出席方可举行。董事会作出决议,必须经全体董事的过半数通过。 董事会决议的表决,实行一人一票。 第 112 条第 2 款 董事会应当对会议所议事项的决定作成会议记录,出席会议的董事应当在会议记录上签名。

---

① 案号:福建省高级人民法院(2018)闽民终 182 号判决书,载中国裁判文书网,最后访问时间:2023 年 12 月 17 日。

修订后《公司法》及解读等	修订前《公司法》及关联规定
体决策合法性的标志。为此，本条规定董事会会议有过半数以上的董事出席方能召开，而按照《民法典》的规定，"半数"这一本数并不包括在内。同样，董事会会议作出决议的条件，应当经过全体董事（而非参会董事）的过半数通过，这也是董事会决议是否符合集体决策要求进而是否合法有效的标志，同时也有利于保护全体股东尤其是中小股东的权利。关于董事会会议的表决规则，本条第2款规定，董事会决议的表决应当一人一票，即每名出席会议的董事有一票的表决权。需注意，董事会会议决议的表决实行的一人一票制与股东会表决实行的每一股份有一表决权制是不同的。究其原因，在于董事是因股东的选任而成为董事，包含了股东对其专业知识、管理经验及人格的信任，与其出资多少并无直接关系，故规定董事每人平等享有一票表决权。而股东则不同，其是因出资而具有股东身份的，因此，股东会上按照其出资多少来分享表决权更为公平。此外，董事会会议决议的表决实行的一人一票制，与股东会选任董事、监事实行的累积投票制也是不一样的。一人一票制以人数为基准，而累积投票制则以股份为基准，其实质上是一种特殊的股份决议制度。此外，本条第3款还就董事会会议的记录作了规定。针对董事会会议所议事项的决定作成会议记录并要求出席会议的董事签名，以表明会议	

修订后《公司法》及解读等	修订前《公司法》及关联规定
记录的真实性，并将董事会的会议情况留下真实证据，既方便后续的落实与执行，也为后续相关的事项查证、证据调取留下重要且必要的资料。 **案例参考**：能否以部分董事投反对票致相关议案多次未通过来认定董事之间存在长期冲突？（湖南某投资公司、兰州某公司等公司解散纠纷案）[1] 该案中，兰州某公司曾经于2017年3月9日、2017年4月27日、2017年8月15日、2017年12月16日、2019年2月14日召开了五次临时董事会会议，5名董事均参加，除2017年8月15日和2017年12月16日两次会议未作出决议外，其余三次均作出了决议。根据审查确认的事实表明兰州某公司董事会处于正常运行的状态之中。按照《公司法》第111条关于"董事会会议应有过半数的董事出席方可举行。董事会作出决议，必须经全体董事的过半数通过。董事会决议的表决，实行一人一票"的规定，兰州某公司部分董事投反对票，使部分议案多次未能通过决议，属于依法正常履行职务的行为，不能证明该公司董事之间存在长期冲突。故原审判决认定兰州某公司董事会处于正常运行的状态之中，且无法认定公司董事之间存在长期冲突，并无不当。	

---

[1] 案号：最高人民法院（2021）最高法民申1623号裁定书，载中国裁判文书网，最后访问时间：2023年12月15日。

修订后《公司法》及解读等	修订前《公司法》及关联规定
第一百二十五条 【董事会会议出席和相关决议责任】董事会会议，应当由董事本人出席；董事因故不能出席，可以书面委托其他董事代为出席，委托书应当载明授权范围。 董事应当对董事会的决议承担责任。董事会的决议违反法律、行政法规或者公司章程、股东会决议，给公司造成严重损失的，参与决议的董事对公司负赔偿责任；经证明在表决时曾表明异议并记载于会议记录的，该董事可以免除责任。 **解读：**本条是关于董事会会议的出席、参与决议董事的责任之规定。关于董事会会议的出席，一般由董事本人出席，但董事因故不能出席的，也可以书面委托其他董事代为出席，委托书中应载明授权范围。需注意，这里限定了委托范围，即只能委托其他董事而不能任意委托公司内或者公司外的其他人（非本公司董事）出席。委托书也需载明具体委托了哪位董事代其就哪些事项发表意见，委托人还应在委托书上签名或盖章。另，由于董事会会议属集体决策，决议结果也是根据多数董事意见而作出的，故董事应对董事会的决议承担责任。当决议违反法律、行政法规或公司章程、股东会决议，给公司造成严重损失时，参与决议的董事需对公司负赔偿责任。但并非在所有的情况下均需担责，表决时对该决议事项提出异议的	《公司法》(2018年修正) **第112条第1款、第3款** 董事会会议，应由董事本人出席；董事因故不能出席，可以书面委托其他董事代为出席，委托书中应载明授权范围。 董事应当对董事会的决议承担责任。董事会的决议违反法律、行政法规或者公司章程、股东大会决议，致使公司遭受严重损失的，参与决议的董事对公司负赔偿责任。但经证明在表决时曾表明异议并记载于会议记录的，该董事可以免除责任。 《民法典》 **第165条** 委托代理授权采用书面形式的，授权委托书应当载明代理人的姓名或者名称、代理事项、权限和期限，并由被代理人签名或者盖章。

修订后《公司法》及解读等	修订前《公司法》及关联规定
董事，无须对公司负赔偿责任。但其需要相应证据对此进行证实，若会议记录显示其曾提出过异议的，可免除该董事的责任。另就其他需承担责任的董事而言，还需注意两点：一是向公司而非向其他主体承担赔偿责任；二是其他董事对公司承担的是连带责任而非按份责任，因表决通过属于集体决议，是一种共同行为。 **案例参考**：独立董事在未披露重大诉讼及担保事件的年度报告上签字，应否承担法律责任？（陈某林与中国证券监督管理委员会某监管局、中国证券监督管理委员会行政复议案）[①] 董事受股东的信任与委托参与公司决策管理，享有权利的同时也应承担责任，其应对董事会的决议承担责任。《公司法》第112条第3款规定，董事应当对董事会的决议承担责任。董事会的决议违反法律、行政法规或者公司章程、股东大会决议，致使公司遭受严重损失的，参与决议的董事对公司负赔偿责任。但经证明在表决时曾表明异议并记载于会议记录的，该董事可以免除责任。该案中，陈某林作为上市公司某某股份公司的独立董事，对公司负有勤勉义务以及对其签字的董事会决议承担法律责任。某某股份公司信息披露违法主要表现在	

[①] 案号：北京市第二中级人民法院（2017）京02行终1461号判决书，载中国裁判文书网，最后访问时间：2023年12月17日。

修订后《公司法》及解读等	修订前《公司法》及关联规定
两点：1.未依法披露发生的重大诉讼事件；2.未依法披露发生的重大担保事件。依据审理查明的事实，某某股份公司未披露的重大诉讼历时4年，对于时间跨度长、涉案金额巨大、反复多次发生的重大诉讼和重大担保事件，陈某林作为公司独立董事一再强调其对上述情况毫不知情，这恰好表明其未履行对公司的"勤勉义务"。陈某林作为独立董事在董事会通过的未披露重大诉讼及担保事件的年度报告上签字，应当承担法律责任。	
第一百二十六条　【经理及其职权】股份有限公司设经理，由董事会决定聘任或者解聘。 　　经理对董事会负责，<u>根据公司章程的规定或者董事会的授权行使职权</u>。经理列席董事会会议。 　　解读：本条是关于经理及其职权的规定。《公司法》虽没有直接定义经理，但从现有规定看，经理是由董事会聘任并对董事会负责、主持公司生产经营管理工作与组织实施董事会决议的自然人。本条第1款规定股份有限公司设经理，由董事会决定聘任或者解聘。可见，经理和董事会并非具有同等权力的相互间平行存在的关系，而是经理对董事会负责的统一集中决策制。实践中，经理也可称为总经理，《公司法》层面统一称经理。且经理一般只设1人，副经理的设立与否以及人数《公司法》并	《公司法》（2018年修正） 　　第113条　股份有限公司设经理，由董事会决定聘任或者解聘。 　　<u>本法第四十九条关于有限责任公司经理职权的规定，适用于股份有限公司经理。</u>

修订后《公司法》及解读等	修订前《公司法》及关联规定
未作出限制。本条第 2 款是关于经理职权的规定，明确了经理对董事会负责，列席董事会会议，并明确经理职权来源为公司章程的规定或者董事会的授权。 **案例参考**：有关公司经理备案方面的事项是否属法院受案范围？（北京某商贸公司等与北京市某区市场监督管理局等行政登记案）① 根据《公司登记管理条例》的相关规定，公司董事、经理不属于公司登记事项，而是备案事项，不属于人民法院的受案范围。该案中，王某珍所诉董事、经理的备案事项，并不属于行政诉讼受案范围，对王某珍的此项诉讼请求，依法应予驳回。一审法院对此裁判并无不当，二审予以维持。	
第一百二十七条　【董事兼任经理】 公司董事会可以决定由董事会成员兼任经理。 **解读**：本条是关于董事兼任经理的规定。基于公司管理制度的不断发展，职业经理人制度不断被完善，经理从本质上来讲应属于公司的雇员，聘任经理时首要考虑的应是其专业性、勤勉性及对公司业务的熟悉程度，而其是否系公司股东或者董事并不重要。但实践中，经理有时甚至经常由董事出任。由董事出任	《公司法》(2018 年修正) 第 114 条　公司董事会可以决定由董事会成员兼任经理。

---

① 案号：北京市第二中级人民法院（2021）京 02 行终 671 号判决书，载中国裁判文书网，最后访问时间：2023 年 12 月 15 日。

修订后《公司法》及解读等	修订前《公司法》及关联规定
经理的好处在于：一是对董事会决议本意的掌握较为准确；二是忠实组织实施董事会决议，避免经理与董事会间产生矛盾；三是有助于董事会对公司经营情况的了解；四是有助于节约人力、财力成本。需注意，公司不聘任专门人员做经理不应由某个人决定，而应由董事会决议确认。且本条规定的董事会成员包括董事长在内，即经理可由董事长兼任。	
第一百二十八条 【不设董事会】规模较小或者股东人数较少的股份有限公司，可以不设董事会，设一名董事，行使本法规定的董事会的职权。该董事可以兼任公司经理。 **解读**：本条是关于股份有限公司不设董事会及相关职权行使的规定。相较原《公司法》，本条属新增内容。虽然股份有限公司较有限责任公司而言，其规模一般较大，但也存在"规模较小"或者"股东人数较少"的股份有限公司，尤其在《公司法》对公司注册资本不再硬性限定以及允许设立一人股份有限公司后，此类股份有限公司在数量上也将不再少见。为此，本条规定规模较小或者股东人数较少的股份有限公司可以不设董事会，而是设1名董事行使公司法规定的董事会的职权并可兼任经理。如此，不仅有助于公司高效决策，而且可以节约公司成本。	《公司法》（2018年修正） 第114条 公司董事会可以决定由董事会成员兼任经理。

修订后《公司法》及解读等	修订前《公司法》及关联规定
案例参考：不设董事会的公司，法定代表人和执行董事为同一人的，对外担保应否经股东会决议？（再担保公司、某投资公司等金融借款合同纠纷案）① 案涉《保证合同》签订时，某建设公司设有股东会但未设董事会，仅设有执行董事一人，即刘某升。某建设公司章程中未载明对外提供担保由股东会决议还是由董事会决议，刘某升作为某建设公司法定代表人，以某建设公司名义为他人提供担保，应当经过公司机关决议授权。在不设董事会而只设执行董事的公司中，执行董事必要时可以行使董事会职权。该案中，刘某升同时为法定代表人和执行董事，而《公司法》关于公司对外担保的限制规定本身即为约束法定代表人随意代表公司为他人提供担保给公司造成损失，从而对法定代表人的代表权进行了限制。因此，在某建设公司对外提供担保时，应当经过股东会决议程序才符合《公司法》的规定。再担保公司关于刘某升的签字行为应认定为某建设公司履行了决议程序的主张没有事实与法律依据，不予支持。	
第一百二十九条　【高管报酬披露】 公司应当定期向股东披露董事、监事、高级管理人员从公司获得报酬的情况。	《公司法》（2018年修正） **第116条**　公司应当定期向股东披露董事、监事、高级

---

① 案号：最高人民法院（2020）最高法民终908号判决书，载中国裁判文书网，最后访问时间：2023年12月15日。

修订后《公司法》及解读等	修订前《公司法》及关联规定
解读：本条是关于股份有限公司向股东披露董事、监事、高级管理人员从公司获得报酬情况的规定。董事、监事报酬事项由股东会决定，高级管理人员报酬事项由董事会决定。随着职业经理人制度的不断发展与完善，为提升董事、监事、高级管理人员与股东利益的一致性，在完善监督机制的同时也需要提升激励机制的针对性与有效性，在众多的激励机制中，报酬上的激励与约束无疑是非常重要与有效的。近年来的实践中，董事、监事、高级管理人员的报酬问题不断引发社会关注。公司董事、监事、高级管理人员的报酬是否合理，应与公司业绩联系起来，公司股东对此应有知晓权以及评价、建议的权利。为此，本条规定董事、监事、高级管理人员的报酬披露，这不仅是有关证券市场信息披露中的重要内容，同时也是维护股东利益即公司的现实需要。需注意，本条规定的是股份有限公司需向股东定期披露，具体要求包括两个方面：一是按照年度报酬数额区间，披露每个报酬区间的人数；二是披露不在公司领取报酬、津贴的董事、监事，注明其是否在股东单位或其他关联单位领取报酬等。此外，公司章程对此事项有进一步要求的，按照公司章程内容进行披露。 　　案例参考：股东能否通过行使知情权的方式查阅董事、监事、高级管理人员从公司获得报酬的情况？（某商业	管理人员从公司获得报酬的情况。

修订后《公司法》及解读等	修订前《公司法》及关联规定
银行公司、某置业公司股东知情权纠纷案)① 　　《公司法》规定，股东有权查阅公司章程、股东名册、公司债券存根、股东大会会议记录、董事会会议决议、监事会会议决议、财务会计报告，对公司的经营提出建议或者质询；公司应当定期向股东披露董事、监事、高级管理人员从公司获得报酬的情况。该案中，某置业公司系某商业银行公司的股东，依法享有上述权利，结合某商业银行公司章程规定股东可以复制股东大会会议记录，一审判决某置业公司享有查阅公司章程、董事会会议决议、监事会会议决议、查阅财务会计报告、查阅并复制股东大会会议记录、查阅董事、监事、高级管理人员从公司获得报酬的权利，符合法律及公司章程的规定，某商业银行公司上诉称，股东无权享有一审判决的股东知情权的相关权利的理由，不能成立。	
第四节　监事会	
第一百三十条　【监事会设立和组成】股份有限公司设监事会，本法第一百二十一条第一款、第一百三十三条另有规定的除外。	《公司法》（2018年修正） 　　**第117条**　股份有限公司设监事会，其成员<u>不得少于三人</u>。

---

　　① 案号：安徽省蚌埠市中级人民法院（2018）皖03民终1150号判决书，载中国裁判文书网，最后访问时间：2023年12月15日。

修订后《公司法》及解读等	修订前《公司法》及关联规定
监事会成员为三人以上。监事会成员应当包括股东代表和适当比例的公司职工代表，其中职工代表的比例不得低于三分之一，具体比例由公司章程规定。监事会中的职工代表由公司职工通过职工代表大会、职工大会或者其他形式民主选举产生。 　　监事会设主席一人，可以设副主席。监事会主席和副主席由全体监事过半数选举产生。监事会主席召集和主持监事会会议；监事会主席不能履行职务或者不履行职务的，由监事会副主席召集和主持监事会会议；监事会副主席不能履行职务或者不履行职务的，由过半数的监事共同推举一名监事召集和主持监事会会议。 　　董事、高级管理人员不得兼任监事。 　　本法第七十七条关于有限责任公司监事任期的规定，适用于股份有限公司监事。 　　**解读：**本条是关于监事会设立和组成的规定。本条对监事会的人数仅作了下限规定而未作上限规定，授权公司自行确定。实践中多数公司的监事会规模不大，多在5—7人。由于我国实行职工监事制，故监事会应当包括股东代表和适当比例的公司职工代表，且本条第2款规定公司职工代表比例不得低于1/3，公司章程可在该范围内确定具体比例。此外，职工监事制度和工会制度在本质上是有区别的，其参与公司治理的程度	监事会应当包括股东代表和适当比例的公司职工代表，其中职工代表的比例不得低于三分之一，具体比例由公司章程规定。监事会中的职工代表由公司职工通过职工代表大会、职工大会或者其他形式民主选举产生。 　　监事会设主席一人，可以设副主席。监事会主席和副主席由全体监事过半数选举产生。监事会主席召集和主持监事会会议；监事会主席不能履行职务或者不履行职务的，由监事会副主席召集和主持监事会会议；监事会副主席不能履行职务或者不履行职务的，由半数以上监事共同推举一名监事召集和主持监事会会议。 　　董事、高级管理人员不得兼任监事。 　　本法第五十二条关于有限责任公司监事任期的规定，适用于股份有限公司监事。 **《民法典》** 　　**第82条** 营利法人设监事会或者监事等监督机构的，监督机构依法行使检查法人财务，监督执行机构成员、高级管理人员执行法人职务的行为，以及法人章程规定的其他职权。

修订后《公司法》及解读等	修订前《公司法》及关联规定
和方式也是存在差异的。职工监事既是职工的代表，也是公司的高级管理人员，因此，职工监事应当与公司其他监事享有同等的职权，不能只在与职工切身利益相关的事项中发挥作用。职工监事应无差别地参与到公司的治理与经营之中，包括参加监事会会议，行使监事的发言权和表决权，监督公司的财务情况和公司董事、高级管理人员执行公司职务的行为，列席董事会会议并对董事会决议事项提出质询或者建议，列席与其职责相关的公司行政办公会议和有关生产经营工作的重要会议，要求公司工会、公司有关部门和机构通报有关情况并提供相关资料等。关于职工监事的责任，《公司法》对公司董事、监事的法律义务有明确规定，自然涵盖职工监事。同时还规定董事、监事、高级管理人员执行公司职务时违反法律、行政法规或者公司章程的规定，给公司造成损失的，应当承担赔偿责任。本条第3款规定了监事会的召集与主持，与董事会的召集和主持规定相似，但关于监事会会议程序的规定比较简单，需要对章程会议通知、议事方式、表决程序、监事表决权的行使等各个环节作出具体规定。如若未作规定，可以参照董事会的会议程序。需注意，第3款将"半数以上"改为"过半数"，意味着半数将不再包括其中。此外，由于监事会的监督属性，为确保监事及监事会可以独立、公正行使监督权，本条第4款	《证券交易所管理办法》 第30条 证券交易所监事会人员不得少于五人，其中职工监事不得少于两名，专职监事不得少于一名。 监事每届任期三年。职工监事由职工大会、职工代表大会或者其他形式民主选举产生，专职监事由中国证监会委派。证券交易所理事或者董事、高级管理人员不得兼任监事。 会员制证券交易所的监事会，会员监事不得少于两名，由会员大会选举产生。 第31条 监事会设监事长一人，由中国证监会提名，监事会通过。 监事长负责召集和主持监事会会议。会员制证券交易所监事长因故不能履行职责时，由其指定的专职监事或者其他监事代为履行职务。公司制证券交易所监事长因故不能履行职责时，由半数以上监事共同推举一名监事代为履行职务。

修订后《公司法》及解读等	修订前《公司法》及关联规定
规定董事与高级管理人员不得兼任监事。另,为保证监事会正确、适当地行使其职权,对监事的任期应有限制,本条第5款明确股份有限公司有关监事任期的事项,适用有限责任公司监事任期的规定,即每届3年,可连选连任。	
第一百三十一条 【监事会职权及履职费用】本法第七十八条至第八十条的规定,适用于股份有限公司监事会。 监事会行使职权所必需的费用,由公司承担。 **解读:**本条是关于股份有限公司监事会职权及履职费用承担的规定。本条第1款属引致规定,明确股份有限公司监事会职权事项适用有限责任公司监事会职权的规定。监事会是公司的监督机构,依法行使检查公司财务,对董事、高级管理人员执行公司职务的行为进行监督等法律规定及公司章程规定的相关职权。发现公司经营情况异常的,监事会有权调查,必要时,可聘请会计师事务所等进行协助,且其聘请不需经股东会或董事会的同意。此外,由于监事会行使的相关职权都是为了维护公司、股东利益,故行使职权所必需的费用应由公司承担。 **案例参考:**监事会如何行使召集与主持股东会会议的权利?(中机某公司与杨某清等11人股东会或者股东大会、董事会决议撤销纠纷案)①	**《公司法》(2018年修正)** 第118条 本法第五十三条、第五十四条关于有限责任公司监事会职权的规定,适用于股份有限公司监事会。 监事会行使职权所必需的费用,由公司承担。 **《民法典》** 第82条 营利法人设监事会或者监事等监督机构的,监督机构依法行使检查法人财务,监督执行机构成员、高级管理人员执行法人职务的行为,以及法人章程规定的其他职权。 **《证券交易所管理办法》** 第29条 监事会是证券交易所的监督机构,行使下列职权: (一)检查证券交易所财务; (二)检查证券交易所风险基金的使用和管理;

---

① 案号:陕西省高级人民法院(2014)陕民提字第00020号裁定书,载中国裁判文书网,最后访问时间:2023年12月15日。

修订后《公司法》及解读等	修订前《公司法》及关联规定
股东会会议本该由董事会召集与主持，但该案中，中机某公司董事长赵某某已辞职，此种情形已不能实现。此时应由副董事长主持，但事实上中机某公司未设副董事长。基于法律规定，则应由半数以上董事共同推举1名董事主持，但现实情况是余下3名董事未达成召集临时董事会及召开股东会的意见。此时，在中机某公司董事长辞职、另空缺1名董事的情形下，既没有董事会召集股东会，也没有人主持股东会。根据法律规定，董事会或者执行董事不能履行或者不履行召集股东会会议职责的，由监事会或者不设监事会的公司的监事召集和主持。该案中，根据新某代公司的提议，中机某公司的3位监事依法行使监事会职权，于2011年12月6日召开监事会，就召开股东会事宜形成了决议。根据中机某公司章程第14条第3款"董事会不能履行或者不履行召集股东会会议职责的，由监事会召集和主持"以及《公司法》关于"监事会、不设监事会的公司的监事行使下列职权：……（四）提议召开临时股东会会议，在董事会不履行本法规定的召集和主持股东会会议职责时召集和主持股东会会议"的规定，中机某公司监事会有权依法召集和主持案涉临时股东会会议。	（三）监督证券交易所理事或者董事、高级管理人员执行职务行为； 　　（四）监督证券交易所遵守法律、行政法规、部门规章和证券交易所章程、协议、业务规则以及风险预防与控制的情况； 　　（五）当理事或者董事、高级管理人员的行为损害证券交易所利益时，要求理事或者董事、高级管理人员予以纠正； 　　（六）提议召开临时会员大会或者股东会会议； 　　（七）提议会员制证券交易所召开临时理事会； 　　（八）向会员大会或者股东会会议提出提案； 　　（九）会员大会或者股东会授予和证券交易所章程规定的其他职权。

修订后《公司法》及解读等	修订前《公司法》及关联规定
第一百三十二条　【监事会会议】 监事会每六个月至少召开一次会议。监事可以提议召开临时监事会会议。 　　监事会的议事方式和表决程序，除本法有规定的外，由公司章程规定。 　　监事会决议应当经<u>全体监事的过半数</u>通过。 　　**监事会决议的表决，应当一人一票。** 　　监事会应当对所议事项的决定作成会议记录，出席会议的监事应当在会议记录上签名。 　　**解读：** 本条是关于股份有限公司监事会会议的规定。同股东会、董事会类似，监事会会议也分例行监事会会议（也称定期会议）、临时监事会会议两种。定期会议，一般由公司章程具体规定。本条对定期会议规定每6个月至少召开一次，如此规定便于监事会能及时对公司业务执行情况进行较好监督。临时监事会会议，由监事提议召开，本条并没有对提议召开临时监事会会议的监事人数进行限制，意味着单个监事也可提议召开临时监事会会议。一般在公司经营活动中遇到重大事件时，监事可提议召开临时监事会会议。监事会主要负责监督，并不直接决定公司的经营事务。这一特点也决定了对其议事方式和表决程序，无须像股东会和董事会那样由法律作出严格规定。为此，本条规定监事会的	《公司法》（2018年修正） 　　**第119条**　监事会每六个月至少召开一次会议。监事可以提议召开临时监事会会议。 　　监事会的议事方式和表决程序，除本法有规定的外，由公司章程规定。 　　监事会决议应当经<u>半数以上监事</u>通过。 　　监事会应当对所议事项的决定作成会议记录，出席会议的监事应当在会议记录上签名。 《证券交易所管理办法》 　　**第32条**　会员制证券交易所的监事会至少每六个月召开一次会议。监事长、三分之一以上监事可以提议召开临时监事会会议。监事会决议应当经半数以上监事通过。 　　公司制证券交易所监事会会议的召开和议事规则应当符合《公司法》及证券交易所章程的规定。 　　监事会决议应当在会议结束后两个工作日内向中国证监会报告。

修订后《公司法》及解读等	修订前《公司法》及关联规定
议事方式和表决程序，除本法有规定的外，由公司章程规定。当然，为保证监事会决议的科学性、公正性，符合集体决议的一般规则，本条第3款规定监事会决议应当经全体监事的过半数通过。需注意，本条规定的"过半数"与原规定的"半数以上"并不一样，过半数并不包括半数这一本数在内，而半数以上则包括半数在内。因监事会认可表决数可为偶数，过半数更科学。且本条另明确了"全体"这一限定。此外，本条第4款属于增加的监事会决议表决方式即一人一票的规定。另，由于会议记录是载明监事会会议对所议事项作出决定的书面文件，故监事会应对监事会会议作好记录，包括会议时间、地点、主要内容、议定事项、具体表决情况及会议形成的决定情况等。当然，会议记录上应有出席会议的全体监事签名，以对会议记录的真实性负责，并确定会议记录的证明效力。	
第一百三十三条 【不设监事会】规模较小或者股东人数较少的股份有限公司，可以不设监事会，设一名监事，行使本法规定的监事会的职权。 **解读**：本条是关于股份有限公司不设监事会的规定，属新增规定。需注意，原《公司法》仅规定了有限责任公司可以不设监事会，并未明确股份有限公司可以不设监事会。本次修订适应股份有限公司越发多元且一人股份有限公司出现的情	《民法典》 第82条 营利法人设监事会或者监事等监督机构的，监督机构依法行使检查法人财务，监督执行机构成员、高级管理人员执行法人职务的行为，以及法人章程规定的其他职权。

修订后《公司法》及解读等	修订前《公司法》及关联规定
况,明确规定了规模较小或股东人数较少的股份有限公司可以不设监事会而设一名监事,行使《公司法》规定的监事会职权。允许此类股份有限公司选择单层制治理模式,即只设董事会而不设监事会,不仅可以确保此类股份有限公司的监督职能不会缺失甚至有助于职能的更好发挥,而且有利于节省人、财、物资源与成本控制。	
第五节 上市公司组织机构的特别规定	
第一百三十四条 【上市公司定义】本法所称上市公司,是指其股票在证券交易所上市交易的股份有限公司。 **解读:**本条是关于上市公司定义的规定。上市公司是股份有限公司的一种,需满足以下两个特征:一是须已向社会发行股票。对以募集设立方式成立的股份有限公司,可依照《证券法》等法律规定的条件,申请其股票在证券交易所内进行交易成为上市公司;对以发起设立方式成立的股份有限公司,公司在成立后经批准向社会公开发行股份后又达到上市条件的,也可依法申请成为上市公司。二是股票须在证券交易所公开竞价交易。证券交易所是国家批准设立的专为证券交易提供公开竞价交易场所的事业单位法人。在我国目前有深圳、上海、北京三家证券交易所。股份有限公司申请股票上市交易,应向证券交易所报	《公司法》(2018年修正) 第120条 本法所称上市公司,是指其股票在证券交易所上市交易的股份有限公司。 《证券法》 第11条 设立股份有限公司公开发行股票,应当符合《中华人民共和国公司法》规定的条件和经国务院批准的国务院证券监督管理机构规定的其他条件,向国务院证券监督管理机构报送募股申请和下列文件: (一)公司章程; (二)发起人协议; (三)发起人姓名或者名称,发起人认购的股份数、出资种类及验资证明; (四)招股说明书;

修订后《公司法》及解读等	修订前《公司法》及关联规定
送有关文件。证券交易所依照《公司法》《证券法》等法律法规以及相关业务规则决定是否接受其股票上市交易。 **案例参考：IPO 申请文件财务数据存在重大虚假记载，剔除虚假记载内容后的财务指标符合法律对发行新股的财务指标要求，能否认定发行人符合发行条件？[丹东某电气公司、中国证券监督管理委员会金融行政管理（金融）案]**① 证券发行必须遵循公开、公平、公正的原则，禁止欺诈行为。公司治理、规范运作、信息披露等都是公开发行股票不可缺少的法定条件。发行人公开发行新股的条件，不仅包括财务条件，也包括非财务条件。根据《证券法》相关规定，公开发行证券的发行人需要满足法人治理结构、财务状况、营利能力、诚信守法记录等一系列法定条件，而绝不仅指公司财务指标的条件。如上所述，存在财务虚假记载，一方面，违反了证券发行公开、公平、公正原则；另一方面，也损害了投资者的利益。公司在申请公开发行证券时对财务数据不得有虚假记载，既是财务会计文件编制的要求，也是公司诚实守信、合法经营的基本，更是公司治理结构合规性和有效性的体现。IPO 申请文件中的财务数据存在重大	（五）代收股款银行的名称及地址； （六）承销机构名称及有关的协议。 依照本法规定聘请保荐人的，还应当报送保荐人出具的发行保荐书。 法律、行政法规规定设立公司必须报经批准的，还应当提交相应的批准文件。 **第 46 条第 1 款**　申请证券上市交易，应当向证券交易所提出申请，由证券交易所依法审核同意，并由双方签订上市协议。 **第 47 条**　申请证券上市交易，应当符合证券交易所上市规则规定的上市条件。 证券交易所上市规则规定的上市条件，应当对发行人的经营年限、财务状况、最低公开发行比例和公司治理、诚信记录等提出要求。

---

① 案号：最高人民法院（2018）最高法行申 4640 号裁定书，载中国裁判文书网，最后访问时间：2023 年 12 月 16 日。

修订后《公司法》及解读等	修订前《公司法》及关联规定
虚假记载，不符合相关发行条件，即使发行人剔除虚假记载内容后的财务指标符合法律对发行新股的财务指标要求，也不能认为发行人实质上就符合发行条件。退一步而言，该案中，丹东某电气公司为了达到发行上市目的，以弄虚作假的手段虚构收回应收账款，即使存在剔除造假数据或者回溯调整财务数据，符合公开发行新股的基本财务条件，其故意虚假记载财务数据的行为，也已经严重损害了投资者的合法利益，影响了职能部门在行政审核中对公司价值的判断，构成《证券法》规定的发行人不符合发行条件，以欺骗手段骗取发行核准的行为，应予处罚。	
第一百三十五条　【特别事项通过】上市公司在一年内购买、出售重大资产或者向他人提供担保的金额超过公司资产总额百分之三十的，应当由股东会作出决议，并经出席会议的股东所持表决权的三分之二以上通过。 **解读：**本条是关于上市公司特别事项通过的规定。上市公司作为影响较大的股份有限公司，其在一定期限内购买、出售重大资产或者向他人提供担保的金额超过公司资产总额一定比例时，对公司的生存和发展产生重大的影响，这不仅涉及公司重大利益，也涉及广大投资者、股东、相关债权人的利益以及社会公众利益，故此时应由股东会作出决议，	《公司法》（2018年修正） 第121条　上市公司在一年内购买、出售重大资产或者担保金额超过公司资产总额百分之三十的，应当由股东大会作出决议，并经出席会议的股东所持表决权的三分之二以上通过。 《证券法》 第80条　发生可能对上市公司、股票在国务院批准的其他全国性证券交易场所交易的公司的股票交易价格产生较大影响的重大事件，投资者尚未得知时，公司应当立即将有

修订后《公司法》及解读等	修订前《公司法》及关联规定
且需经出席会议的股东所持表决权的2/3以上通过。本条规定主要是为防止上市公司由关联关系人控制进行关联交易，损害投资者合法权益。需注意，本条规定的"超过公司资产总额百分之三十"是对前述三种情形的要求，并非仅是对向他人提供担保的要求。且公司资产总额指的是公司总资产，而非公司净资产，购买、出售重大资产金额也应指资产总额而不是净额。关于上市公司对外担保，《全国法院民商事审判工作会议纪要》等专门就此作出具体规定。 **案例参考：上市公司为其控制的公司提供担保是否须经股东会决议？（安徽华某公司与焦作某公司企业借贷纠纷案）**① 该案中，主债务人华某公司和保证人安徽华某公司、上海华某公司之间系关联公司，三个公司的法定代表人均为另一保证人李某。安徽华某公司在上诉理由中亦自述：华某装备公司对于安徽华某公司而言，属于"实际控制人的关联方"。而华某公司与各关联公司之间，长期存在为彼此的经营活动向债权人提供担保的商业行为。因此，该案安徽华某公司为华某装备公司提供担保，属于"公司为其直接或者间接控制的公司开展经营活动向债权人提供担保"的情形。根据《全国法院民商事审判工作会议纪要》	关该重大事件的情况向国务院证券监督管理机构和证券交易场所报送临时报告，并予公告，说明事件的起因、目前的状态和可能产生的法律后果。 前款所称重大事件包括： （一）公司的经营方针和经营范围的重大变化； （二）公司的重大投资行为，公司在一年内购买、出售重大资产超过公司资产总额百分之三十，或者公司营业用主要资产的抵押、质押、出售或者报废一次超过该资产的百分之三十； （三）公司订立重要合同、提供重大担保或者从事关联交易，可能对公司的资产、负债、权益和经营成果产生重要影响； （四）公司发生重大债务和未能清偿到期重大债务的违约情况； （五）公司发生重大亏损或者重大损失； （六）公司生产经营的外部条件发生的重大变化； （七）公司的董事、三分

---

① 案号：最高人民法院（2019）最高法民终1529号判决书，载中国裁判文书网，最后访问时间：2023年12月15日。

修订后《公司法》及解读等	修订前《公司法》及关联规定
第19条的内容，此时公司担保无须经过股东大会决议，即便债权人知道或者应当知道没有公司股东大会决议，也应当认定担保合同符合公司的真实意思表示，合法有效。故安徽华某公司的该项上诉理由不能成立。	之一以上监事或者经理发生变动，董事长或者经理无法履行职责； （八）持有公司百分之五以上股份的股东或者实际控制人持有股份或者控制公司的情况发生较大变化，公司的实际控制人及其控制的其他企业从事与公司相同或者相似业务的情况发生较大变化； （九）公司分配股利、增资的计划，公司股权结构的重要变化，公司减资、合并、分立、解散及申请破产的决定，或者依法进入破产程序、被责令关闭； （十）涉及公司的重大诉讼、仲裁，股东大会、董事会决议被依法撤销或者宣告无效； （十一）公司涉嫌犯罪被依法立案调查，公司的控股股东、实际控制人、董事、监事、高级管理人员涉嫌犯罪被依法采取强制措施； （十二）国务院证券监督管理机构规定的其他事项。 公司的控股股东或者实际控制人对重大事件的发生、进展产生较大影响的，应当及时

修订后《公司法》及解读等	修订前《公司法》及关联规定
	将其知悉的有关情况书面告知公司，并配合公司履行信息披露义务。 **《民法典担保制度解释》** **第9条** 相对人根据上市公司公开披露的关于担保事项已经董事会或者股东大会决议通过的信息，与上市公司订立担保合同，相对人主张担保合同对上市公司发生效力，并由上市公司承担担保责任的，人民法院应予支持。 相对人未根据上市公司公开披露的关于担保事项已经董事会或者股东大会决议通过的信息，与上市公司订立担保合同，上市公司主张担保合同对其不发生效力，且不承担担保责任或者赔偿责任的，人民法院应予支持。 相对人与上市公司已公开披露的控股子公司订立的担保合同，或者相对人与股票在国务院批准的其他全国性证券交易场所交易的公司订立的担保合同，适用前两款规定。 **《全国法院民商事审判工作会议纪要》** 19.【无须机关决议的例外情况】存在下列情形的，即

修订后《公司法》及解读等	修订前《公司法》及关联规定
	便债权人知道或者应当知道没有公司机关决议,也应当认定担保合同符合公司的真实意思表示,合同有效: (1) 公司是以为他人提供担保为主营业务的担保公司,或者是开展保函业务的银行或者非银行金融机构; (2) 公司为其直接或者间接控制的公司开展经营活动向债权人提供担保; (3) 公司与主债务人之间存在相互担保等商业合作关系; (4) 担保合同系由单独或者共同持有公司三分之二以上有表决权的股东签字同意。 22.【上市公司为他人提供担保】债权人根据上市公司公开披露的关于担保事项已经董事会或者股东大会决议通过的信息订立的担保合同,人民法院应当认定有效。 《中国证券监督管理委员会、中国银行业监督管理委员会关于规范上市公司对外担保行为的通知》[①]

[①] 该文件已失效,仅供读者研究参考。

修订后《公司法》及解读等	修订前《公司法》及关联规定
	一、规范上市公司对外担保行为，严格控制上市公司对外担保风险 （一）上市公司对外担保必须经董事会或股东大会审议。 （二）上市公司的《公司章程》应当明确股东大会、董事会审批对外担保的权限及违反审批权限、审议程序的责任追究制度。 （三）应由股东大会审批的对外担保，必须经董事会审议通过后，方可提交股东大会审批。须经股东大会审批的对外担保，包括但不限于下列情形： 1. 上市公司及其控股子公司的对外担保总额，超过最近一期经审计净资产50%以后提供的任何担保； 2. 为资产负债率超过70%的担保对象提供的担保； 3. 单笔担保额超过最近一期经审计净资产10%的担保； 4. 对股东、实际控制人及其关联方提供的担保。 股东大会在审议为股东、实际控制人及其关联方提供的担保议案时，该股东或受该实

修订后《公司法》及解读等	修订前《公司法》及关联规定
	际控制人支配的股东,不得参与该项表决,该项表决由出席股东大会的其他股东所持表决权的半数以上通过。 (四)应由董事会审批的对外担保,必须经出席董事会的2/3以上董事审议同意并做出决议。 (五)上市公司董事会或股东大会审议批准的对外担保,必须在中国证监会指定信息披露报刊上及时披露,披露的内容包括董事会或股东大会决议、截止信息披露日上市公司及其控股子公司对外担保总额、上市公司对控股子公司提供担保的总额。 (六)上市公司在办理贷款担保业务时,应向银行业金融机构提交《公司章程》、有关该担保事项董事会决议或股东大会决议原件、刊登该担保事项信息的指定报刊等材料。 (七)上市公司控股子公司的对外担保,比照上述规定执行。上市公司控股子公司应在其董事会或股东大会做出决议后及时通知上市公司履行有关信息披露义务。

修订后《公司法》及解读等	修订前《公司法》及关联规定
	《上市公司章程指引》 第42条 公司下列对外担保行为，须经股东大会审议通过。 （一）本公司及本公司控股子公司的对外担保总额，超过最近一期经审计净资产的百分之五十以后提供的任何担保； （二）公司的对外担保总额，超过最近一期经审计总资产的百分之三十以后提供的任何担保； （三）公司在一年内担保金额超过公司最近一期经审计总资产百分之三十的担保； （四）为资产负债率超过百分之七十的担保对象提供的担保； （五）单笔担保额超过最近一期经审计净资产百分之十的担保； （六）对股东、实际控制人及其关联方提供的担保。 公司应当在章程中规定股东大会、董事会审批对外担保的权限和违反审批权限、审议程序的责任追究制度。

修订后《公司法》及解读等	修订前《公司法》及关联规定
第一百三十六条 【独立董事与上市公司章程特别事项】 上市公司设独立董事，具体管理办法由国务院证券监督管理机构规定。 上市公司的公司章程除载明本法第九十五条规定的事项外，还应当依照法律、行政法规的规定载明董事会专门委员会的组成、职权以及董事、监事、高级管理人员薪酬考核机制等事项。 **解读：** 本条是关于上市公司独立董事与上市公司章程特别事项的规定。独立董事作为独立的外部人，一般能站在公正的立场上为公司服务，以制衡公司大股东以及内部人员对公司的不当控制。大股东以及公司实际控制者基于信息优势，以其拥有的公司重大决策的操纵权，易滋生不当的关联交易。由于独立董事被赋予中小股东及其他利益相关者利益的捍卫者的角色，独立董事制度应运而生。而作为更具公众性的股份有限公司，更应设独立董事。需注意，独立董事首先应是董事。因此，独立董事享有普通董事的一切职权，但其又与普通董事相区别，故享有一些特殊的职权，即董事会内部的监督职能，主要体现在：1.对公司关联交易、聘用或解聘会计师事务所等重大事项审核并发表独立意见。2.就上市公司董事、高级管理人员的提名、任免、薪酬、考核事项及其认为可能损害中小股东权益的事项发表独立意见。	《公司法》（2018年修正） **第122条** 上市公司设独立董事，具体办法由国务院规定。 **《最高人民法院关于审理证券市场虚假陈述侵权民事赔偿案件的若干规定》** **第16条** 独立董事能够证明下列情形之一的，人民法院应当认定其没有过错： （一）在签署相关信息披露文件之前，对不属于自身专业领域的相关具体问题，借助会计、法律等专门职业的帮助仍然未能发现问题的； （二）在揭露日或更正日之前，发现虚假陈述后及时向发行人提出异议并监督整改或者向证券交易场所、监管部门书面报告的； （三）在独立意见中对虚假陈述事项发表保留意见、反对意见或者无法表示意见并说明具体理由的，但在审议、审核相关文件时投赞成票的除外； （四）因发行人拒绝、阻碍其履行职责，导致无法对相关信息披露文件是否存在虚假陈述作出判断，并及时向证券交易场所、监管部门书面报告的；

修订后《公司法》及解读等	修订前《公司法》及关联规定
《上市公司独立董事管理办法》就上市公司独立董事的基本原则、独立性要求、任职条件、提名选举更换程序、职权及履职保障等作了详细规定。《关于上市公司独立董事制度改革的意见》就独立董事制度改革的主要任务提出了明确要求，值得关注。此外，《最高人民法院关于审理证券市场虚假陈述侵权民事赔偿案件的若干规定》第16条还对独立董事相关免责情形作了规定。本条第2款为上市公司章程，除本法第95条外，还应载明的特别事项，包括董事会专门委员会组成、职权以及董事、监事、高级管理人员薪酬考核机制等事项。该规定有助于增加上市公司作为公众公司应具有的相关透明度，切实保障中小股东利益。 案例参考：如何判断上市公司独立董事是否尽到勤勉尽责义务？[范某与中国证券监督管理委员会金融行政管理（金融）案]① 独立董事基于其法律地位，不但具有《公司法》等赋予董事的一般职权，还具有特别职权，应当对公司重大事项勤勉尽责履职。在上市公司信息披露方面，根据《证券法》相关规定，上市公司董事、监事、高级管理人员应当对公司定期报告签署书面确认意见，应当保证上市公司所披露的信息真实、准确、完整。	（五）能够证明勤勉尽责的其他情形。 独立董事提交证据证明其在履职期间能够按照法律、监管部门制定的规章和规范性文件以及公司章程的要求履行职责的，或者在虚假陈述被揭露后及时督促发行人整改且效果较为明显的，人民法院可以结合案件事实综合判断其过错情况。 外部监事和职工监事，参照适用前两款规定。 《上市公司独立董事管理办法》 正文略。 《上市公司章程指引》 第47条　独立董事有权向董事会提议召开临时股东大会。对独立董事要求召开临时股东大会的提议，董事会应当根据法律、行政法规和本章程的规定，在收到提议后十日内提出同意或不同意召开临时股东大会的书面反馈意见。董事会同意召开临时股东大会的，将在作出董事会决议后的五日内发出召开股东大会的通知；董事会不同意召开临时股东大会的，将说明理由并公告。

---

① 案号：最高人民法院（2019）最高法行申329号裁定书，载中国裁判文书网，最后访问时间：2023年12月17日。

修订后《公司法》及解读等	修订前《公司法》及关联规定
故上市公司的董事、监事和高级管理人员对上市公司信息披露的真实性、准确性、完整性应当承担较其他人员更严格的法定保证责任，上述人员主张不应承担责任，应当提供充分证据证明其对信息披露行为已尽忠实、勤勉义务。该案中，涉案股权交易份额占到某股份公司股份总股本的14.88%，属《证券法》规定的可能对上市公司股票交易价格产生较大影响的重大事件，范某作为某股份公司的独立董事应对该交易事项保持较高的注意义务，并切实履行该义务。一方面，有其签名的某股份公司2014年度报告，范某虽主张无从得知该股权转让系股份代持，但应提交证据证明其审议签署该年度报告时已尽勤勉职责，现其并无有效证据予以佐证，故不能真实反映当时的会议情形，不足以证明范某对该重大事件履行了勤勉尽责之义务。另一方面，其在审议2015年中期报告时未对股份代持事项是否应予披露作出独立判断，对该中期报告并未提出有效异议及质询，即签署书面确认意见。范某所主张的已向公司个别人员询问等行为均不足以达到对涉案信息披露事项已尽勤勉尽责义务的标准。故政府相关部门认定范某未尽到独立董事之勤勉尽责义务，属某股份公司信息披露违法行为的其他直接责任人员，其应对涉案信息披露不实的违法行为承担法律责任，作出被诉处罚决定并无不当。	**第56条** …… 注释：1. 股东大会通知和补充通知中应当充分、完整披露所有提案的全部具体内容。拟讨论的事项需要独立董事发表意见的，发布股东大会通知或补充通知时将同时披露独立董事的意见及理由。 …… **第70条** 在年度股东大会上，董事会、监事会应当就其过去一年的工作向股东大会作出报告。每名独立董事也应作出述职报告。 **第79条第5款** 公司董事会、独立董事、持有百分之一以上有表决权股份的股东或者依照法律、行政法规或者中国证监会的规定设立的投资者保护机构可以公开征集股东投票权。征集股东投票权应当向被征集人充分披露具体投票意向等信息。禁止以有偿或者变相有偿的方式征集股东投票权。除法定条件外，公司不得对征集投票权提出最低持股比例限制。 **第104条** 独立董事应按照法律、行政法规、中国证监会和证券交易所的有关规定执行。

修订后《公司法》及解读等	修订前《公司法》及关联规定
	第107条第2款 公司董事会设立【审计委员会】,并根据需要设立【战略】、【提名】、【薪酬与考核】等相关专门委员会。专门委员会对董事会负责,依照本章程和董事会授权履行职责,提案应当提交董事会审议决定。专门委员会成员全部由董事组成,其中【审计委员会】、【提名委员会】、【薪酬与考核委员会】中独立董事占多数并担任召集人,【审计委员会】的召集人为会计专业人士。董事会负责制定专门委员会工作规程,规范专门委员会的运作。 **第153条第7款** 公司应当在公司章程中明确现金分红相对于股票股利在利润分配方式中的优先顺序,并载明以下内容: (一)公司董事会、股东大会对利润分配尤其是现金分红事项的决策程序和机制,对既定利润分配政策尤其是现金分红政策作出调整的具体条件、决策程序和机制,以及为充分听取独立董事和中小股东意见所采取的措施。 (二)公司的利润分配政策尤其是现金分红政策的具体内容,利润分配的形式,利润分配

修订后《公司法》及解读等	修订前《公司法》及关联规定
	尤其是现金分红的期间间隔，现金分红的具体条件，发放股票股利的条件，各期现金分红最低金额或比例（如有）等。
第一百三十七条 【审计委员会】 上市公司在董事会中设置审计委员会的，董事会对下列事项作出决议前应当经审计委员会全体成员过半数通过： （一）聘用、解聘承办公司审计业务的会计师事务所； （二）聘任、解聘财务负责人； （三）披露财务会计报告； （四）国务院证券监督管理机构规定的其他事项。 **解读：**本条是关于上市公司审计委员会及职权的规定，属新增条款。该条就上市公司董事会审计委员会的前置批准事项作了列举性规定，并明确对规定的四种情形需审计委员会全体成员（非参会成员）过半数（非半数以上，即不包括半数在内）通过。遵循进一步强化和明确审计委员会的职权的要求，审计委员会的财务监督职权系属于法定职权，而其他职权则有赖于章程授予。此外，审计委员会的职权不限于狭义的审计，还包括财务、会计监督等相关职权。《上市公司治理准则》第39条亦对审计委员会的主要职责进行了规范。	《上市公司治理准则》 第38条 上市公司董事会应当设立审计委员会，并可以根据需要设立战略、提名、薪酬与考核等相关专门委员会。专门委员会对董事会负责，依照公司章程和董事会授权履行职责，专门委员会的提案应当提交董事会审议决定。 专门委员会成员全部由董事组成，其中审计委员会、提名委员会、薪酬与考核委员会中独立董事应当占多数并担任召集人，审计委员会的召集人应当为会计专业人士。 第39条 审计委员会的主要职责包括： （一）监督及评估外部审计工作，提议聘请或者更换外部审计机构； （二）监督及评估内部审计工作，负责内部审计与外部审计的协调； （三）审核公司的财务信息及其披露；

修订后《公司法》及解读等	修订前《公司法》及关联规定
	（四）监督及评估公司的内部控制； （五）负责法律法规、公司章程和董事会授权的其他事项。 《上市公司独立董事管理办法》 第26条 上市公司董事会审计委员会负责审核公司财务信息及其披露、监督及评估内外部审计工作和内部控制，下列事项应当经审计委员会全体成员过半数同意后，提交董事会审议： （一）披露财务会计报告及定期报告中的财务信息、内部控制评价报告； （二）聘用或者解聘承办上市公司审计业务的会计师事务所； （三）聘任或者解聘上市公司财务负责人； （四）因会计准则变更以外的原因作出会计政策、会计估计变更或者重大会计差错更正； （五）法律、行政法规、中国证监会规定和公司章程规定的其他事项。 审计委员会每季度至少召

修订后《公司法》及解读等	修订前《公司法》及关联规定
	开一次会议，两名及以上成员提议，或者召集人认为有必要时，可以召开临时会议。审计委员会会议须有三分之二以上成员出席方可举行。
第一百三十八条　【董秘】上市公司设董事会秘书，负责公司**股东会和董事会会议的筹备、文件保管以及公司股东资料的管理**，办理信息披露事务等事宜。 **解读**：本条是关于上市公司董事会秘书的规定。董事会秘书，指掌管董事会文书并协助董事会成员处理日常事务的人员。董事会秘书是上市公司固有的职务，它本质上是一个职务而非人员。需注意，董事会秘书只是董事会设置的服务席位，既不能代表董事会，也不能代表董事长。根据规定，董事会秘书的主要职责包括以下三个：一是为股东会和董事会会议做好筹备及文件保管。二是对股东资料进行管理，并保管上市公司股东名册资料。三是办理信息披露相关事务等。除了上述内容外，关于上市公司董事会秘书的其他具体事项，《上市公司独立董事管理办法》作了进一步规定。 **案例参考**：公司对董事会秘书在业绩活动会上的不实言论应否承担责任？（上海某公司与某医疗公司商业诋毁纠纷案）①	《公司法》（2018 年修正） **第 123 条**　上市公司设董事会秘书，负责公司**股东大会**和董事会会议的筹备、文件保管以及公司股东资料的管理，办理信息披露事务等事宜。 《上市公司章程指引》 **第 11 条**　本章程所称其他高级管理人员是指公司的副经理、董事会秘书、财务负责人。 …… **第 51 条**　对于监事会或股东自行召集的股东大会，董事和董事会秘书将予配合。董事会将提供股权登记日的股东名册。 **第 67 条**　股东大会召开时，本公司全体董事、监事和董事会秘书应当出席会议，经理和其他高级管理人员应当列席会议。 **第 73 条第 1 款**　股东大会应有会议记录，由董事会秘书负责。

---

① 案号：最高人民法院（2018）最高法民申 2647 号裁定书，载中国裁判文书网，最后访问时间：2023 年 12 月 15 日。

修订后《公司法》及解读等	修订前《公司法》及关联规定
在某医疗公司的董事会秘书林某于2014年5月8日通过"投资者关系互动平台"回答网络用户如何看待某凯尔公司中标一事时，称"完全杜绝仿冒是很难的，但对于已经出现的仿冒产品，公司绝不会坐视不理"，虽然其发言中并未提到某凯尔公司的名称，但该段发言至少包含了某凯尔公司的产品为仿冒产品之意。某医疗公司在该案中未提交足以证明某凯尔公司存在仿冒行为的证据，林某称某凯尔公司的产品为仿冒产品缺乏事实依据。林某作为某医疗公司的高级管理人员，在业绩说明会活动上于网络用户提问23分钟后即发表上述未经核实的言论，未尽到谨慎注意义务。鉴于林某发表上述言论属于其履行职务行为，故某医疗公司应对林某的上述商业评价承担法律责任。某医疗公司在互联网上公开发表对某凯尔公司进行否定且不符合事实的商业评价，贬损了某凯尔公司的商业信誉，属于捏造、散布虚假事实，二审法院认定某医疗公司的上述行为构成商业诋毁，并无不当。	**第74条**　召集人应当保证会议记录内容真实、准确和完整。出席会议的董事、监事、董事会秘书、召集人或其代表、会议主持人应当在会议记录上签名。会议记录应当与现场出席股东的签名册及代理出席的委托书、网络及其他方式表决情况的有效资料一并保存，保存期限不少于十年。 　　**第124条**　公司设经理一名，由董事会聘任或解聘。 　　公司设副经理【人数】名，由董事会聘任或解聘。 　　公司经理、副经理、财务负责人、董事会秘书和【职务】为公司高级管理人员。 　　…… 　　**第133条**　公司设董事会秘书，负责公司股东大会和董事会会议的筹备、文件保管以及公司股东资料管理，办理信息披露事务等事宜。 　　董事会秘书应遵守法律、行政法规、部门规章及本章程的有关规定。

修订后《公司法》及解读等	修订前《公司法》及关联规定
第一百三十九条 【表决权排除】上市公司董事与董事会会议决议事项所涉及的企业**或者个人**有关联关系的，**该董事应当及时向董事会书面报告**。有关联关系的董事不得对该项决议行使表决权，也不得代理其他董事行使表决权。该董事会会议由过半数的无关联关系董事出席即可举行，董事会会议所作决议须经无关联关系董事过半数通过。出席董事会会议的无关联关系董事人数不足三人的，应当将该事项提交上市公司**股东会**审议。 **解读：**本条是关于上市公司董事会表决权排除制度的规定。相较原规定，本条针对的关联关系增加了涉及个人的情形，且明确了存在关联关系的董事应及时书面报告董事会的要求，即本条规定的"上市公司董事与董事会会议决议事项所涉及的企业或者个人有关联关系的，该董事应当及时向董事会书面报告。有关联关系的董事不得对该项决议行使表决权，也不得代理其他董事行使表决权"。《公司法》对关联关系专门以法律术语的形式进行了界定，即"公司控股股东、实际控制人、董事、监事、高级管理人员与其直接或者间接控制的企业之间的关系，以及可能导致公司利益转移的其他关系。但是，国家控股的企业之间不仅因为同受国家控股而具有关联关系"。如前所述，本条在企业之外，增加了与个人存在关联关系的情形。对上市	《公司法》（2018年修正） 　　第124条　上市公司董事与董事会会议决议事项所涉及的企业有关联关系的，不得对该项决议行使表决权，也不得代理其他董事行使表决权。该董事会会议由过半数的无关联关系董事出席即可举行，董事会会议所作决议须经无关联关系董事过半数通过。出席董事会的无关联关系董事人数不足三人的，应将该事项提交上市公司股东大会审议。 《上市公司章程指引》 　　第80条　股东大会审议有关关联交易事项时，关联股东不应当参与投票表决，其所代表的有表决权的股份数不计入有效表决总数；股东大会决议的公告应当充分披露非关联股东的表决情况。 　　注释：公司应当根据具体情况，在章程中制订有关关联关系股东的回避和表决程序。 　　第119条　董事与董事会会议决议事项所涉及的企业有关联关系的，不得对该项决议行使表决权，也不得代理其他董事行使表决权。该董事会会议由过半数的无关联关系董事

修订后《公司法》及解读等	修订前《公司法》及关联规定
公司尽到忠实、勤勉是董事的法定义务，当董事与董事会会议决议事项所涉及的企业或个人存在关联关系时，将产生利益冲突。为此，从维护公司整体利益的角度出发，有必要对该董事的表决权进行限制，其不得对该项决议行使，也不得代理其他董事行使表决权，即本条规定的表决权排除制度。由于表决权排除情形的存在，相应的董事会会议的举行也不应要求全部董事的过半数而只需要求无关联关系董事的过半数出席即可，董事会会议所作决议亦应由无关联关系董事过半数通过。当出席董事会会议的无关联关系董事人数不足3人时，基于董事会会议举行和决议一般采多数决方式进行，但此时董事会会议的表决已无法充分体现多数决的意义，故此种情况下，应将该事项提交上市公司股东会审议。此外需注意，为确保董事会对存在关联关系情形的董事信息及时知晓及事后责任的认定，避免关联交易给公司、股东带来不可避免的损害，本条增加了存在关联关系的董事应及时书面报告董事会的规定。所谓及时，应理解为涉及该事项的董事会会议召开前该董事的书面报告应交至董事长或此次董事会的召集人处。	出席即可举行，董事会会议所作决议须经无关联关系董事过半数通过。出席董事会的无关联董事人数不足三人的，应将该事项提交股东大会审议。

修订后《公司法》及解读等	修订前《公司法》及关联规定
第一百四十条 【信息披露】上市公司应当依法披露股东、实际控制人的信息，相关信息应当真实、准确、完整。 禁止违反法律、行政法规的规定代持上市公司股票。 **解读：**本条是关于上市公司信息披露的规定，属新增内容。资本市场是一个资金场、信息场，归根结底是一个法治市场。解决信息问题最直接的方法就是信息披露。信息披露制度，最早是证券法领域确立的一项基本法律制度。良好的信息披露制度，一是有利于保护投资者免受虚假和偏好性信息的欺骗和误导，二是有利于提高市场主体的运营效率和监管效率，提高商业市场的透明度，倒逼企业和企业主诚信经营，合法竞争，促进企业规范运作。此次《公司法》修订，吸收证券领域相关内容，明确上市公司披露信息应遵守真实、准确、完整的要求。真实性原则要求披露的信息必须以客观事实或有事实基础的客观判断为依据，能够如实反映客观情况，不得有虚假记载、误导和欺骗；准确性原则要求披露的信息必须简单明了，达到普通投资者的判断力能够准确理解和解释的程度；完整性原则要求所有可能影响投资者决策的信息均应得到充分披露，不得有任何隐瞒或者重大遗漏。由于上市公司在进行信息披露时存在天然的自利性，其通过选择性披露及在披露时使用	《证券法》 第78条 发行人及法律、行政法规和国务院证券监督管理机构规定的其他信息披露义务人，应当及时依法履行信息披露义务。 信息披露义务人披露的信息，应当真实、准确、完整，简明清晰，通俗易懂，不得有虚假记载、误导性陈述或者重大遗漏。 证券同时在境内境外公开发行、交易的，其信息披露义务人在境外披露的信息，应当在境内同时披露。 第79条 上市公司、公司债券上市交易的公司、股票在国务院批准的其他全国性证券交易场所交易的公司，应当按照国务院证券监督管理机构和证券交易场所规定的内容和格式编制定期报告，并按照以下规定报送和公告： （一）在每一会计年度结束之日起四个月内，报送并公告年度报告，其中的年度财务会计报告应当经符合本法规定的会计师事务所审计； （二）在每一会计年度的上半年结束之日起二个月内，

修订后《公司法》及解读等	修订前《公司法》及关联规定
模糊表述,从信息披露供给端影响上市公司信息披露有效性,从而维持自身的信息优势地位。尽管这种"自利性"无法通过优化制度得到完全消除,但通过提高上市公司信息披露规则体系的"标准化",能够达到压缩上市公司自利性披露操作空间的目的。此外,在全面注册制下,取消对上市公司的前置实质审核,主板将迎来更多经营状况参差不齐的上市公司,上市公司信息披露违规动机、手段也更将呈现出多样化、隐蔽化特点,而主板大量普通投资者风险承受能力较低、维权意识不足,由此对主板投资者权益保护机制提出了更高要求。	报送并公告中期报告。 **第80条** 发生可能对上市公司、股票在国务院批准的其他全国性证券交易场所交易的公司的股票交易价格产生较大影响的重大事件,投资者尚未得知时,公司应当立即将有关该重大事件的情况向国务院证券监督管理机构和证券交易场所报送临时报告,并予公告,说明事件的起因、目前的状态和可能产生的法律后果。 前款所称重大事件包括: (一)公司的经营方针和经营范围的重大变化; (二)公司的重大投资行为,公司在一年内购买、出售重大资产超过公司资产总额百分之三十,或者公司营业用主要资产的抵押、质押、出售或者报废一次超过该资产的百分之三十; (三)公司订立重要合同、提供重大担保或者从事关联交易,可能对公司的资产、负债、权益和经营成果产生重要影响; (四)公司发生重大债务和未能清偿到期重大债务的违约情况;

修订后《公司法》及解读等	修订前《公司法》及关联规定
	（五）公司发生重大亏损或者重大损失；
	（六）公司生产经营的外部条件发生的重大变化；
	（七）公司的董事、三分之一以上监事或者经理发生变动，董事长或者经理无法履行职责；
	（八）持有公司百分之五以上股份的股东或者实际控制人持有股份或者控制公司的情况发生较大变化，公司的实际控制人及其控制的其他企业从事与公司相同或者相似业务的情况发生较大变化；
	（九）公司分配股利、增资的计划，公司股权结构的重要变化，公司减资、合并、分立、解散及申请破产的决定，或者依法进入破产程序、被责令关闭；
	（十）涉及公司的重大诉讼、仲裁，股东大会、董事会决议被依法撤销或者宣告无效；
	（十一）公司涉嫌犯罪被依法立案调查，公司的控股股东、实际控制人、董事、监事、高级管理人员涉嫌犯罪被依法采取强制措施；

修订后《公司法》及解读等	修订前《公司法》及关联规定
	（十二）国务院证券监督管理机构规定的其他事项。 　　公司的控股股东或者实际控制人对重大事件的发生、进展产生较大影响的，应当及时将其知悉的有关情况书面告知公司，并配合公司履行信息披露义务。 　　**第81条**　发生可能对上市交易公司债券的交易价格产生较大影响的重大事件，投资者尚未得知时，公司应当立即将有关该重大事件的情况向国务院证券监督管理机构和证券交易场所报送临时报告，并予公告，说明事件的起因、目前的状态和可能产生的法律后果。 　　前款所称重大事件包括： 　　（一）公司股权结构或者生产经营状况发生重大变化； 　　（二）公司债券信用评级发生变化； 　　（三）公司重大资产抵押、质押、出售、转让、报废； 　　（四）公司发生未能清偿到期债务的情况； 　　（五）公司新增借款或者对外提供担保超过上年末净资产的百分之二十；

修订后《公司法》及解读等	修订前《公司法》及关联规定
	（六）公司放弃债权或者财产超过上年末净资产的百分之十；
（七）公司发生超过上年末净资产百分之十的重大损失；
（八）公司分配股利，作出减资、合并、分立、解散及申请破产的决定，或者依法进入破产程序、被责令关闭；
（九）涉及公司的重大诉讼、仲裁；
（十）公司涉嫌犯罪被依法立案调查，公司的控股股东、实际控制人、董事、监事、高级管理人员涉嫌犯罪被依法采取强制措施；
（十一）国务院证券监督管理机构规定的其他事项。
第82条 发行人的董事、高级管理人员应当对证券发行文件和定期报告签署书面确认意见。
发行人的监事会应当对董事会编制的证券发行文件和定期报告进行审核并提出书面审核意见。监事应当签署书面确认意见。
发行人的董事、监事和高级管理人员应当保证发行人及

修订后《公司法》及解读等	修订前《公司法》及关联规定
	时、公平地披露信息，所披露的信息真实、准确、完整。 董事、监事和高级管理人员无法保证证券发行文件和定期报告内容的真实性、准确性、完整性或者有异议的，应当在书面确认意见中发表意见并陈述理由，发行人应当披露。发行人不予披露的，董事、监事和高级管理人员可以直接申请披露。 **第83条** 信息披露义务人披露的信息应当同时向所有投资者披露，不得提前向任何单位和个人泄露。但是，法律、行政法规另有规定的除外。 任何单位和个人不得非法要求信息披露义务人提供依法需要披露但尚未披露的信息。任何单位和个人提前获知的前述信息，在依法披露前应当保密。 **第84条** 除依法需要披露的信息之外，信息披露义务人可以自愿披露与投资者作出价值判断和投资决策有关的信息，但不得与依法披露的信息相冲突，不得误导投资者。 发行人及其控股股东、实际控制人、董事、监事、高级

修订后《公司法》及解读等	修订前《公司法》及关联规定
	管理人员等作出公开承诺的，应当披露。不履行承诺给投资者造成损失的，应当依法承担赔偿责任。

第85条 信息披露义务人未按照规定披露信息，或者公告的证券发行文件、定期报告、临时报告及其他信息披露资料存在虚假记载、误导性陈述或者重大遗漏，致使投资者在证券交易中遭受损失的，信息披露义务人应当承担赔偿责任；发行人的控股股东、实际控制人、董事、监事、高级管理人员和其他直接责任人员以及保荐人、承销的证券公司及其直接责任人员，应当与发行人承担连带赔偿责任，但是能够证明自己没有过错的除外。

第86条 依法披露的信息，应当在证券交易场所的网站和符合国务院证券监督管理机构规定条件的媒体发布，同时将其置备于公司住所、证券交易场所，供社会公众查阅。

第87条 国务院证券监督管理机构对信息披露义务人的信息披露行为进行监督管理。 |

修订后《公司法》及解读等	修订前《公司法》及关联规定
	证券交易场所应当对其组织交易的证券的信息披露义务人的信息披露行为进行监督，督促其依法及时、准确地披露信息。 《上市公司信息披露管理办法》 　　第27条、第78条，正文略。
第一百四十一条　【交叉持股限制】上市公司控股子公司不得取得该上市公司的股份。 　　上市公司控股子公司因公司合并、质权行使等原因持有上市公司股份的，不得行使所持股份对应的表决权，并应当及时处分相关上市公司股份。 　　解读：本条是关于上市公司不得交叉持股的规定，同前条一样，该条亦为新增规定。交叉持股，是指两个或两个以上的公司之间为达到某种特定目的相互持有对方的股份，从而形成彼此互为投资者的一种经济现象或组织形式。该条系在吸收《证券公司设立子公司试行规定》和沪深交易所的上市规则的相关规定基础上而来。一般而言，交叉持股有助于公司抵御恶意收购，优势互补与协同发展，母子公司之间的交叉持股可以帮助企业提高资金使用率，用较少的资金获得较大的控制权，母公司利用子公司持有的其股份行使表决权，来巩固	《证券公司设立子公司试行规定》 　　第10条　子公司不得直接或者间接持有其控股股东、受同一证券公司控股的其他子公司的股权或股份，或者以其他方式向其控股股东、受同一证券公司控股的其他子公司投资。

修订后《公司法》及解读等	修订前《公司法》及关联规定
母公司管理层的控制地位。但交叉持股容易扭曲公司正常的估值，可能会引致资产虚增、股权结构不清晰、损害债权人利益等问题。为此，《公司法》本次修订将"上市公司控股子公司不得取得该上市公司的股份"上升到立法层面，明确禁止子公司取得母公司股份，且为防止母公司管理层利用子公司行使其所持母公司股份的表决权来巩固自己的控制地位，还禁止子公司行使其所持母公司股份的表决权。但需注意，本条并未限制在1年内消除交叉持股的情形，仅表述为"及时"，容易造成理解与适用上的模糊与混乱，需要立法者对"及时"的概念作出明确界定，因相关规定通常为1年，此处可供参考。	
第六章　股份有限公司的股份发行和转让	
第一节　股份发行	
第一百四十二条　【股份及其形式】 公司的资本划分为股份。公司的全部股份，根据公司章程的规定择一采用面额股或者无面额股。采用面额股的，每一股的金额相等。 公司可以根据公司章程的规定将已发行的面额股全部转换为无面额股或者将无面额股全部转换为面额股。 采用无面额股的，应当将发行股份所得股款的二分之一以上计入注册资本。	《公司法》(2018年修正) 第125条第1款　股份有限公司的资本划分为股份，每一股的金额相等。

修订后《公司法》及解读等	修订前《公司法》及关联规定
解读：本条是关于股份有限公司股份及形式的规定，是《公司法》修订中的一个重大亮点。《公司法》通过本条首次明确了允许股份有限公司发行无面额股，实质上意味着允许股票折价发行。原《公司法》虽确立了严格的面额制度，但并未对公司股份的面额股金额作出具体限制，只要求每一股金额相等。根据有无票面金额的记载，股票可分为面额股和无面额股。所谓面额，是指股票、债券等有价证券票面所载的金额。股份面额，即股份的票面价值，是股份公司在所发行的股份票面上标明的票面金额。为顺应国际上对于股票面额制度日渐式微的趋势，并进一步拓展企业融资渠道，解决部分上市公司实际操作问题的上位法依据问题，《公司法》修订引入了无面额股制度。关于无面额股制度，下述三个方面值得注意：一是对无面额股制度的引入是在保留面额制度的前提下进行的，并非完全废除面额制度。二是对面额股或无面额股只能"择一采用"，二者不可混用，即同一股份有限公司不可既有面额股又有无面额股。且公司将已发行的股份在面额股与无面额股之间转换时，需全部转换，不可部分转换。三是发行无面额股的，财务处理方面需作出一定限制，即"采用无面额股的，应当将发行股份所得股款的二分之一以上计入注册资本"。可以说，引入无面额股这一制	

修订后《公司法》及解读等	修订前《公司法》及关联规定
度上的创新值得肯定，但《公司法》此次修订也仅是对无面额股制度作出较为框架性、原则性的规定，实践中难免会遇到各种各样的具体问题，有待配套法规、解释等的进一步细化与探索。	
第一百四十三条 【股份发行原则】 股份的发行，实行公平、公正的原则，同类别的每一股份应当具有同等权利。 同次发行的同类别股份，每股的发行条件和价格应当相同；认购人所认购的股份，每股应当支付相同价额。 **解读：** 本条是关于股份发行原则的规定。股份发行，指股份有限公司为了筹集公司资本而出售与分配股份的法律行为。本条规定的股份发行原则包括公平原则、公正原则、同股同权原则。公平原则，指发行人、投资者、公司、服务机构的法律地位平等，合法权益受公平保护，不因为投资数额、交易量、居住地等的不同，存在差别待遇。换而言之，参与股份发行的当事人在相同条件下的法律地位平等，相同投资者有着相同的权利，相同发行人在法律上负有相同责任，相同投资者间不应存在不公平的待遇。公正原则，指在发行股份时要依法处理发行中的问题，应一视同仁。该原则一般是针对证券市场的管理者和执法者而言的，具体包括股份发行中须遵守统一制定的规则，当事人受到的法律保护也应相同，股份发行活动应当做到	《公司法》（2018年修正） 第126条 股份的发行，实行公平、公正的原则，同<u>种</u>类的每一股份应当具有同等权利。 同次发行的同<u>种类股票</u>，每股的发行条件和价格应当相同；<u>任何单位或者个人</u>所认购的股份，每股应当支付相同价额。 《证券法》 第3条 证券的发行、交易活动，必须遵循公开、公平、公正的原则。 《证券发行与承销管理办法》 第5—27条，正文略。

修订后《公司法》及解读等	修订前《公司法》及关联规定
客观公正，依法办事，维护社会正义，保证有关公正原则的各项规范得以实施。同股同权原则，是指相同股份在相同的条件下应具有平等性。该原则是公平原则的具体体现。同一个公司的相同股份，享有的权利是平等的，在股票上所体现的权利也应是平等的，按持有股份多少行使表决权、分配股利，而不应当出现相同股份有不同的权利和股利分配。此外需注意，对不同次发行股份的认购人来说，认购条件和价格则允许出现差别，如设立发行时的发行价格有别于配股时的认配价格，也有可能与新股发行价格不同。另，《公司法》规定的同股同权原则，需以同类别股份为前提。之所以再次提醒这一点，在于本次修订明确并细化了类别股制度，对此应予以特别关注。 **案例参考**：被执行人持有的配股是否应当与所拍卖股份一并转移？如拍卖，是否需另行确定拍卖参考价？（大余县某公司、孙某薇民间借贷纠纷案）① 根据《公司法》第126条、《证券法》第13条、《上市公司证券发行管理办法》②的相关规定，配股是上市公司根据公司发展需要，依照有关法律规定及相应程序，向原股东进一步发行新股、筹集资金的行为。上市公司原股东享有配股	

---

① 案号：江西省高级人民法院（2020）赣执复14号裁定书，载中国裁判文书网，最后访问时间：2023年12月17日。

② 该文件已失效。

修订后《公司法》及解读等	修订前《公司法》及关联规定
优先权,可自由选择是否参与配股。该案中,大余县某公司基于其持有的某银行167万股股份及其应分配的红利,根据某银行的决定无偿获得配股33.4万股,该配股属于某银行向原股东新发行的股份,取得时间早于该案大余县某公司持有的某银行167万股股份因拍卖成交所有权转移的时间,具有相对独立的财产价值和形态,亦即大余县某公司对该33.4万股配股的持有超出了本次拍卖标的物167万股股份的财产范围,原审异议裁定未将二者予以区分处理,认定事实错误。执行法院于2016年5月26日作出(2015)赣中执字第××号执行裁定,拍卖被执行人大余县某公司持有的某银行167万股股份,该裁定确定的拍卖标的物并未包括被执行人大余县某公司另行持有的配股33.4万股股份,亦未另行确定配股的拍卖参考价。167万股股份拍卖成交后,执行裁定将拍卖成交的标的物167万股股份与被执行人大余县某公司另行持有的33.4万股配股一并转移给买受人,认定事实错误,严重违反法定程序并侵害了被执行人大余县某公司的合法权益,应予以撤销和变更。	
第一百四十四条 【类别股发行】 公司可以按照公司章程的规定发行下列与普通股权利不同的类别股: (一)优先或者劣后分配利润或者剩余财产的股份;	《公司法》(2018年修正) 第131条 国务院可以对公司发行本法规定以外的其他种类的股份,另行作出规定。

修订后《公司法》及解读等	修订前《公司法》及关联规定
（二）每一股的表决权数多于或者少于普通股的股份； （三）转让须经公司同意等转让受限的股份； （四）国务院规定的其他类别股。 公开发行股份的公司不得发行前款第二项、第三项规定的类别股；公开发行前已发行的除外。 公司发行本条第一款第二项规定的类别股的，对于监事或者审计委员会成员的选举和更换，类别股与普通股每一股的表决权数相同。 **解读**：本条是新增的有关类别股的规定。"股东同质化"越发不能适应当前经营的多元化需求，相较原《公司法》授权国务院可以对《公司法》规定以外的其他种类的股份另行作出规定，修订后的《公司法》则直接通过本条对类别股作了较为明确的规定。类别股的确定将对我国公司治理提出更高要求。在《公司法》同股同权原则下，公司尤其是股份有限公司股东间持股目的的差异通常通过合同予以约定，如有关清算顺序下的优先清偿权、回购权等权利。但由于原《公司法》只就普通股作了规定，在实践中难免出现争议。而类别股的出现则有助于弥补这一缺陷，它使得股权包含的财产权、非财产权特别是投票权等能够不以捆绑的形式出现。最常见的两种类别股分别是在公司财产和投票权上	《优先股试点管理办法》 **第10条** 出现以下情况之一的，公司召开股东大会会议应通知优先股股东，并遵循《公司法》及公司章程通知普通股股东的规定程序。优先股股东有权出席股东大会会议，就以下事项与普通股股东分类表决，其所持每一优先股有一表决权，但公司持有的本公司优先股没有表决权： （一）修改公司章程中与优先股相关的内容； （二）一次或累计减少公司注册资本超过百分之十； （三）公司合并、分立、解散或变更公司形式； （四）发行优先股； （五）公司章程规定的其他情形。 上述事项的决议，除须经出席会议的普通股股东（含表决权恢复的优先股股东）所持表决权的三分之二以上通过之外，还须经出席会议的优先股股东（不含表决权恢复的优先股股东）所持表决权的三分之二以上通过。

修订后《公司法》及解读等	修订前《公司法》及关联规定
进行特殊安排的情形，如优先股与劣后股，超级表决权股与限制表决权股。本条第1款则明确股份有限公司可以按照公司章程发行优先劣后股、特殊表决权股、限制转让股这三种类别股，其他类别股则需按照国务院的有关规定发行。就限制转让股而言，《公司法》目前并未明确具体设定何种转让限制，后续有待司法解释或相关法律法规进一步明确。另需注意，按照本条第2款的规定，公开发行股份的公司不得发行上述三种类别股中的特殊表决权股和限制转让股，只能发行前款第1项规定的优先劣后股和第4项国务院规定的其他类别股。此外，本条第3款亦值得关注，该款明确了表决权不同的类别股，虽然其每一股的表决权数多于或者少于普通股，但在监事或者审计委员会成员的选举和更换方面，该类别股与普通股每一股的表决权数相同。如此规定，有助于强化公司内部监督制度的有效性与公平性，防止优先权股东在表决权之外，对公司内部监督制度施加过大的"干预力度"，这无疑也是对此类股东相关权利的一种制约与平衡。	
第一百四十五条 【章程需载明的类别股事项】发行类别股的公司，应当在公司章程中载明以下事项： （一）类别股分配利润或者剩余财产的顺序；	《上市公司章程指引》 第16条　公司股份的发行，实行公开、公平、公正的原则，同种类的每一股份应当具有同等权利。

修订后《公司法》及解读等	修订前《公司法》及关联规定
（二）类别股的表决权数； （三）类别股的转让限制； （四）保护中小股东权益的措施； （五）股东会认为需要规定的其他事项。 **解读**：本条是关于类别股载明事项的规定，属新增内容。优先股股东和普通股股东对公司的请求权不同，对公司投资风险偏好也不同。投资偏好的不同自然决定了对于信息披露的要求也不相同。章程强制记载的意义在于公示，通过告知外界公司的股本结构、公司有哪些类别的股份及具体情况，对公司设计类别股作出必要限制，避免公司通过发行类别股的方式损害投资者或债权人的利益，从而保护交易安全。《上市公司章程指引》就发行优先股的公司应当在章程中明确的相关事项作了较为明确的指引。	存在特别表决权股份的公司，应当在公司章程中规定特别表决权股份的持有人资格、特别表决权股份拥有的表决权数量与普通股份拥有的表决权数量的比例安排、持有人所持特别表决权股份能够参与表决的股东大会事项范围、特别表决权股份锁定安排及转让限制、特别表决权股份与普通股份的转换情形等事项。公司章程有关上述事项的规定，应当符合交易所的有关规定。 同次发行的同种类股票，每股的发行条件和价格应当相同；任何单位或者个人所认购的股份，每股应当支付相同价额。 **注释**：发行优先股的公司，应当在章程中明确以下事项：(1) 优先股股息率采用固定股息率或浮动股息率，并相应明确固定股息率水平或浮动股息率的计算方法；(2) 公司在有可分配税后利润的情况下是否必须分配利润；(3) 如果公司因本会计年度可分配利润不足而未向优先股股东足额派发股息，差额部分是否累积到下一会计年度；(4) 优先股股东

修订后《公司法》及解读等	修订前《公司法》及关联规定
	按照约定的股息率分配股息后,是否有权同普通股股东一起参加剩余利润分配,以及参与剩余利润分配的比例、条件等事项;(5)其他涉及优先股股东参与公司利润分配的事项;(6)除利润分配和剩余财产分配外,优先股是否在其他条款上具有不同的设置;(7)优先股表决权恢复时,每股优先股股份享有表决权的具体计算方法。 其中,公开发行优先股的,应当在公司章程中明确:(1)采取固定股息率;(2)在有可分配税后利润的情况下必须向优先股股东分配股息;(3)未向优先股股东足额派发股息的差额部分应当累积到下一会计年度;(4)优先股股东按照约定的股息率分配股息后,不再同普通股股东一起参加剩余利润分配。商业银行发行优先股补充资本的,可就第(2)项和第(3)项事项另作规定。

第六章　股份有限公司的股份发行和转让 | 319

修订后《公司法》及解读等	修订前《公司法》及关联规定
第一百四十六条　【类别股股东表决权】发行类别股的公司，有本法第一百一十六条第三款规定的事项等可能影响类别股股东权利的，除应当依照第一百一十六条第三款的规定经股东会决议外，还应当经出席类别股股东会议的股东所持表决权的三分之二以上通过。 公司章程可以对需经类别股股东会议决议的其他事项作出规定。 **解读**：本条是关于类别股股东表决权的规定。本法第116条第3款就股份有限公司股东会的特别决议事项的表决作了规定，即"股东会作出修改公司章程、增加或者减少注册资本的决议，以及公司合并、分立、解散或者变更公司形式的决议，应当经出席会议的股东所持表决权的三分之二以上通过"。上述需出席会议的股东所持表决权的2/3以上通过的事项，属公司的重大事项，对公司以及股东权益的影响很大。同理，若公司发行了类别股，上述事项对其利益的影响同样也很大甚至更大。但受制于股份类别的不同，有些类别股的表决权与普通股表决权大小不一，尤其小于普通股表决权的类别股，若仅按照《公司法》第116条第3款的规定由股东会表决通过，容易损害类别股股东的权益。为此，就修改公司章程、增加或者减少注册资本的决议，以及公司合并、分立、解散	**《优先股试点管理办法》** **第10条**　出现以下情况之一的，公司召开股东大会会议应通知优先股股东，并遵循《公司法》及公司章程通知普通股股东的规定程序。优先股股东有权出席股东大会会议，就以下事项与普通股股东分类表决，其所持每一优先股有一表决权，但公司持有的本公司优先股没有表决权： （一）修改公司章程中与优先股相关的内容； （二）一次或累计减少公司注册资本超过百分之十； （三）公司合并、分立、解散或变更公司形式； （四）发行优先股； （五）公司章程规定的其他情形。 上述事项的决议，除须经出席会议的普通股股东（含表决权恢复的优先股股东）所持表决权的三分之二以上通过之外，还须经出席会议的优先股股东（不含表决权恢复的优先股股东）所持表决权的三分之二以上通过。

修订后《公司法》及解读等	修订前《公司法》及关联规定
或者变更公司形式相关事项（需注意，这里的事项并不限于第116条第3款规定的事项，其他可能损害类别股股东权利的事项也属于其中），本条明确了双会议通过制度，即不仅需要按照《公司法》第116条第3款的规定由出席会议的股东所持表决权的2/3以上通过，还需由出席类别股股东会的股东所持表决权的2/3以上通过。如此，不仅可以维护公司及大多数股东的权益，也有助于保障类别股股东的相关权益。当然，除上述重大事项外，公司章程可以就需经类别股股东会决议的其他事项作出规定，以充分赋予并尊重公司自治权。	
第一百四十七条 【股份形式】公司的股份采取股票的形式。股票是公司签发的证明股东所持股份的凭证。 公司发行的股票，<u>应当为记名股票</u>。 **解读**：本条是关于股份形式的规定。公司股份以股票的形式表现。股票，指由股份有限公司签发的证明股东所持股份的凭证，股东以此享有权利和承担义务。股票具有如下特点：一是证权证券。股票表现的是股东的权利。任何人只要合法占有股票，其就可以依法向公司行使权利。股票转移时，公司股东权益也一并转移。二是有价证券。作为一种有价证券，其反映着股票持有人对公司的权利，主要为股东的财产权，持有者可据此享有分配股息、取得公司剩余财产等权	《公司法》（2018年修正） **第125条第2款** 公司的股份采取股票的形式。股票是公司签发的证明股东所持股份的凭证。 **第129条** 公司发行的股票，<u>可以为记名股票，~~也可以为无记名股票~~</u>。 ~~公司向发起人、法人发行的股票，应当为记名股票，并应当记载该发起人、法人的名称或者姓名，不得另立户名或者以代表人姓名记名。~~

修订后《公司法》及解读等	修订前《公司法》及关联规定
利。三是要式证券。股票应采用规定形式，记载内容和事项应符合法律规定。另需注意，为进一步贯彻与落实反腐败、反洗钱工作要求，《公司法》取消了无记名股票，本条第2款即明确规定公司发行的股票应为记名股票。记名股票，指在股东名册上登记有持股人的姓名、名称和地址，并在股票上注明持有人姓名、名称的股票。无记名股票，指在股票上不记载承购人的姓名，并可任意转让的股票。 **案例参考**：《委托持股协议》是否具有对抗记名股票与股东名册的效力？（徐某庚与朱某明执行异议之诉案）① 《公司法》规定，公司的股份采取股票的形式。股票是公司签发的证明股东所持股份的凭证。商事外观主义原则是判断股权权属的基本原则。该案中，根据某银行股份有限公司董事会办公室出具的证明以及某股权登记管理中心的登记信息可以证实，涉案股份为某银行股份有限公司发行的记名法人股，登记在某投资公司名下。因此，基于商事外观主义原则，应认定某投资公司系涉案股份的权利人。虽然徐某庚提交了《委托持股协议》用于证明其是涉案股份的实际权利人，但该《委托持股协议》仅能约束徐某庚与某投资公司，并不产生设立	

---

① 案号：湖南省高级人民法院（2018）湘民终632号判决书，载中国裁判文书网，最后访问时间：2023年12月17日。

修订后《公司法》及解读等	修订前《公司法》及关联规定
股权的效力，亦不产生对抗记名股票和某银行股份有限公司股东名册的效力。故徐某庚并非涉案股份的持有人，就涉案股份不享有足以排除强制执行的民事权益。徐某庚提出应停止对涉案股权强制执行的上诉理由不能成立，依法不予支持。	
第一百四十八条　【面额股股票发行价格】面额股股票的发行价格可以按票面金额，也可以超过票面金额，但不得低于票面金额。 **解读：**本条是关于面额股股票发行价格的规定。需注意，相较原规定，本条内容限定在面额股范围内，原因在于本次《公司法》修订增加了无面额股的形式，因此，本条需对面额股的适用范围进行必要限定。就面额股而言，其发行价格是指股份有限公司在发行股票时所使用的价格，也是投资者认购股票时支付的价格。发行价格可分为平价发行价格和溢价发行价格。平价发行（也称等价发行、券面发行），指发行价格与股票票面金额相同。溢价发行，指股票实际发行价格超过其票面金额。股票的发行价格一般根据股票面额、股市行情和其他有关因素决定。股票可以按照票面额发行，也可以按高于票面额的价格发行，但不能以低于票面额的价格发行。如此规定，在于股票面额与股份总数乘积即为股本总额，若低于票面额价格发行，公司股本总额就会有虚假成分，公司债权人利益有可能因此受损。	《公司法》（2018年修正） 第127条　股票发行价格可以按票面金额，也可以超过票面金额，但不得低于票面金额。 《证券法》 第32条　股票发行采取溢价发行的，其发行价格由发行人与承销的证券公司协商确定。

修订后《公司法》及解读等	修订前《公司法》及关联规定
第一百四十九条 【股票形式和记载事项】股票采用纸面形式或者国务院证券监督管理机构规定的其他形式。 股票采用纸面形式的，应当载明下列主要事项： （一）公司名称； （二）公司成立日期**或者股票发行的时间**； （三）股票种类、票面金额及代表的股份数，**发行无面额股的，股票代表的股份数**。 股票采用纸面形式的，还应当载明股票的编号，由法定代表人签名，公司盖章。 发起人股票采用纸面形式的，应当标明发起人股票字样。 <u>解读：本条是关于股票形式及记载事项的规定。股票是股份有限公司发行股份的表现形式，但股票也须以一定形式表现出来，以明示股份价值、种类等事项。根据本条第1款的规定，股票包括两种形式：一是纸面形式，即实物券式股票；二是国务院证券监督管理机构规定的其他形式。需注意，由于《公司法》修订增加了无面额股，并允许采用非纸面形式的股票，本条第2款、第3款关于纸面形式的股票的记载事项也有了相应体现，其较原规定有两点变化：一是增加"发行无面额股的，股票代表的股份数"的内容。二是规定"股票采用纸</u>	《公司法》（2018年修正） **第128条** 股票采用纸面形式或者国务院证券监督管理机构规定的其他形式。 股票应当载明下列主要事项： （一）公司名称； （二）公司成立日期； （三）股票种类、票面金额及代表的股份数； （四）股票的编号。 股票由法定代表人签名，公司盖章。 发起人的股票，应当标明发起人股票字样。 《上市公司章程指引》 **第17条** 公司发行的股票，以人民币标明面值。 **第18条** 公司发行的股份，在【证券登记机构名称】集中存管。 **第19条** 公司发起人为【各发起人姓名或者名称】、认购的股份数分别为【股份数量】、出资方式和出资时间为【具体方式和时间】。 注释：已成立一年或一年以上的公司，发起人已将所持股份转让的，无需填入发起人的持股数额。

修订后《公司法》及解读等	修订前《公司法》及关联规定
面形式的，还应当载明股票的编号，由法定代表人签名，公司盖章"。基于反对解释的理解，对采用非纸面形式（如电子化）股票的，则可不载明股票编号、不需法定代表人签名、公司盖章。此外本条第4款还规定，发起人股票采用纸面形式的，应当标明发起人股票字样。如此规定在于明确及加重发起人的责任，强化相关工作的规范性。	第20条　公司股份总数为【股份数额】，公司的股本结构为：普通股【数额】股，其他种类股【数额】股。 注释：公司发行优先股等其他种类股份的，应作出说明。
第一百五十条　【股票交付】股份有限公司成立后，即向股东正式交付股票。公司成立前不得向股东交付股票。 **解读**：本条是关于股票交付的规定。本条主要是对股票交付时间上的限制：一是股份有限公司成立后应及时向股东正式交付股票。所谓及时，应理解为马上。而公司的成立时间，应按照公司营业执照签发之日来确定。另，此处使用"正式交付"的表述，在于将股票交付与认购区别开来。股票认购是指股份有限公司发行股票后，投资者承接购买并在缴清相应的股款后，首次成为该股票持有人或所有者的行为。二是公司成立前不得向股东交付股票。这是因为公司先于股票的存在而存在，只有在公司成立后才可以向股东交付股票。若允许公司成立前就可交付股票，极易产生股票投机行为，给社会管理及社会公众利益带来不利影响。	《公司法》（2018年修正） 第132条　股份有限公司成立后，即向股东正式交付股票。公司成立前不得向股东交付股票。

修订后《公司法》及解读等	修订前《公司法》及关联规定
第一百五十一条 【发行新股决议事项】公司发行新股，股东会应当对下列事项作出决议： （一）新股种类及数额； （二）新股发行价格； （三）新股发行的起止日期； （四）向原有股东发行新股的种类及数额； （五）发行无面额股的，新股发行所得股款计入注册资本的金额。 公司发行新股，可以根据公司经营情况和财务状况，确定其作价方案。 解读：本条是关于发行新股的决议及作价方案的规定。所谓发行新股，指股份有限公司成立后再向社会募集股份的法律行为。由于发行新股关系到公司股东的切实权益，是否发行新股以及发行新股涉及的特定事项，应由股东会来确定。根据本条规定，股东会应就发行新股涉及的下列事项作出决议：一是新股种类及数额。对拟发行的新股构成进行认真分析并作出合理安排，包括是一般发行还是特殊发行，及新股具体种类、发行数额。二是新股发行价格。需综合股票市场价格水平和其他有关因素，确定一个公司和广大投资者共同接受的发行价格，以避免过高或过低。三是新股发行的起止日期。确定起止期限后将不涉及逾期未募足认股人可撤回的问题，因新股发行并非设立公司时的募股行为。	《公司法》（2018年修正） 第133条 公司发行新股，股东大会应当对下列事项作出决议： （一）新股种类及数额； （二）新股发行价格； （三）新股发行的起止日期； （四）向原有股东发行新股的种类与数额。 第135条 公司发行新股，可以根据公司经营情况和财务状况，确定其作价方案。 《证券法》 第12条 公司首次公开发行新股，应当符合下列条件： （一）具备健全且运行良好的组织机构； （二）具有持续经营能力； （三）最近三年财务会计报告被出具无保留意见审计报告； （四）发行人及其控股股东、实际控制人最近三年不存在贪污、贿赂、侵占财产、挪用财产或者破坏社会主义市场经济秩序的刑事犯罪； （五）经国务院批准的国务院证券监督管理机构规定的其他条件。

修订后《公司法》及解读等	修订前《公司法》及关联规定
需注意，期限不宜过长或过短。过长，先期投资者将付出过多的资金占用损失，公司的筹资成本也将增大；过短，投资者往往来不及选择，公司也难以募足。四是向原有股东发行新股的种类及数额。公司发行新股时，原有股东可以有优先购买权，但没有必须购买的义务。五是发行无面额股的，新股发行所得股款计入注册资本的金额。该项是本条新增的内容，在于适应《公司法》修订增加了"无面额股"的内容，以及衔接《公司法》第142条第3款规定的"采用无面额股的，应当将发行股份所得股款的二分之一以上计入注册资本"的内容。当然，如果并未发行无面额股，则该项不属股东会决议的事项。除了上述决议事项外，本条第2款还就发行新股的作价方案作出了规定。本条所谓作价方案，指股份有限公司对自己将要发行的股票价格作出的一个设想与方案，但需依据自身的经营情况和财务状况来确定。此外，由于股份有限公司发行新股是一种较为特殊的法律行为，它涉及公司、股东、社会公共利益，必须严格按照法律规定的程序进行，除需经过公司股东会决议外，还要符合法定的发行新股的条件，《证券法》第13条对此作了具体规定。	上市公司发行新股，应当符合经国务院批准的国务院证券监督管理机构规定的条件，具体管理办法由国务院证券监督管理机构规定。 公开发行存托凭证的，应当符合首次公开发行新股的条件以及国务院证券监督管理机构规定的其他条件。 第13条　公司公开发行新股，应当报送募股申请和下列文件： （一）公司营业执照； （二）公司章程； （三）股东大会决议； （四）招股说明书或者其他公开发行募集文件； （五）财务会计报告； （六）代收股款银行的名称及地址。 依照本法规定聘请保荐人的，还应当报送保荐人出具的发行保荐书。依照本法规定实行承销的，还应当报送承销机构名称及有关的协议。 第14条　公司对公开发行股票所募集资金，必须按照招股说明书或者其他公开发行募集文件所列资金用途使用；改变资金用途，必须经股东大会

修订后《公司法》及解读等	修订前《公司法》及关联规定
	作出决议。擅自改变用途，未作纠正的，或者未经股东大会认可的，不得公开发行新股。
第一百五十二条　【授权发行股份】公司章程或者股东会可以授权董事会在三年内决定发行不超过已发行股份百分之五十的股份。但以非货币财产作价出资的应当经股东会决议。 　　董事会依照前款规定决定发行股份导致公司注册资本、已发行股份数发生变化的，对公司章程该项记载事项的修改不需再由股东会表决。 　　**解读**：本条是关于授权发行股份的规定，属新增内容。股份和资本是两个层面的概念，授权资本制的准确名称应是授权股份制。该制度下的公司资本运作以"股份"概念为中心，其特征为：在授权内容上，董事会在一定情况下发行一定比例的股份；在适用范围上，公司设立后无须召开股东会，即可发行新股；在授权程序上，股东会通过变更公司章程或者作出新的股东会决议，则可中止或变更授权。如此，可方便股份有限公司的设立，促使公司快速成立，增强公司发行新股筹集资本的灵活性，提高公司资金的利用率，减少公司注册资本的虚化，避免投资人财产的闲置乃至浪费，也免去了通过股东会决议变更注册资本的复杂且烦琐的程序，进一步提高市场运行效率。本条第1款在授权的同时也	

修订后《公司法》及解读等	修订前《公司法》及关联规定
作了限制，一是3年内不超过已发行股份50%的股份；二是由于非货币财产作价存在一定的虚构空间，故对此仍应当经股东会决议。此外，基于简化程序、提升效率的考量，且发行股份势必导致注册资本、已发行股份的变化，股东会决议时应当预见到，因此本条第2款规定此种情况导致的章程修改无须再由股东会表决。	
第一百五十三条 【授权发行新股决议】公司章程或者股东会授权董事会决定发行新股的，董事会决议应当经全体董事三分之二以上通过。 **解读**：本条是关于授权发行新股决议的规定，属新增内容。本条内容实则是对股份有限公司中引入授权资本制前述内容的具体承接与延续，明确了"公司章程或者股东会授权董事会决定发行新股的，董事会决议应当经全体董事三分之二以上通过"。要求全体董事2/3以上通过，在于发行新股属于公司的重要事项，且涉及公司、股东及社会公众利益。关于授权的撤回或回归，因为股东会作为股份发行权限的源头可以撤回授权，撤回分为主动撤回和特定情况下的撤回。特定情况下的撤回应属于法律明确规定的情形，由于《公司法》并未确立相应的控制权变动情况下股份发行权限回归股东会决议的一般性规定，建议在司法解释中作进一步完善。	

修订后《公司法》及解读等	修订前《公司法》及关联规定
第一百五十四条　【公开募股程序和招股说明书】公司向社会公开募集股份，应当经国务院证券监督管理机构注册，公告招股说明书。 招股说明书应当附有公司章程，并载明下列事项： （一）发行的股份总数； （二）面额股的票面金额和发行价格或者无面额股的发行价格； （三）募集资金的用途； （四）认股人的权利和义务； （五）股份种类及其权利和义务； （六）本次募股的起止日期及逾期未募足时认股人可以撤回所认股份的说明。 公司设立时发行股份的，还应当载明发起人认购的股份数。 解读：本条是关于股份有限公司公开募集股份程序的规定。本条就公司需向社会公开募集股份的，规定了两个程序：一是须经国务院证券监督管理机构注册，二是公告招股说明书。关于经国务院证券监督管理机构注册，较原《公司法》规定，本条将"核准"改为了"注册"，进一步降低了公开募集股份的困难程度，便于股份有限公司更好更快融资，也与证券法规定保持一致。当然，改为"注册"并不意味着不需要其监督管理，中国证券监督管理委员会负责证券的发行、交易的监督管理等事项，这是其法定职权。关于招股说明书，本条	《公司法》(2018年修正) 第85条　发起人向社会公开募集股份，必须公告招股说明书，并制作认股书。认股书应当载明本法第八十六条所列事项，由认股人填写认购股数、金额、住所，并签名、盖章。认股人按照所认购股数缴纳股款。 第134条第1款　公司经国务院证券监督管理机构核准公开发行新股时，必须公告新股招股说明书和财务会计报告，并制作认股书。 第86条　招股说明书应当附有发起人制订的公司章程，并载明下列事项： （一）发起人认购的股份数； （二）每股的票面金额和发行价格； （三）无记名股票的发行总数； （四）募集资金的用途； （五）认股人的权利、义务； （六）本次募股的起止期限及逾期未募足时认股人可以撤回所认股份的说明。

修订后《公司法》及解读等	修订前《公司法》及关联规定
第2款规定了需载明的六项内容。需说明的是第2项、第5项。由于允许无面额股的存在，因此需区分面额股与无面额股进行规定，即第2项规定的"面额股的票面金额和发行价格或者无面额股的发行价格"。另，由于修订后的《公司法》规定了类别股，故第5项也将"股份种类及其权利和义务"列入需载明的事项。此外需注意，本条第1款、第2款从字面意思来看，针对的是成立后的公司向社会公开募集股份的要求。实际上，还存在公司在设立时需要发行股份的情况，为此本条第3款作了规定，即招股说明书除载明第2款规定的事项外，还应载明"发起人认购的股份数"，以保障认购人的知情权及其相关利益。 **案例参考**：擅自改变募集资金用途的，投资人能否依据相关协议要求公司或控股股东承担违约责任？（曾某虎与山东某公司等与公司有关的纠纷案）① 　　股份公司为经营需要，可依法公开发行股份或证券，募集资金。在募集资金时，公告的招股说明书中需说明资金用途，以便投资人决定是否投资。说明资金用途并严格遵守是公司的一项重要义务。招股说明书中的募集资金用途，实际上也是对投资者的一种承诺，对公司	**《证券法》** 　　**第9条**　公开发行证券，必须符合法律、行政法规规定的条件，并依法报经国务院证券监督管理机构或者国务院授权的部门注册。未经依法注册，任何单位和个人不得公开发行证券。证券发行注册制的具体范围、实施步骤，由国务院规定。 　　有下列情形之一的，为公开发行： 　　（一）向不特定对象发行证券； 　　（二）向特定对象发行证券累计超过二百人，但依法实施员工持股计划的员工人数不计算在内； 　　（三）法律、行政法规规定的其他发行行为。 　　非公开发行证券，不得采用广告、公开劝诱和变相公开方式。 　　**第11条**　设立股份有限公司公开发行股票，应当符合《中华人民共和国公司法》规定的条件和经国务院批准的国

---

① 案号：山东省济南市中级人民法院（2018）鲁01民初406号判决书，载中国裁判文书网，最后访问时间：2023年12月17日。

修订后《公司法》及解读等	修订前《公司法》及关联规定
今后的生产经营活动是有约束力的，公司不能将该资金挪作他用。改变招股说明书所列资金用途，必须经股东会作出决议。投资人可以与增资的公司及控股股东等签署相关协议，明确约定公司或控股股东违反约定时须回购股份、承担其他违约责任。一旦公司擅自改变募集资金的用途，则投资人可根据约定，要求公司或控股股东承担违约责任。该案中，根据某证券股份有限公司出具的专项核查报告载明，山东某公司将募集资金中的928万元用于归还借款、157万元用于建设产品私人定制中心以及电子商务平台……曾某虎主张山东某公司在款项用途等方面违反了协议的约定，具有事实和合同依据，依法予以确认。在山东某公司、管理层股东陆某荔存在违约情况下，根据涉案协议第13条约定，曾某虎有权要求管理层股东回购其股权。因对应返还投资方股权对价及溢价款项，控股股东承担无限连带责任，而陆某荔既是管理层股东，也是控股股东，故曾某虎只向陆某荔主张权利，于法有据，应予支持。	务院证券监督管理机构规定的其他条件，向国务院证券监督管理机构报送募股申请和下列文件： （一）公司章程； （二）发起人协议； （三）发起人姓名或者名称，发起人认购的股份数、出资种类及验资证明； （四）招股说明书； （五）代收股款银行的名称及地址； （六）承销机构名称及有关的协议。 依照本法规定聘请保荐人的，还应当报送保荐人出具的发行保荐书。 法律、行政法规规定设立公司必须报经批准的，还应当提交相应的批准文件。 **第12条** 公司首次公开发行新股，应当符合下列条件： （一）具备健全且运行良好的组织机构； （二）具有持续经营能力； （三）最近三年财务会计报告被出具无保留意见审计报告；

修订后《公司法》及解读等	修订前《公司法》及关联规定
	（四）发行人及其控股股东、实际控制人最近三年不存在贪污、贿赂、侵占财产、挪用财产或者破坏社会主义市场经济秩序的刑事犯罪； （五）经国务院批准的国务院证券监督管理机构规定的其他条件。 上市公司发行新股，应当符合经国务院批准的国务院证券监督管理机构规定的条件，具体管理办法由国务院证券监督管理机构规定。 公开发行存托凭证的，应当符合首次公开发行新股的条件以及国务院证券监督管理机构规定的其他条件。 **第13条** 公司公开发行新股，应当报送募股申请和下列文件： （一）公司营业执照； （二）公司章程； （三）股东大会决议； （四）招股说明书或者其他公开发行募集文件； （五）财务会计报告； （六）代收股款银行的名称及地址。

修订后《公司法》及解读等	修订前《公司法》及关联规定
	依照本法规定聘请保荐人的，还应当报送保荐人出具的发行保荐书。依照本法规定实行承销的，还应当报送承销机构名称及有关的协议。 第14条　公司对公开发行股票所募集资金，必须按照招股说明书或者其他公开发行募集文件所列资金用途使用；改变资金用途，必须经股东大会作出决议。擅自改变用途，未作纠正的，或者未经股东大会认可的，不得公开发行新股。
第一百五十五条　【承销】公司向社会公开募集股份，应当由依法设立的证券公司承销，签订承销协议。 解读：本条是关于公司向社会公开募集股份方式的规定。根据本条规定，公司向社会公开募集股份，应采取由证券公司承销的方式。承销，是指证券公司在规定的期限内将发行的股票销售出去，并按照约定收取报酬或佣金的行为。股票承销的主体须是具有合法资格的证券公司，非证券公司的任何组织、个人均不得承销股票发行。公司应依法自主选择证券公司承销向社会公开募集的股票，并与证券公司签订承销协议，明确权利义务。承销有两种方式：包销和代销。包销，是指证券公司将股票按照协议约定	《公司法》（2018年修正） 第87条　发起人向社会公开募集股份，应当由依法设立的证券公司承销，签订承销协议。 《证券法》 第26条　发行人向不特定对象发行的证券，法律、行政法规规定应当由证券公司承销的，发行人应当同证券公司签订承销协议。证券承销业务采取代销或者包销方式。 证券代销是指证券公司代发行人发售证券，在承销期结束时，将未售出的证券全部退还给发行人的承销方式。

修订后《公司法》及解读等	修订前《公司法》及关联规定
全部购入或者在承销期结束时将售后剩余股票全部自行购入的方式。代销,是指证券公司代公司发售股票,在承销期结束时,将未售出的股票全部退还给公司的方式。二者不同点在于,代销对证券公司没有风险,卖不完的可退还给公司,而包销对证券公司则有一定风险,卖不完的需由承销商自己承担。《证券法》《证券发行与承销管理办法》等法律法规对承销方式、期限、协议、责任、承销团组成、承销情况备案、证券公司禁止行为等有着较为明确具体的规定,须严格依照法律规定的条件和程序完成法定和约定事项。	证券包销是指证券公司将发行人的证券按照协议全部购入或者在承销期结束时将售后剩余证券全部自行购入的承销方式。 **第27条** 公开发行证券的发行人有权依法自主选择承销的证券公司。 **第28条** 证券公司承销证券,应当同发行人签订代销或者包销协议,载明下列事项: (一) 当事人的名称、住所及法定代表人姓名; (二) 代销、包销证券的种类、数量、金额及发行价格; (三) 代销、包销的期限及起止日期; (四) 代销、包销的付款方式及日期; (五) 代销、包销的费用和结算办法; (六) 违约责任; (七) 国务院证券监督管理机构规定的其他事项。 **第29条** 证券公司承销证券,应当对公开发行募集文件的真实性、准确性、完整性进行核查。发现有虚假记载、

修订后《公司法》及解读等	修订前《公司法》及关联规定
	误导性陈述或者重大遗漏的,不得进行销售活动;已经销售的,必须立即停止销售活动,并采取纠正措施。 证券公司承销证券,不得有下列行为: (一)进行虚假的或者误导投资者的广告宣传或者其他宣传推介活动; (二)以不正当竞争手段招揽承销业务; (三)其他违反证券承销业务规定的行为。 证券公司有前款所列行为,给其他证券承销机构或者投资者造成损失的,应当依法承担赔偿责任。 **第30条** 向不特定对象发行证券聘请承销团承销的,承销团应当由主承销和参与承销的证券公司组成。 **第31条** 证券的代销、包销期限最长不得超过九十日。 证券公司在代销、包销期内,对所代销、包销的证券应当保证先行出售给认购人,证券公司不得为本公司预留所代销的证券和预先购入并留存所包销的证券。

修订后《公司法》及解读等	修订前《公司法》及关联规定
	第32条 股票发行采取溢价发行的，其发行价格由发行人与承销的证券公司协商确定。 第33条 股票发行采用代销方式，代销期限届满，向投资者出售的股票数量未达到拟公开发行股票数量百分之七十的，为发行失败。发行人应当按照发行价并加算银行同期存款利息返还股票认购人。 第34条 公开发行股票，代销、包销期限届满，发行人应当在规定的期限内将股票发行情况报国务院证券监督管理机构备案。 《证券发行与承销管理办法》 第28—31条，正文略。
第一百五十六条 【股款收取】公司向社会公开募集股份，应当同银行签订代收股款协议。 代收股款的银行应当按照协议代收和保存股款，向缴纳股款的认股人出具收款单据，并负有向有关部门出具收款证明的义务。 公司发行股份募足股款后，应予公告。	《公司法》（2018年修正） 第88条 发起人向社会公开募集股份，应当同银行签订代收股款协议。 代收股款的银行应当按照协议代收和保存股款，向缴纳股款的认股人出具收款单据，并负有向有关部门出具收款证明的义务。

修订后《公司法》及解读等	修订前《公司法》及关联规定
解读：本条是关于公司向社会公开募集股份时收取股款方式的规定。公司向社会公开募集股份，虽然通过证券公司承销，但证券公司并不直接收取股款，而应通过银行代收。即公司向社会公开募集股份，不仅需与证券公司签订承销协议，还应与银行签订代收股款协议。代收股款协议属委托合同，其主要内容包括相关主体名称地址、代收股款的种类及期限、股款的保存与交付、代理费用、违约责任及其他事项。代收股款协议签订后，银行原则上不得将代收股款的事务转托给其他机构。在收受股款过程中，银行应报告收款进展情况。银行收款后，须向有关部门出具收款证明，以便接受其对股份认缴情况的监督检查。有关部门包括市场监督管理部门、税务部门、证券管理部门、投资管理部门及会计师事务所、律师事务所等。此外，公司资本不仅是公司存续的物质条件，同时也是债权人的物质保障。公司发行股份募足股款后，其物质条件与经济实力进一步增强，债权人利益也得到更充实的保障，因此，本条第3款规定募足股款后需进行公告，以使社会公众和债权人了解公司的情况，进一步增强市场的投资信心，也利于公司经营扩大与发展加快。	**第136条** 公司发行新股募足股款后，~~必须向公司登记机关办理变更登记~~，并公告。 **《证券法》** **第11条第1款** 设立股份有限公司公开发行股票，应当符合《中华人民共和国公司法》规定的条件和经国务院批准的国务院证券监督管理机构规定的其他条件，向国务院证券监督管理机构报送募股申请和下列文件： …… （五）代收股款银行的名称及地址； …… **第13条第1款** 公司公开发行新股，应当报送募股申请和下列文件： …… （六）代收股款银行的名称及地址。 **《市场主体登记管理条例》** **第24条第1款** 市场主体变更登记事项，应当自作出变更决议、决定或者法定变更事项发生之日起30日内向登记机关申请变更登记。 **《公司法司法解释三》** **第6条** 股份有限公司的认股人未按期缴纳所认股份的

修订后《公司法》及解读等	修订前《公司法》及关联规定
	股款，经公司发起人催缴后在合理期间内仍未缴纳，公司发起人对该股份另行募集的，人民法院应当认定该募集行为有效。认股人延期缴纳股款给公司造成损失，公司请求该认股人承担赔偿责任的，人民法院应予支持。
第二节　股份转让	
第一百五十七条　【股份转让原则性规定】股份有限公司的股东持有的股份可以向其他股东转让，也可以向股东以外的人转让；公司章程对股份转让有限制的，其转让按照公司章程的规定进行。 **解读**：本条是关于股份有限公司股份转让基本要求即原则性规定的内容。股份转让，是指股份有限公司的股东依法定程序出让股份给他人，他人因此取得股份并成为股东的行为。股份转让一般针对股份有限公司而言，有限责任公司中的股东转让出资的行为一般被称为股权转让或出资转让。股份转让须依法进行，即股东转让自己的股份时须按照公司法和有关法律（如《证券法》）、行政法规等规定的条件和程序转让给他人。由于股份有限公司是一种资合性较强的公司，公司与股东关系并不那么"重要"，只要公司的资本不减，就能确保公司债权人的合法权益。因此，在一般情形下，股份有限公司的股份转让是一种自由的转让，	《公司法》（2018年修正） 　　第137条　股东持有的股份可以依法转让。 《证券法》 　　第35条　证券交易当事人依法买卖的证券，必须是依法发行并交付的证券。 　　非依法发行的证券，不得买卖。

修订后《公司法》及解读等	修订前《公司法》及关联规定
其股东既可以向其他股东也可以向股东外的其他主体转让。但这并非绝对的自由，为了维护公司、股东和其他利害关系人的利益，防止利用转让活动进行不当行为，特定情形下可对部分股份的转让做必要限制，如对发起人持股、公司高管持股的转让做一定限制。除此之外，由于《公司法》允许限制转让股等类别股的存在，若公司章程规定了转让受限的股份，则该股份的转让亦应按照章程的规定进行。 **案例参考：股份有限公司章程能否对股份转让作限制性规定？（某贸易公司与某能源公司股东资格确认纠纷案）**[①] 　　按照公司自治原则，公司章程对股份转让有限制性规定的，应予遵守。案涉股份有限公司的股份转让条件是否已成就，需结合该转让行为是否符合某能源公司章程规定进行认定。某能源公司章程第24条共有4款，第1款规定了股份可以转让，前提为"依法"；第2款规定了股东对外转让股份，应取得其他股东同意，且为"事先""一致"；第3款规定了其他股东享有"优先受让权"，即《公司法》规定的"优先购买权"；第4款规定了其他股东享有"同售权"。根据以上章程规定，公司对外转让股份，应保障其他股东"优先购买权""同售权"的行使，且应无法定限制或其他股东正当事由	

[①] 案号：最高人民法院（2020）最高法民终1224号判决书，载中国裁判文书网，最后访问时间：2023年12月15日。

修订后《公司法》及解读等	修订前《公司法》及关联规定
否定。就该案而言，首先，并无证据显示某能源公司在对外转让股份前曾事先与其他股东进行充分协商。其次，2018年4月28日《股权转让通知》所称股份受让对象为"某集团"，与实际受让主体某投资公司不一致，其该通知内容属于告知股份转让，并非与其他股东商讨行使"优先购买权"或"同售权"，形式并不完备。最后，某能源公司股东为某集团公司、某星公司、某范公司、某星投资公司、孙某，但无论是2018年4月28日通知还是2019年1月通知，均无证据显示某集团公司已实质通知到小股东孙某，并不符合章程第24条规定的"一致"要求。因此，某投资公司虽主张其与某集团公司签订的股权转让协议已对某能源公司以及公司其他股东发生法律效力，但在现有情况下，其履行情况尚不符合公司章程第24条的规定，其可待充分履行章程规定的条件后再行主张权利。	
第一百五十八条　【股份转让场所】股东转让其股份，应当在依法设立的证券交易场所进行或者按照国务院规定的其他方式进行。 **解读**：本条是关于股份转让场所的规定。股份转让须依法进行，在法律规定的场所进行便是具体体现之一。本条规定了股东转让股份，应在依法设立的证券交易场所进行或按照国务院规定的其他方式进行。需注意，本条规定的交易场所并非仅限于证券交易所的集中市场，	《公司法》（2018年修正） **第138条**　股东转让其股份，应当在依法设立的证券交易场所进行或者按照国务院规定的其他方式进行。 《证券法》 **第37条**　公开发行的证券，应当在依法设立的证券交易所上市交易或者在国务院批准的其他全国性证券交易场所交易。

修订后《公司法》及解读等	修订前《公司法》及关联规定
依法设立的其他证券交易场所也可以。此外，股份有限公司有上市公司与非上市公司之分，一般只有上市公司发行的股份必须在证券交易所交易，非上市公司的股份转让可以在证券交易所也可以在证券交易所以外的场所进行，《证券法》对此有具体规定。另，为确保股份依法有序转让，保障股份转让自由，本条还允许存在其他交易途径，即"国务院规定的其他方式"，以适应社会发展对交易场所及方式的需要。 案例参考：冻结非上市股份有限公司股权是否须以向相关市场监管部门送达协助执行公示通知等为生效要件？（山东某集团公司与山东某建设公司借款合同纠纷案）① 　　以登记机关协助登记或公示作为人民法院对财产权的查封冻结生效要件的，应以存在该种财产权的登记义务机关为前提。具体到对公司股权的冻结，还应根据被执行主体所持股的公司的性质按照相关法律规定来判断。根据《公司法》第138条的规定，股东转让其股份，应当在依法设立的证券交易场所进行或者按照国务院规定的其他方式进行。依照该规定，对于非上市股份有限公司的股权登记机关由国务院另行规定，目前并无明确规定市场监管部门为登记公示的机关及部门。而依照《公司法》《公司登记管理条例》等	非公开发行的证券，可以在证券交易所、国务院批准的其他全国性证券交易场所、按照国务院规定设立的区域性股权市场转让。 　　第38条　证券在证券交易所上市交易，应当采用公开的集中交易方式或者国务院证券监督管理机构批准的其他方式。

---

① 案号：最高人民法院（2020）最高法执监520号民事裁定书，载中国裁判文书网，最后访问时间：2023年12月15日。

修订后《公司法》及解读等	修订前《公司法》及关联规定
规定,公司的登记事项包括有限责任公司股东或股份有限公司发起人的姓名或者名称。就非上市股份有限公司而言,除发起人以外,其他股东并不在登记范围内,即股份有限公司非发起人股东名称及其股权变动亦不属于相关机关的法定登记事项。因此,对于非上市股份有限公司的股权采取查封、冻结等执行行为的效力不应以是否向相关市场监管部门登记公示为必要条件。	
第一百五十九条　【股票转让方式】股票的转让,由股东以背书方式或者法律、行政法规规定的其他方式进行;转让后由公司将受让人的姓名或者名称及住所记载于股东名册。 股东会会议召开前二十日内或者公司决定分配股利的基准日前五日内,不得变更股东名册。法律、**行政法规或者国务院证券监督管理机构**对上市公司股东名册变更另有规定的,从其规定。 **解读：**本条是关于股票转让方式的规定。由于修订后的《公司法》取消了无记名股票,故本条规定的股票均为记名股票,该类股票的持有人因其姓名记载于股票之上,从而使自己成为享有该股份的唯一持有者,不能任意转让给他人。为此本条规定,股票的转让由股东以背书方式或者法律、行政法规规定的其他方式转让。背书转让,指公司股份持有	《公司法》(2018年修正) 　　**第139条**　记名股票,由股东以背书方式或者法律、行政法规规定的其他方式转让;转让后由公司将受让人的姓名或者名称及住所记载于股东名册。 　　股东大会召开前二十日内或者公司决定分配股利的基准日前五日内,不得进行前款规定的股东名册的变更登记。但是,法律对上市公司股东名册变更登记另有规定的,从其规定。

修订后《公司法》及解读等	修订前《公司法》及关联规定
人在所持股票上签字而转让给他人的行为。法律、行政法规规定的其他方式，则指《公司法》《证券法》等有关法律、行政法规规定的方式。另，由于股东名册是股东资格的重要证明文件，故转让后，须由公司将受让人姓名（名称）、住所记载至股东名册中，否则该转让对公司不生效力。此外，为防止少数股东利用转让集中或分散表决权进而操纵股东会，避免相关纠纷的发生，确保股利分配顺利进行，本条第2款规定"股东会会议召开前二十日内或者公司决定分配股利的基准日前五日内，不得变更股东名册"，即公司在此情形下不得变更股东名册。但也有例外情形，即法律、行政法规或者国务院证券监督管理机构对上市公司股东名册变更另有规定的，按照该规定执行。 **案例参考**：能否仅以登记机关载明的情况作为认定股东持股情况的最终依据？（某医疗公司、荆某国等与公司有关的纠纷案）① 　　原《公司法》第139条第1款规定："记名股票，由股东以背书方式或者法律、行政法规规定的其他方式转让；转让后由公司将受让人的姓名或者名称及住所记载于股东名册。"即对非上市股份有限公司发起人股份转让情况，应以置备于	

---

① 案号：最高人民法院（2021）最高法执复19号裁定书，载中国裁判文书网，最后访问时间：2023年12月15日。

修订后《公司法》及解读等	修订前《公司法》及关联规定
该公司的股东名册为准。该案中，湖南省某工商行政管理局载明的陈某明的持股情况不能作为认定其在某医疗公司持股情况的最终依据。湖南省高级人民法院仅以工商登记显示的信息为依据，要求某医疗公司予以协助冻结陈某明的相关股份，认定事实不清，某医疗公司主张陈某明不持有该公司30%的股份，并向湖南省高级人民法院提供股东大会会议记录等证据，对此湖南省高级人民法院应予查明。	
第一百六十条　【股份转让闲置】公司公开发行股份前已发行的股份，自公司股票在证券交易所上市交易之日起一年内不得转让。**法律、行政法规或者国务院证券监督管理机构对上市公司的股东、实际控制人转让其所持有的本公司股份另有规定的，从其规定。** 　　公司董事、监事、高级管理人员应当向公司申报所持有的本公司的股份及其变动情况，在**就任时确定的**任职期间每年转让的股份不得超过其所持有本公司股份总数的百分之二十五；所持本公司股份自公司股票上市交易之日起一年内不得转让。上述人员离职后半年内，不得转让其所持有的本公司股份。公司章程可以对公司董事、监事、高级管理人员转让其所持有的本公司股份作出其他限制性规定。	《公司法》(2018年修正) 　　第141条　~~发起人持有的本公司股份，自公司成立之日起一年内不得转让。~~公司公开发行股份前已发行的股份，自公司股票在证券交易所上市交易之日起一年内不得转让。 　　公司董事、监事、高级管理人员应当向公司申报所持有的本公司的股份及其变动情况，在任职期间每年转让的股份不得超过其所持有本公司股份总数的百分之二十五；所持本公司股份自公司股票上市交易之日起一年内不得转让。上述人员离职后半年内，不得转让其所持有的本公司股份。公司章程可以对公司董事、监事、

第六章 股份有限公司的股份发行和转让 | 345

修订后《公司法》及解读等	修订前《公司法》及关联规定
股份在法律、行政法规规定的限制转让期限内出质的，质权人不得在限制转让期限内行使质权。 　　**解读**：本条是关于特定持有人股份转让限制的规定。关于股份转让限制的问题，《公司法》在刚开始制定时就存在争议，主要体现在两个方面：一是限制什么人，二是限制多长时间。本次《公司法》修订通过本条就股份有限公司特定持有人的股权转让限制作了部分修改：首先，本条删除了原《公司法》关于"发起人持有的本公司股份，自公司成立之日起一年内不得转让"的锁定要求，其目的在于给发起人转让股份进行松绑，以满足其转让股份的不时需求。以往实践中，也出现为规避发起人转让股份限制规定，将股份有限公司变更为有限责任公司的情况。其次，对上市公司的股东、实际控制人转让其所持有的本公司股份的，《公司法》对此不作硬性规定，而是将此处的限定条件交由法律、行政法规或者国务院证券监督管理机构另行规定，这主要在于在市场经济快速发展的当代，公司的发展情况也是日新月异，管得过多的《公司法》会使公司发展受限、调度困难。最后，增加"股份在法律、行政法规规定的限制转让期限内出质的，质权人不得在限制转让期限内行使质权"的规定。该规定相当于对锁定期	高级管理人员转让其所持有的本公司股份作出其他限制性规定。 　　**《证券法》** 　　**第36条**　依法发行的证券，《中华人民共和国公司法》和其他法律对其转让期限有限制性规定的，在限定的期限内不得转让。 　　上市公司持有百分之五以上股份的股东、实际控制人、董事、监事、高级管理人员，以及其他持有发行人首次公开发行前发行的股份或者上市公司向特定对象发行的股份的股东，转让其持有的本公司股份的，不得违反法律、行政法规和国务院证券监督管理机构关于持有期限、卖出时间、卖出数量、卖出方式、信息披露等规定，并应当遵守证券交易所的业务规则。

修订后《公司法》及解读等	修订前《公司法》及关联规定
内质权的行使作了限制,以避免转让人通过设立担保物权规避转让限制。另,由于董事、监事、高级管理人员对公司经营管理影响较大,为保证公司董事、监事、高级管理人员依法行使职权,切实维护其他股东、债权人、投资者合法利益,本条第2款对董事、监事及高级管理人员所持有股份的转让进行严格限制,公司董事、监事、高级管理人员应当向公司申报所持有的本公司的股份及其变动情况,在"就任时确定的"任职期间每年转让的股份不得超过其所持有本公司股份总数的25%;所持本公司股份自公司股票上市交易之日起1年内不得转让。离职后半年内,也不得转让其所持有的本公司股份。需注意,若上述人员属于本条第1款限制的主体范围,则应同时执行第1款的限制性规定。此外,关于任职期间的界定,本条明确了应以"就任时确定的"任职期间来确定。当然,公司章程也可以对董事、监事、高级管理人员转让股份作出其他限制性规定。这属于授权性规定,章程可以作出规定也可以不作规定。 案例参考:股份限制转让期间以代持方式进行的转让,受让人能否排除强制执行?(某公司与梁某利等执行异议之诉案)[1]	

---

[1] 案号:最高人民法院(2020)最高法民终421号判决书,载中国裁判文书网,最后访问时间:2023年12月15日。

修订后《公司法》及解读等	修订前《公司法》及关联规定
法律对股份有限公司特定股份持有人作出限制转让的规定，在于维护其他股东、公司、投资者以及社会公众的利益，确保公司的稳定性和运营的连续性。若允许特定主体在公司成立后很短的时间内就进行股份转让，则可能会出现不适当的转移投资风险，甚至非法集资或者炒作股票营利现象。在法律已经明确规定不得为某种行为的情况下，为该种行为，最终导致的后果应当由行为人自己承担。该案中，在兰州某银行成立一年内，案涉股权被法院冻结。某创新公司和某致远公司均是兰州某银行的发起人股东，虽然某创新公司、某致远公司、兰州某银行签订了股权转让协议，某创新公司、某致远公司就股权转让及代持事宜达成了补充协议，某创新公司支付了股权转让款，兰州某银行在某创新公司持有的股金证上添注了受让股份，但上述行为均发生在兰州某银行成立一年之内，处于《公司法》规定的股份有限公司发起人股份的限制转让期间，在法定的股份转让限制期限届满前，不应产生股权转让交付的法律效力。甘肃省高级人民法院在审理甘肃银行某支行与某公司等金融借款合同纠纷案中，对某公司持有的兰州某银行股权依法采取冻结措施时，其股份仍处于法律规定的限制转让期间，案涉股权尚不符合转让交付的时间条件。据此，某创新公司的异议不足以排除对案涉股权的强制执行。	

修订后《公司法》及解读等	修订前《公司法》及关联规定
一审关于某创新公司作为案涉股权的权利人，其民事权益足以排除强制执行的认定错误，应予纠正。	
第一百六十一条　【异议股东回购请求权】有下列情形之一的，对股东会该项决议投反对票的股东可以请求公司按照合理的价格收购其股份，**公开发行股份的公司除外**： （一）公司连续五年不向股东分配利润，而公司该五年连续盈利，并且符合本法规定的分配利润条件的； （二）公司转让主要财产； （三）公司章程规定的营业期限届满或者章程规定的其他解散事由出现，股东会通过决议修改章程使公司存续。 自股东会决议作出之日起六十日内，股东与公司不能达成股份收购协议的，股东可以自股东会决议作出之日起九十日内向人民法院提起诉讼。 公司因本条第一款规定的情形收购的本公司股份，应当在六个月内依法转让或者注销。 **解读：**本条是关于股份有限公司异议股东收购（回购）请求权的规定。本条虽列了相应的对照规定（原《公司法》第74条），但原《公司法》第74条系针对有限责任公司中异议股东收购请求权作出，故严格来说，本条属新增内容。该条虽属股份有限公司的新增内容，但绝大部分内容与修订后的《公司法》第89条关	《公司法》（2018年修正） **第74条**　有下列情形之一的，对股东会该项决议投反对票的股东可以请求公司按照合理的价格收购其股权： （一）公司连续五年不向股东分配利润，而公司该五年连续盈利，并且符合本法规定的分配利润条件的； （二）公司合并、分立、转让主要财产的； （三）公司章程规定的营业期限届满或者章程规定的其他解散事由出现，股东会会议通过决议修改章程使公司存续的。 自股东会会议决议通过之日起六十日内，股东与公司不能达成股权收购协议的，股东可以自股东会会议决议通过之日起九十日内向人民法院提起诉讼。 《公司法司法解释一》 **第3条**　原告以公司法第二十二条第二款、第七十四条第二款规定事由，向人民法院提起诉讼时，超过公司法规定期限的，人民法院不予受理。

修订后《公司法》及解读等	修订前《公司法》及关联规定
于有限责任公司中异议股东收购请求权的规定相同，只是本条第1款第2项并未规定公司合并、分立情形而只规定了公司转让主要财产的情形。关于异议股东回购请求权的规定，该种情形系一种特殊的股份转让。随着市场经济的发展，过于强调资本维持原则已不符合对维持公司主体存续以及保护中小投资者利益原则。为此，在特定情形下如股东会某些决议违背部分股东意愿，损害该部分股东的利益，此时应允许该股东经过一定的程序退出公司，即异议股东回购请求权。股份有限公司中该请求权的适用，与有限责任公司相似，也需满足如下条件：一是主体上限定为异议股东。即对股东会相关决议事项投反对票的股东。二是事由法定。即本条第1款规定的三种情形，其中需注意的是第三种情形。该种情形下允许回购，在于股东会通过决议修改章程使公司存续，实际上相当于股东通过决议重新设立公司，若有股东对此持有异议，应允许这部分股东退出公司，相当于允许其选择不参与"设立新公司"。三是先行协商，无果起诉。即自股东会决议作出之日起60日内，异议股东可与公司就收购事宜协商，无法达成协议的，该股东可自决议作出之日起90日内向法院起诉。此外，需注意，无论是协商达成的回购还是诉讼判决的回购，根据本条第3款的规定，公司对其	**《市场主体登记管理条例实施细则》** **第36条** 市场主体变更注册资本或者出资额的，应当办理变更登记。 公司增加注册资本，有限责任公司股东认缴新增资本的出资和股份有限公司的股东认购新股的，应当按照设立时缴纳出资和缴纳股款的规定执行。股份有限公司以公开发行新股方式或者上市公司以非公开发行新股方式增加注册资本，还应当提交国务院证券监督管理机构的核准或者注册文件。 公司减少注册资本，可以通过国家企业信用信息公示系统公告，公告期45日，应当于公告期届满后申请变更登记。法律、行政法规或者国务院决定对公司注册资本有最低限额规定的，减少后的注册资本应当不少于最低限额。 外商投资企业注册资本（出资额）币种发生变更，应当向登记机关申请变更登记。

修订后《公司法》及解读等	修订前《公司法》及关联规定
回购的股份仅有6个月的持有期限。如此限定在于公司回购股份后，将处于自己持有自己股份的状态，有悖于资本维持原则，不利于公司债权人、公司及其他股东的利益。为此规定公司回购股份后，应在6个月内转让或注销。 **案例参考**：非因自身过错未参加股东会的股东对公司转让主要财产提出反对意见的，能否请求公司以公平价格收购其股权（份）？（袁某晖与某置业公司请求公司收购股份纠纷案)[①] 　　根据《公司法》相关规定，对股东会决议转让公司主要财产投反对票的股东有权请求公司以合理价格回购其股权。非因自身过错未能参加股东会的股东，虽未对股东会决议投反对票，但对公司转让主要财产明确提出反对意见的，其请求公司以公平价格收购其股权，法院应予支持。该案中，某置业公司于2010年3月5日形成股东会决议，明确由沈某、钟某光、袁某晖三位股东共同主持工作，确认全部财务收支、经营活动和开支、对外经济行为必须通过申报并经全体股东联合批签才可执行，对重大资产转让要求以股东会决议批准方式执行。但是，根据某置业公司与袁某晖的往来函件，在实行联合审批办公制度之后，某置业公司对案涉二期资产进行了	

[①] 《中华人民共和国最高人民法院公报》2016年第1期。

修订后《公司法》及解读等	修订前《公司法》及关联规定
销售，该资产转让从定价到转让，均未取得股东袁某晖的同意，也未通知其参加股东会。根据《公司法》第74条的规定，对股东会决议转让公司主要财产投反对票的股东有权请求公司以合理价格回购其股权。该案从形式上看，袁某晖未参加股东会，未通过投反对票的方式表达对股东会决议的异议。但《公司法》该条的立法精神在于保护异议股东的合法权益，之所以对投反对票作出规定，意在要求异议股东将反对意见向其他股东明示。该案中袁某晖未被通知参加股东会，无从了解股东会决议并针对股东会决议投反对票，且袁某晖在2010年8月19日申请召开临时股东会时，明确表示反对二期资产转让，要求立即停止转让上述资产，某置业公司驳回了袁某晖的申请，并继续对二期资产进行转让，已经侵犯了袁某晖的股东权益。因此，二审法院判决袁某晖有权请求某置业公司以公平价格收购其股权，并无不当。	
第一百六十二条　【不得收购本公司股份及例外】 公司不得收购本公司股份。但是，有下列情形之一的除外： （一）减少公司注册资本； （二）与持有本公司股份的其他公司合并； （三）将股份用于员工持股计划或者股权激励；	《公司法》（2018年修正） **第142条** 公司不得收购本公司股份。但是，有下列情形之一的除外： （一）减少公司注册资本； （二）与持有本公司股份的其他公司合并； （三）将股份用于员工持

修订后《公司法》及解读等	修订前《公司法》及关联规定
（四）股东因对股东会作出的公司合并、分立决议持异议，要求公司收购其股份； （五）将股份用于转换公司发行的可转换为股票的公司债券； （六）上市公司为维护公司价值及股东权益所必需。 公司因前款第一项、第二项规定的情形收购本公司股份的，应当经股东会决议；公司因前款第三项、第五项、第六项规定的情形收购本公司股份的，可以按照公司章程或者股东会的授权，经三分之二以上董事出席的董事会会议决议。 公司依照本条第一款规定收购本公司股份后，属于第一项情形的，应当自收购之日起十日内注销；属于第二项、第四项情形的，应当在六个月内转让或者注销；属于第三项、第五项、第六项情形的，公司合计持有的本公司股份数不得超过本公司已发行股份总数的百分之十，并应当在三年内转让或者注销。 上市公司收购本公司股份的，应当依照《中华人民共和国证券法》的规定履行信息披露义务。上市公司因本条第一款第三项、第五项、第六项规定的情形收购本公司股份的，应当通过公开的集中交易方式进行。 公司不得接受本公司的股份作为质权的标的。	股计划或者股权激励； （四）股东因对股东大会作出的公司合并、分立决议持异议，要求公司收购其股份； （五）将股份用于转换上市公司发行的可转换为股票的公司债券； （六）上市公司为维护公司价值及股东权益所必需。 公司因前款第（一）项、第（二）项规定的情形收购本公司股份的，应当经股东大会决议；公司因前款第（三）项、第（五）项、第（六）项规定的情形收购本公司股份的，可以依照公司章程的规定或者股东大会的授权，经三分之二以上董事出席的董事会会议决议。 公司依照本条第一款规定收购本公司股份后，属于第（一）项情形的，应当自收购之日起十日内注销；属于第（二）项、第（四）项情形的，应当在六个月内转让或者注销；属于第（三）项、第（五）项、第（六）项情形的，公司合计持有的本公司股份数不得超过本公司已发行股份总额的百分之十，并应当在三年内

修订后《公司法》及解读等	修订前《公司法》及关联规定
解读：本条是关于股份有限公司不得收购本公司股份及例外情况的规定。相较原规定，本条并无实质性修改。一般而言，股份有限公司不得收购本公司的股份，主要基于三点原因：一是股份有限公司作为所有权与经营权完全相脱离的法人，其与其股东在法律上是完全不同的主体。若允许公司收购本公司股份，意味着公司将为本公司的股东，具有双重身份，同时也将打破公司和其他股东的利益平衡，易产生侵害其他股东的权益等问题。二是股份有限公司实行资本维持原则，该原则要求公司在存续期间尽可能、经常性维持与已发行股本总额相当的实际财产。若允许其收购本公司股份则会造成公司现实财产的减少，违背了该原则要求，债权人合法权益易被侵犯。三是股份的大量回购极易影响股票正常市场价格，对公司投资者将产生一定的误导，不利于形成稳定的股票交易市场。当然，并非一概不允许公司收购本公司股份，本条第1款即规定了6种例外情形，即在出现该款规定的情形时，允许公司收购相应的本公司股份。需特别说明的是以下四项：第2项即"与持有本公司股份的其他公司合并"时。公司收购是资本重组的重要形式，有利于其扩大生产及经营活动，符合市场经济发展规律，因此允许收购。第3项即"将股份用于员工持股计划或者股权激励"。	转让或者注销。 上市公司收购本公司股份的，应当依照《中华人民共和国证券法》的规定履行信息披露义务。上市公司因本条第一款第（三）项、第（五）项、第（六）项规定的情形收购本公司股份的，应当通过公开的集中交易方式进行。 公司不得接受本公司的股份作为质押权的标的。 《全国法院民商事审判工作会议纪要》 5.【与目标公司"对赌"】投资方与目标公司订立的"对赌协议"在不存在法定无效事由的情况下，目标公司仅以存在股权回购或者金钱补偿约定为由，主张"对赌协议"无效的，人民法院不予支持，但投资方主张实际履行的，人民法院应当审查是否符合公司法关于"股东不得抽逃出资"及股份回购的强制性规定，判决是否支持其诉讼请求。 投资方请求目标公司回购股权的，人民法院应当依据《公司法》第35条关于"股东不得抽逃出资"或者第142条

修订后《公司法》及解读等	修订前《公司法》及关联规定
该做法能够使员工利益与公司利益保持一致，在实践中属行之有效的公司内部激励机制，法律亦允许收购。第5项即"将股份用于转换公司发行的可转换为股票的公司债券"。公司对外发行的债券代表了公司对外存在负债，允许公司收购该债券，虽然付出了一定的公司资金，但减少了相应负债，也不违背资本维持原则，且该收购并非针对任何债券，而是限定在上市公司发行的可转换为股票的公司债券内，并不会对证券市场造成较大冲击。第6项即"上市公司为维护公司价值及股东权益所必需"。该情形也仅限于上市公司，上市公司公众性强，其往往有自己的品牌、价值、口碑效应，为了维持公司价值及维护股东权益，应允许其收购自身股份。但由于这项规定主观性较大，实践中如何准确认定有待进一步研究。需注意，公司收购本公司股份需要按照法定程序进行，需经股东会或董事会决议。其中第1项、第2项由于对公司、股东等权益影响大，故要求经股东会决议，第3项、第5项、第6项对公司、股东等权益影响相对来说小一些，可按照公司章程或股东会的授权，经2/3以上董事出席的董事会会议决议。而第4项为保护异议股东的权益，公司必须回购股份，无须经股东会或董事会决议。此外，公司收购本公司股份后，应及时进行转让或注销，以避免违背资本充实原则。本条第3款	关于股份回购的强制性规定进行审查。经审查，目标公司未完成减资程序的，人民法院应当驳回其诉讼请求。 投资方请求目标公司承担金钱补偿义务的，人民法院应当依据《公司法》第35条关于"股东不得抽逃出资"和第166条关于利润分配的强制性规定进行审查。经审查，目标公司没有利润或者虽有利润但不足以补偿投资方的，人民法院应当驳回或者部分支持其诉讼请求。今后目标公司有利润时，投资方还可以依据该事实另行提起诉讼。 《财政部关于〈公司法〉施行后有关企业财务处理问题的通知》 三、关于股份有限公司收购本公司股票的财务处理问题 股份有限公司根据《公司法》第143条规定回购股份，应当按照以下要求进行财务处理： （一）公司回购的股份在注销或者转让之前，作为库存股管理，回购股份的全部支出转作库存股成本。但与持有本公司股份的其他公司合并而导

修订后《公司法》及解读等	修订前《公司法》及关联规定
就不同情形下的转让或注销时间作了规定，公司应按规定办理。另，基于上市公司的公众性，为更好地保护股东、潜在投资者及社会公众的相关知情权及合法权益，上市公司收购本公司股份的，应按《证券法》规定履行信息披露义务，且按照本条第 1 款第 3 项、第 5 项、第 6 项规定收购本公司股份的，还需通过公开的集中交易方式进行。另值得注意的是，本条第 5 款明确了公司不得接受本公司的股份作为质押权的标的。如此规定在于当公司以本公司股份作为自己质押权的标的时，若出现债务人不能履行债务且股份拍卖时无人购买的情形，公司利益将无法维护，且如前所述公司本身又处于股东地位，容易引起法律关系混乱。 **案例参考**：未安排减资的情况下，对投资人请求目标公司回购其股份的请求应否支持？（新疆某合伙企业、梓某公司与公司有关的纠纷案）① 该案中，某合伙企业要求中某公司、梓某公司承担责任的主要依据是《补充协议》第 3 条的约定，该条款内容为"回购权"，约定在股份回购条件成就时由梓某公司或中某公司负责支付相应款项。根据《补充协议》的规定，梓某公司需回购某合伙企业持有的梓某公司的股份。但《公司法》第 142 条第 1 款规定，公司不得收购	致的股份回购，参与合并各方在合并前及合并后如均属于同一股东最终控制的，库存股成本按参与合并的其他公司持有本公司股份的相关投资账面价值确认；如不属于同一股东最终控制的，库存股成本按参与合并的其他公司持有本公司股份的相关投资公允价值确认。 库存股注销时，按照注销的股份数量减少相应股本，库存股成本高于对应股本的部分，依次冲减资本公积金、盈余公积金、以前年度未分配利润；低于对应股本的部分，增加资本公积金。 库存股转让时，转让收入高于库存股成本的部分，增加资本公积金；低于库存股成本的部分，依次冲减资本公积金、盈余公积金、以前年度未分配利润。 （二）因实行职工股权激励办法而回购股份的，回购股份不得超过本公司已发行股份总额的百分之五，所需资金应当控制在当期可供投资者分配的利润数额之内。

---

① 案号：最高人民法院（2019）最高法民申 4797 号裁定书，载中国裁判文书网，最后访问时间：2023 年 12 月 16 日。

修订后《公司法》及解读等	修订前《公司法》及关联规定
本公司股份,以下6种情形除外:(1)减少公司注册资本;(2)与持有本公司股份的其他公司合并;(3)将股份奖励给本公司职工;(4)股东因对股东大会作出的公司合并、分立决议持异议,要求公司收购其股份的;(5)将股份用于转换上市公司发行的可转换为股票的公司债券;(6)上市公司为维护公司价值及股东权益所必需。该案中,某合伙企业未能举证证实存在前述规定的梓某公司可以收购本公司股份的法定情形,且该合伙企业作为梓某公司的股东,要求梓某公司回购股份有违"资本维持"原则,将损害梓某公司及梓某公司债权人的利益,违反《公司法》相关规定。因此,二审判决认定某合伙企业和梓某公司达成的股份回购条款无效,并驳回该合伙企业对梓某公司的诉讼请求,并无不当。	股东大会通过职工股权激励办法之日与股份回购日不在同一年度的,公司应当于通过职工股权激励办法时,将预计的回购支出在当期可供投资者分配的利润中作出预留,对预留的利润不得进行分配。 公司回购股份时,应当将回购股份的全部支出转作库存股成本,同时按回购支出数额将可供投资者分配的利润转入资本公积金。 (三)库存股不得参与公司利润分配,股份有限公司应当将其作为所有者权益的备抵项目反映。
第一百六十三条 【禁止财务资助】 公司不得为他人取得本公司或者其母公司的股份提供赠与、借款、担保以及其他财务资助,公司实施员工持股计划的除外。 为公司利益,经股东会决议,或者董事会按照公司章程或者股东会的授权作出决议,公司可以为他人取得本公司或者其母公司的股份提供财务资助,但财务资助的累计总额不得超过已发行股本总额的百分之十。董事会作出决议应当经全体董事的三分之二以上通过。	《上市公司证券发行管理办法》[①] 第73条 上市公司和保荐机构、承销商向参与认购的投资者提供财务资助或补偿的,中国证监会可以责令改正;情节严重的,处以警告、罚款。 《上市公司收购管理办法》 第8条 被收购公司的董事、监事、高级管理人员对公

[①] 该文件已失效,仅供读者研究参考。

修订后《公司法》及解读等	修订前《公司法》及关联规定
违反前两款规定，给公司造成损失的，负有责任的董事、监事、高级管理人员应当承担赔偿责任。 **解读**：本条是关于禁止财务资助的规定。较原《公司法》而言，本条属新增条款。财务资助，指公司及其子公司对将要取得或已经取得公司股份的第三人提供财务上的帮助。之所以设立禁止财务资助制度，主要基于以下原因：首先，公司及其子公司的财务资源用于支持第三方购买本公司股份，会产生公司财产的消耗或低风险资产置换成高风险资产或资本减少而损害目标公司或其债权人利益，也可能因资助行为被管理层人员操纵而损害股东利益。其次，财务资助会不正当地减少已发行资本，间接违背了禁止公司买卖自身股份的原则，禁止财务资助也可看作资本维持的自然延伸。再次，允许公司提供财务资助，可能会引起提供资助公司的股票价格上涨。禁止财务资助则是对目标公司股票的价格决定机制的重要保护，防止干扰正常的公司股票市场。最后，禁止财务资助是限制杠杆收购的需要。杠杆收购，即通过大规模债务融资来支付对目标公司收购的交易费用，以获取对公司的控制权。但目标公司最终承担收购成本，且其现金流被用于进行收购债务的最终支付。因而，禁止财务资助有助于限制杠杆收购。综上，本条规定了禁止财务	司负有忠实义务和勤勉义务，应当公平对待收购本公司的所有收购人。 被收购公司董事会针对收购所做出的决策及采取的措施，应当有利于维护公司及其股东的利益，不得滥用职权对收购设置不适当的障碍，不得利用公司资源向收购人提供任何形式的财务资助，不得损害公司及其股东的合法权益。 **《非上市公众公司收购管理办法》** **第8条** 被收购公司的董事、监事、高级管理人员对公司负有忠实义务和勤勉义务，应当公平对待收购本公司的所有收购人。 被收购公司董事会针对收购所做出的决策及采取的措施，应当有利于维护公司及其股东的利益，不得滥用职权对收购设置不适当的障碍，不得利用公司资源向收购人提供任何形式的财务资助。

修订后《公司法》及解读等	修订前《公司法》及关联规定
资助。但也存在例外情形，即在"公司实施员工持股计划"的情况下，可允许公司进行财务资助。此外，在为保障公司利益的情况下也可进行财产资助，但需严格按照程序与条件进行，按照本条第 2 款的规定，程序上，需经股东会决议或董事会按照公司章程或者股东会的授权作出决议，且董事会作出决议要求经全体董事的 2/3 以上通过；数额上，要求资助总额不超过公司已发行股份总额的"百分之十"，以避免过多占用、消耗公司资本，影响外部债权人及其他股东利益。另，由于财务资助行为的发生往往离不开董事、监事、高级管理人员的参与，甚至正是由于上述人员基于各种因素的推动才会出现财务资助行为，故需就上述人员的责任作出明确规定，以依法限制并合理引导。为此，本条第 3 款作了相关规定。 **案例参考**：上市公司控股股东未定向增发的股票投资人提供差额补足的约定是否有效？(李某辉与袁某华合同纠纷案)① 　　该案中，双方当事人通过《差额补足协议》最终投资的股票为上市公司东方精工定向增发的股票，而非已经在二级市场上自由流通的股票。该定向增发的	

---

① 案号：最高人民法院（2021）最高法民申 2922 号裁定书，载中国裁判文书网，最后访问时间：2023 年 12 月 16 日。

修订后《公司法》及解读等	修订前《公司法》及关联规定
股票具有较长的交易锁定期，且锁定期满后上市交易还需遵守证监会以及证券交易所的相关规定，一般不会造成股价的大幅波动进而危害金融秩序。案涉协议是合同各方对股票未来价值做出商业判断后进行的风险以及收益的预先分配，协议中既有对投资人投资风险的保障承诺，也有对超额分成的约定，符合正常的商业逻辑，也不违反证券交易风险自负的原则。该协议系双方当事人的真实意思表示，虽然协议约定控股股东对投资人未能实现的收益或者产生的亏损承担担保责任，但该担保责任系控股股东一方的主要合同义务，并非合同法或担保法所规定的具有从属性质的担保责任，李某辉主张的因不存在主债权债务关系而应认定该约定无效的申请理由不能成立。	
第一百六十四条 【股票丢失的救济】股票被盗、遗失或者灭失，股东可以依照《中华人民共和国民事诉讼法》规定的公示催告程序，请求人民法院宣告该股票失效。人民法院宣告该股票失效后，股东可以向公司申请补发股票。 **解读：**本条是关于股票丢失的救济的规定。由于《公司法》修订取消了无记名股票，只保留记名股票的类型，因此本条无须再强调"记名"二字。股票作为一种非设权证券，股东所享有的股东权并非由股票单独创设，而是股份本身	《公司法》(2018年修正) **第143条** ~~记名~~股票被盗、遗失或者灭失，股东可以依照《中华人民共和国民事诉讼法》规定的公示催告程序，请求人民法院宣告该股票失效。人民法院宣告该股票失效后，股东可以向公司申请补发股票。 《民事诉讼法》 **第229条** 按照规定可以背书转让的票据持有人，因票

修订后《公司法》及解读等	修订前《公司法》及关联规定
所包含的权利，股票只是把已经存在的股东权表现为证券形式。换而言之，股东权利的享有与股票的持有并不完全一致，特别是在股票被盗、遗失或灭失的情况下。为此本条规定股票被盗、遗失或者灭失的，股东可依照《民事诉讼法》规定的公示催告程序，请求人民法院宣告该股票失效。法院依法宣告该股票失效后，股东可向公司申请补发股票。具体的公示催告程序，2023年9月修正通过并于2024年1月1日开始施行的《民事诉讼法》第229条至第234条进行了具体规定。	据被盗、遗失或者灭失，可以向票据支付地的基层人民法院申请公示催告。依照法律规定可以申请公示催告的其他事项，适用本章规定。 申请人应当向人民法院递交申请书，写明票面金额、发票人、持票人、背书人等票据主要内容和申请的理由、事实。 第230条 人民法院决定受理申请，应当同时通知支付人停止支付，并在三日内发出公告，催促利害关系人申报权利。公示催告的期间，由人民法院根据情况决定，但不得少于六十日。 第231条 支付人收到人民法院停止支付的通知，应当停止支付，至公示催告程序终结。 公示催告期间，转让票据权利的行为无效。 第232条 利害关系人应当在公示催告期间向人民法院申报。 人民法院收到利害关系人的申报后，应当裁定终结公示催告程序，并通知申请人和支付人。

修订后《公司法》及解读等	修订前《公司法》及关联规定
	申请人或者申报人可以向人民法院起诉。 **第233条** 没有人申报的，人民法院应当根据申请人的申请，作出判决，宣告票据无效。判决应当公告，并通知支付人。自判决公告之日起，申请人有权向支付人请求支付。 **第234条** 利害关系人因正当理由不能在判决前向人民法院申报的，自知道或者应当知道判决公告之日起一年内，可以向作出判决的人民法院起诉。
第一百六十五条 【股票交易】 上市公司的股票，依照有关法律、行政法规及证券交易所交易规则上市交易。 **解读：** 本条是关于上市公司股票交易的规定。股票上市交易，是指股份有限公司将其公开发行的股票，按照国家有关规定，向相关部门及证券交易所申请，经批准作为交易对象在证券交易所自由交易。上市公司的股票交易要依法进行。一方面，要按照证券法等法律规定进行。《公司法》对上市公司股票的交易，只是一个原则性的规定。如何交易还需要有具体的规定，《证券法》的规定即是其中之一。《证券法》对证券交易基本原则、信息公开、禁止交易的行为及上市公司的收购、证券交易场所等都作了	《公司法》（2018年修正） **第144条** 上市公司的股票，依照有关法律、行政法规及证券交易所交易规则上市交易。 《证券法》 **第46条** 申请证券上市交易，应当向证券交易所提出申请，由证券交易所依法审核同意，并由双方签订上市协议。 证券交易所根据国务院授权的部门的决定安排政府债券上市交易。 **第47条** 申请证券上市交易，应当符合证券交易所上市规则规定的上市条件。

修订后《公司法》及解读等	修订前《公司法》及关联规定
具体规定。另一方面，要按照行政法规、规章等的规定进行。为进一步规范股票的交易行为，《公司法》《证券法》等法律均授权国务院制定相应的行政法规，证监会等也依法制定了相应规章，相应的股票交易也应遵守。此外，也应按照证券交易所交易规则进行交易。证券交易所是为证券集中交易提供场所和设施，组织和监督证券交易，实行自律的法人。目前内地有上海、深圳、北京三个交易所。为确保该场所交易有序，证券交易所会制定一些交易规则。在该交易所进行的股票交易，也应遵守交易所的相关规则。	证券交易所上市规则规定的上市条件，应当对发行人的经营年限、财务状况、最低公开发行比例和公司治理、诚信记录等提出要求。 **第48条** 上市交易的证券，有证券交易所规定的终止上市情形的，由证券交易所按照业务规则终止其上市交易。 证券交易所决定终止证券上市交易的，应当及时公告，并报国务院证券监督管理机构备案。 **第49条** 对证券交易所作出的不予上市交易、终止上市交易决定不服的，可以向证券交易所设立的复核机构申请复核。 **第62—77条**，正文略。 **《上市公司收购管理办法》** **第1条** 为了规范上市公司的收购及相关股份权益变动活动，保护上市公司和投资者的合法权益，维护证券市场秩序和社会公共利益，促进证券市场资源的优化配置，根据《证券法》、《公司法》及其他相关法律、行政法规，制定本办法。 ……

修订后《公司法》及解读等	修订前《公司法》及关联规定
第一百六十六条　【信息披露】上市公司应当依照法律、行政法规的规定披露相关信息。 **解读：**本条是关于上市公司信息公开（也称信息披露）义务的规定。较原《公司法》，本条删除了对财务会计报告"在每会计年度内半年公布一次"的时间要求，原因在于2019年修订的《证券法》对此已有具体规定。此外，本条对上市公司信息披露规则采取概括规定的方式值得肯定，尤其是继设立科创板并试点注册制后，我国《证券法》已全面实行证券公开发行注册制，概括规定有利于公司法与其他法律法规之间的协调，增强了立法的体系性和协调性。明确上市公司的信息公开义务，在于确保投资者对上市公司的生产经营状况及时了解，进而作出或调整投资策略，同时也促使投资者处于平等地位，以维持证券交易公开、公平、公正的原则。信息披露义务要求上市公司将可能对上市公司股票市场价格产生较大影响的重大事件及时报告并予公告，说明事件的起因、目前的状态和可能产生的法律后果。上市公司信息披露应当依照法律、行政法规的规定进行公开，即信息公开需依法进行，而不能违法披露，如任意扩大或缩小披露范围、掺杂虚假信息一并披露等。公开的事项包括财务状况、经营情况、重大诉	《公司法》（2018年修正） **第145条**　上市公司必须依照法律、行政法规的规定，公开其财务状况、经营情况及重大诉讼，在每会计年度内半年公布一次财务会计报告。 《证券法》 **第78条**　发行人及法律、行政法规和国务院证券监督管理机构规定的其他信息披露义务人，应当及时依法履行信息披露义务。 信息披露义务人披露的信息，应当真实、准确、完整，简明清晰，通俗易懂，不得有虚假记载、误导性陈述或者重大遗漏。 证券同时在境内境外公开发行、交易的，其信息披露义务人在境外披露的信息，应当在境内同时披露。 **第79条**　上市公司、公司债券上市交易的公司、股票在国务院批准的其他全国性证券交易场所交易的公司，应当按照国务院证券监督管理机构和证券交易场所规定的内容和格式编制定期报告，并按照以下规定报送和公告：

修订后《公司法》及解读等	修订前《公司法》及关联规定
讼、财务会计报告等。《证券法》及相关行政法规对此则作了较为具体的规定。此外，最高人民法院出台的《关于审理证券市场虚假陈述侵权民事赔偿案件的若干规定》中的很多甚至大部分内容本质上也属信息披露相关内容，值得关注。 **案例参考**：协议收购上市公司的收购人应否对重大遗漏披露情形向投资者承担连带责任？（西藏某公司、某集团某公司证券虚假陈述责任纠纷案）① 依据《证券法》相关规定，就该案而言，西藏某公司作为收购人，是案涉股权权益变动中的信息披露义务人。中国证监会《行政处罚决定书》认定西藏某公司"通过某机床披露《详式权益变动报告书》时，未披露'3个月自动解除'条款，以及包括'获得云南各部门支持'条款在内的全部生效条件，以及未披露补充协议的行为，违反了《上市公司收购管理办法》第3条第3款的规定，构成《证券法》第193条第1款所述信息披露存在重大遗漏和未按照规定披露信息的行为"。《证券法》（2019年修订）第78条第2款规定，信息披露义务人披露的信息，应当真实、准确、完整，简明清晰，通俗易懂，不得有虚假记载、误导性陈述或者重大遗漏。该案中，西藏某公司并未充分披露协议全部生效条件及相应补充协议，	（一）在每一会计年度结束之日起四个月内，报送并公告年度报告，其中的年度财务会计报告应当经符合本法规定的会计师事务所审计； （二）在每一会计年度的上半年结束之日起二个月内，报送并公告中期报告。 **第80条** 发生可能对上市公司、股票在国务院批准的其他全国性证券交易场所交易的公司的股票交易价格产生较大影响的重大事件，投资者尚未得知时，公司应当立即将有关该重大事件的情况向国务院证券监督管理机构和证券交易场所报送临时报告，并予公告，说明事件的起因、目前的状态和可能产生的法律后果。 前款所称重大事件包括： （一）公司的经营方针和经营范围的重大变化； （二）公司的重大投资行为，公司在一年内购买、出售重大资产超过公司资产总额百分之三十，或者公司营业用主要资产的抵押、质押、出售或者报废一次超过该资产的百分之三十；

---

① 案号：最高人民法院（2020）最高法民申94号裁定书，载中国裁判文书网，最后访问时间：2023年12月15日。

修订后《公司法》及解读等	修订前《公司法》及关联规定
违反了上述规定。据此，原审判决认定西藏某公司违反披露信息必须完整、不得有重大遗漏的法定义务，存在事实和法律依据。虽然最高人民法院《关于审理证券市场因虚假陈述引发的民事赔偿案件的若干规定》①第7条关于"共同侵权责任"的规定，并没有明文列举证券交易中实施虚假陈述行为的股权受让人的责任，但并不意味着该规定以穷尽式列举排除侵权责任法的适用。原审判决适用《侵权责任法》第11条规定认定西藏某公司因共同侵权行为承担责任，并无不当。	（三）公司订立重要合同、提供重大担保或者从事关联交易，可能对公司的资产、负债、权益和经营成果产生重要影响； （四）公司发生重大债务和未能清偿到期重大债务的违约情况； （五）公司发生重大亏损或者重大损失； （六）公司生产经营的外部条件发生的重大变化； （七）公司的董事、三分之一以上监事或者经理发生变动，董事长或者经理无法履行职责； （八）持有公司百分之五以上股份的股东或者实际控制人持有股份或者控制公司的情况发生较大变化，公司的实际控制人及其控制的其他企业从事与公司相同或者相似业务的情况发生较大变化； （九）公司分配股利、增资的计划，公司股权结构的重要变化，公司减资、合并、分立、解散及申请破产的决定，或者依法进入破产程序、被责令关闭；

---

① 该文件已失效。

修订后《公司法》及解读等	修订前《公司法》及关联规定
	（十）涉及公司的重大诉讼、仲裁，股东大会、董事会决议被依法撤销或者宣告无效； （十一）公司涉嫌犯罪被依法立案调查，公司的控股股东、实际控制人、董事、监事、高级管理人员涉嫌犯罪被依法采取强制措施； （十二）国务院证券监督管理机构规定的其他事项。 公司的控股股东或者实际控制人对重大事件的发生、进展产生较大影响的，应当及时将其知悉的有关情况书面告知公司，并配合公司履行信息披露义务。 **第82条** 发行人的董事、高级管理人员应当对证券发行文件和定期报告签署书面确认意见。 发行人的监事会应当对董事会编制的证券发行文件和定期报告进行审核并提出书面审核意见。监事应当签署书面确认意见。 发行人的董事、监事和高级管理人员应当保证发行人及时、公平地披露信息，所披露的信息真实、准确、完整。

修订后《公司法》及解读等	修订前《公司法》及关联规定
	董事、监事和高级管理人员无法保证证券发行文件和定期报告内容的真实性、准确性、完整性或者有异议的，应当在书面确认意见中发表意见并陈述理由，发行人应当披露。发行人不予披露的，董事、监事和高级管理人员可以直接申请披露。 **第83条** 信息披露义务人披露的信息应当同时向所有投资者披露，不得提前向任何单位和个人泄露。但是，法律、行政法规另有规定的除外。 任何单位和个人不得非法要求信息披露义务人提供依法需要披露但尚未披露的信息。任何单位和个人提前获知的前述信息，在依法披露前应当保密。 **第84条** 除依法需要披露的信息之外，信息披露义务人可以自愿披露与投资者作出价值判断和投资决策有关的信息，但不得与依法披露的信息相冲突，不得误导投资者。 发行人及其控股股东、实际控制人、董事、监事、高级管理人员等作出公开承诺的，应当披露。不履行承诺给投资

修订后《公司法》及解读等	修订前《公司法》及关联规定
	者造成损失的，应当依法承担赔偿责任。 **第 85 条** 信息披露义务人未按照规定披露信息，或者公告的证券发行文件、定期报告、临时报告及其他信息披露资料存在虚假记载、误导性陈述或者重大遗漏，致使投资者在证券交易中遭受损失的，信息披露义务人应当承担赔偿责任；发行人的控股股东、实际控制人、董事、监事、高级管理人员和其他直接责任人员以及保荐人、承销的证券公司及其直接责任人员，应当与发行人承担连带赔偿责任，但是能够证明自己没有过错的除外。 **第 86 条** 依法披露的信息，应当在证券交易场所的网站和符合国务院证券监督管理机构规定条件的媒体发布，同时将其置备于公司住所、证券交易场所，供社会公众查阅。 **第 87 条第 1 款** 国务院证券监督管理机构对信息披露义务人的信息披露行为进行监督管理。 《最高人民法院关于审理证券市场虚假陈述侵权民事赔偿案件的若干规定》 **第 4 条** 信息披露义务人

修订后《公司法》及解读等	修订前《公司法》及关联规定
	违反法律、行政法规、监管部门制定的规章和规范性文件关于信息披露的规定，在披露的信息中存在虚假记载、误导性陈述或者重大遗漏的，人民法院应当认定为虚假陈述。 　　虚假记载，是指信息披露义务人披露的信息中对相关财务数据进行重大不实记载，或者对其他重要信息作出与真实情况不符的描述。 　　误导性陈述，是指信息披露义务人披露的信息隐瞒了与之相关的部分重要事实，或者未及时披露相关更正、确认信息，致使已经披露的信息因不完整、不准确而具有误导性。 　　重大遗漏，是指信息披露义务人违反关于信息披露的规定，对重大事件或者重要事项等应当披露的信息未予披露。 　　**第5条**　证券法第八十五条规定的"未按照规定披露信息"，是指信息披露义务人未按照规定的期限、方式等要求及时、公平披露信息。 　　信息披露义务人"未按照规定披露信息"构成虚假陈述的，依照本规定承担民事责任；构成内幕交易的，依照证

修订后《公司法》及解读等	修订前《公司法》及关联规定
	券法第五十三条的规定承担民事责任；构成公司法第一百五十二条规定的损害股东利益行为的，依照该法承担民事责任。 （该规定全部条文都属关联内容，正文略。） 《全国法院民商事审判工作会议纪要》 22.【上市公司为他人提供担保】债权人根据上市公司公开披露的关于担保事项已经董事会或者股东大会决议通过的信息订立的担保合同，人民法院应当认定有效。
第一百六十七条　【股东资格继承】 自然人股东死亡后，其合法继承人可以继承股东资格；但是，**股份转让受限的股份有限公司的章程另有规定的除外。** 解读：本条是关于股份有限公司股东资格继承的规定。原《公司法》只通过第75条规定了有限责任公司股东资格的继承，并未规定股份有限公司股东资格的继承，因此严格来说，本条属新增内容。依照《民法典》的规定，自然人股东死亡后，其遗留的个人合法财产依法由他人继承。股东的出资额是股东的个人合法财产，也应依照《民法典》的规定，可由他人依法继承。但《民法典》规定的继承，仅限于财产权的范围。换而	《公司法》（2018年修正） 第75条　自然人股东死亡后，其合法继承人可以继承股东资格；但是，公司章程另有规定的除外。 《民法典》 第124条　自然人依法享有继承权。 自然人合法的私有财产，可以依法继承。 第1120条　国家保护自然人的继承权。 第1122条　遗产是自然人死亡时遗留的个人合法财产。 依照法律规定或者根据其

修订后《公司法》及解读等	修订前《公司法》及关联规定
言之，公司股份的继承，仅仅是财产的继承；而股东资格的继承，则不仅是财产的继承，而且有人身权的属性。因此，本条就股份有限公司股东资格的继承与前面有关有限责任公司股东资格的继承的条文，均规定"自然人股东死亡后，其合法继承人可以继承股东资格"，但也存在除外情况。对有限责任公司而言，是章程另有规定的除外。但由于股份有限公司资合性更强，而人合性相对有限责任公司则更弱一些，本条针对股份有限公司，则进一步缩小了除外范围，只限定在"股份转让受限的股份有限公司的章程另有规定的除外"。	性质不得继承的遗产，不得继承。
第七章　国家出资公司组织机构的特别规定	
第一百六十八条　【国家出资公司概念】 国家出资公司的组织机构，适用<u>本章规定；本章没有规定的，适用本法其他规定</u>。 本法所称<u>国家出资公司，是指国家出资的国有独资公司、国有资本控股公司，包括国家出资的有限责任公司、股份有限公司</u>。 **解读：** 本条是"国家出资公司组织机构的特别规定"一章中的第1条，就国家出资公司的概念及其组织机构的法律适用作了规定。专章设立"国家出资公司组织机构的特别规定"并取代此前的"国有独资公司的特别规定"是本次	《公司法》（2018年修正） **第64条**　国有独资公司的设立和组织机构，适用<u>本节规定；本节没有规定的，适用本章第一节、第二节的规定</u>。 本法所称<u>国有独资公司，是指国家单独出资、由国务院或者地方人民政府授权本级人民政府国有资产监督管理机构履行出资人职责的有限责任公司</u>。 《企业国有资产法》 **第5条**　本法所称国家出资企业，是指国家出资的国有

修订后《公司法》及解读等	修订前《公司法》及关联规定
《公司法》修订的一大亮点，充分体现了进一步深化国有企业改革、完善现代企业制度的决心与信心。作为该专章的第1条，较原《公司法》第64条仅针对国有独资公司的规定，本条对适用的主体范围进行了扩大，从名称即可看出，本条明确的适用主体为国家出资公司，这是一个范围更广的概念，根据本条第2款的规定，它包括了国有独资公司、国有资本控股公司。此外，原《公司法》规定的国有独资公司仅限定有限责任公司，现在则将国有独资、国有资本控股的有限责任公司、股份有限公司均纳入。如此，可较为全面地覆盖对涉及国家出资公司的范围，依法防止国有资产流失。需注意，本条并未将国有资本参股公司纳入，但《企业国有资产法》第5条规定的国家出资企业还包括了"国有资本参股公司"。至于国有资本参股公司能否适用或参照适用《公司法》的该章内容，《公司法》并未进行明确。	独资企业、国有独资公司，以及国有资本控股公司、国有资本参股公司。
第一百六十九条 【履行出资人职责的主体】国家出资公司，由国务院或者地方人民政府分别代表国家依法履行出资人职责，享有出资人权益。国务院或者地方人民政府可以授权国有资产监督管理机构或者其他部门、机构代表本级人民政府对国家出资公司履行出资人职责。	《企业国有资产法》 第11条 国务院国有资产监督管理机构和地方人民政府按照国务院的规定设立的国有资产监督管理机构，根据本级人民政府的授权，代表本级人民政府对国家出资企业履行出资人职责。

修订后《公司法》及解读等	修订前《公司法》及关联规定
代表本级人民政府履行出资人职责的机构、部门，以下统称为履行出资人职责的机构。 **解读：**本条是关于国家出资公司中履行出资人职责主体的规定。相较原《公司法》仅规定了国资委，本次修订将主体扩大为国资委或者其他部门、机构，并统称为履行出资人职责的机构，但其履行职责的前提是获得国务院或地方人民政府的授权。从某种程度上看，本条可以说是解除了受托主体的限制，任何政府部门和机构都有成为受托履行出资人职责机构的可能。如此规定实际上是对现状的认可，顺应市场现实发展的需求，但实践中哪些机构、部门可能会成为"国有出资公司"的出资人，有待进一步的制度完善。 **案例参考：**上级政府单方要求将其管理的国有资产转让给下级政府的行为是否属于买卖？（泸州某汽车修理厂诉泸县某公司承租人优先购买权案）[1] 上级政府单方要求将其管理的国有资产转让给下级政府，并不属于买卖关系。因为政府之间是上下级行政机关领导与被领导的隶属关系，该转让的产生是由上级人民政府以会议纪要的方式决定的，双方只是执行该决定，并不是平等	国务院和地方人民政府根据需要，可以授权其他部门、机构代表本级人民政府对国家出资企业履行出资人职责。 代表本级人民政府履行出资人职责的机构、部门，以下统称履行出资人职责的机构。 **第12条** 履行出资人职责的机构代表本级人民政府对国家出资企业依法享有资产收益、参与重大决策和选择管理者等出资人权利。 履行出资人职责的机构依照法律、行政法规的规定，制定或者参与制定国家出资企业的章程。 履行出资人职责的机构对法律、行政法规和本级人民政府规定须经本级人民政府批准的履行出资人职责的重大事项，应当报请本级人民政府批准。 **《企业国有资产监督管理暂行条例》** **第4条** 企业国有资产属于国家所有。国家实行由国务院和地方人民政府分别代表国

---

[1] 国家法官学院、中国人民大学法学院编：《中国审判案例要览》（2011年民事审判案例卷），中国人民大学出版社2013年版，第102页。

修订后《公司法》及解读等	修订前《公司法》及关联规定
主体所签订的合同,所以这种情形不属于买卖关系。由于前提不符合,所以更不存在拥有优先购买权的问题。	家履行出资人职责,享有所有者权益,权利、义务和责任相统一,管资产和管人、管事相结合的国有资产管理体制。 **第5条** 国务院代表国家对关系国民经济命脉和国家安全的大型国有及国有控股、国有参股企业,重要基础设施和重要自然资源等领域的国有及国有控股、国有参股企业,履行出资人职责。国务院履行出资人职责的企业,由国务院确定、公布。 省、自治区、直辖市人民政府和设区的市、自治州级人民政府分别代表国家对由国务院履行出资人职责以外的国有及国有控股、国有参股企业,履行出资人职责。其中,省、自治区、直辖市人民政府履行出资人职责的国有及国有控股、国有参股企业,由省、自治区、直辖市人民政府确定、公布,并报国务院国有资产监督管理机构备案;其他由设区的市、自治州级人民政府履行出资人职责的国有及国有控股、国有参股企业,由设区的市、自治州级人民政府确定、公布,并报省、自治区、直辖市人民政府国有资产监督管理机构备案。

修订后《公司法》及解读等	修订前《公司法》及关联规定
	国务院,省、自治区、直辖市人民政府,设区的市、自治州级人民政府履行出资人职责的企业,以下统称所出资企业。
第6条 国务院,省、自治区、直辖市人民政府,设区的市、自治州级人民政府,分别设立国有资产监督管理机构。国有资产监督管理机构根据授权,依法履行出资人职责,依法对企业国有资产进行监督管理。
企业国有资产较少的设区的市、自治州,经省、自治区、直辖市人民政府批准,可以不单独设立国有资产监督管理机构。
第12条 国务院国有资产监督管理机构是代表国务院履行出资人职责、负责监督管理企业国有资产的直属特设机构。
省、自治区、直辖市人民政府国有资产监督管理机构,设区的市、自治州级人民政府国有资产监督管理机构是代表本级政府履行出资人职责、负责监督管理企业国有资产的直属特设机构。
上级政府国有资产监督管理机构依法对下级政府的国有资产监督管理工作进行指导和监督。

修订后《公司法》及解读等	修订前《公司法》及关联规定
第一百七十条 【党组织及其领导】国家出资公司中中国共产党的组织,按照中国共产党章程的规定发挥领导作用,研究讨论公司重大经营管理事项,支持公司的组织机构依法行使职权。 解读:本条是新增的关于国家出资公司中党组织领导作用及职权行使的规定。坚持党的领导,是国家出资公司的特征和优势,是完善中国特色现代企业制度的根本要求。本条强调了中国共产党按照党章对国家出资公司发挥领导作用这一基本原则,并规定了党组织的相应职责,将党组织领导与国家出资公司的现代化治理架构相结合,也是完善现代企业制度的体现。本条明确国家出资公司中的党组织对公司的领导体现在把方向、管大局、保落实上,研究讨论公司重大经营管理事项,支持股东会、董事会、监事会等组织机构依法行使职权。本条规定为国家出资公司中的党组织明确了地位并提供了工作依据和方法,简而言之,即是依据党章发挥领导作用,支持"三会"和高管行使职权。	《国有企业公司章程制定管理办法》 第4条 国有企业公司章程的制定管理应当坚持党的全面领导、坚持依法治企、坚持权责对等原则,切实规范公司治理,落实企业法人财产权与经营自主权,完善国有企业监管,确保国有资产保值增值。
第一百七十一条 【章程制定】国有独资公司章程由<u>履行出资人职责的机构</u>制定。 解读:本条是关于国有独资公司章程制定的规定。相较原《公司法》规定,本条将主体名称进行了替换。并通过对国有独资公司章程制定的职责进一步明	《公司法》(2018年修正) 第65条 国有独资公司章程由<u>国有资产监督管理机构</u>制定,~~或者由董事会制订报国有资产监督管理机构批准~~。 《企业国有资产法》 第12条 履行出资人职责

修订后《公司法》及解读等	修订前《公司法》及关联规定
确和落实，强化履行出资人职责的机构对国有独资公司的控制权。由于国有独资公司的投资者只有一个即国家，故不存在股东共同制定的情形。即国有独资公司章程订立方式只有一种，由履行出资人职责的机构制定。公司章程的最后决定权均在出资人。无论通过哪种具体方式来制定，都应依照《公司法》关于公司章程制定的内容依法进行，这也与本法关于公司章程制定和修改的规定相统一。此外需注意，本条规定仅针对国有独资公司，并非针对所有的国家出资公司。	的机构代表本级人民政府对国家出资企业依法享有资产收益、参与重大决策和选择管理者等出资人权利。 履行出资人职责的机构依照法律、行政法规的规定，制定或者参与制定国家出资企业的章程。 履行出资人职责的机构对法律、行政法规和本级人民政府规定须经本级人民政府批准的履行出资人职责的重大事项，应当报请本级人民政府批准。 **《国有企业公司章程制定管理办法》** **第2条** 国家出资并由履行出资人职责的机构监管的国有独资公司、国有全资公司和国有控股公司章程制定过程中的制订、修改、审核、批准等管理行为适用本办法。 **第3条** 本办法所称履行出资人职责的机构（以下简称出资人机构）是指国务院国有资产监督管理机构和地方人民政府按照国务院的规定设立的国有资产监督管理机构，以及国务院和地方人民政府根据需要授权代表本级人民政府对国

修订后《公司法》及解读等	修订前《公司法》及关联规定
	有企业履行出资人职责的其他部门、机构。 **第4条** 国有企业公司章程的制定管理应当坚持党的全面领导、坚持依法治企、坚持权责对等原则,切实规范公司治理,落实企业法人财产权与经营自主权,完善国有企业监管,确保国有资产保值增值。 **第16条** 国有独资公司章程由出资人机构负责制定,或者由董事会制订报出资人机构批准。出资人机构可以授权新设、重组、改制企业的筹备机构等其他决策机构制订公司章程草案,报出资人机构批准。 **第17条** 发生下列情形之一时,应当依法制定国有独资公司章程: (一)新设国有独资公司的; (二)通过合并、分立等重组方式新产生国有独资公司的; (三)国有独资企业改制为国有独资公司的; (四)发生应当制定公司章程的其他情形。

修订后《公司法》及解读等	修订前《公司法》及关联规定
	第26条 国有全资公司、国有控股公司设立时，股东共同制定公司章程。
第一百七十二条 【出资人职权行使】国有独资公司不设股东会，由履行出资人职责的机构行使股东会职权。履行出资人职责的机构可以授权公司董事会行使股东会的部分职权，但公司章程的制定和修改，公司的合并、分立、解散、申请破产，增加或者减少注册资本，分配利润，应当由履行出资人职责的机构决定。 解读：本条是关于国有独资公司出资人职权行使或者说股东权行使的规定。由于国有独资公司只有一个投资主体，故其不设股东会。基于履行出资人职责的机构的独立性，国有独资公司的决策不能完全依附这一外部主体，故本条规定履行出资人职责的机构可以授权公司董事会行使股东会的部分职权。但需注意，相较原《公司法》规定，本条不仅将主体名称进行了替换，还增加规定了"公司章程的制定和修改、申请破产、分配利润"事项须由履行出资人职责的机构决定，而不得将前述权利不授权给董事会，并删除"重要的国有独资公司合并、分立、解散、申请破产的，应当由国有资产监督管理机构审核后，报本级人民政府批准"的内容。另，原规定中"发行公司债券"事项也不得授权董事会	《公司法》（2018年修正） 第66条第1款 国有独资公司不设股东会，由国有资产监督管理机构行使股东会职权。国有资产监督管理机构可以授权公司董事会行使股东会的部分职权，决定公司的重大事项，但公司的合并、分立、解散、增加或者减少注册资本~~和发行公司债券~~，必须由国有资产监督管理机构决定~~；其中，重要的国有独资公司合并、分立、解散、申请破产的，应当由国有资产监督管理机构审核后，报本级人民政府批准~~。 《企业国有资产法》 第12条 履行出资人职责的机构代表本级人民政府对国家出资企业依法享有资产收益、参与重大决策和选择管理者等出资人权利。 履行出资人职责的机构依照法律、行政法规的规定，制定或者参与制定国家出资企业的章程。 履行出资人职责的机构对法律、行政法规和本级人民政

修订后《公司法》及解读等	修订前《公司法》及关联规定
的规定，本条未再保留，意味着履行出资人职责的机构可将此职权授权董事会依法行使。	府规定须经本级人民政府批准的履行出资人职责的重大事项，应当报请本级人民政府批准。 **《企业国有资产监督管理暂行条例》** **第13条** 国有资产监督管理机构的主要职责是： （一）依照《中华人民共和国公司法》等法律、法规，对所出资企业履行出资人职责，维护所有者权益； （二）指导推进国有及国有控股企业的改革和重组； （三）依照规定向所出资企业委派监事； （四）依照法定程序对所出资企业的企业负责人进行任免、考核，并根据考核结果对其进行奖惩； （五）通过统计、稽核等方式对企业国有资产的保值增值情况进行监管； （六）履行出资人的其他职责和承办本级政府交办的其他事项。 国务院国有资产监督管理机构除前款规定职责外，可以制定企业国有资产监督管理的规章、制度。

修订后《公司法》及解读等	修订前《公司法》及关联规定
第一百七十三条 【国有独资公司董事会】国有独资公司的董事会依照本法规定行使职权。 国有独资公司的董事会成员中，应当过半数为外部董事，并应当有公司职工代表。 董事会成员由履行出资人职责的机构委派；但是，董事会成员中的职工代表由公司职工代表大会选举产生。 董事会设董事长一人，可以设副董事长。董事长、副董事长由履行出资人职责的机构从董事会成员中指定。 **解读**：本条是关于国有独资公司董事会的规定。相较原《公司法》规定，本条除相应表述替换外，另增加董事会成员中应当有过半数的外部董事这一内容。基于外部董事具有较强的独立性，通过"外部董事"在董事会中占多数的制度性安排，防止所有权完全取代经营权，有利于国有独资公司建立现代公司机制，提升公司的经营能力，更好地融入市场。这无疑体现了国家进一步将国有独资公司决策权与执行权相分离的改革决心。其他方面，关于董事会的组成，本条依然延续了应当有职工代表的规定。关于董事会职权范围，本条笼统表述为"依照本法规定行使"，而未像原《公司法》一样局限于依据第46条、第66条规定，无疑拓宽了可行使的职权范围。董事名额的分配上，依然要求有职工代表，	《公司法》（2018年修正） **第67条** 国有独资公司设董事会，依照本法第四十六条、第六十六条的规定行使职权。董事每届任期不得超过三年。董事会成员中应当有公司职工代表。 董事会成员由国有资产监督管理机构委派；但是，董事会成员中的职工代表由公司职工代表大会选举产生。 董事会设董事长一人，可以设副董事长。董事长、副董事长由国有资产监督管理机构从董事会成员中指定。 《企业国有资产法》 **第22条** 履行出资人职责的机构依照法律、行政法规以及企业章程的规定，任免或者建议任免国家出资企业的下列人员： （一）任免国有独资企业的经理、副经理、财务负责人和其他高级管理人员； （二）任免国有独资公司的董事长、副董事长、董事、监事会主席和监事； （三）向国有资本控股公司、国有资本参股公司的股东会、股东大会提出董事、监事人选。 国家出资企业中应当由职

修订后《公司法》及解读等	修订前《公司法》及关联规定
具体分配比例根据公司实际情况确定。此外，本条虽未再保留董事任期限制的规定，但并非意味着没有限制，而仍需依照《公司法》对有限责任公司、股份有限公司董事任期限制执行。另，根据本条第4款的规定，董事会须设立董事长一人，是否设副董事长及副董事长人数，可根据需要决定。董事长、副董事长由履行出资人职责的机构从董事会成员（既包括由职工代表担任的董事，也包括机构委派的董事）中指定。	工代表出任的董事、监事，依照有关法律、行政法规的规定由职工民主选举产生。 **《企业国有资产监督管理暂行条例》** **第17条** 国有资产监督管理机构依照有关规定，任免或者建议任免所出资企业的企业负责人： （一）任免国有独资企业的总经理、副总经理、总会计师及其他企业负责人； （二）任免国有独资公司的董事长、副董事长、董事，并向其提出总经理、副总经理、总会计师等的任免建议； （三）依照公司章程，提出向国有控股的公司派出的董事、监事人选，推荐国有控股的公司的董事长、副董事长和监事会主席人选，并向其提出总经理、副总经理、总会计师人选的建议； （四）依照公司章程，提出向国有参股的公司派出的董事、监事人选。 国务院，省、自治区、直辖市人民政府，设区的市、自治州级人民政府，对所出资企业的企业负责人的任免另有规定的，按照有关规定执行。

修订后《公司法》及解读等	修订前《公司法》及关联规定
第一百七十四条 【经理】国有独资公司的经理由董事会聘任或者解聘。 经履行出资人职责的机构同意，董事会成员可以兼任经理。 **解读**：本条是关于国有独资公司经理的规定。相较原规定，除相应主体替换外，并无实质性修改。本次修订在表述上删除了经理行使职权的具体依据条文，也表明国有独资公司中经理职权与一般公司的经理职权并无太大区别。经理是国有独资公司的必设机构。此外，为强化国有资产保值、增值，国有独资公司董事会成员也可以兼任经理。但无论是否由董事会成员兼任经理，董事会在作出聘任或解聘经理决定前，均应征得履行出资人职责的机构的同意。	《公司法》(2018年修正) **第68条** 国有独资公司设经理，由董事会聘任或者解聘。~~经理依照本法第四十九条规定行使职权。~~ 经国有资产监督管理机构同意，董事会成员可以兼任经理。 《企业国有资产法》 **第22条** 履行出资人职责的机构依照法律、行政法规以及企业章程的规定，任免或者建议任免国家出资企业的下列人员： （一）任免国有独资企业的经理、副经理、财务负责人和其他高级管理人员； …… **第25条第2款** 未经履行出资人职责的机构同意，国有独资公司的董事长不得兼任经理。未经股东会、股东大会同意，国有资本控股公司的董事长不得兼任经理。 《企业国有资产监督管理暂行条例》 **第17条** 国有资产监督管理机构依照有关规定，任免或者建议任免所出资企业的企业负责人： （一）任免国有独资企业的总经理、副总经理、总会计师及其他企业负责人； ……

修订后《公司法》及解读等	修订前《公司法》及关联规定
第一百七十五条 【**董事、高管专任制度**】国有独资公司的董事、高级管理人员，未经履行出资人职责的机构同意，不得在其他有限责任公司、股份有限公司或者其他经济组织兼职。 **解读：**本条是关于国有独资公司董事、高管专任（不得兼职）制度的规定。所谓高级管理人员，按照《公司法》第265条的规定，指公司经理、副经理、财务负责人，上市公司董事会秘书和公司章程规定的其他人员。就国有独资公司而言，为防止公司董事、高管在外兼职而疏于对本公司的管理，避免因此可能给国有资产造成的损害，本条明确了对国有独资公司董事、高管实行的专任制度，即未经履行出资人职责的机构同意，国有独资公司的董事、高管不得兼任其他有限责任公司、股份有限公司或者其他经营组织的负责人。由此可见，专任制度本质上就是限制兼职的制度。需注意，本条较原规定虽删除了董事长、副董事长的表述，但由于董事长、副董事长本身就是董事，故本条对董事、高级管理人员的限制无疑对董事长、副董事长仍应适用。另需注意，专任制度与董事、经理等的竞业禁止义务有区别。竞业禁止义务下，若所从事的活动并不损害本公司的利益，则并不限制对其他公司职务的兼任；而国有独资公司的专任制度则不论兼职是否损害本公司利益，原则上均予以禁止，除非经履行出资人职责机构的同意。	《公司法》（2018年修正） **第69条** 国有独资公司的~~董事长、副董事长~~、董事、高级管理人员，未经<u>国有资产监督管理机构</u>同意，不得在其他有限责任公司、股份有限公司或者其他经济组织兼职。 《企业国有资产法》 **第25条第1款** 未经履行出资人职责的机构同意，国有独资企业、国有独资公司的董事、高级管理人员不得在其他企业兼职。未经股东会、股东大会同意，国有资本控股公司、国有资本参股公司的董事、高级管理人员不得在经营同类业务的其他企业兼职。

修订后《公司法》及解读等	修订前《公司法》及关联规定
第一百七十六条 【审计委员会】国有独资公司在董事会中设置由董事组成的审计委员会行使本法规定的监事会职权的，不设监事会或者监事。 解读：本条是关于国有独资公司设置审计委员会的规定。修订后的《公司法》要求国有独资公司必须设立董事会，且在董事会中设置了由董事组成的审计委员会的，不再设置监事会或监事，形成单层架构。也就是说，由董事组成的审计委员会实际上承担了以前监事会或监事承担的监督职责，负责对公司财务、会计进行监督，并行使公司章程规定的其他职权。由于前面对于审计委员会作了专门规定，故对于国有独资公司审计委员会职权也就无须赘述。以往的实践中，国有独资公司的监事会职能发挥效果并不尽如人意。本条对审计委员会的规定也是对近年来国有企业中监事会作用弱化的回应及新的尝试，试图通过其他方式来加强对国家出资公司的内部监督。而基于国有独资公司只有一个出资主体，一般不存在大股东侵害小股东利益、实控人侵占公司资产有损债权人利益的情形，直接在董事会中设置审计委员会等专业委员会来行使监督的职能，不仅精简了机构、节约了成本，而且设立的审计委员会也相对更为专业，对公司经营更能发挥监督与核查作用。	《公司法》（2018年修正） 第70条 ~~国有独资公司监事会成员不得少于五人，其中职工代表的比例不得低于三分之一，具体比例由公司章程规定。~~ ~~监事会成员由国有资产监督管理机构委派；但是，监事会成员中的职工代表由公司职工代表大会选举产生。监事会主席由国有资产监督管理机构从监事会成员中指定。~~ ~~监事会行使本法第五十三条第（一）项至第（三）项规定的职权和国务院规定的其他职权。~~ 《企业国有资产法》 第19条 国有独资公司、国有资本控股公司和国有资本参股公司依照《中华人民共和国公司法》的规定设立监事会。国有独资企业由履行出资人职责的机构按照国务院的规定委派监事组成监事会。 国家出资企业的监事会依照法律、行政法规以及企业章程的规定，对董事、高级管理人员执行职务的行为进行监督，对企业财务进行监督检查。

修订后《公司法》及解读等	修订前《公司法》及关联规定
第一百七十七条 【强化内控与合规管理】国家出资公司应当依法建立健全内部监督管理和风险控制制度，加强内部合规管理。 解读：本条是关于国家出资公司强化风控与合规管理的规定，系新增条款。从《公司法》层面强调国家出资公司应建立健全内部监管和风控制度，并强化对内部的合规管理，无疑是响应近年来强调加强企业合规管理、防止内部人员滥用职权等要求的需要，也是规范国家出资公司内部人员廉洁从业、行使权利，以打造合法合规国企的现实需要。所谓内部监督管理，指公司对内部管理制度的建立和实施情况进行监督检查，评价内部管理制度的有效性，发现内部管理缺陷并及时加以改进的活动。所谓内部风险控制，指公司及时识别、系统分析经营管理活动中的风险，并根据风险评估结果采取相应的控制措施，将风险控制在可承受度之内的活动。实际上，强化风控与合规管理不仅仅针对"国家出资公司"，所有的公司其实都应该建立健全内部监督管理与风险控制制度，强化内部合规管理。	《企业国有资产法》 第17条第2款 国家出资企业应当依法建立和完善法人治理结构，建立健全内部监督管理和风险控制制度。 第21条第2款 国家出资企业对其所出资企业，应当依照法律、行政法规的规定，通过制定或者参与制定所出资企业的章程，建立权责明确、有效制衡的企业内部监督管理和风险控制制度，维护其出资人权益。 《企业国有资产监督管理暂行条例》 第34条 国有及国有控股企业应当加强内部监督和风险控制，依照国家有关规定建立健全财务、审计、企业法律顾问和职工民主监督等制度。
第八章 公司董事、监事、高级管理人员的资格和义务	
第一百七十八条 【高管任职资格限制】有下列情形之一的，不得担任公司的董事、监事、高级管理人员：	《公司法》（2018年修正） 第146条 有下列情形之一的，不得担任公司的董事、

修订后《公司法》及解读等	修订前《公司法》及关联规定
（一）无民事行为能力或者限制民事行为能力； （二）因贪污、贿赂、侵占财产、挪用财产或者破坏社会主义市场经济秩序，被判处刑罚，或者因犯罪被剥夺政治权利，执行期满未逾五年，**被宣告缓刑的，自缓刑考验期满之日起未逾二年**； （三）担任破产清算的公司、企业的董事或者厂长、经理，对该公司、企业的破产负有个人责任的，自该公司、企业破产清算完结之日起未逾三年； （四）担任因违法被吊销营业执照、责令关闭的公司、企业的法定代表人，并负有个人责任的，自该公司、企业被吊销营业执照、**责令关闭之日起未逾三年**； （五）个人因所负数额较大债务到期**未清偿被人民法院列为失信被执行人。** 违反前款规定选举、委派董事、监事或者聘任高级管理人员的，该选举、委派或者聘任无效。 董事、监事、高级管理人员在任职期间出现本条第一款所列情形的，公司应当解除其职务。 **解读：本条是关于公司董事、监事、高级管理人员任职资格的限制性规定。需注意，从本条开始便进入了新的一章，即"公司董事、监事、高级管理人员的资格和义务"，该章内容原则上对有限责任公司和股份有限公司均可适用，除非有特别说明。公司的高级管理人员，按照《公司法》"附则"部分第265条的解释，**	监事、高级管理人员： （一）无民事行为能力或者限制民事行为能力； （二）因贪污、贿赂、侵占财产、挪用财产或者破坏社会主义市场经济秩序，被判处刑罚，执行期满未逾五年，或者因犯罪被剥夺政治权利，执行期满未逾五年； （三）担任破产清算的公司、企业的董事或者厂长、经理，对该公司、企业的破产负有个人责任的，自该公司、企业破产清算完结之日起未逾三年； （四）担任因违法被吊销营业执照、责令关闭的公司、企业的法定代表人，并负有个人责任的，自该公司、企业被吊销营业执照之日起未逾三年； （五）个人所负数额较大的债务到期未清偿。 ~~公司~~违反前款规定选举、委派董事、监事或者聘任高级管理人员的，该选举、委派或者聘任无效。 董事、监事、高级管理人员在任职期间出现本条第一款所列情形的，公司应当解除其职务。

修订后《公司法》及解读等	修订前《公司法》及关联规定
是指公司的经理、副经理、财务负责人、上市公司董事会秘书和公司章程规定的其他人员。公司董事、监事、高级管理人员对公司经营管理与监督等事项关系密切，其言行与决策、决定等对公司、股东、债权人甚至社会公众利益存在直接或间接的影响，因此并非任何人都可以胜任。本条对董事、监事、高级管理人员的任职资格采取列举排除的方法，即出现本条第1款规定情形之一的，均不能担任公司董事、监事、高级管理人员。需注意，相较原规定，该款第2项增加了"被宣告缓刑的，自缓刑考验期满之日起未逾二年"的规定，以统一并指引实践中的具体操作。这里规定的为"二年"，不同于《市场主体登记管理条例》第12条规定的"五年"。第4项在被吊销营业执照外增加了"责令关闭"的情形，以适应相关行政法规增加的有关措施，并与民法典的相关表述相一致。第5项则对"个人因所负数额较大债务到期未清偿"的情形增加一个限定，即还需同时满足"被人民法院列为失信被执行人"，以适应执行领域的细化规定。此外需说明的是，本条关于高管任职资格限制的规定属效力性强制性规范，即不允许公司以其章程对此作出相反的规定。否则，该规定为无效。即本条第2款规定的"违反前款规定选举、委派董事、监事或者聘任高级管理人员的，该选举、委派或者聘任无效"。但需注意，	**《市场主体登记管理条例》** 第12条 有下列情形之一的，不得担任公司、非公司企业法人的法定代表人： （一）无民事行为能力或者限制民事行为能力； （二）因贪污、贿赂、侵占财产、挪用财产或者破坏社会主义市场经济秩序被判处刑罚，执行期满未逾5年，或者因犯罪被剥夺政治权利，执行期满未逾5年； （三）担任破产清算的公司、非公司企业法人的法定代表人、董事或者厂长、经理，对破产负有个人责任的，自破产清算完结之日起未逾3年； （四）担任因违法被吊销营业执照、责令关闭的公司、非公司企业法人的法定代表人，并负有个人责任的，自被吊销营业执照之日起未逾3年； （五）个人所负数额较大的债务到期未清偿； （六）法律、行政法规规定的其他情形。

修订后《公司法》及解读等	修订前《公司法》及关联规定
公司章程对董事、监事、高级管理人员的任职资格作出的其他要求，在不违反本条规定的前提下，是有效的。此外，其他法律对相应公司高管任职资格有进一步规定的，也应遵守，如《保险法》等。另，由于个人情形处在不断变化中，对任职时没有出现上述限制情形而任职中出现的，应解除其职务，本条第 3 款即对此作了规定。	
第一百七十九条　【董、监、高遵守义务】董事、监事、高级管理人员应当遵守法律、行政法规和公司章程。 **解读：**本条是关于董事、监事、高级管理人员遵守义务的规定。义务的来源，本条列举了最重要的三种：法律、行政法规、公司章程。但实际上不止此三种，一些商业惯例、职业经理人行事规则等也可能涉及。另需注意，相较原《公司法》第 147 条第 1 款的规定，修订后的《公司法》通过第 179 条、第 180 条进行了规定，并未将原《公司法》的"忠实义务和勤勉义务"进行删除，而是放到了第 180 条并作了细化。	《公司法》（2018 年修正） 　　**第 147 条第 1 款**　董事、监事、高级管理人员应当遵守法律、行政法规和公司章程，对公司负有忠实义务和勤勉义务。 《公司法司法解释三》 　　**第 13 条第 4 款**　股东在公司增资时未履行或者未全面履行出资义务，依照本条第一款或者第二款提起诉讼的原告，请求未尽公司法第一百四十七条第一款规定的义务而使出资未缴足的董事、高级管理人员承担相应责任的，人民法院应予支持；董事、高级管理人员承担责任后，可以向被告股东追偿。
第一百八十条　【忠实勤勉义务】董事、监事、高级管理人员对公司负有忠实义务，应当采取措施避免自身利益与公司利益冲突，不得利用职权牟取不正当利益。	《公司法》（2018 年修正） 　　**第 147 条第 1 款**　董事、监事、高级管理人员应当遵守法律、行政法规和公司章程，对公司负有忠实义务和勤勉义务。

修订后《公司法》及解读等	修订前《公司法》及关联规定
董事、监事、高级管理人员对公司负有勤勉义务，执行职务应当为公司的最大利益尽到管理者通常应有的合理注意。 公司的控股股东、实际控制人不担任公司董事但实际执行公司事务的，适用前两款规定。 解读：本条是关于董事、监事、高级管理人员以及控股股东、实际控制人忠实和勤勉义务的规定。如上条所言，本条第1款、第2款进一步明确了忠实义务与勤勉义务的判断标准，即董、监、高在执行职务时应做到善意、审慎。忠实义务，指董、监、高在履行职责时须以公司利益为最高目标，不应掺杂个人私利或为第三人谋取利益，避免使个人的利益和公司的利益发生冲突，本质上为消极义务。勤勉义务则为积极义务，指董、监、高在处理公司事务时，应尽到如同一个谨慎的人处于同样或同等位置或情形下对其所处理的事项给予同样注意的谨慎义务。董事、监事、高级管理人员，在依法享有权利的同时也应履行相应义务。董事、监事、高级管理人员对公司负有忠实和勤勉义务亦是国际惯例。相较原《公司法》第147条第1款，本条亦作了一定调整，将忠实义务和勤勉义务分两款进行规定，并在第1款忠实义务中增加董、监、高"应当采取措施避免自身利益与公司利益冲突""不得利用职权牟取不正当利益"，以明确董、监、高的	《公司法司法解释三》 第13条第4款　股东在公司增资时未履行或者未全面履行出资义务，依照本条第一款或者第二款提起诉讼的原告，请求未尽公司法第一百四十七条第一款规定的义务而使出资未缴足的董事、高级管理人员承担相应责任的，人民法院应予支持；董事、高级管理人员承担责任后，可以向被告股东追偿。 《最高人民法院、国家发展和改革委员会关于为新时代加快完善社会主义市场经济体制提供司法服务和保障的意见》 3. 推动完善国有企业法人治理结构。按照"加快完善国有企业法人治理结构和市场化经营机制"要求，立足深化国有企业和国有资产监督管理体制改革，进一步明晰国有产权所有者和代理人关系，依法妥善审理因内部人控制、关联交易、法定代表人违规担保等导致国有资产流失的案件，依法追究董事、监事和高级管理人员违反忠实义务、勤勉义务的法律责任，促进国有企业健全完善内部监督制度和内控机制，规范权责定位和行权方式，

修订后《公司法》及解读等	修订前《公司法》及关联规定
忠实义务的外延。在第2款勤勉义务中增加董、监、高"执行职务应当为公司的最大利益",虽然没有对"为公司的最大利益"的内涵进行细化,但至少为后续司法解释、法官自由裁量及商业纠纷解决都指明了一个基本方向。此外需注意,实践中,有的控股股东、实际控制人虽不在公司任职但实际执行公司事务,通过关联交易等方式侵害公司利益。本条新增的第3款明确了控股股东、实际控制人虽然不担任公司董事但实际执行公司事务的,适用本条前两款规定的忠实、勤勉义务,这无疑有助于进一步强化对控股股东和实际控制人的规范。 **案例参考:母公司的董、监、高是否需对子公司承担忠实义务?(李某、某在线公司损害公司利益责任纠纷案)**[①] 《公司法》关于董事对公司所负的忠实义务、竞业禁止义务应限于董事所任职的公司自身,还应包括公司的全资子公司、控股公司等,如此方能保障公司及其他股东的合法权益,真正实现公司法设置忠实义务、竞业禁止义务的立法本意。母公司的董事、监事、高级管理人员违反竞业禁止义务,抢占子公司的商业机会,应向子公司承担赔偿责任。该案中,美某佳公司是某在线公司的全资股东,双方利益具有显见的一致性,李某对美某佳公司所负的忠实义务和竞业	完善中国特色的现代企业制度。依法支持混合所有制企业探索建立有别于国有独资、全资公司的治理机制,注重维护持股员工、非公有制股东的合法权益,激发新型市场主体的活力。 **《国有金融资本出资人职责暂行规定》** **第30条** 出资人机构任命或者建议任命的董事、监事、高级管理人员,应当遵守法律法规以及金融机构章程,对金融机构负有忠实义务和勤勉义务。 **《国务院办公厅关于进一步完善国有企业法人治理结构的指导意见》** 二、(四)3. 强化责任意识,明确权责边界,建立与治理主体履职相适应的责任追究制度。董事、监事、经理层成员应当遵守法律法规和公司章程,对公司负有忠实义务和勤勉义务;要将其信用记录纳入全国信用信息共享平台,违约失信的按规定在"信用中国"网站公开。董事应当出席董事会会议,对董事会决议承担责

[①] 案号:最高人民法院(2021)最高法民申1686号裁定书,载中国裁判文书网,最后访问时间:2023年12月15日。

修订后《公司法》及解读等	修订前《公司法》及关联规定
禁止义务应自然延伸至美某佳公司的子公司某在线公司。李某在担任美某佳公司董事长、总经理及技术团队主要负责人期间，未经美某佳公司股东会同意，另行操控友某医公司将某在线公司与省某医院合作的网络医疗项目交由友某医公司经营，非法获取了本属某在线公司的商业机会，损害了某在线公司及其母公司美某佳公司的利益。据此，原判决认定李某违反了对美某佳公司和某在线公司所负忠实义务和竞业禁止义务，并无不当。	任；董事会决议违反法律法规或公司章程、股东会决议，致使公司遭受严重损失的，应依法追究有关董事责任。经理层成员违反法律法规或公司章程，致使公司遭受损失的，应依法追究有关经理层成员责任。执行董事和经理层成员未及时向董事会或国有股东报告重大经营问题和经营风险的，应依法追究相关人员责任。企业党组织成员履职过程中有重大失误和失职、渎职行为的，应按照党组织有关规定严格追究责任。按照"三个区分开来"的要求，建立必要的改革容错纠错机制，激励企业领导人员干事创业。
第一百八十一条　【董、监、高禁止行为】董事、监事、高级管理人员不得有下列行为： （一）侵占公司财产、挪用公司资金； （二）将公司资金以其个人名义或者以其他个人名义开立账户存储； （三）利用职权贿赂或者收受其他非法收入； （四）接受他人与公司交易的佣金归为己有； （五）擅自披露公司秘密； （六）违反对公司忠实义务的其他行为。	《公司法》（2018年修正） **第147条第2款**　董事、监事、高级管理人员不得利用职权收受贿赂或者其他非法收入，不得侵占公司的财产。 **第148条第1款**　董事、高级管理人员不得有下列行为： （一）挪用公司资金； （二）将公司资金以其个人名义或者以其他个人名义开立账户存储；

修订后《公司法》及解读等	修订前《公司法》及关联规定
解读：本条是关于董事、监事、高级管理人员禁止行为的规定，有观点也认为该条系忠实义务下禁止情形的具体规定。本条主要以原《公司法》第147条第2款、第148条第1款内容为基础，并进行了一定的调整。首先，修订后的《公司法》将监事与董事、高级管理人员一视同仁，一并置入所列举的违反忠实义务情形的规制范围，弥补了原《公司法》仅规定监事不得谋私、不得利用职权收受贿赂、不得侵占公司财产，而未明确其他禁止事项与行为的不足。其次，相较原《公司法》第148条第1款，本条未再将"为他人担保"相关事项列入，主要在于就为他人担保情形而言，《公司法》其他条文已进行了一定限制与规范。此外，原《公司法》第148条第1款中的第4项、第5项也未被规定其中，而是被吸收、调整到修改后的第182条、第183条、第184条中，相当于对这两项针对的情形进行了进一步的细化与完善。除此之外，本条并无其他实质性修改。另需注意，为防止董事、监事、高级管理人员出现其他违反忠实义务的行为，本条最后一项仍延续了原有的兜底性规定，以适应新情况、新手段、新方式的出现，更好地规制董事、监事、高级管理人员的不良行为，并促使其在公司的生产经营活动中恪尽职守、忠实负责。	~~（三）违反公司章程的规定，未经股东会、股东大会或者董事会同意，将公司资金借贷给他人或者以公司财产为他人提供担保；~~ （四）违反公司章程的规定或者未经股东会、股东大会同意，与本公司订立合同或者进行交易； （五）未经股东会或者股东大会同意，利用职务便利为自己或者他人谋取属于公司的商业机会，自营或者为他人经营与所任职公司同类的业务； （六）接受他人与公司交易的佣金归为己有； （七）擅自披露公司秘密； （八）违反对公司忠实义务的其他行为。 **《刑法》** **第169条之一** 【背信损害上市公司利益罪】上市公司的董事、监事、高级管理人员违背对公司的忠实义务，利用职务便利，操纵上市公司从事下列行为之一，致使上市公司利益遭受重大损失的，处三年以下有期徒刑或者拘役，并处或者单处罚金；致使上市公司利益遭受特别重大损失的，处三年

修订后《公司法》及解读等	修订前《公司法》及关联规定
案例参考：公司高管违反忠实义务进行的专利权转让行为效力如何？（李某、某公司专利权权属纠纷案）① 　　根据《公司法》的规定，董事、监事、高级管理人员应当遵守法律、行政法规和公司章程，对公司负有忠实义务和勤勉义务。董事、监事、高级管理人员不得利用职权收受贿赂或者其他非法收入，不得侵占公司的财产。该案中，李某在其担任某公司执行董事兼经理期间，于2018年8月29日签署涉案专利权转让声明，将涉案专利权的一切权利无偿转让给自己，并在其后到国家知识产权局办理了相应变更手续。虽然李某在原审庭审中陈述，其代表公司将涉案专利权转至自己名下时，曾口头通知另一个股东李某尧，但其未提供相应证据加以证明，且李某尧在原审中表示其对此转让并不知情亦不同意。因此，虽然在涉案专利权转让时李某系占某公司2/3以上股权的股东，但涉案专利权的转让系李某利用职务之便将某公司的专利权无偿转让到个人名下，且李某未提供充分证据证明其代表某公司转让涉案专利权时按照公司章程的规定履行了合法手续，也未提供充分证据证明该转让行为系为某公司利益所为，这一转让行为违反了李某对公司的忠诚义务，应属无效，涉案	以上七年以下有期徒刑，并处罚金： 　　（一）无偿向其他单位或者个人提供资金、商品、服务或者其他资产的； 　　（二）以明显不公平的条件，提供或者接受资金、商品、服务或者其他资产的； 　　（三）向明显不具有清偿能力的单位或者个人提供资金、商品、服务或者其他资产的； 　　（四）为明显不具有清偿能力的单位或者个人提供担保，或者无正当理由为其他单位或者个人提供担保的； 　　（五）无正当理由放弃债权、承担债务的； 　　（六）采用其他方式损害上市公司利益的。 　　上市公司的控股股东或者实际控制人，指使上市公司董事、监事、高级管理人员实施前款行为的，依照前款的规定处罚。 　　犯前款罪的上市公司的控股股东或者实际控制人是单位的，对单位判处罚金，并对其直接负责的主管人员和其他直

---

　　① 案号：最高人民法院（2021）最高法知民终194号判决书，载中国裁判文书网，最后访问时间：2023年12月15日。

修订后《公司法》及解读等	修订前《公司法》及关联规定
专利权转让声明及所办理的变更手续并不能产生转让专利权的法律效力,涉案专利权仍应归某公司所有。	接责任人员,依照第一款的规定处罚。
第一百八十二条 【董、监、高关联交易限制】董事、监事、高级管理人员,直接或者间接与本公司订立合同或者进行交易,应当就与订立合同或者进行交易有关的事项向董事会或者股东会报告,并按照公司章程的规定经董事会或者股东会决议通过。 董事、监事、高级管理人员的近亲属,董事、监事、高级管理人员或者其近亲属直接或者间接控制的企业,以及与董事、监事、高级管理人员有其他关联关系的关联人,与公司订立合同或者进行交易,适用前款规定。 **解读:**本条是关于董、监、高与本公司订立合同或进行交易限制的规定。本条虽来源于原《公司法》第148条第1款第4项,但进行了大幅扩充与完善。一是调整主体方面。不仅将监事纳入调整范围,还通过增加的第2款将董事、监事、高级管理人员的近亲属及有其他关联关系的关联人也纳入,即"董事、监事、高级管理人员的近亲属,董事、监事、高级管理人员或者其近亲属直接或者间接控制的企业,以及与董事、监事、高级管理人员有其他关联关系的关联人,与公司订立合同或者进行交易,适用前款规定"。如此,将对董事、监事、	**《公司法》(2018年修正)** **第148条第1款** 董事、高级管理人员不得有下列行为: …… (四)违反公司章程的规定或者未经股东会、股东大会同意,与本公司订立合同或者进行交易; …… **《民法典》** **第84条** 营利法人的控股出资人、实际控制人、董事、监事、高级管理人员不得利用其关联关系损害法人的利益;利用关联关系造成法人损失的,应当承担赔偿责任。 **《公司法司法解释五》** **第1条** 关联交易损害公司利益,原告公司依据民法典第八十四条、公司法第二十一条规定请求控股股东、实际控制人、董事、监事、高级管理人员赔偿所造成的损失,被告仅以该交易已经履行了信息披露、经股东会或者股东大会同意等法律、行政法规或者公司

修订后《公司法》及解读等	修订前《公司法》及关联规定
高级管理人员通过中间人或关系人等较为隐蔽方式与公司进行交易或订立合同的情况有了限制的法律依据，更好地限制董、监、高的不当行为，促进其依法履职，有助于维护公司及股东、债权人的利益。二是限制程序方面，明确了董、监、高直接或间接与本公司订立合同或进行交易情形的报告义务，即"应当就与订立合同或者进行交易有关的事项向董事会或者股东会报告"，并允许公司章程规定董事会或股东会作为批准机关对此作出豁免决议。如此，可以确保股东会、董事会对相关情况及时了解，并"放行"合理正当的交易行为。 **案例参考**：公司高管违反章程规定且未经股东会同意，与本公司订立的合同效力如何？（封某祥、罗某等与某公司损害公司利益责任纠纷案）① 该案中，封某祥作为某公司的董事、董事长、经理，是公司的高管人员，在与某公司进行集资交易时，理应受到《公司法》的约束。《公司法》对此规定，董事、高级管理人员不得"违反公司章程的规定或者未经股东会、股东大会同意，与本公司订立合同或者进行交易"，即董事、经理必须要有公司章程规定或者股东会同意作为依据，方能与公司进行交易。该规定是为了保障董事、经理	章程规定的程序为由抗辩的，人民法院不予支持。 公司没有提起诉讼的，符合公司法第一百五十一条第一款规定条件的股东，可以依据公司法第一百五十一条第二款、第三款规定向人民法院提起诉讼。

---

① 案号：最高人民法院（2014）民提字第59号裁定书，载中国裁判文书网，最后访问时间：2023年12月15日。

修订后《公司法》及解读等	修订前《公司法》及关联规定
对公司的忠实义务的有效履行，属于法律的强制性规定，必须严格遵守。由于某公司章程中没有允许董事、经理同本公司订立合同或者进行交易的明确规定，且封某祥与某公司进行集资交易、签订《分割协议》时均未得到股东会这一公司权力机构以股东会名义作出的同意。之所以对"公司章程规定或者股东会同意"进行强调，一是因为当时的《公司法》对此有明确的强制性规定；二是因为封某祥与某公司进行交易时，既是公司的董事、法定代表人，又是公司仅有的两个股东中的一个股东本人和另一个股东的主要负责人，且另一个股东作为群众性自治组织，对涉及全体居/村民重大利益的问题作出表意行为时，还须提请居/村民会议讨论决定。因此，封某祥、罗某关于某社区居委会自始至终均主导并知悉封某祥集资行为的主张，不能补正封某祥作为公司董事、经理，又兼具上述特殊身份而主要要有公司章程规定或者股东会同意作为依据，方能与鸿某、某公司进行集资交易、签订《分割协议》缺乏公司章程规定或者股东会同意作为依据的重大瑕疵。二审法院判决《分割协议》中关于一楼营业用房产权属封某祥所有的内容无效，并无不当。	

修订后《公司法》及解读等	修订前《公司法》及关联规定
第一百八十三条 【商业机会规则】董事、监事、高级管理人员,不得利用职务便利为自己或者他人谋取属于公司的商业机会。但是,有下列情形之一的除外: (一)向董事会或者股东会报告,并按照公司章程的规定经董事会或者股东会决议通过; (二)根据法律、行政法规或者公司章程的规定,公司不能利用该商业机会。 **解读:**本条是关于董事、监事、高级管理人员不得谋取公司商业机会及其例外的规定。本条相较原《公司法》规定,一是将"监事"也纳入调整范围,二是增加了除外情形。本条规定董、监、高不得利用职务便利为自己或者他人谋取属于公司的商业机会,是为了确保公司以及股东利益得到实现。董事、监事基于股东的信任而产生,高级管理人员基于董事会的信任而任职,无疑应以公司利益为行为准则。若允许董事、监事、高级管理人员利用职务便利为自己或者他人谋取属于公司的商业机会,将损害公司及股东利益,不利于公司持续稳定发展,也不符合董事、监事、高级管理人员的职责要求,为此需对该类行为进行限制。但基于商业机会的实际价值,不能一概不允许利用,这也不符合市场经济发展要求,为此,本条明确了两种例外情形:一是向	《公司法》(2018年修正) 第148条第1款 董事、高级管理人员不得有下列行为: …… (五)未经股东会或者股东大会同意,利用职务便利为自己或者他人谋取属于公司的商业机会,……

修订后《公司法》及解读等	修订前《公司法》及关联规定
董事会或股东会报告，并按照公司章程规定经董事会或股东会决议通过。董事会或股东会一般会在权衡利弊基础上作出决议，基于尊重公司自治的原则，既然公司决策机构、权力机构都已允许，法律自不应再进行限制。二是根据法律、行政法规或公司章程规定，公司不能利用该商业机会的。公司不能利用此商业机会，说明该商业机会对公司并无实际价值，允许董事、监事、高级管理人员利用该商业机会也不会损害公司利益。 　　**案例参考**：公司高管利用职务之便谋取公司商业机会，另行成立公司进行交易，该高管与其成立的公司应否承担连带赔偿责任？（贵阳某公司、北京某公司损害公司利益责任纠纷案）[①] 　　该案中，张某为北京某公司副总经理，其成立的贵阳某公司的名称与北京某公司近似，足以让经贸局的工作人员误以为贵阳某公司系北京某公司授权；张某成立贵阳某公司时其尚为北京某公司的高管，且正在磋商合作及项目投资事宜；张某在代表北京某公司与某管委会签订《项目投资协议》后，在合同履行过程中成立了贵阳某公司，之后不足一个月时间贵阳某公司就与某管委会签订《项目投资协议》及相关补充协议；贵	

[①] 案号：最高人民法院（2020）最高法民申1025号裁定书，载中国裁判文书网，最后访问时间：2023年12月17日。

修订后《公司法》及解读等	修订前《公司法》及关联规定
阳某公司与某管委会签署的《项目投资协议》及相关补充协议，北京某公司与某管委会签署的《项目投资协议》，其内容与合作模式基本一致，仅存在合作方名称等细微变更的事实。原审从张某的行为脉络分析，认为其行为违反了对北京某公司的勤勉、忠诚义务，据此认定张某利用高管职务及承办经手项目便利谋取了属于北京某公司的商业机会有事实和法律依据。张某作为北京某公司的高管，代表北京某公司与某管委会就项目进行磋商过程中，作为持股90%的股东成立了贵阳某公司，并以贵阳某公司名义谋取了属于北京某公司的商业机会，贵阳某公司违反诚实信用原则，故贵阳某公司与张某应对北京某公司的损失承担连带赔偿责任。	
第一百八十四条　【董、监、高竞业禁止】董事、监事、高级管理人员未向董事会或者股东会报告，并按照公司章程的规定经董事会或者股东会决议通过，不得自营或者为他人经营与其任职公司同类的业务。 **解读：** 本条是关于董事、监事、高级管理人员不得与本公司同业竞争的规定，有观点认为这也属于对董事、监事、高级管理人员的竞业禁止。相较原规定，本条亦有一定调整。一方面，也同样将"监事"一并纳入规制范围。另一方面，明确规定报告制度，并将"董事会"与股东会一并作为被报告主体以及是否同意	《公司法》（2018年修正） **第148条第1款**　董事、高级管理人员不得有下列行为： …… （五）未经股东会或者股东大会同意，……自营或者为他人经营与所任职公司同类的业务； …… 《公司法司法解释四》 **第8条**　有限责任公司有证据证明股东存在下列情形之一的，人民法院应当认定股东有公司法第三十三条第二款规

修订后《公司法》及解读等	修订前《公司法》及关联规定
的作出主体。就本条内容而言，由于董事、监事基于股东的信任而产生，高级管理人员基于董事会的信任而任职，无疑应以公司利益为行为准则，在个人利益与其职责相冲突时应维护好公司利益。董事、监事、高级管理人员同时为自己或他人经营与本公司同类业务时，将不能全心投入本公司的经营、管理、监督中，不能较好地维护本公司利益，有时甚至会牺牲本公司利益。且其作为公司的竞争对手，对公司情况也更为了解，对公司的损害比一般竞争对手更大。因此，本条明确规定若董事、监事、高级管理人员有自营或为他人经营与其任职公司同类业务时，应向股东会或董事会报告并取得股东会或董事会的同意。 **案例参考：公司高管同业竞争中的同类业务如何认定、是否包括类似业务？（黄某洋与周某损害公司利益责任纠纷案）**① 　　公司高管的竞业禁止，指高管实施与其所在公司营业有竞争性质的行为。同类业务可以是完全相同的服务，也可以是同种或者类似的服务。该案中，黄某洋、周某成立的某公司与某力公司的经营范围存在相同或类似的项目，虽然某公司、某力公司的营业执照分类不同，	定的"不正当目的"： 　　（一）股东自营或者为他人经营与公司主营业务有实质性竞争关系业务的，但公司章程另有规定或者全体股东另有约定的除外； 　　（二）股东为了向他人通报有关信息查阅公司会计账簿，可能损害公司合法利益的； 　　（三）股东在向公司提出查阅请求之日前的三年内，曾通过查阅公司会计账簿，向他人通报有关信息损害公司合法利益的； 　　（四）股东有不正当目的的其他情形。

---

① 案号：广东省广州市中级人民法院（2019）粤01民终18964号判决书，载中国裁判文书网，最后访问时间：2023年12月15日。

修订后《公司法》及解读等	修订前《公司法》及关联规定
但这不足以证明其不能经营同类业务。斯某孚公司分别授权某公司、某力公司进行相关业务，其中某力公司与斯某孚公司签订的《项目许可协议》记载了状态监测的内容，故某力公司主张斯某孚公司授权的"电机修复中心"服务包括了斯某孚公司授权某公司的"状态监测产品"服务项目具有依据，可认定某公司经营了与某力公司同类的业务。黄某洋、周某主张某公司实际经营的业务与某力公司实际经营的业务不同，但未提交证据证明，且黄某洋、周某作为某力公司的董事，负有忠实义务，即便如黄某洋、周某所述，某公司与某力公司实际经营的范围不同，也应向某力公司报告该情况，但黄某洋、周某在成立某公司时，无证据证实其有将某公司的经营情况告知某力公司。2016年6月16日《关于某公司股权的购买事宜》涉及的是某力公司收购某公司股权的事宜，未涉及黄某洋、周某为某公司股东及某公司经营范围的事宜。原审法院认定黄某洋、周某未履行董事的忠实义务依据充分。	
第一百八十五条　【关联董事表决回避规则】董事会对本法第一百八十二条至第一百八十四条规定的事项决议时，关联董事不得参与表决，其表决权不计入表决权总数。出席董事会会议的无关联关系董事人数不足三人的，应当将该事项提交股东会审议。	

修订后《公司法》及解读等	修订前《公司法》及关联规定
解读：本条为新增的关联董事表决回避规则的规定。董事、监事、高级管理人员能否从事本法第182条、第183条、第184条规定的相关行为时，往往需要按照规定经董事会或股东会决议，这就会涉及关联董事的回避问题。本条对此进行了规定，确立了关联董事的回避制度，即在董事会就该合同或交易事项进行表决时，关联董事不得参与表决，其表决权不计入表决权总数。同时也明确了关联交易下董事会的表决机制，即"出席董事会会议的无关联关系董事人数不足三人的，应当将该事项提交股东会审议"。需注意，这里仅规定了关联董事的回避，因在董事会会议上只有董事才有表决权，其他列席会议人员并无表决权。	

第一百八十六条　【收益归入公司】董事、监事、高级管理人员违反本法第一百八十一条至第一百八十四条规定所得的收入应当归公司所有。
  解读：本条是关于董事、监事、高级管理人员违反忠实义务所得收入归公司所有的规定，学理上也称公司的归入权。需注意，本条针对的情形为前述第181—184条规定的内容，上述条文主要是违反忠实义务的具体化。董事、监事、高级管理人员违反对公司的忠实义务实施了前述行为，一方面，董事、监事、高级管理人员直接或间接获得了利益；
	《公司法》（2018年修正）
	  第148条第2款　董事、高级管理人员违反前款规定所得的收入应当归公司所有。

修订后《公司法》及解读等	修订前《公司法》及关联规定
另一方面，也直接或间接损害了公司利益。为此，本条将董事、监事、高级管理人员违反本法第181条至第184条规定所得的收入应当归公司所有，不仅可以"弥补"公司"损失"，同时也避免了董事、监事、高级管理人员获益，有利于减少前述行为的发生。需注意，本条规定的收入归公司所有，并不排斥下条规定的公司的损害赔偿请求权。 **案例参考**：如何界定并具体计算公司董事、高级管理人员违反忠实义务所得的"收入"？（鑫某公司诉宋某涛损害公司利益责任纠纷案）[1] 董事、高管违反忠实义务的，所得收入应当归还公司，即公司享有"收入归入权"。但实践中如何界定"收入"及明确其计算方式成为审理该类案件的关键。该案中，宋某涛通过与他人设立申某公司，其持股收益并非一般意义上的报酬，鉴于申某公司法人地位的独立性，且该公司还存在其他两位股东，故不能将申某公司的"收入"直接理解为宋某涛的"收入"，而应参考宋某涛对申某公司的持股比例来确定宋某涛的收入为宜。关于"收入"如何计算问题。可通过账户往来金额测算个人因违反忠实义务所得的实际收入，但该方法适仅用于账户直	

---

[1] 案号：上海市第二中级人民法院（2015）沪二中民四（商）终字第793号判决书，载中国裁判文书网，最后访问时间：2023年12月15日。

修订后《公司法》及解读等	修订前《公司法》及关联规定
接进行结算的情形，无法适用于直接现金往来（除非当事人自认）。也可以通过计算自营业务（或为他人经营同类业务）的利润，具体包括两种类型：一种是根据业务收入扣除相应成本进行测算，另一种是收入无法测算的情况下，按照行业普遍利润率进行酌定测算。尽管宋某涛未提供申某公司的营业收入明细，但根据网页销售记录显示，申某公司在1号店网店中已销售的"百万富翁"香肠制品的销售额为264813元，适当扣除相关成本，并结合宋某涛持有申某公司30%股份的持股比例，二审法院酌定宋某涛违反竞业禁止的业务中获得不当收益为80000元，该80000元应返还给鑫某公司。需指出，即使宋某涛没有直接从申某公司处获得分红，但申某公司销售利润的增加客观上也使得宋某涛所持申某公司30%股权获得增值，宋某涛仍是实际获得收益的。	
第一百八十七条　【董、监、高列席股东会义务】股东会要求董事、监事、高级管理人员列席会议的，董事、监事、高级管理人员应当列席并接受股东的质询。 **解读：**本条是关于董事、监事、高级管理人员列席股东会会议的规定。相较原规定，本条除了统一称为"股东会"外，并无其他变动。本条规定也旨在强化对股东权益的维护，进一步明确股东和	《公司法》（2018年修正） 　　第150条第1款　股东会~~或者股东大会~~要求董事、监事、高级管理人员列席会议的，董事、监事、高级管理人员应当列席并接受股东的质询。

修订后《公司法》及解读等	修订前《公司法》及关联规定
董、监、高的关系。从双方关系角度看，董、监、高与股东是一种信任委托的关系，也是出资者和管理者的关系。出资者基于一定信任将公司管理权委托给董、监、高，并支付相应报酬，董事、监事、高级管理人员有义务有责任按照法律、行政法规、公司章程的规定，忠实、勤勉地履行职责，并向委托人报告相应工作情况，接受相应质询。作为出资者的股东有权了解公司运行情况等相关事宜，而公司召开股东会时，是股东向董事、监事、高级管理人员了解公司生产经营情况的重要机会。当股东需要了解有关情况时，可以要求相关的董事、监事、高级管理人员列席股东会并进行质询。因此，本条明确董事、监事和高级管理人员在被股东会要求列席时必须亲自列席，并接受股东的质询。 案例参考：公司本身是否属于股东质询的对象？(山东某公司与冯某泉股东知情权纠纷案)① 根据《公司法》第150条"股东会或者股东大会要求董事、监事、高级管理人员列席会议的，董事、监事、高级管理人员应当列席并接受股东的质询。董事、高级管理人员应当如实向监事会或者不设监事会的有限责任公司的监事	

---

① 案号：山东省德州市中级人民法院 (2019) 鲁14民终3036号判决书，载中国裁判文书网，最后访问时间：2023年12月16日。

修订后《公司法》及解读等	修订前《公司法》及关联规定
提供有关情况和资料，不得妨碍监事会或者监事行使职权"的规定可知，质询属于公司内部事务，股东质询的对象是公司内部的董事、监事、高级管理人员而非公司本身，公司没有书面答复股东质询的法定义务。因此，冯某泉要求山东某公司接受质询，没有法律依据。原审法院判令山东某公司向冯某泉书面答复拒不分配红利的质询，不符合法律规定，没有法律依据，应予纠正。	
第一百八十八条 【损害赔偿】董事、监事、高级管理人员执行职务违反法律、行政法规或者公司章程的规定，给公司造成损失的，应当承担赔偿责任。 解读：本条是关于董事、监事、高管损害赔偿责任的规定。基于勤勉义务等的要求，董事、监事、高级管理人员执行公司职务时应遵守法律、行政法规和公司章程的规定，维护公司的利益。若董事、监事、高级管理人员执行职务时违反法律、行政法规或者公司章程的规定，并给公司造成损害的，应承担赔偿责任。根据该条规定，董事、监事、高级管理人员承担赔偿责任的条件包括两个：一是执行职务时违反法律、行政法规或公司章程的规定；二是执行职务的行为给公司造成损害。两个条件缺一不可。若仅有违法行为但未造成对公司的损害，损害赔偿则不适用，但仍可按照法律、行政法规或公司章程的规定给予	《公司法》（2018年修正） 第149条 董事、监事、高级管理人员执行公司职务时违反法律、行政法规或者公司章程的规定，给公司造成损失的，应当承担赔偿责任。 《民法典》 第62条 法定代表人因执行职务造成他人损害的，由法人承担民事责任。 法人承担民事责任后，依照法律或者法人章程的规定，可以向有过错的法定代表人追偿。 《公司法司法解释二》 第15条第2款 执行未经确认的清算方案给公司或者债权人造成损失，公司、股东、董事、公司其他利害关系人或者债权人主张清算组成员

修订后《公司法》及解读等	修订前《公司法》及关联规定

处分。同理，若只有执行职务的行为给公司造成损害，但并未违反法律、行政法规或公司章程的规定，此时公司损失应理解为正常的经营、决策或市场交易风险，也不应由上述相关人员承担赔偿责任。需注意，本条规定的公司的损害赔偿请求权与前条规定的归入权并不相同，前条的归入权一般针对董事、监事、高管违反忠实义务的情形，而本条则针对违反勤勉义务及其他违反法律、行政法规或者公司章程规定的情况，但这种区别也并非绝对。
案例参考：董事、高管怠于向未履行或未全面履行出资义务的股东催缴出资致公司受损的，应否承担赔偿责任？（某科技公司与胡某生等损害公司利益责任纠纷案）①
  董事负有向未履行或未全面履行出资义务的股东催缴出资的义务，这是由董事的职能定位和公司资本的重要作用决定的。根据董事会的职能定位，董事会负责公司业务经营和事务管理，董事会由董事组成，董事是公司的业务执行者和事务管理者。股东全面履行出资义务是公司正常经营的基础，董事监督股东履行出资义务是保障公司正常经营的需要。《公司法司法解释三》第13条第4款规定："股东在公司增资时未履行或者未
	承担赔偿责任的，人民法院应依法予以支持。
	  第18条 有限责任公司的股东、股份有限公司的董事和控股股东未在法定期限内成立清算组开始清算，导致公司财产贬值、流失、毁损或者灭失，债权人主张其在造成损失范围内对公司债务承担赔偿责任的，人民法院应依法予以支持。
	  有限责任公司的股东、股份有限公司的董事和控股股东因怠于履行义务，导致公司主要财产、账册、重要文件等灭失，无法进行清算，债权人主张其对公司债务承担连带清偿责任的，人民法院应依法予以支持。
	  上述情形系实际控制人原因造成，债权人主张实际控制人对公司债务承担相应民事责任的，人民法院应依法予以支持。
	  第19条 有限责任公司的股东、股份有限公司的董事和控股股东，以及公司的实际控制人在公司解散后，恶意处置公司财产给债权人造成损失，或者未经依法清算，以虚假的清算报告骗取公司登记机关办理

---

① 案号：最高人民法院（2018）最高法民再366号判决书，载中国裁判文书网，最后访问时间：2023年12月15日。

修订后《公司法》及解读等	修订前《公司法》及关联规定
全面履行出资义务,依照本条第一款或者第二款提起诉讼的原告,请求未尽公司法第一百四十七条第一款规定的义务而使出资未缴足的董事、高级管理人员承担相应责任的,人民法院应予支持;董事、高级管理人员承担责任后,可以向被告股东追偿。"上述规定的目的是赋予董事、高级管理人员对股东增资的监管、督促义务,从而保证股东全面履行出资义务、保障公司资本充实。在公司注册资本认缴制下,公司设立时认缴出资的股东负有的出资义务与公司增资时是相同的,董事、高级管理人员负有的督促股东出资的义务也不应有所差别。参照上述司法解释的规定,股东未履行或未全面履行出资义务,董事、高级管理人员负有向股东催缴出资的义务。根据《公司法》的规定,董事、监事、高级管理人员执行公司职务时违反法律、行政法规或者公司章程的规定,给公司造成损失的,应当承担赔偿责任。故对某科技公司遭受的股东出资未到位的损失,胡某生等六名董事应承担相应赔偿责任。	法人注销登记,债权人主张其对公司债务承担相应赔偿责任的,人民法院应依法予以支持。 **第 23 条** 清算组成员从事清算事务时,违反法律、行政法规或者公司章程给公司或者债权人造成损失,公司或者债权人主张其承担赔偿责任的,人民法院应依法予以支持。 有限责任公司的股东、股份有限公司连续一百八十日以上单独或者合计持有公司百分之一以上股份的股东,依据公司法第一百五十一条第三款的规定,以清算组成员有前款所述行为为由向人民法院提起诉讼的,人民法院应予受理。 公司已经清算完毕注销,上述股东参照公司法第一百五十一条第三款的规定,直接以清算组成员为被告、其他股东为第三人向人民法院提起诉讼的,人民法院应予受理。 **《公司法司法解释三》** **第 13 条第 4 款** 股东在公司增资时未履行或者未全面履行出资义务,依照本条第一款或者第二款提起诉讼的原告,请求未尽公司法第一百四十七条第一款规定的义务而使出资未缴足的董事、高级管理人员承担

修订后《公司法》及解读等	修订前《公司法》及关联规定
	相应责任的,人民法院应予支持;董事、高级管理人员承担责任后,可以向被告股东追偿。
第一百八十九条 【股东代表诉讼】 董事、高级管理人员有前条规定的情形的,有限责任公司的股东、股份有限公司连续一百八十日以上单独或者合计持有公司百分之一以上股份的股东,可以书面请求监事会向人民法院提起诉讼;监事有前条规定的情形的,前述股东可以书面请求董事会向人民法院提起诉讼。 　　监事会或者董事会收到前款规定的股东书面请求后拒绝提起诉讼,或者自收到请求之日起三十日内未提起诉讼,或者情况紧急、不立即提起诉讼将会使公司利益受到难以弥补的损害的,前款规定的股东有权为公司利益以自己的名义直接向人民法院提起诉讼。 　　他人侵犯公司合法权益,给公司造成损失的,本条第一款规定的股东可以依照前两款的规定向人民法院提起诉讼。 　　公司全资子公司的董事、监事、高级管理人员有前条规定情形,或者他人侵犯公司全资子公司合法权益造成损失的,有限责任公司的股东、股份有限公司连续一百八十日以上单独或者合计持有公司百分之一以上股份的股东,可以依照前三款规定书面请求全资子公司的监事会、董事会向人民法院提起诉讼或者以自己的名义直接向人民法院提起诉讼。	《公司法》(2018年修正) 　　第151条　董事、高级管理人员有本法第一百四十九条规定的情形的,有限责任公司的股东、股份有限公司连续一百八十日以上单独或者合计持有公司百分之一以上股份的股东,可以书面请求监事会或者不设监事会的有限责任公司的监事向人民法院提起诉讼;监事有本法第一百四十九条规定的情形的,前述股东可以书面请求董事会或者不设董事会的有限责任公司的执行董事向人民法院提起诉讼。 　　监事会、不设监事会的有限责任公司的监事,或者董事会、执行董事收到前款规定的股东书面请求后拒绝提起诉讼,或者自收到请求之日起三十日内未提起诉讼,或者情况紧急、不立即提起诉讼将会使公司利益受到难以弥补的损害的,前款规定的股东有权为了公司的利益以自己的名义直接向人民法院提起诉讼。 　　他人侵犯公司合法权益,给公司造成损失的,本条第一

修订后《公司法》及解读等	修订前《公司法》及关联规定
解读：本条是关于公司权益受损时股东救济的规定，即关于股东代表诉讼（也称股东派生诉讼）的规定。这是《公司法》赋予股东对公司董事、监事、高级管理人员执行职务违反法律、行政法规或者公司章程的规定，给公司造成损失（前条规定）的救济途径，也是股东的一项基本权利。相较原《公司法》第151条规定，前3款主要是结合本次《公司法》修订而进行的表述上的调整，并无实质修改内容。但本条第4款为新增内容，完善股东对全资子公司董事、监事、高级管理人员等提起代表诉讼的程序，可以更好地发挥股东在监督公司治理方面的作用。根据本条规定，在董事、监事、高级管理人员给公司造成损失时，符合条件的股东提起诉讼有两种方式：1. 请求董事会或监事会提起诉讼。根据行为主体的不同，又可细分为两种：针对董事、高级管理人员书面请求监事会提起诉讼；针对监事书面请求董事会提起诉讼。需注意，上述符合"条件"的股东有两种：一是有限责任公司的股东；二是股份有限公司连续180日以上单独或者合计持有公司1%以上股份的股东。之所以如此规定，在于股份公司股东数量较多尤其上市公司的股东人数非常多且更换更为频繁，为了减少不必要的诉讼，故作了一定限制。2. 股东代表诉讼。即在董事、监事、公司高级管理人员给	款规定的股东可以依照前两款的规定向人民法院提起诉讼。 **《公司法司法解释一》** **第4条** 公司法第一百五十一条规定的180日以上连续持股期间，应为股东向人民法院提起诉讼时，已期满的持股时间；规定的合计持有公司百分之一以上股份，是指两个以上股东持股份额的合计。 **《公司法司法解释二》** **第23条** 清算组成员从事清算事务时，违反法律、行政法规或者公司章程给公司或者债权人造成损失，公司或者债权人主张其承担赔偿责任的，人民法院应依法予以支持。 有限责任公司的股东、股份有限公司连续一百八十日以上单独或者合计持有公司百分之一以上股份的股东，依据公司法第一百五十一条第三款的规定，以清算组成员有前款所述行为为由向人民法院提起诉讼的，人民法院应予受理。 公司已经清算完毕注销，上述股东参照公司法第一百五十一条第三款的规定，直接以清算组成员为被告、其他股东为第三人向人民法院提起诉讼

修订后《公司法》及解读等	修订前《公司法》及关联规定
公司造成损失而董事会、监事会拒绝提起诉讼的情况下，股东可以自己名义提起诉讼，也称股东派生诉讼。本条第2款即对此作了规定，这也是对前述第一种方式的补充与救济手段。关于股东代表诉讼，还需注意以下方面：一是董事、监事、高级管理人员是给公司造成了损失，而非直接给股东造成损失。若其直接给股东造成了损失，股东可直接提起诉讼，而不需要通过股东代表诉讼的方式。二是须符合本条第2款规定的三个情形即"监事会或者董事会收到前款规定的股东书面请求后拒绝提起诉讼""自收到请求之日起三十日内未提起诉讼""情况紧急、不立即提起诉讼将会使公司利益受到难以弥补的损害"中的一种。此外，根据本条第3款的规定，对于董事、监事、高级管理人员以外的人员侵犯公司合法权益，给公司造成损失的，股东也有权依法维权，具体方式即依照本条前两款的规定进行。 案例参考：公司在利益受损后未选择起诉但已刑事报案的，股东此时能否提起股东代表诉讼？（吕某诉彭某等损害公司利益纠纷案）① 《公司法》在设置股东代表诉讼制度	的，人民法院应予受理。 **《公司法司法解释四》** **第23条** 监事会或者不设监事会的有限责任公司的监事依据公司法第一百五十一条第一款规定对董事、高级管理人员提起诉讼的，应当列公司为原告，依法由监事会主席或者不设监事会的有限责任公司的监事代表公司进行诉讼。 董事会或者不设董事会的有限责任公司的执行董事依据公司法第一百五十一条第一款规定对监事提起诉讼的，或者依据公司法第一百五十一条第三款规定对他人提起诉讼的，应当列公司为原告，依法由董事长或者执行董事代表公司进行诉讼。 **第24条** 符合公司法第一百五十一条第一款规定条件的股东，依据公司法第一百五十一条第二款、第三款规定，直接对董事、监事、高级管理人员或者他人提起诉讼的，应当列公司为第三人参加诉讼。

---

① 最高人民法院：《2021年全国法院十大商事案件》，载最高人民法院微信公众号，https：//mp.weixin.qq.com/s/c_xQtGiqsSOsmbzuWn9SZQ，2022年1月29日发布，最后访问时间：2024年1月6日。

修订后《公司法》及解读等	修订前《公司法》及关联规定
的同时，还为防止少数股东滥用诉权设置了防火墙，股东代表诉讼前置程序就是其中的重要措施之一。《公司法》第151条有关"向人民法院提起诉讼"的表述，旨在敦促公司积极行使权利，强调公司应当在利益受损后依法积极寻求救济，保护公司利益，而非要求公司仅能"向人民法院提起诉讼"来维护公司利益。也即，本条的"向人民法院提起诉讼"要立足于股东代表诉讼前置程序的立法目的来理解，而不应局限于"向人民法院提起诉讼"之一途。该案中，公司发现资金被挪用后虽未提起民事诉讼，但已经通过刑事报案、协商及和解的方式积极采取补救措施挽回公司损失，并不存在公司利益受损而无法挽救的情形，股东提起诉讼并不会再增加公司利益，此时赋予股东提起代表诉讼的权利已经缺乏必要性，有违股东代表诉讼制度设置之本旨。	一审法庭辩论终结前，符合公司法第一百五十一条第一款规定条件的其他股东，以相同的诉讼请求申请参加诉讼的，应当列为共同原告。 **第 25 条** 股东依据公司法第一百五十一条第二款、第三款规定直接提起诉讼的案件，胜诉利益归属于公司。股东请求被告直接向其承担民事责任的，人民法院不予支持。 **第 26 条** 股东依据公司法第一百五十一条第二款、第三款规定直接提起诉讼的案件，其诉讼请求部分或者全部得到人民法院支持的，公司应当承担股东因参加诉讼支付的合理费用。 **《全国法院民商事审判工作会议纪要》** 21.【权利救济】法定代表人的越权担保行为给公司造成损失，公司请求法定代表人承担赔偿责任的，人民法院依法予以支持。公司没有提起诉讼，股东依据《公司法》第151条的规定请求法定代表人承担赔偿责任的，人民法院依法予以支持。

修订后《公司法》及解读等	修订前《公司法》及关联规定
	24.【何时成为股东不影响起诉】股东提起股东代表诉讼，被告以行为发生时原告尚未成为公司股东为由抗辩该股东不是适格原告的，人民法院不予支持。 **25.【正确适用前置程序】**根据《公司法》第151条的规定，股东提起代表诉讼的前置程序之一是，股东必须先书面请求公司有关机关向人民法院提起诉讼。一般情况下，股东没有履行该前置程序的，应当驳回起诉。但是，该项前置程序针对的是公司治理的一般情况，即在股东向公司有关机关提出书面申请之时，存在公司有关机关提起诉讼的可能性。如果查明的相关事实表明，根本不存在该种可能性的，人民法院不应当以原告未履行前置程序为由驳回起诉。 **26.【股东代表诉讼的反诉】**股东依据《公司法》第151条第3款的规定提起股东代表诉讼后，被告以原告股东恶意起诉侵犯其合法权益为由提起反诉的，人民法院应予受理。被告以公司在案涉纠纷中

修订后《公司法》及解读等	修订前《公司法》及关联规定
	应当承担侵权或者违约等责任为由对公司提出的反诉，因不符合反诉的要件，人民法院应当裁定不予受理；已经受理的，裁定驳回起诉。 27.【股东代表诉讼的调解】公司是股东代表诉讼的最终受益人，为避免因原告股东与被告通过调解损害公司利益，人民法院应当审查调解协议是否为公司的意思。只有在调解协议经公司股东（大）会、董事会决议通过后，人民法院才能出具调解书予以确认。至于具体决议机关，取决于公司章程的规定。公司章程没有规定的，人民法院应当认定公司股东（大）会为决议机关。
第一百九十条　【股东直接诉讼】 董事、高级管理人员违反法律、行政法规或者公司章程的规定，损害股东利益的，股东可以向人民法院提起诉讼。 **解读**：本条是关于股东权益受损诉讼即股东直接诉讼的规定。虽然公司利益与股东利益在多数情况下是一致的，但也有不一致的时候，公司利益与股东利益并不能绝对等同。为完善公司治理，切实保护股东合法权益及其诉权，《公司法》在前条规定股东代表诉讼制度之外，	《公司法》（2018年修正） 第152条　董事、高级管理人员违反法律、行政法规或者公司章程的规定，损害股东利益的，股东可以向人民法院提起诉讼。

修订后《公司法》及解读等	修订前《公司法》及关联规定
另通过本条建立了股东直接诉讼制度，这也是针对董事、高级管理人员作为内部人利用职务上的便利和信息上的优势，实施直接损害股东利益行为的必要措施。当董事、高级管理人员因为违反法律、行政法规或公司章程的规定而给股东造成利益损失时，《公司法》通过本条赋予股东直接向法院起诉的权利。就诉因而言，股东直接诉讼针对的须是董事、高级管理人员的作为或不作为而引起的侵权行为，这也是股东直接诉讼与其他诉讼的最大区别。换而言之，股东间基于股权或债权关系而产生的诉讼并不属于股东直接诉讼。另需注意，与前几条不同，本条并未将"监事"纳入其中，只针对公司董事和高级管理人员。 　　案例参考：股东能否以高管行为损害公司利益进而致股东利益间接受损为由提起股东直接诉讼？[李某与郝某东、某矿业（集团）有限责任公司损害股东利益责任纠纷案]① 　　原《公司法》第152条规定了董事、高级管理人员违反法律、行政法规或者公司章程的规定，损害股东利益的，股东可以向人民法院提起诉讼。虽然该条赋予股东可以就高管人员的侵权行为直接	

---

① 案号：最高人民法院（2016）最高法民申84号裁定书，载中国裁判文书网，最后访问时间：2023年12月15日。

修订后《公司法》及解读等	修订前《公司法》及关联规定
提起诉讼，但就该案而言，李某所主张的"损失"与其主张的公司董事长郝某东相关行为间并不存在直接因果关系。李某在向公司完成出资、成为公司股东后只能依据《公司法》以及公司章程的规定享有分取红利、分配剩余财产等权利，即公司财产与股东财产相分离。而该案中郝某东即便存在低价销售精煤的行为，也是对道清选煤公司造成的"损失"，仅是间接损害了李某作为股东的利益，而与其自身财产权益间并无直接的因果关系，且李某已转让其股权，不再具有股东身份，其与该案更无直接利害关系，不具备原告主体资格，其起诉应予驳回。	
第一百九十一条 【董事、高管外部责任承担】董事、高级管理人员执行职务，给他人造成损害的，公司应当承担赔偿责任；董事、高级管理人员存在故意或者重大过失的，也应当承担赔偿责任。 **解读：**本条是关于公司董事、高级管理人员外部责任的规定。该条前面的两条针对的是公司董事、高级管理人员给公司或股东造成损失时的责任，即内部责任问题。而本条则针对董事、高级管理人员给公司、股东以外的他人造成损害时的责任，属外部责任问题。董事、高级管理人员在执行职务中，有可能损害	《民法典》 **第62条** 法定代表人因执行职务造成他人损害的，由法人承担民事责任。 法人承担民事责任后，依照法律或者法人章程的规定，可以向有过错的法定代表人追偿。 **第170条** 执行法人或者非法人组织工作任务的人员，就其职权范围内的事项，以法人或者非法人组织的名义实施的民事法律行为，对法人或者非法人组织发生效力。

修订后《公司法》及解读等	修订前《公司法》及关联规定
公司、股东之外的第三人的合法权益。学界关于法人（公司）制度的通说认为，法定代表人、董事、高级管理人员的行为一般认定为职务行为，法律后果一般由公司承担。《民法典》第62条第1款亦明确了法定代表人因职务行为造成他人损害的由法人承担民事责任这一原则，但并未规定法定代表人与法人承担连带责任。事实上，我国在董事对第三人责任的制度构建上也并非空白，在《公司法》《证券法》中均可见到董事责任外部化的影子。原《公司法》第152条规定的股东直接诉讼制度，为受董事职务行为损害的股东提供了救济渠道。本条虽然并未涉及董事对如债权人等其他第三人的责任，但也是董事责任内部化的一次突破。此外，《公司法司法解释二》第18条、第19条均对公司清算中的董事对债权人责任作出了明确规范，应当视为在公司清算的特殊语境下，董事对第三人（即债权人）承担责任的依据。《证券法》第85条规定违反信息披露义务时的董、监、高对投资者的责任，也是上市公司董事责任外部化的体现。但《证券法》的适用对象相比公司法较为有限，仅适用于上市公司，且第三人的主体范围限定于投资人。此次《公司法》修订正是将董事对第三人的责任定义为一般性条款，为第三人救济提供统一的法律依据。修订后的本条强调了公司的首要	法人或者非法人组织对执行其工作任务的人员职权范围的限制，不得对抗善意相对人。 **《证券法》** **第24条** 国务院证券监督管理机构或者国务院授权的部门对已作出的证券发行注册的决定，发现不符合法定条件或者法定程序，尚未发行证券的，应当予以撤销，停止发行。已经发行尚未上市的，撤销发行注册决定，发行人应当按照发行价并加算银行同期存款利息返还证券持有人；发行人的控股股东、实际控制人以及保荐人，应当与发行人承担连带责任，但是能够证明自己没有过错的除外。 股票的发行人在招股说明书等证券发行文件中隐瞒重要事实或者编造重大虚假内容，已经发行并上市的，国务院证券监督管理机构可以责令发行人回购证券，或者责令负有责任的控股股东、实际控制人买回证券。 **第25条** 股票依法发行后，发行人经营与收益的变化，由发行人自行负责；由此变化引致的投资风险，由投资者自行负责。

修订后《公司法》及解读等	修订前《公司法》及关联规定
责任主体，变相确定了董事、高级管理人员的补充赔偿责任。	《全国法院审理债券纠纷案件座谈会纪要》 27. 发行人与其他责任主体的连带责任。发行人的控股股东、实际控制人、发行人的董事、监事、高级管理人员或者履行同等职责的人员，对其制作、出具的信息披露文件中存在虚假记载、误导性陈述或者重大遗漏，足以影响投资人对发行人偿债能力判断的，应当与发行人共同对债券持有人、债券投资者的损失承担连带赔偿责任，但是能够证明自己没有过错的除外。
第一百九十二条 【利用影响实施损害行为的连带责任】公司的控股股东、实际控制人指示董事、高级管理人员从事损害公司或者股东利益的行为的，与该董事、高级管理人员承担连带责任。 **解读**：本条是关于"双控"，即控股股东、实际控制人利用影响实施损害行为时的责任承担的规定，属新增内容。严格来说，本条也属于公司内部责任范畴，因其规定的是公司的控股股东、实际控制人与相应董事、高级管理人员对公司或股东承担连带责任，属于内部赔偿，并不涉及公司、股东外的第三人。从侵权角度而言，本条规定的情形属于共	《民法典》 第1168条 二人以上共同实施侵权行为，造成他人损害的，应当承担连带责任。 第1169条第1款 教唆、帮助他人实施侵权行为的，应当与行为人承担连带责任。 《公司法司法解释三》 第14条 股东抽逃出资，公司或者其他股东请求其向公司返还出资本息、协助抽逃出资的其他股东、董事、高级管理人员或者实际控制人对此承担连带责任的，人民法院应予支持。

修订后《公司法》及解读等	修订前《公司法》及关联规定
同侵权范畴，共同的行为人为施加影响的控股股东、实际控制人和被影响与接受指使的董事、高管，受损人为公司或股东，侵权行为则为损害公司或者股东利益的行为，结果为公司或股东利益受损，且行为与结果之间存在因果关系，符合侵权责任构成要件。之所以规定本条，在于强化公司健全的法人治理体系与治理成效，避免控股股东、实际控制人利用其在出资方面的影响，不当干预董事、高级管理人员对公司的经营管理进而损害公司或股东利益，同时也有助于进一步强化董事、高级管理人员依法依规依章程履职意识，避免被控股股东、实际控制人不当影响，以期切实减少实践中控股股东、实际控制人滥用控制地位侵害公司及中小股东利益的突出问题。 **案例参考**：公司董事、高管因协助股东抽逃出资需承担责任时，是否考虑协助行为对抽逃出资所起作用的大小？（某建设公司、某控股公司等与袁某岷、某港公司一般股东权纠纷案）① 基于《公司法司法解释三》第 14 条第 1 款的规定，公司的其他股东、董事、高管人员等，只要实施了协助股东抽逃出资的行为，即应承担连带责任，而与协	公司债权人请求抽逃出资的股东在抽逃出资本息范围内对公司债务不能清偿的部分承担补充赔偿责任、协助抽逃出资的其他股东、董事、高级管理人员或者实际控制人对此承担连带责任的，人民法院应予支持；抽逃出资的股东已经承担上述责任，其他债权人提出相同请求的，人民法院不予支持。

---

① 案号：最高人民法院（2014）民二终字第00092号判决书，载中国裁判文书网，最后访问时间：2023年12月17日。

修订后《公司法》及解读等	修订前《公司法》及关联规定
助行为对抽逃出资所起作用的大小、是否为抽逃出资的必要条件等无关。该案中，某港公司股东抽逃出资的方式，是通过虚构某建设公司与某公司之间的工程款债务，将款项从某建设公司转入某公司，再从某公司转入瑞某星公司，用于偿还某港公司欠瑞某星公司的借款。在某建设公司为某港公司抽逃出资而出具的《资金使用申请单》上，作为公司法定代表人的袁某岷签字同意。虽然该行为发生在款项已经转出之后，但仍代表袁某岷对某港公司抽逃出资行为的认可。故原审法院认定袁某岷实施了协助抽逃出资的行为，应与抽逃出资的股东承担连带责任并无不妥。	
第一百九十三条 【董事责任保险】公司可以在董事任职期间为董事因执行公司职务承担的赔偿责任投保责任保险。 公司为董事投保责任保险或者续保后，董事会应当向股东会报告责任保险的投保金额、承保范围及保险费率等内容。 **解读**：本条是关于董事责任保险制度的规定，为新增内容。董事责任保险在国内市场尚处于发展伊始阶段，在某公司财务造假事件、2019年修改后的《证券法》施行及某公司虚假陈述案独立董事承担巨额赔偿等多重因素影响下，董事责任保险有所发展。原《公司法》未规定董事责任保险，仅有证监会发布	

修订后《公司法》及解读等	修订前《公司法》及关联规定
的《关于在上市公司建立独立董事制度的指导意见》和新修订的《上市公司治理准则》中鼓励企业通过投保董事责任保险转移董事、监事及高级管理人员在正常履职时存在的潜在风险的任意性条款。虽然此次《公司法》修订通过本条扩大了主体范围,其他类型公司的董事可以投保董事责任保险,但笔者认为,此次修订适用范围依然过窄,宜将董事责任保险的适用范围扩大到所有类型公司的董事、监事与高级管理人员。扩大适用范围的正当性在于,公司股东与管理者之间的利益冲突存在于所有类型公司的治理中,作为一种保障董事正常履职、促进公司治理的制度,不应当在法律层面上对有限责任公司的董事、监事及高级管理人员进行制度歧视。此外,关于董事责任保险保费的承担方面,本条并没有作出规定。笔者认为,可以通过拟定公司章程由股东会协商来确定。	
第九章 公司债券	
第一百九十四条 【公司债券概念与发行】本法所称公司债券,是指公司发行的约定按期还本付息的有价证券。 公司债券可以公开发行,也可以非公开发行。 公司债券的发行和交易应当符合《中华人民共和国证券法》等法律、行政法规的规定。	《公司法》(2018年修正) **第153条** 本法所称公司债券,是指公司依照法定程序发行、约定在一定期限还本付息的有价证券。 公司发行公司债券应当符合《中华人民共和国证券法》规定的发行条件。

修订后《公司法》及解读等	修订前《公司法》及关联规定
解读：本条是关于公司债券基本含义的规定。从本条开始，即进入了新的一章"公司债券"。本条作为该章的第1条内容，明确了公司债券的基本含义，即指公司发行的约定按期还本付息的有价证券。当然，这里的发行需要依法进行，具体包括《证券法》等法律、行政法规，第3款对此作了明确。由于约定中通常已包含还本付息期限的内容（按照下条规定，还本付息期限属公司债券募集办法应载明的内容），故相较原《公司法》内容，本条删除了"在一定期限"的表述。公司债券有以下特点：一是依照法定程序发行。公司债券的发行，《公司法》《证券法》《企业债券管理条例》等相关法律、法规、行政规章均有规定。二是按照约定还本付息。公司发行债券时应载明债券期限、何时还本及付息。投资者认购公司债券后，公司和投资者间即存在债权债务关系。但需注意，持有人虽是公司的债权人，但并非公司所有者，无权参与或干涉公司经营管理。一般而言，公司债券因风险较大，其利率一般也高于政府债券。三是属有价证券范畴。公司债券为有价证券的一种，这也表明了其具有流通性，持有人可按照证券法等的有关规定进行转让、交易。此外，本条第2款还明确了公司债券可以公开发行，也可以非公开发行。关于何谓公开发行、何谓非公开发行，《证券法》	《证券法》 第9条 公开发行证券，必须符合法律、行政法规规定的条件，并依法报经国务院证券监督管理机构或者国务院授权的部门注册。未经依法注册，任何单位和个人不得公开发行证券。证券发行注册制的具体范围、实施步骤，由国务院规定。 有下列情形之一的，为公开发行： （一）向不特定对象发行证券； （二）向特定对象发行证券累计超过二百人，但依法实施员工持股计划的员工人数不计算在内； （三）法律、行政法规规定的其他发行行为。 非公开发行证券，不得采用广告、公开劝诱和变相公开方式。 第15条 公开发行公司债券，应当符合下列条件： （一）具备健全且运行良好的组织机构；

修订后《公司法》及解读等	修订前《公司法》及关联规定
第 9 条第 2 款、第 3 款分别作了明确说明。	（二）最近三年平均可分配利润足以支付公司债券一年的利息； （三）国务院规定的其他条件。 　　公开发行公司债券筹集的资金，必须按照公司债券募集办法所列资金用途使用；改变资金用途，必须经债券持有人会议作出决议。公开发行公司债券筹集的资金，不得用于弥补亏损和非生产性支出。 　　上市公司发行可转换为股票的公司债券，除应当符合第一款规定的条件外，还应当遵守本法第十二条第二款的规定。但是，按照公司债券募集办法，上市公司通过收购本公司股份的方式进行公司债券转换的除外。 　　**第 16 条**　申请公开发行公司债券，应当向国务院授权的部门或者国务院证券监督管理机构报送下列文件： （一）公司营业执照； （二）公司章程； （三）公司债券募集办法； （四）国务院授权的部门或者国务院证券监督管理机构规定的其他文件。

修订后《公司法》及解读等	修订前《公司法》及关联规定
	依照本法规定聘请保荐人的,还应当报送保荐人出具的发行保荐书。 **第18条** 发行人依法申请公开发行证券所报送的申请文件的格式、报送方式,由依法负责注册的机构或者部门规定。 **第79条** 上市公司、公司债券上市交易的公司、股票在国务院批准的其他全国性证券交易场所交易的公司,应当按照国务院证券监督管理机构和证券交易场所规定的内容和格式编制定期报告,并按照以下规定报送和公告: (一)在每一会计年度结束之日起四个月内,报送并公告年度报告,其中的年度财务会计报告应当经符合本法规定的会计师事务所审计; (二)在每一会计年度的上半年结束之日起二个月内,报送并公告中期报告。 **第92条** 公开发行公司债券的,应当设立债券持有人会议,并应当在募集说明书中说明债券持有人会议的召集程序、会议规则和其他重要事项。

修订后《公司法》及解读等	修订前《公司法》及关联规定
	公开发行公司债券的,发行人应当为债券持有人聘请债券受托管理人,并订立债券受托管理协议。受托管理人应当由本次发行的承销机构或者其他经国务院证券监督管理机构认可的机构担任,债券持有人会议可以决议变更债券受托管理人。债券受托管理人应当勤勉尽责,公正履行受托管理职责,不得损害债券持有人利益。 　　债券发行人未能按期兑付债券本息的,债券受托管理人可以接受全部或者部分债券持有人的委托,以自己名义代表债券持有人提起、参加民事诉讼或者清算程序。 **《企业债券管理条例》** 　　**第5条**　本条例所称企业债券,是指企业依照法定程序发行、约定在一定期限内还本付息的有价证券。 　　**第7条**　企业债券持有人有权按照约定期限取得利息、收回本金,但是无权参与企业的经营管理。 　　**第8条**　企业债券持有人对企业的经营状况不承担责任。

修订后《公司法》及解读等	修订前《公司法》及关联规定
	第11条　企业发行企业债券必须按照本条例的规定进行审批；未经批准的，不得擅自发行和变相发行企业债券。 　　中央企业发行企业债券，由中国人民银行会同国家计划委员会审批；地方企业发行企业债券，由中国人民银行省、自治区、直辖市、计划单列市分行会同同级计划主管部门审批。 　　第12条　企业发行企业债券必须符合下列条件： 　　（一）企业规模达到国家规定的要求； 　　（二）企业财务会计制度符合国家规定； 　　（三）具有偿债能力； 　　（四）企业经济效益良好，发行企业债券前连续3年盈利； 　　（五）所筹资金用途符合国家产业政策。 　　第13条　企业发行企业债券应当制订发行章程。 　　发行章程应当包括下列内容： 　　（一）企业的名称、住所、经营范围、法定代表人； 　　（二）企业近3年的生产经营状况和有关业务发展的基本情况；

修订后《公司法》及解读等	修订前《公司法》及关联规定
	（三）财务报告； （四）企业自有资产净值； （五）筹集资金的用途； （六）效益预测； （七）发行对象、时间、期限、方式； （八）债券的种类及期限； （九）债券的利率； （十）债券总面额； （十一）还本付息方式； （十二）审批机关要求载明的其他事项。 **第 14 条** 企业申请发行企业债券，应当向审批机关报送下列文件： （一）发行企业债券的申请书； （二）营业执照； （三）发行章程； （四）经会计师事务所审计的企业近 3 年的财务报告； （五）审批机关要求提供的其他材料。 企业发行企业债券用于固定资产投资，按照国家有关规定需要经有关部门审批的，还应当报送有关部门的审批文件。 **第 15 条** 企业发行企业债券应当公布经审批机关批准的发行章程。

修订后《公司法》及解读等	修订前《公司法》及关联规定
	企业发行企业债券，可以向经认可的债券评信机构申请信用评级。

第16条 企业发行企业债券的总面额不得大于该企业的自有资产净值。

《全国法院审理债券纠纷案件座谈会纪要》

21. 发行人的违约责任范围。债券发行人未能如约偿付债券当期利息或者到期本息的，债券持有人请求发行人支付当期利息或者到期本息，并支付逾期利息、违约金、实现债权的合理费用的，人民法院应当予以支持。

债券持有人以发行人出现债券募集文件约定的违约情形为由，要求发行人提前还本付息的，人民法院应当综合考量债券募集文件关于预期违约、交叉违约等的具体约定以及发生事件的具体情形予以判断。

债券持有人以发行人存在其他证券的欺诈发行、虚假陈述为由，请求提前解除合同并要求发行人承担还本付息等责任的，人民法院应当综合考量其他证券的欺诈发行、虚假陈述等行为是否足以导致合同目的不能实现等因素，判断是否符合提前解除合同的条件。 |

修订后《公司法》及解读等	修订前《公司法》及关联规定
第一百九十五条 【公告债券募集办法】公开发行公司债券,应当经国务院证券监督管理机构注册,公告公司债券募集办法。 公司债券募集办法应当载明下列主要事项: (一)公司名称; (二)债券募集资金的用途; (三)债券总额和债券的票面金额; (四)债券利率的确定方式; (五)还本付息的期限和方式; (六)债券担保情况; (七)债券的发行价格、发行的起止日期; (八)公司净资产额; (九)已发行的尚未到期的公司债券总额; (十)公司债券的承销机构。 解读:本条是关于发行公司债券应公告公司债券募集办法的规定。公司债券募集办法是公司为了募集债券而制定的载有法定内容的书面文件。相较原规定,本条作了一定调整:一是与2019年修订的《证券法》推进公司债券发行注册制改革相统一,将"核准"改为"注册",有助于简化发行流程与缩短发行周期,进而有利于企业融资。二是增加"国务院证券监督管理机构",即证监会作为接受公司债券发行的注册主体。同时,不再保留"国务院授权的部门"作为	《公司法》(2018年修正) 第154条 发行公司债券的申请经国务院授权的部门核准后,应当公告公司债券募集办法。 公司债券募集办法中应当载明下列主要事项: (一)公司名称; (二)债券募集资金的用途; (三)债券总额和债券的票面金额; (四)债券利率的确定方式; (五)还本付息的期限和方式; (六)债券担保情况; (七)债券的发行价格、发行的起止日期; (八)公司净资产额; (九)已发行的尚未到期的公司债券总额; (十)公司债券的承销机构。 《证券法》 第10条 发行人申请公开发行股票、可转换为股票的公司债券,依法采取承销方式的,或者公开发行法律、行政法规规定实行保荐制度的其他

修订后《公司法》及解读等	修订前《公司法》及关联规定
接受主体。这主要在于国家发改委涉企业债券的相关职责已划入证监会。另需注意,之所以将"债券担保情况"作为应载明事项进行规定,在于公司债券较股票投资的风险性更大,发行成本一般也高于银行贷款,还本付息负担较重。债权有担保,则可增加投资的安全性,提高债券吸引力,反之则会影响其吸引力。公司对此可根据自身状况决定是否以担保形式发行债券,但需载明是否有担保及担保情况。此外,公司债券承销机构也是需载明的事项,以方便公众购买。实践中,总金额较大的债券一般通过证券公司进行。 **案例参考**:公募债券欺诈发行过程中承销机构与中介机构未尽责履职的,应如何承担赔偿责任?(487名自然人投资者诉某建设公司等证券虚假陈述责任纠纷案)[①] 资本市场活力的源泉在于信息的驱动,真实、有效、及时的信息披露是资本市场健康发展的基石。个别上市公司、公募债券发行人受利益驱动,做出欺诈发行、虚假陈述等违法行为,严重损害了广大投资者的合法权益,危及资本市场秩序,制约资本市场功能的有效发挥。就该案而言,在公司债募集说明书中,承	证券的,应当聘请证券公司担任保荐人。 保荐人应当遵守业务规则和行业规范,诚实守信,勤勉尽责,对发行人的申请文件和信息披露资料进行审慎核查,督导发行人规范运作。 保荐人的管理办法由国务院证券监督管理机构规定。 **第15条** 公开发行公司债券,应当符合下列条件: (一)具备健全且运行良好的组织机构; (二)最近三年平均可分配利润足以支付公司债券一年的利息; (三)国务院规定的其他条件。 公开发行公司债券筹集的资金,必须按照公司债券募集办法所列资金用途使用;改变资金用途,必须经债券持有人会议作出决议。公开发行公司债券筹集的资金,不得用于弥补亏损和非生产性支出。 上市公司发行可转换为股票的公司债券,除应当符合第

[①] 最高人民法院:《2021年全国法院十大商事案件》,载最高人民法院微信公众号,https://mp.weixin.qq.com/s/c_xQtGiqsSOsmbzuWn9SZQ,2022年1月29日发布,最后访问时间:2024年1月6日。

修订后《公司法》及解读等	修订前《公司法》及关联规定
销机构与中介机构均确认募集说明书不会因所引用内容而出现虚假记载、误导性陈述或重大遗漏，并对其真实性、准确性和完整性承担相应的法律责任，但经具体审查承销机构与中介机构的工作内容，各机构均存在不同程度未尽责履职的情形，遂判令陈某樟、某邦证券、某信会计就某建设公司对原告的债务本息承担连带赔偿责任；某律所、某公国际就某建设公司应负债务本息分别在5%和10%的范围内承担连带赔偿责任。	一款规定的条件外，还应当遵守本法第十二条第二款的规定。但是，按照公司债券募集办法，上市公司通过收购本公司股份的方式进行公司债券转换的除外。 **第16条** 申请公开发行公司债券，应当向国务院授权的部门或者国务院证券监督管理机构报送下列文件： （一）公司营业执照； （二）公司章程； （三）公司债券募集办法； （四）国务院授权的部门或者国务院证券监督管理机构规定的其他文件。 依照本法规定聘请保荐人的，还应当报送保荐人出具的发行保荐书。 **第17条** 有下列情形之一的，不得再次公开发行公司债券： （一）对已公开发行的公司债券或者其他债务有违约或者延迟支付本息的事实，仍处于继续状态； （二）违反本法规定，改变公开发行公司债券所募资金的用途。 **第92条** 公开发行公司债

修订后《公司法》及解读等	修订前《公司法》及关联规定
	券的,应当设立债券持有人会议,并应当在募集说明书中说明债券持有人会议的召集程序、会议规则和其他重要事项。 　　公开发行公司债券的,发行人应当为债券持有人聘请债券受托管理人,并订立债券受托管理协议。受托管理人应当由本次发行的承销机构或者其他经国务院证券监督管理机构认可的机构担任,债券持有人会议可以决议变更债券受托管理人。债券受托管理人应当勤勉尽责,公正履行受托管理职责,不得损害债券持有人利益。 　　债券发行人未能按期兑付债券本息的,债券受托管理人可以接受全部或者部分债券持有人的委托,以自己名义代表债券持有人提起、参加民事诉讼或者清算程序。 **《企业债券管理条例》** 　　**第18条**　企业债券的利率不得高于银行相同期限居民储蓄定期存款利率的40%。 　　**第20条**　企业发行企业债券所筹资金应当按照审批机关批准的用途,用于本企业的生产经营。

修订后《公司法》及解读等	修订前《公司法》及关联规定
	企业发行企业债券所筹资金不得用于房地产买卖、股票买卖和期货交易等与本企业生产经营无关的风险性投资。
第21条 企业发行企业债券，应当由证券经营机构承销。
证券经营机构承销企业债券，应当对发行债券的企业的发行章程和其他有关文件的真实性、准确性、完整性进行核查。
《全国法院审理债券纠纷案件座谈会纪要》
29. 债券承销机构的过错认定。债券承销机构存在下列行为之一，导致信息披露文件中的关于发行人偿付能力相关的重要内容存在虚假记载、误导性陈述或者重大遗漏，足以影响投资人对发行人偿债能力判断的，人民法院应当认定其存在过错：
（1）协助发行人制作虚假、误导性信息，或者明知发行人存在上述行为而故意隐瞒的；
（2）未按照合理性、必要性和重要性原则开展尽职调查，随意改变尽职调查工作计划或者不适当地省略工作计划中规定的步骤；

修订后《公司法》及解读等	修订前《公司法》及关联规定
	（3）故意隐瞒所知悉的有关发行人经营活动、财务状况、偿债能力和意愿等重大信息； （4）对信息披露文件中相关债券服务机构出具专业意见的重要内容已经产生了合理怀疑，但未进行审慎核查和必要的调查、复核工作； （5）其他严重违反规范性文件、执业规范和自律监管规则中关于尽职调查要求的行为。 30. 债券承销机构的免责抗辩。债券承销机构对发行人信息披露文件中关于发行人偿付能力的相关内容，能够提交尽职调查工作底稿、尽职调查报告等证据证明符合下列情形之一的，人民法院应当认定其没有过错： （1）已经按照法律、行政法规和债券监管部门的规范性文件、执业规范和自律监管规则要求，通过查阅、访谈、列席会议、实地调查、印证和讨论等方法，对债券发行相关情况进行了合理尽职调查； （2）对信息披露文件中没有债券服务机构专业意见支持的重要内容，经过尽职调查和独立判断，有合理的理由相信该部分信息披露内容与真实情况相符；

修订后《公司法》及解读等	修订前《公司法》及关联规定
	（3）对信息披露文件中相关债券服务机构出具专业意见的重要内容，在履行了审慎核查和必要的调查、复核工作的基础上，排除了原先的合理怀疑； （4）尽职调查工作虽然存在瑕疵，但即使完整履行了相关程序也难以发现信息披露文件存在虚假记载、误导性陈述或者重大遗漏。
第一百九十六条 【债券票面记载事项】公司以纸面形式发行公司债券的，应当在债券上载明公司名称、债券票面金额、利率、偿还期限等事项，并由法定代表人签名，公司盖章。 解读：本条是关于以纸面形式发行公司债券应载明事项的规定。作为公司向公司债券认购人出具的债务凭证，纸面形式的公司债券须载明公司名称、票面金额、利率、偿还期限等事项，这属于绝对必要记载事项。注明债务人即公司名称，是债券有效的必备条件，有助于持券人明确权利行使的对象。此外，公司债券作为还本付息的有价证券的一种，票面金额、利率、偿还期限也须注明。票面金额，是指标明每张债券持有人作为债权人所享有的债权数额。上述记载于债券上的事项，对发行人具有法律约束力。同时，票面上的法定事项所	《公司法》（2018年修正） 第155条 公司以实物券方式发行公司债券的，必须在债券上载明公司名称、债券票面金额、利率、偿还期限等事项，并由法定代表人签名，公司盖章。 《企业债券管理条例》 第6条 企业债券的票面应当载明下列内容： （一）企业的名称、住所； （二）企业债券的面额； （三）企业债券的利率； （四）还本期限和方式； （五）利息的支付方式； （六）企业债券发行日期和编号； （七）企业的印记和企业法定代表人的签章；

修订后《公司法》及解读等	修订前《公司法》及关联规定
载内容，也应与公司债券募集办法、公司债券存根簿上所记载事项相一致。另外，除记载法定事项外，债券上还应有公司法定代表人签名以及公司的印章。当然，除《公司法》外，其他规定，如《企业债券管理条例》也就企业债券票面应记载内容作了规定，且规定得更为具体。	（八）审批机关批准发行的文号、日期。
第一百九十七条　【债券的记名性】公司债券应当为记名债券。 解读：本条是关于公司债券类型的规定。类似于《公司法》修订取消无记名股票而仅保留记名股票，本条同样取消了无记名债券而仅保留了记名债券。逻辑与取消无记名股票基本一致，主要在于适应反洗钱规定的要求及新时代反腐败工作的需要，此处不再重复。	《公司法》（2018年修正） 第156条　公司债券，可以为记名债券，~~也可以为无记名债券~~。
第一百九十八条　【债券持有人名册】公司发行公司债券应当置备公司债券持有人名册。 发行公司债券的，应当在公司债券持有人名册上载明下列事项： （一）债券持有人的姓名或者名称及住所； （二）债券持有人取得债券的日期及债券的编号； （三）债券总额，债券的票面金额、利率、还本付息的期限和方式； （四）债券的发行日期。	《公司法》（2018年修正） 第157条　公司发行公司债券应当置备公司债券存根簿。 发行~~记名~~公司债券的，应当在公司债券存根簿上载明下列事项： （一）债券持有人的姓名或者名称及住所； （二）债券持有人取得债券的日期及债券的编号； （三）债券总额，债券的票

修订后《公司法》及解读等	修订前《公司法》及关联规定
解读：本条是关于公司债券持有人名册的规定。原《公司法》规定为"债券存根簿"，本条将其改为"债券持有人名册"，主要是在于适应电子化、无纸化社会的需要。公司债券持有人名册是依法记载债券持有人及债券有关事项的凭证。本次《公司法》修订删除了无记名债券而仅保留记名债券，有助于维护市场交易安全，且保障债券持有人会议有效召开。而置备债券持有人名册，不仅有助于确保公司发行公司债券行为的真实性，切实保障广大债券持有人合法权益；且在债券持有人转让债权时也具有变更债权人名义的作用。此外，当债券设定质权或抵押权时，其也具有记载债券法律状态的功能。当然，公司债券持有人名册的设置及记载事项应依法进行。名册上需载明债券持有人的姓名或者名称及住所，债券持有人取得债券的日期及债券的编号，债券总额，债券的票面金额、利率、还本付息的期限和方式，债券的发行日期。这些事项的记载应当清楚、明确，且不得遗漏。	面金额、利率、还本付息的期限和方式； （四）债券的发行日期。 ~~发行无记名公司债券的，应当在公司债券存根簿上载明债券总额、利率、偿还期限和方式、发行日期及债券的编号。~~
第一百九十九条 【登记结算机构相关配套制度】公司债券的登记结算机构应当建立债券登记、存管、付息、兑付等相关制度。 解读：本条是关于公司债券的登记结算机构应当建立相关制度的规定。由	《公司法》(2018年修正) 第158条 记名公司债券的登记结算机构应当建立债券登记、存管、付息、兑付等相关制度。

修订后《公司法》及解读等	修订前《公司法》及关联规定
于债券、股票等均属于证券的一类，本条所谓的公司债券的登记结算机构也就是证券登记结算机构。证券登记结算机构为证券交易提供集中登记、存管与结算服务，其属不以营利为目的的法人，设立证券登记结算机构必须经国务院证券监督管理机构批准。就登记结算机构而言，《证券法》及证券监督管理机构对此均有较为明确的规定，包括证券登记、存管、付息、兑付等均有具体要求，证券登记结算机构制定相关制度规则时应遵守这些规定。 **案例参考**：公司债券交易纠纷中，能否以募集说明书载明的债券登记、托管机构所在地作为合同约定的履行地进而确定地域管辖法院？（某资产管理公司与山东某公司公司债券交易纠纷案）① 公司债券交易纠纷属证券交易合同纠纷。因合同纠纷提起的诉讼，应由被告住所地或者合同履行地人民法院管辖。按照《最高人民法院关于适用〈中华人民共和国民事诉讼法〉的解释》的规定，合同约定履行地点的，以约定的履行地点为合同履行地。该案中，上诉人发行的案涉融资券募集说明书载明，某清算所为本期债券的登记、托管机构。债券到期的兑付，通过某清算所的登记托管系统进行。	《证券法》 **第153条** 证券登记结算机构应当妥善保存登记、存管和结算的原始凭证及有关文件和资料。其保存期限不得少于二十年。 **第154条** 证券登记结算机构应当设立证券结算风险基金，用于垫付或者弥补因违约交收、技术故障、操作失误、不可抗力造成的证券登记结算机构的损失。 证券结算风险基金从证券登记结算机构的业务收入和收益中提取，并可以由结算参与人按照证券交易业务量的一定比例缴纳。 证券结算风险基金的筹集、管理办法，由国务院证券监督管理机构会同国务院财政部门规定。 **第155条** 证券结算风险基金应当存入指定银行的专门账户，实行专项管理。 证券登记结算机构以证券结算风险基金赔偿后，应当向有关责任人追偿。

---

① 案号：上海市第二中级人民法院（2016）沪02民初402号裁定书，载中国裁判文书网，最后访问时间：2023年12月17日。

修订后《公司法》及解读等	修订前《公司法》及关联规定
同时,说明书提示、持有所发行的融资券,视同自愿接受本募集说明书对各项权利义务的约定。可见,某清算所为当事人约定的债券交易的履行地。因该清算所位于上海市某区,属原审法院辖区,故被上诉人选择向合同履行地的原审法院提起该案诉讼,原审法院对该案行使管辖权并无不当。	第157条 投资者委托证券公司进行证券交易,应当通过证券公司申请在证券登记结算机构开立证券账户。证券登记结算机构应当按照规定为投资者开立证券账户。 投资者申请开立账户,应当持有证明中华人民共和国公民、法人、合伙企业身份的合法证件。国家另有规定的除外。 第158条 证券登记结算机构作为中央对手方提供证券结算服务的,是结算参与人共同的清算交收对手,进行净额结算,为证券交易提供集中履约保障。 证券登记结算机构为证券交易提供净额结算服务时,应当要求结算参与人按照货银对付的原则,足额交付证券和资金,并提供交收担保。 在交收完成之前,任何人不得动用用于交收的证券、资金和担保物。 结算参与人未按时履行交收义务的,证券登记结算机构有权按照业务规则处理前款所述财产。

修订后《公司法》及解读等	修订前《公司法》及关联规定
	第159条 证券登记结算机构按照业务规则收取的各类结算资金和证券,必须存放于专门的清算交收账户,只能按业务规则用于已成交的证券交易的清算交收,不得被强制执行。 《证券登记结算管理办法》 正文略。
第二百条 【债券转让】公司债券可以转让,转让价格由转让人与受让人约定。 公司债券的转让应当符合法律、行政法规的规定。 **解读**：本条是关于公司债券转让的规定。作为一种有价证券,公司债券无疑具有流通性,因此本条规定公司债券可以转让,当然,债券持有人有权决定是否转让。就转让价格而言,基于尊重当事人意思自治及市场价值规律的原则,本条明确规定公司债券的转让价格由转让人与受让人约定。需注意,本条所说的转让价格不同于公司债券发行时的发行价格。发行价格一般按事先确定的债券票面金额确定,而本条规定的转让价格则需由当事人依照市场行情、供需状况自行确定。另,公司债券的转让,无疑也应当符合法律、行政法规的规定。对在证券交易所上市交易公司债券的,需按	《公司法》(2018年修正) 第159条 公司债券可以转让,转让价格由转让人与受让人约定。 公司债券在证券交易所上市交易的,按照证券交易所的交易规则转让。 《证券法》 第37条 公开发行的证券,应当在依法设立的证券交易所上市交易或者在国务院批准的其他全国性证券交易场所交易。 非公开发行的证券,可以在证券交易所、国务院批准的其他全国性证券交易场所、按照国务院规定设立的区域性股权市场转让。 第46条第1款 申请证券上市交易,应当向证券交

修订后《公司法》及解读等	修订前《公司法》及关联规定
照证券交易所的交易规则进行转让，即采用集中竞价的方式转让。此外，上市公司债券的转让应在依法设立的证券交易场所进行，以维护证券市场的交易秩序，目前我国内地现有依法设立的证券交易场所主要为上海证券交易所、深圳证券交易所、北京证券交易所及各地依法设立的证券公司及其营业场所或者国务院批准的其他证券交易场所等。	所提出申请，由证券交易所依法审核同意，并由双方签订上市协议。 **第47条** 申请证券上市交易，应当符合证券交易所上市规则规定的上市条件。 证券交易所上市规则规定的上市条件，应当对发行人的经营年限、财务状况、最低公开发行比例和公司治理、诚信记录等提出要求。 **第48条** 上市交易的证券，有证券交易所规定的终止上市情形的，由证券交易所按照业务规则终止其上市交易。 证券交易所决定终止证券上市交易的，应当及时公告，并报国务院证券监督管理机构备案。 **第49条** 对证券交易所作出的不予上市交易、终止上市交易决定不服的，可以向证券交易所设立的复核机构申请复核。 **第81条** 发生可能对上市交易公司债券的交易价格产生较大影响的重大事件，投资者尚未得知时，公司应当立即

修订后《公司法》及解读等	修订前《公司法》及关联规定
	将有关该重大事件的情况向国务院证券监督管理机构和证券交易场所报送临时报告,并予公告,说明事件的起因、目前的状态和可能产生的法律后果。

前款所称重大事件包括:

(一)公司股权结构或者生产经营状况发生重大变化;

(二)公司债券信用评级发生变化;

(三)公司重大资产抵押、质押、出售、转让、报废;

(四)公司发生未能清偿到期债务的情况;

(五)公司新增借款或者对外提供担保超过上年末净资产的百分之二十;

(六)公司放弃债权或者财产超过上年末净资产的百分之十;

(七)公司发生超过上年末净资产百分之十的重大损失;

(八)公司分配股利,作出减资、合并、分立、解散及申请破产的决定,或者依法进入破产程序、被责令关闭; |

修订后《公司法》及解读等	修订前《公司法》及关联规定
	（九）涉及公司的重大诉讼、仲裁； （十）公司涉嫌犯罪被依法立案调查，公司的控股股东、实际控制人、董事、监事、高级管理人员涉嫌犯罪被依法采取强制措施； （十一）国务院证券监督管理机构规定的其他事项。 **第98条** 按照国务院规定设立的区域性股权市场为非公开发行证券的发行、转让提供场所和设施，具体管理办法由国务院规定。 《企业债券管理条例》 **第22条** 企业债券的转让，应当在经批准的可以进行债券交易的场所进行。 **第23条** 非证券经营机构和个人不得经营企业债券的承销和转让业务。
第二百零一条 【债券转让方式】 公司债券由债券持有人以背书方式或者法律、行政法规规定的其他方式转让；转让后由公司将受让人的姓名或者名称及住所记载于公司债券持有人名册。 解读：本条是关于公司债券转让方式的规定。对记名公司债券而言，其转	《公司法》（2018年修正） **第160条** 记名公司债券，由债券持有人以背书方式或者法律、行政法规规定的其他方式转让；转让后由公司将受让人的姓名或者名称及住所记载于公司债券存根簿。

修订后《公司法》及解读等	修订前《公司法》及关联规定
让可由债券持有人以背书方式进行,即持有人在债券上写明受让人的姓名或者名称,并经转让人签章后交付受让人。此外,也可通过法律、行政法规规定的其他方式进行转让。按照《证券法》的规定,公开发行的债券在证券交易所的交易采取挂牌集中竞价交易的方式进行。需注意,为确保公司债券持有人名册记载的真实性并保持证明力,以上两种转让方式,无论通过哪种完成的转让,转让后均需由公司将受让人的姓名或者名称及住所记载于公司债券持有人名册。	~~无记名公司债券的转让,由债券持有人将该债券交付给受让人后即发生转让的效力。~~ 《证券法》 第37条 公开发行的证券,应当在依法设立的证券交易所上市交易或者在国务院批准的其他全国性证券交易场所交易。 非公开发行的证券,可以在证券交易所、国务院批准的其他全国性证券交易场所、按照国务院规定设立的区域性股权市场转让。
第二百零二条 【可转债的发行】 股份有限公司**经股东会决议,或者经公司章程、股东会授权由董事会决议**,可以发行可转换为股票的公司债券,并规定具体的转换办法。上市公司发行可转换为股票的公司债券,应当经国务院证券监督管理机构注册。 发行可转换为股票的公司债券,应当在债券上标明可转换公司债券字样,并在公司债券持有人名册上载明可转换公司债券的数额。 **解读:**本条是关于可转换公司债券的发行之规定。相较原《公司法》,本条将发行可转债的公司由上市公司扩大到股	《公司法》(2018年修正) 第161条 上市公司经股东大会决议可以发行可转换为股票的公司债券,并~~在公司债券募集办法中~~规定具体的转换办法。上市公司发行可转换为股票的公司债券,应当报国务院证券监督管理机构核准。 发行可转换为股票的公司债券,应当在债券上标明可转换公司债券字样,并在公司债~~券存根簿~~上载明可转换公司债券的数额。

修订后《公司法》及解读等	修订前《公司法》及关联规定
份有限公司，属本次《公司法》修订的一个重要亮点，以便利更大范围的市场主体融资需要。就可转换为股票的公司债券而言，简称可转换债券，其与普通的公司债券最主要的区别在于：普通公司债券在约定的债券期限届满时，公司必须兑现即向债权人还本付息；而可转换债券，其虽约定了债券期限，但在期限届满时并不向债权人还本付息，而是由债券持有人按照事先约定的转换办法请求换发为公司股票，使得该债券持有人由公司债权人转变为公司出资人或股东。当然，债权人有权选择转换或不进行转换，后条专门进行了规定。允许公司发行可转换债券，将增加债券对认购人的吸引力，同时也有助于公司筹集较多可长期留存的资金。将可转换债券换发股票，既解除了原来的债务关系，又维持了公司资本实力及资金需要。虽然可转换债券有上述优势，但其发行也有特定限制：首先，需经股东会决议，或者经公司章程、股东会授权由董事会决议，允许经授权的董事会决议是本次修改增加的内容，扩大了作出决议的主体范围，更利于发行可转债。其次，需在债券募集办法中规定转换办法。具体转换办法的内容应包括转换比率或转换价额，转换比率即多少债券转换多少股票，而所谓转换价额指公司债券金额与股票市值之比，需事先确定股票市值的基准日。此外，还应	《上市公司证券发行注册管理办法》 **第13条** 上市公司发行可转债，应当符合下列规定： （一）具备健全且运行良好的组织机构； （二）最近三年平均可分配利润足以支付公司债券一年的利息； （三）具有合理的资产负债结构和正常的现金流量； （四）交易所主板上市公司向不特定对象发行可转债的，应当最近三个会计年度盈利，且最近三个会计年度加权平均净资产收益率平均不低于百分之六；净利润以扣除非经常性损益前后孰低者为计算依据。 除前款规定条件外，上市公司向不特定对象发行可转债，还应当遵守本办法第九条第（二）项至第（五）项、第十条的规定；向特定对象发行可转债，还应当遵守本办法第十一条的规定。但是，按照公司债券募集办法，上市公司通过收购本公司股份的方式进行公司债券转换的除外。

修订后《公司法》及解读等	修订前《公司法》及关联规定
标明转换为何种股份及转换期限。转换期限是为了明确债券持有人行使其转换权的期间，该期间内债券持有人可随时请求换发股票。再次，上市公司发行可转债，还应在国务院证券监督管理机构注册。与债券发行一样，此处也将"核准"改为了"注册"，凸显解绑之意，便于可转换债券的发行与转换。最后，须标明可转换债券字样。这是为了确定公司按照约定换发股票的义务，并明确持有人申请转换的权利。基于同样的目的，公司债券持有人名册应如实记载发行的可转换债券的数额。关于可转换债券发行、转换及管理交易、转让、信息披露、赎回与回售等具体事项，《上市公司证券发行注册管理办法》《可转换公司债券管理办法》作了较为详细的规定。	第14条 上市公司存在下列情形之一的，不得发行可转债： （一）对已公开发行的公司债券或者其他债务有违约或者延迟支付本息的事实，仍处于继续状态； （二）违反《证券法》规定，改变公开发行公司债券所募资金用途。 第15条 上市公司发行可转债，募集资金使用应当符合本办法第十二条的规定，且不得用于弥补亏损和非生产性支出。 第61条 可转债应当具有期限、面值、利率、评级、债券持有人权利、转股价格及调整原则、赎回及回售、转股价格向下修正等要素。 向不特定对象发行的可转债利率由上市公司与主承销商依法协商确定。 向特定对象发行的可转债应当采用竞价方式确定利率和发行对象。 《可转换公司债券管理办法》 （该办法均属该条的关联规定内容，由于条款较多，不再一一列明）

修订后《公司法》及解读等	修订前《公司法》及关联规定
第二百零三条 【可转债的转换】发行可转换为股票的公司债券的，公司应当按照其转换办法向债券持有人换发股票，但债券持有人对转换股票或者不转换股票有选择权。**法律、行政法规另有规定的除外。** **解读：**本条是关于债券持有人对可转换债券选择权的规定。按照前条的规定，上市公司发行可转换债券后，有义务按照《可转换公司债券管理办法》中约定的转换方法，向申请转换的债券持有人换发股票。但可转换债券也具有普通债券的债权、债务凭证性质。而转换权是债券持有人单方意思表示决定的，对此，债券持有人享有选择权，在债券期限届满时，其可以行使转换权，要求公司换发股票，也可以选择不转换而要求公司对该债券还本付息。同时，可转换债券又有自己的特点，即赋予债券持有人是否转换为股票上的选择权。本条即对此作了规定。此外，本条还增加了除外规定，允许法律、行政法规对此作出进一步或不同的要求与限制。如《上市公司证券发行注册管理办法》《可转换公司债券管理办法》另就转股期限及成为股东的时间作了规定，即可转换公司债券自发行结束之日起6个月后方可转换为公司股票，转股期限由公司根据可转换公司债券的存续期限及公司财务状况确定。债券持有人对转换股票或者不	《公司法》（2018年修正） **第162条** 发行可转换为股票的公司债券的，公司应当按照其转换办法向债券持有人换发股票，但债券持有人对转换股票或者不转换股票有选择权。 《上市公司证券发行注册管理办法》 **第62条** 可转债自发行结束之日起六个月后方可转换为公司股票，转股期限由公司根据可转债的存续期限及公司财务状况确定。 债券持有人对转股或者不转股有选择权，并于转股的次日成为上市公司股东。 **第63条** 向特定对象发行的可转债不得采用公开的集中交易方式转让。 向特定对象发行的可转债转股的，所转股票自可转债发行结束之日起十八个月内不得转让。 **第64条** 向不特定对象发行可转债的转股价格应当不低于募集说明书公告日前二十个交易日上市公司股票交易均价和前一个交易日均价。 向特定对象发行可转债的转股价格应当不低于认购邀请书发出前二十个交易日上市公司

修订后《公司法》及解读等	修订前《公司法》及关联规定
转换股票有选择权，并于转股的次日成为发行公司的股东。	股票交易均价和前一个交易日的均价，且不得向下修正。 **《可转换公司债券管理办法》** **第8条** 可转债自发行结束之日起不少于六个月后方可转换为公司股票，转股期限由公司根据可转债的存续期限及公司财务状况确定。 可转债持有人对转股或者不转股有选择权，并于转股的次日成为发行人股东。
第二百零四条 【债券持有人会议】 公开发行公司债券的，应当为同期债券持有人设立债券持有人会议，并在债券募集办法中对债券持有人会议的召集程序、会议规则和其他重要事项作出规定。债券持有人会议可以对与债券持有人有利害关系的事项作出决议。 除公司债券募集办法另有约定外，债券持有人会议决议对同期全体债券持有人发生效力。 解读：本条是增加的债券持有人会议决议规则和效力的规定。2019年修订的《证券法》，将债券持有人会议和债券受托管理人这两项在实践中行之有效的制度上升为法律。本次《公司法》的修订，亦将这两项制度增加进来。所谓债券持有人会议是由公司债券持有人组成的临时合议机构，其对公司债券持有人的	**《证券法》** **第92条** 公开发行公司债券的，应当设立债券持有人会议，并应当在募集说明书中说明债券持有人会议的召集程序、会议规则和其他重要事项。 公开发行公司债券的，发行人应当为债券持有人聘请债券受托管理人，并订立债券受托管理协议。受托管理人应当由本次发行的承销机构或者其他经国务院证券监督管理机构认可的机构担任，债券持有人会议可以决议变更债券受托管理人。债券受托管理人应当勤勉尽责，公正履行受托管理职责，不得损害债券持有人利益。 债券发行人未能按期兑付

修订后《公司法》及解读等	修订前《公司法》及关联规定
共同利害关系事项依法作出决议,且此决议对公司债券持有人发生效力。本条第1款对此作了明确。且需注意,设立债券持有人会议是公开发行公司债券的强制性要求。但对非公开发行的公司债券,是否需要债券持有人会议则没有强制性规定。此外,关于债券持有人会议的召集程序、会议规则等其他重要事项,第1款明确了应在债券募集办法中作出规定。另,关于债券持有人会议决议的效力,本条第2款明确该决议对同期全体债券持有人发生效力。需注意,由于债券一般按期发行,因此,这里针对的是"同期"的持有人,且为同期"全体债券持有人",不是部分持有人。当然也存在例外情形,即公司债券募集办法对此另有约定的除外。	债券本息的,债券受托管理人可以接受全部或者部分债券持有人的委托,以自己名义代表债券持有人提起、参加民事诉讼或者清算程序。 《全国法院审理债券纠纷案件座谈会纪要》 15. 债券持有人会议决议的效力。债券持有人会议根据债券募集文件规定的决议范围、议事方式和表决程序所作出的决议,除非存在法定无效事由,人民法院应当认定为合法有效,除本纪要第5条、第6条和第16条规定的事项外,对全体债券持有人具有约束力。 债券持有人会议表决过程中,发行人及其关联方,以及对决议事项存在利益冲突的债券持有人应当回避表决。 《公司债券发行与交易管理办法》 第62条　发行公司债券,应当在债券募集说明书中约定债券持有人会议规则。 债券持有人会议规则应当公平、合理。债券持有人会议规则应当明确债券持有人通过债券持有人会议行使权利的范围,债券持有人会议的召集、通知、决策生效条件与决策程序、决策效力范围和其他重要事项。债券持有人会议按照本

修订后《公司法》及解读等	修订前《公司法》及关联规定
	办法的规定及会议规则的程序要求所形成的决议对全体债券持有人有约束力，债券持有人会议规则另有约定的除外。
第二百零五条【债券受托管理人】公开发行公司债券的，发行人应当为债券持有人聘请债券受托管理人，由其为债券持有人办理受领清偿、债权保全、与债券相关的诉讼以及参与债务人破产程序等事项。 解读：本条是增加的债券受托管理人及受托事项的规定。如前所言，债券受托管理人制度是2019年修订的《证券法》增加的内容，本次《公司法》修订亦将该制度增加进来。债券受托管理人制度，是根据债券受托管理协议约定设立维护债券持有人利益的机构。本条明确了其主要受托事项或职责主要为债券持有人办理受领清偿、债权保全、与债券相关的诉讼以及参与债务人破产程序等事项。具体如保管或者监督发行人保管担保物或者权利凭证，当发现可能影响债券持有人重大权益事项时，召集债券持有人会议；当发现对债券持有人利益有重大损害的情况时，及时向债券持有人报告；当发行人未按期兑付债券本息时，可以自己的名义代表债券持有人提起民事诉讼并要求公司追加担保，可以依法申请采取保全措施，或者参与破产	《证券法》 **第92条第2款、第3款** 公开发行公司债券的，发行人应当为债券持有人聘请债券受托管理人，并订立债券受托管理协议。受托管理人应当由本次发行的承销机构或者其他经国务院证券监督管理机构认可的机构担任，债券持有人会议可以决议变更债券受托管理人。债券受托管理人应当勤勉尽责，公正履行受托管理职责，不得损害债券持有人利益。 债券发行人未能按期兑付债券本息的，债券受托管理人可以接受全部或者部分债券持有人的委托，以自己名义代表债券持有人提起、参加民事诉讼或者清算程序。 《全国法院审理债券纠纷案件座谈会纪要》 5. 债券受托管理人的诉讼主体资格。债券发行人不能如约偿付债券本息或者出现债券

修订后《公司法》及解读等	修订前《公司法》及关联规定
的法律程序。就债券受托管理人的诉讼资格而言,基于《证券法》第92条第3款规定可知,在债券发行人未能按期兑付债券本息的情况下,债券受托管理人可以接受全部或者部分债券持有人的委托,以自己的名义代表债券持有人提起、参加民事诉讼或者清算程序。参加诉讼的方式,债券受托管理人也可以债券持有人的名义提起诉讼,判决的效力及于原民事诉讼当事人。	募集文件约定的违约情形时,受托管理人根据债券募集文件、债券受托管理协议的约定或者债券持有人会议决议的授权,以自己的名义代表债券持有人提起、参加民事诉讼,或者申请发行人破产重整、破产清算的,人民法院应当依法予以受理。 受托管理人应当向人民法院提交符合债券募集文件、债券受托管理协议或者债券持有人会议规则的授权文件。 **《公司债券发行与交易管理办法》** 第57条 公开发行公司债券的,发行人应当为债券持有人聘请债券受托管理人,并订立债券受托管理协议;非公开发行公司债券的,发行人应当在募集说明书中约定债券受托管理事项。在债券存续期限内,由债券受托管理人按照规定或协议的约定维护债券持有人的利益。 发行人应当在债券募集说明书中约定,投资者认购或持有本期公司债券视作同意债券受托管理协议、债券持有人会

修订后《公司法》及解读等	修订前《公司法》及关联规定
	议规则及债券募集说明书中其他有关发行人、债券持有人权利义务的相关约定。

第59条 公开发行公司债券的受托管理人应当按规定或约定履行下列职责：

（一）持续关注发行人和保证人的资信状况、担保物状况、增信措施及偿债保障措施的实施情况，出现可能影响债券持有人重大权益的事项时，召集债券持有人会议；

（二）在债券存续期内监督发行人募集资金的使用情况；

（三）对发行人的偿债能力和增信措施的有效性进行全面调查和持续关注，并至少每年向市场公告一次受托管理事务报告；

（四）在债券存续期内持续督导发行人履行信息披露义务；

（五）预计发行人不能偿还债务时，要求发行人追加担保，并可以依法申请法定机关采取财产保全措施；

（六）在债券存续期内勤勉处理债券持有人与发行人之 |

修订后《公司法》及解读等	修订前《公司法》及关联规定
	间的谈判或者诉讼事务； （七）发行人为债券设定担保的，债券受托管理人应在债券发行前或债券募集说明书约定的时间内取得担保的权利证明或其他有关文件，并在增信措施有效期内妥善保管； （八）发行人不能按期兑付债券本息或出现募集说明书约定的其他违约事件的，可以接受全部或部分债券持有人的委托，以自己名义代表债券持有人提起、参加民事诉讼或者破产等法律程序，或者代表债券持有人申请处置抵质押物。 **第 61 条** 受托管理人为履行受托管理职责，有权代表债券持有人查询债券持有人名册及相关登记信息、专项账户中募集资金的存储与划转情况。证券登记结算机构应当予以配合。
第二百零六条 【债券受托管理人义务与责任】债券受托管理人应当勤勉尽责，公正履行受托管理职责，不得损害债券持有人利益。 受托管理人与债券持有人存在利益冲突可能损害债券持有人利益的，债券持有人会议可以决议变更债券受托管理人。	《证券法》 **第 92 条第 2 款、第 3 款** 公开发行公司债券的，发行人应当为债券持有人聘请债券受托管理人，并订立债券受托管理协议。受托管理人应当由本次发行的承销机构或者其他

修订后《公司法》及解读等	修订前《公司法》及关联规定
债券受托管理人违反法律、行政法规或者债券持有人会议决议，损害债券持有人利益的，应当承担赔偿责任。 **解读**：本条是对债券受托管理人勤勉尽责义务及变更、赔偿责任的规定。勤勉尽责、公正履行委托事项、不损害委托人或收益人利益，不仅仅是债券受托管理人的职责所在，实际上也是绝大多数委托或信托关系中受托人应尽的职责或义务。本条第1款对债券受托管理人的上述义务进行了明确，意在强调与重申。此外，为解决债券受托管理人在履行受托管理职责时可能存在的利益冲突，本条第2款规定了债券持有人的选任，即管理人的变更。这种变更针对的是受托管理人与债券持有人存在利益冲突可能损害债券持有人利益的情形。此外，为进一步强化债券受托管理人职责履行，切实保障债券持有人的权益，本条第3款还规定了债券受托管理人的赔偿责任，即债券受托管理人违反法律、行政法规或者债券持有人会议决议，损害债券持有人利益的，应当承担赔偿责任。	经国务院证券监督管理机构认可的机构担任，债券持有人会议可以决议变更债券受托管理人。债券受托管理人应当勤勉尽责，公正履行受托管理职责，不得损害债券持有人利益。 债券发行人未能按期兑付债券本息的，债券受托管理人可以接受全部或者部分债券持有人的委托，以自己名义代表债券持有人提起、参加民事诉讼或者清算程序。 **《公司债券发行与交易管理办法》** **第58条** 债券受托管理人由本次发行的承销机构或其他经中国证监会认可的机构担任。债券受托管理人应当为中国证券业协会会员。为本次发行提供担保的机构不得担任本次债券发行的受托管理人。债券受托管理人应当勤勉尽责，公正履行受托管理职责，不得损害债券持有人利益。对于债券受托管理人在履行受托管理职责时可能存在的利益冲突情形及相关风险防范、解决机制，发行人应当在债券募集说

修订后《公司法》及解读等	修订前《公司法》及关联规定
	明书及债券存续期间的信息披露文件中予以充分披露，并同时在债券受托管理协议中载明。
第十章　公司财务、会计	
第二百零七条　【公司财务、会计制度】公司应当依照法律、行政法规和国务院财政部门的规定建立本公司的财务、会计制度。 **解读：**本条是关于公司财务、会计制度的规定。公司财务与会计制度，原本属企业内部事务，但由于其涉及股东公司债权人及第三人相关利益，《公司法》需对此作出规定，以维护上述主体合法权益，推动公司资产负债、利润分配规范化以及一定程度的公开化。而建立公司财务、会计制度的依据主要为法律、行政法规和国家统一的会计制度，《公司法》对此进行了原则性规定，具体要求及操作方面的规定主要集中在《会计法》《企业会计准则——基本准则》等系列规定中。公司财务、会计制度虽为内部管理制度，但与公司的一般规章制度相比，具有强制性、规范性、公开性、统一性等特征。	《公司法》（2018年修正） 第163条　公司应当依照法律、行政法规和国务院财政部门的规定建立本公司的财务、会计制度。 《会计法》 第9条　各单位必须根据实际发生的经济业务事项进行会计核算，填制会计凭证，登记会计帐簿，编制财务会计报告。 任何单位不得以虚假的经济业务事项或者资料进行会计核算。 第10条　下列经济业务事项，应当办理会计手续，进行会计核算： （一）款项和有价证券的收付； （二）财物的收发、增减和使用； （三）债权债务的发生和结算； （四）资本、基金的增减； （五）收入、支出、费用、成本的计算；

修订后《公司法》及解读等	修订前《公司法》及关联规定
	（六）财务成果的计算和处理； （七）需要办理会计手续、进行会计核算的其他事项。 　　第11条　会计年度自公历1月1日起至12月31日止。 　　第12条　会计核算以人民币为记帐本位币。 　　业务收支以人民币以外的货币为主的单位，可以选定其中一种货币作为记帐本位币，但是编报的财务会计报告应当折算为人民币。 　　第13条　会计凭证、会计帐簿、财务会计报告和其他会计资料，必须符合国家统一的会计制度的规定。 　　使用电子计算机进行会计核算的，其软件及其生成的会计凭证、会计帐簿、财务会计报告和其他会计资料，也必须符合国家统一的会计制度的规定。 　　任何单位和个人不得伪造、变造会计凭证、会计帐簿及其他会计资料，不得提供虚假的财务会计报告。 　　第14条　会计凭证包括原始凭证和记帐凭证。

修订后《公司法》及解读等	修订前《公司法》及关联规定
	办理本法第十条所列的经济业务事项，必须填制或者取得原始凭证并及时送交会计机构。 会计机构、会计人员必须按照国家统一的会计制度的规定对原始凭证进行审核，对不真实、不合法的原始凭证有权不予接受，并向单位负责人报告；对记载不准确、不完整的原始凭证予以退回，并要求按照国家统一的会计制度的规定更正、补充。 原始凭证记载的各项内容均不得涂改；原始凭证有错误的，应当由出具单位重开或者更正，更正处应当加盖出具单位印章。原始凭证金额有错误的，应当由出具单位重开，不得在原始凭证上更正。 记帐凭证应当根据经过审核的原始凭证及有关资料编制。 **第15条** 会计帐簿登记，必须以经过审核的会计凭证为依据，并符合有关法律、行政法规和国家统一的会计制度的规定。会计帐簿包括总帐、明细帐、日记帐和其他辅助性帐簿。

修订后《公司法》及解读等	修订前《公司法》及关联规定
	会计帐簿应当按照连续编号的页码顺序登记。会计帐簿记录发生错误或者隔页、缺号、跳行的,应当按照国家统一的会计制度规定的方法更正,并由会计人员和会计机构负责人(会计主管人员)在更正处盖章。 使用电子计算机进行会计核算的,其会计帐簿的登记、更正,应当符合国家统一的会计制度的规定。 **第16条** 各单位发生的各项经济业务事项应当在依法设置的会计帐簿上统一登记、核算,不得违反本法和国家统一的会计制度的规定私设会计帐簿登记、核算。 **第17条** 各单位应当定期将会计帐簿记录与实物、款项及有关资料相互核对,保证会计帐簿记录与实物及款项的实有数额相符、会计帐簿记录与会计凭证的有关内容相符、会计帐簿之间相对应的记录相符、会计帐簿记录与会计报表的有关内容相符。 **第18条** 各单位采用的会计处理方法,前后各期应当一致,不得随意变更;确有必

修订后《公司法》及解读等	修订前《公司法》及关联规定
	要变更的,应当按照国家统一的会计制度的规定变更,并将变更的原因、情况及影响在财务会计报告中说明。 **第19条** 单位提供的担保、未决诉讼等或有事项,应当按照国家统一的会计制度的规定,在财务会计报告中予以说明。 **第20条** 财务会计报告应当根据经过审核的会计帐簿记录和有关资料编制,并符合本法和国家统一的会计制度关于财务会计报告的编制要求、提供对象和提供期限的规定;其他法律、行政法规另有规定的,从其规定。 财务会计报告由会计报表、会计报表附注和财务情况说明书组成。向不同的会计资料使用者提供的财务会计报告,其编制依据应当一致。有关法律、行政法规规定会计报表、会计报表附注和财务情况说明书须经注册会计师审计的,注册会计师及其所在的会计师事务所出具的审计报告应当随同财务会计报告一并提供。

修订后《公司法》及解读等	修订前《公司法》及关联规定
	第21条　财务会计报告应当由单位负责人和主管会计工作的负责人、会计机构负责人（会计主管人员）签名并盖章；设置总会计师的单位，还须由总会计师签名并盖章。 　　单位负责人应当保证财务会计报告真实、完整。 　　第22条　会计记录的文字应当使用中文。在民族自治地方，会计记录可以同时使用当地通用的一种民族文字。在中华人民共和国境内的外商投资企业、外国企业和其他外国组织的会计记录可以同时使用一种外国文字。 　　第23条　各单位对会计凭证、会计帐簿、财务会计报告和其他会计资料应当建立档案，妥善保管。会计档案的保管期限和销毁办法，由国务院财政部门会同有关部门制定。 《财政部关于〈公司法〉施行后有关企业财务处理问题的通知》 　　一、关于以非货币资产作价出资的评估问题 　　根据《公司法》第27条的规定，企业以实物、知识产权、土地使用权等非货币资产

修订后《公司法》及解读等	修订前《公司法》及关联规定
	出资设立公司的,应当评估作价,核实资产。国有及国有控股企业以非货币资产出资或者接受其他企业的非货币资产出资,应当遵守国家有关资产评估的规定,委托有资格的资产评估机构和执业人员进行;其他的非货币资产出资的评估行为,可以参照执行。 二、关于公益金余额处理问题 　　从 2006 年 1 月 1 日起,按照《公司法》组建的企业根据《公司法》第 167 条进行利润分配,不再提取公益金;同时,为了保持企业间财务政策的一致性,国有企业以及其他企业一并停止实行公益金制度。企业对 2005 年 12 月 31 日的公益金结余,转作盈余公积金管理使用;公益金赤字,依次以盈余公积金、资本公积金、以前年度未分配利润弥补,仍有赤字的,结转未分配利润账户,用以后年度实现的税后利润弥补。 　　企业经批准实施住房制度改革,应当严格按照财政部《关于企业住房制度改革中有关财务处理问题的通知》(财企

修订后《公司法》及解读等	修订前《公司法》及关联规定
	[2000] 295号)及财政部《关于企业住房制度改革中有关财务处理问题的补充通知》(财企 [2000] 878号)的相关规定执行。企业按照国家统一规定实行住房分配货币化改革后,不得再为职工购建住房,盈余公积金不得列支相关支出。 尚未实行分离办社会职能或者主辅分离、辅业改制的企业,原属于公益金使用范围的内设职工食堂、医务室、托儿所等集体福利机构所需固定资产购建支出,应当严格履行企业内部财务制度规定的程序和权限进行审批,并按照企业生产经营资产的相关管理制度执行。 企业停止实行公益金制度以后,外商投资企业的职工奖励及福利基金,经董事会确定继续提取的,应当明确用途、使用条件和程序,作为负债管理。 **三、关于股份有限公司收购本公司股票的财务处理问题** 股份有限公司根据《公司法》第143条规定回购股份,应当按照以下要求进行财务处理:

修订后《公司法》及解读等	修订前《公司法》及关联规定
	（一）公司回购的股份在注销或者转让之前，作为库存股管理，回购股份的全部支出转作库存股成本。但与持有本公司股份的其他公司合并而导致的股份回购，参与合并各方在合并前及合并后如均属于同一股东最终控制的，库存股成本按参与合并的其他公司持有本公司股份的相关投资账面价值确认；如不属于同一股东最终控制的，库存股成本按参与合并的其他公司持有本公司股份的相关投资公允价值确认。 库存股注销时，按照注销的股份数量减少相应股本，库存股成本高于对应股本的部分，依次冲减资本公积金、盈余公积金、以前年度未分配利润；低于对应股本的部分，增加资本公积金。 库存股转让时，转让收入高于库存股成本的部分，增加资本公积金；低于库存股成本的部分，依次冲减资本公积金、盈余公积金、以前年度未分配利润。 （二）因实行职工股权激励办法而回购股份的，回购股份不得超过本公司已发行股份

修订后《公司法》及解读等	修订前《公司法》及关联规定
	总额的百分之五，所需资金应当控制在当期可供投资者分配的利润数额之内。 股东大会通过职工股权激励办法之日与股份回购日不在同一年度的，公司应当于通过职工股权激励办法时，将预计的回购支出在当期可供投资者分配的利润中作出预留，对预留的利润不得进行分配。 公司回购股份时，应当将回购股份的全部支出转作库存股成本，同时按回购支出数额将可供投资者分配的利润转入资本公积金。 （三）库存股不得参与公司利润分配，股份有限公司应当将其作为所有者权益的备抵项目反映。
第二百零八条　【财务会计报告】 公司应当在每一会计年度终了时编制财务会计报告，并依法经会计师事务所审计。 　　财务会计报告应当依照法律、行政法规和国务院财政部门的规定制作。 　　**解读：**本条是关于公司财务会计报告的规定，沿用了原《公司法》规定。公司财务会计报告，是指公司对外提供的反映公司某一特定日期财务状况和某一会计期间经营成果、现金流量的文件。	《公司法》（2018年修正） 　　**第164条**　公司应当在每一会计年度终了时编制财务会计报告，并依法经会计师事务所审计。 　　财务会计报告应当依照法律、行政法规和国务院财政部门的规定制作。 　　《企业财务会计报告条例》 　　正文略。

修订后《公司法》及解读等	修订前《公司法》及关联规定
财务会计报告分年度、半年度、季度和月度财务会计报告。年度、半年度财务会计报告包括会计报表、会计报表附注、财务情况说明书,而会计报表又包括资产负债表、利润表、现金流量表及相关附表。按照本条以及《会计法》《企业财务会计报告条例》等的规定,就公司企业的财务会计报告的编制有如下要求:首先,需在每一会计年度终了时编制会计报告。会计年度,按照《会计法》的规定,为公历1月1日起至12月31日止。其次,会计报告需依法经会计师事务所审计。以确保报告的真实性、准确性、可信度。此外,会计报告应依法制作。具体而言,包括按照《公司法》《会计法》《证券法》《企业财务会计报告条例》等法律、行政法规、行政规章等的规定进行制作。 **案例参考**:作为债务人的公司申请破产,是否必须提供财务会计报告等材料?(某制造公司再审审查与审判监督案)[①] 按照《企业破产法》的规定,向人民法院提出破产申请,应当提交破产申请书和有关证据。破产申请书应当载明下列事项:(1)申请人、被申请人的基本情况;(2)申请目的;(3)申请的事实和理由;(4)人民法院认为应当载明的	

[①] 案号:最高人民法院(2017)最高法民申1172号裁定书,载中国裁判文书网,最后访问时间:2023年12月15日。

修订后《公司法》及解读等	修订前《公司法》及关联规定
其他事项。债务人提出申请的，还应当向人民法院提交财产状况说明、债务清册、债权清册、有关财务会计报告、职工安置预案以及职工工资的支付和社会保险费用的缴纳情况。该案中，再审申请人某制造公司申请破产清算，却始终未提供有关财务会计报告与财产状况说明、债务清册、债权清册相印证，一、二审法院对再审申请人申请破产清算一案不予受理并无不当。	
第二百零九条 【财务会计报告公示】有限责任公司应当按照公司章程规定的期限将财务会计报告送交各股东。 股份有限公司的财务会计报告应当在召开股东会年会的二十日前置备于本公司，供股东查阅；公开发行股份的股份有限公司应当公告其财务会计报告。 **解读：** 本条是关于财务会计报告公示的规定。财务会计报告公示，指公司依照法律规定向社会公开其财务会计报告的制度。公示公司的财务会计报告，对保护股东、债权人、交易关系人等的合法利益，维护交易安全及经济秩序，确保社会公众利益，均具有重要作用。《公司法》通过本条对公司财务会计报告向股东的公开作了原则性规定，且按照不同公司类型作了不同要求：就有限责任公司而言，因其股东人数较少，因此按公司章程规定的期限将财务会计报告送交各股东即可。就股份有限公司而言，	《公司法》（2018年修正） **第165条** 有限责任公司应当依照公司章程规定的期限将财务会计报告送交各股东。 股份有限公司的财务会计报告应当在召开股东大会年会的二十日前置备于本公司，供股东查阅；公开发行股票的股份有限公司必须公告其财务会计报告。 《公司法司法解释四》 **第7条** 股东依据公司法第三十三条、第九十七条或者公司章程的规定，起诉请求查阅或者复制公司特定文件材料的，人民法院应当依法予以受理。 公司有证据证明前款规定的原告在起诉时不具有公司股东资格的，人民法院应当驳回起诉，但原告有初步证据证明

修订后《公司法》及解读等	修订前《公司法》及关联规定
其规模一般较大，股东人数也较多，为节约成本、提高效率，则规定将财务会计报告在召开股东会年会的20日前置备于本公司，供股东查阅。此外，针对股份有限公司中公开发行股份的一类公司而言，由于其涉及的股东更多更广，对社会公共利益影响更大，故除按要求将财务会计报告置备公司外，还应当通过公告方式公示其财务会计报告。另需注意，按照有关法律、法规、规章等的要求，公司财务会计报告还应定期报送相关主管部门、财税机关及开户银行等。	在持股期间其合法权益受到损害，请求依法查阅或者复制其持股期间的公司特定文件材料的除外。 第9条 公司章程、股东之间的协议等实质性剥夺股东依据公司法第三十三条、第九十七条规定查阅或者复制公司文件材料的权利，公司以此为由拒绝股东查阅或者复制的，人民法院不予支持。
第二百一十条 【法定公积金和任意公积金】公司分配当年税后利润时，应当提取利润的百分之十列入公司法定公积金。公司法定公积金累计额为公司注册资本的百分之五十以上的，可以不再提取。 公司的法定公积金不足以弥补以前年度亏损的，在依照前款规定提取法定公积金之前，应当先用当年利润弥补亏损。 公司从税后利润中提取法定公积金后，经股东会决议，还可以从税后利润中提取任意公积金。 公司弥补亏损和提取公积金后所余税后利润，有限责任公司按照股东实缴的出资比例分配利润，全体股东约定不按照出资比例分配利润的除外；股份有限公司按照股东所持有的股份比例分配利润，公司章程另有规定的除外。	《公司法》(2018年修正) 第166条第1款、第2款、第3款、第4款、第6款 公司分配当年税后利润时，应当提取利润的百分之十列入公司法定公积金。公司法定公积金累计额为公司注册资本的百分之五十以上的，可以不再提取。 公司的法定公积金不足以弥补以前年度亏损的，在依照前款规定提取法定公积金之前，应当先用当年利润弥补亏损。 公司从税后利润中提取法定公积金后，经股东会或者股东大会决议，还可以从税后利润中提取任意公积金。

修订后《公司法》及解读等	修订前《公司法》及关联规定
公司持有的本公司股份不得分配利润。 **解读**：本条是关于公司税后利润分配及公司法定公积金与任意公积金的规定。按照本条规定，可向股东进行分配的公司利润的范围为税后利润且为其弥补亏损和提取公积金之后的剩余部分。公司的税后利润，是指公司在一定时期内生产经营的财务成果，具体包括营业利润、投资收益和营业外收支净额。营业利润，是指核算期内营业收入减去营业成本、有关费用、营业收入应负担的税收后的数额。投资收益，是指公司对外投资取得的利润、股利、利息等扣除投资损失后的数额。营业外收支净额，是指与公司生产经营无直接关系的各项收入减去各项支出后的数额。根据本条的规定，公司在缴纳所得税后的利润，首先需用于弥补亏损。弥补亏损后有剩余的，需按照下条的规定提取法定公积金。且按照下条的规定，提取法定公积金后，经股东会决议，公司还可以提取任意公积金。经过以上程序仍有剩余的，才可向股东进行分配。需注意，由于公司形式不同，相关分配方式也不尽相同。一般而言，有限责任公司按照股东出资比例分配，股份有限公司按照股东持有的股份比例分配。但有限责任公司股东一致同意不按出资比例分配的、股份有限公司章程另有规定的除外。由于公司作为市场主体，	公司弥补亏损和提取公积金后所余税后利润，有限责任公司依照本法第三十四条的规定分配；股份有限公司按照股东持有的股份比例分配，但股份有限公司章程规定不按持股比例分配的除外。 公司持有的本公司股份不得分配利润。 **第34条** 股东按照实缴的出资比例分取红利；~~公司新增资本时，股东有权优先按照实缴的出资比例认缴出资~~。但是，全体股东约定不按照出资比例分取红利或者~~不按照出资比例优先认缴出资~~的除外。 《证券法》 **第91条** 上市公司应当在章程中明确分配现金股利的具体安排和决策程序，依法保障股东的资产收益权。 上市公司当年税后利润，在弥补亏损及提取法定公积金后有盈余的，应当按照公司章程的规定分配现金股利。 《公司法司法解释三》 **第16条** 股东未履行或者未全面履行出资义务或者抽逃出资，公司根据公司章程或者股东会决议对其利润分配请

修订后《公司法》及解读等	修订前《公司法》及关联规定
可能需要进行资本积累，留足资金进行研发、扩大再生产，还需要根据发展规划、经营状况留足资金应对市场变化，因此，公司有权自主决定是否向股东分配当年利润。此外，《公司法》上的公积金，又称公司储备金，是公司为巩固自身财产基础以及提高公司信用和预防意外亏损等的需要，按照法律与公司章程的规定，在公司资本以外积存的资金。根据提取是否基于法律强制性规定的不同，公司公积金可分为法定公积金和任意公积金。法定公积金又分为法定盈余公积金和法定资本公积金。而本条所称的法定公积金应属法定盈余公积金，即从公司盈余中必须提取的公积金，即本条第1款规定的"公司分配当年税后利润时，应当提取利润的百分之十列入公司法定公积金"。当法定公积金累计额达公司注册资本的50%以上时可不再提取。当公司累计的法定公积金不足以弥补以上年度亏损的，在依照本条第1款规定提取法定公积金前，应先弥补亏损。在提取法定公积金后，公司还可以提取任意公积金。任意公积金，指非由法律强制性规定而是由公司视情况自行决定提取的公积金。任意公积金虽由公司视情况自行决定提取，但需经股东会决议。按照前条规定，公司的税后利润在弥补亏损、提取公积金后可向股东进行分配。但基于公司本身持有本公司股份（一般基于	求权、新股优先认购权、剩余财产分配请求权等股东权利作出相应的合理限制，该股东请求认定该限制无效的，人民法院不予支持。 《公司法司法解释四》 第14条　股东提交载明具体分配方案的股东会或者股东大会的有效决议，请求公司分配利润，公司拒绝分配利润且其关于无法执行决议的抗辩理由不成立的，人民法院应当判决公司按照决议载明的具体分配方案向股东分配利润。 第15条　股东未提交载明具体分配方案的股东会或者股东大会决议，请求公司分配利润的，人民法院应当驳回其诉讼请求，但违反法律规定滥用股东权利导致公司不分配利润，给其他股东造成损失的除外。 《全国法院民商事审判工作会议纪要》 5.【与目标公司"对赌"】投资方与目标公司订立的"对赌协议"在不存在法定无效事由的情况下，目标公司仅以存在股权回购或者金钱补偿约定为由，主张"对赌协议"无效的，

修订后《公司法》及解读等	修订前《公司法》及关联规定
特殊事由且均为短期持有），且如作分配将陷入无限循环的逻辑陷阱，故公司持有的本公司股份即不得分配利润，本条第5款对此进行了明确。 **案例参考**：司法能否介入公司盈余分配的判断？（某热力公司、李某军与某门业公司盈余分配纠纷案）① 公司在经营中存在可分配的税后利润时，有的股东希望将盈余留作公司经营以期待获取更多收益，有的股东则希望及时分配利润实现投资利益，一般而言，即使股东会未形成盈余分配的决议，对希望分配利润股东的利益不会产生根本损害，因此，原则上这种冲突的解决属于公司自治范畴，是否进行公司盈余分配及分配多少，应当由股东会作出公司盈余分配的具体方案。但当部分股东变相分配利润、隐瞒或转移公司利润时，则会损害其他股东的实体利益，已非公司自治所能解决，此时若司法不加以适度干预则不能制止权利滥用，亦有违司法正义。虽目前有股权回购、公司解散、代位诉讼等法定救济途径，但不同的救济途径对股东的权利保护有实质区别，故需司法解释对股东的盈余分配请求权进一步予以明确。为此，《公司法司法解释四》第15条规定，"股东未提交载明具体分配方案的股东会或者股东大会决议，	人民法院不予支持，但投资方主张实际履行的，人民法院应当审查是否符合公司法关于"股东不得抽逃出资"及股份回购的强制性规定，判决是否支持其诉讼请求。 投资方请求目标公司回购股权的，人民法院应当依据《公司法》第35条关于"股东不得抽逃出资"或者第142条关于股份回购的强制性规定进行审查。经审查，目标公司未完成减资程序的，人民法院应当驳回其诉讼请求。 投资方请求目标公司承担金钱补偿义务的，人民法院应当依据《公司法》第35条关于"股东不得抽逃出资"和第166条关于利润分配的强制性规定进行审查。经审查，目标公司没有利润或者虽有利润但不足以补偿投资方的，人民法院应当驳回或者部分支持其诉讼请求。今后目标公司有利润时，投资方还可以依据该事实另行提起诉讼。

---

① 《中华人民共和国最高人民法院公报》2018年第8期。

修订后《公司法》及解读等	修订前《公司法》及关联规定
请求公司分配利润的,人民法院应当驳回其诉讼请求,但违反法律规定滥用股东权利导致公司不分配利润,给其他股东造成损失的除外"。就该案而言,首先,某热力公司的全部资产被整体收购后没有其他经营活动,一审法院委托司法审计的结论显示,某热力公司清算净收益为75973413.08元,即使扣除双方有争议的款项,其也有巨额的可分配利润,具备公司进行盈余分配的前提条件。其次,李某军同某热力公司及其控股股东某工贸公司法定代表人,未经公司另一股东某门业公司同意,没有合理事由将5600万余元公司资产转让款转入某建安公司账户,转移公司利润,给某门业公司造成损失,属于某工贸公司滥用股东权利,符合上述解释但书条款规定应进行强制盈余分配的实质要件。最后,前述司法解释规定的股东盈余分配的救济权利,并未规定需以采取股权回购、公司解散、代位诉讼等其他救济措施为前置程序,某门业公司对不同的救济途径有自由选择的权利。因此,一审判决关于某热力公司应当进行盈余分配的认定有事实和法律依据,某热力公司、李某军关于没有股东会决议不应进行公司盈余分配的上诉主张不能成立。	《上市公司章程指引》 第152条 公司除法定的会计账簿外,将不另立会计账簿。公司的资产,不以任何个人名义开立账户存储。 第153条 公司分配当年税后利润时,应当提取利润的百分之十列入公司法定公积金。公司法定公积金累计额为公司注册资本的百分之五十以上的,可以不再提取。 公司的法定公积金不足以弥补以前年度亏损的,在依照前款规定提取法定公积金之前,应当先用当年利润弥补亏损。 公司从税后利润中提取法定公积金后,经股东大会决议,还可以从税后利润中提取任意公积金。 公司弥补亏损和提取公积金后所余税后利润,按照股东持有的股份比例分配,但本章程规定不按持股比例分配的除外。 股东大会违反前款规定,在公司弥补亏损和提取法定公积金之前向股东分配利润的,股东必须将违反规定分配的利润退还公司。

修订后《公司法》及解读等	修订前《公司法》及关联规定
股东能否以企业净资产转增注册资本的方式进行增资？（王某波、吕某与企业有关的纠纷案）① 　　该案中，某集团的股东对增资部分并未进行实际出资，而是以企业净资产转增注册资本的方式进行增资。此种做法并不符合《公司法》关于法定公积金转增注册资本的规定，原审判决认定相关股东未全面履行增资义务并无不当。参照《公司法司法解释三》第 18 条的规定，再审申请人作为瑕疵出资股权的受让人，其应否承担责任的关键在于受让股权时，对出让股东未履行或者未全面履行出资义务这一事实是否"知道或者应当知道"。再审申请人主张，其系基于对某集团相关董事会、股东会决议以及第三方机构出具的专业验资报告等的信赖而受让股权，表明其对股东会决议是明知的。而某集团召开的意在增加注册资本的董事会决议明确载明，公司是以企业净资产转增注册资本的方式进行增资，并未进行实际出资，更进一步表明再审申请人对转让股东未实际履行出资义务是明知的。在此情况下，原审法院判令其承担责任在结果上并无不当。	公司持有的本公司股份不参与分配利润。 　　公司应当在公司章程中明确现金分红相对于股票股利在利润分配方式中的优先顺序，并载明以下内容： 　　（一）公司董事会、股东大会对利润分配尤其是现金分红事项的决策程序和机制，对既定利润分配政策尤其是现金分红政策作出调整的具体条件、决策程序和机制，以及为充分听取独立董事和中小股东意见所采取的措施。 　　（二）公司的利润分配政策尤其是现金分红政策的具体内容，利润分配的形式，利润分配尤其是现金分红的期间间隔，现金分红的具体条件，发放股票股利的条件，各期现金分红最低金额或比例（如有）等。 　　**注释**：公司应当以现金的形式向优先股股东支付股息，在完全支付约定的股息之前，不得向普通股股东分配利润……

---

① 案号：最高人民法院（2020）最高法民申 785 号裁定书，载中国裁判文书网，最后访问时间：2023 年 12 月 15 日。

修订后《公司法》及解读等	修订前《公司法》及关联规定
	第154条 公司的公积金用于弥补公司的亏损、扩大公司生产经营或者转为增加公司资本。但是,资本公积金将不用于弥补公司的亏损。 法定公积金转为资本时,所留存的该项公积金将不少于转增前公司注册资本的百分之二十五。 第155条 公司股东大会对利润分配方案作出决议后,公司董事会须在股东大会召开后两个月内完成股利(或股份)的派发事项。 第156条 公司利润分配政策为【具体政策】…… 注释:发行境内上市外资股的公司应当按照《境内上市外资股规定实施细则》中的有关规定补充本节的内容。
第二百一十一条 【违法分配利润后果】公司违反本法规定向股东分配利润的,股东应当将违反规定分配的利润退还公司;给公司造成损失的,股东及负有责任的董事、监事、高级管理人员应当承担赔偿责任。 **解读:**本条是关于违法分配利润后果的规定。相较原《公司法》的规定,	《公司法》(2018年修正) 第166条第5款 股东会、股东大会或者董事会违反前款规定,在公司弥补亏损和提取法定公积金之前向股东分配利润的,股东必须将违反规定分配的利润退还公司。

修订后《公司法》及解读等	修订前《公司法》及关联规定
"弥补亏损和提取法定公积金之前向股东分配利润的"条件,扩展到只要公司"违反本法规定"向股东分配利润,股东均应退还,范围更广。此外,还增加规定了董事、监事、高级管理人员的赔偿责任。结合此次《公司法》其他条文,"违反本法规定"分配利润的情形主要有:弥补亏损和足额提取公积金之前分配利润;有限责任公司未经全体股东一致约定,不按照股东实缴的出资比例分配利润;股份有限公司章程未作特殊约定,不按照股东所持有的股份比例分配利润;公司持有本公司股份时,给公司分配利润、公司简易减资后,在法定公积金累计额超过公司注册资本前分配利润;未作出分配利润的股东会决议即分配利润;利润分配方案未经股东会批准即分配利润、国有独资公司未经履行出资人职责的机构决定即分配利润。实践中,公司违法分配利润往往离不开部分股东、董事、高级管理人员的主导或参与,有时候也离不开监事的"助力",为此,本条就公司因此遭受的损失,明确了"股东及负有责任的董事、监事、高级管理人员应当承担赔偿责任"。如此,不仅有助于弥补公司因此而产生的损失,同时也有助于强化董事、监事、高级管理人员的勤勉、忠实义务,进一步提升公司治理成效。	《上市公司章程指引》 **第153条第5款** 股东大会违反前款规定,在公司弥补亏损和提取法定公积金之前向股东分配利润的,股东必须将违反规定分配的利润退还公司。 …… 注释:公司应当以现金的形式向优先股股东支付股息,在完全支付约定的股息之前,不得向普通股股东分配利润。鼓励上市公司在符合利润分配的条件下增加现金分红频次,稳定投资者分红预期。

修订后《公司法》及解读等	修订前《公司法》及关联规定
案例参考：公司应分配利润因被部分股东变相分配、隐瞒或转移，其他股东能否要求该股东赔偿损失？（某热力公司、李某军与某门业公司盈余分配纠纷案）① 　　盈余分配是用公司的利润进行给付，公司本身是给付义务的主体，若公司的应分配资金因被部分股东变相分配利润、隐瞒或转移公司利润而不足以现实支付时，不仅直接损害了公司的利益，也损害到其他股东的利益，利益受损的股东可直接依据《公司法》第20条第2款规定向滥用股东权利的公司股东主张赔偿责任，或向利用其关联关系损害公司利益的控股股东、实际控制人、董事、监事、高级管理人员主张赔偿责任，或向违反法律、行政法规或者公司章程的规定给公司造成损失的董事、监事、高级管理人员主张赔偿责任。该案中，李某军既是某热力公司法定代表人，又是某建安公司法定代表人，其利用关联关系将某热力公司5600万余元资产转让款转入关联公司，若李某军不能将相关资金及利息及时返还某热力公司，则其应当按照《公司法》第21条、第149条规定对该损失向公司承担赔偿责任。此外，	

---

① 《中华人民共和国最高人民法院公报》2018年第8期。

修订后《公司法》及解读等	修订前《公司法》及关联规定
某门业公司应得的盈余分配先是用某热力公司的盈余资金进行给付,在给付不能时,则李某军转移某热力公司财产的行为损及该公司股东某门业公司利益,其可要求李某军在某热力公司给付不能的范围内承担赔偿责任。一审判决判令某热力公司到期不能履行盈余分配款的给付义务则由李某军承担赔偿责任并无不当。	
第二百一十二条　【利润分配时间】股东会作出分配利润的决议的,董事会应当在股东会决议作出之日起六个月内进行分配。 　　**解读:** 本条是关于利润分配时间的规定,属新增内容。本条明确了董事会对公司利润的分配应"在股东会决议作出之日起六个月内"进行,改变了《公司法司法解释五》第4条规定的"自决议作出之日起一年内"完成利润分配的内容。当然,二者针对的情形是存在一定差异的。本条规定的是6个月内进行分配,并未明确为在6个月内完成分配,而《公司法司法解释五》第4条规定的则是完成分配。但该条究竟是要求6个月内完成分配还是只要进行了分配即可,有待进一步明确。利润分配由股东会作出,董事会负责具体执行。本条对利润分配的时间作出明确规定,有助于规范董事会对利润分配决议的执行,防止出现	**《公司法司法解释五》** 　　**第4条**　分配利润的股东会或者股东大会决议作出后,公司应当在决议载明的时间内完成利润分配。决议没有载明时间的,以公司章程规定的为准。决议、章程中均未规定时间或者时间超过一年的,公司应当自决议作出之日起一年内完成利润分配。 　　决议中载明的利润分配完成时间超过公司章程规定时间的,股东可以依据民法典第八十五条、公司法第二十二条第二款规定请求人民法院撤销决议中关于该时间的规定。 　　**《公司法司法解释四》** 　　**第15条**　股东未提交载明具体分配方案的股东会或者股东大会决议,请求公司分配

修订后《公司法》及解读等	修订前《公司法》及关联规定
拖延分配、延迟分配、超期分配甚至挪作他用的情形，进一步保障股东权益。当然，需特别说明的是，本条适用应以存在有效的关于利润分配的股东会决议为前提。	利润的，人民法院应当驳回其诉讼请求，但违反法律规定滥用股东权利导致公司不分配利润，给其他股东造成损失的除外。 《上市公司章程指引》 第155条 公司股东大会对利润分配方案作出决议后，公司董事会须在股东大会召开后两个月内完成股利（或股份）的派发事项。
第二百一十三条 【资本公积金】 公司以超过股票票面金额的发行价格发行股份所得的溢价款、**发行无面额股所得股款未计入注册资本的金额**以及国务院财政部门规定列入资本公积金的其他项目，应当列为公司资本公积金。 **解读：** 本条是关于资本公积金的规定。资本公积金，指直接由资本或资产以及其他原因形成的，属于从公司利润外的收入中提取的公积金，主要包括股票超票额发行所得净溢价额、发行无面额股股款（该内容属适应本次《公司法》修订增加无面额股制度而相应增加的规定）、法定财产重估增值、接受捐赠的资产价值及国务院财政部门规定列入资本公积金的其他项目等。此外，关于资本公积金，其不仅在来源上有别于法定公积金，在用途上也与法定公积金有一定区别，下条有涉及，本条不再赘述。	《公司法》（2018年修正） 第167条 股份有限公司以超过股票票面金额的发行价格发行股份所得的溢价款以及国务院财政部门规定列入资本公积金的其他收入，应当列为公司资本公积金。 《上市公司章程指引》 第154条 公司的公积金用于弥补公司的亏损、扩大公司生产经营或者转为增加公司资本。但是，资本公积金将不用于弥补公司的亏损。 法定公积金转为资本时，所留存的该项公积金将不少于转增前公司注册资本的百分之二十五。

修订后《公司法》及解读等	修订前《公司法》及关联规定
	《财政部关于〈公司法〉施行后有关企业财务处理问题的通知》 二、关于公益金余额处理问题 　　从2006年1月1日起，按照《公司法》组建的企业根据《公司法》第167条进行利润分配，不再提取公益金；同时，为了保持企业间财务政策的一致性，国有企业以及其他企业一并停止实行公益金制度。企业对2005年12月31日的公益金结余，转作盈余公积金管理使用；公益金赤字，依次以盈余公积金、资本公积金、以前年度未分配利润弥补，仍有赤字的，结转未分配利润账户，用以后年度实现的税后利润弥补。 　　企业经批准实施住房制度改革，应当严格按照财政部《关于企业住房制度改革中有关财务处理问题的通知》（财企〔2000〕295号）及财政部《关于企业住房制度改革中有关财务处理问题的补充通知》（财企〔2000〕878号）的相关规定执行。企业按照国家统一规定实行住房分配货币化改革后，不得再为职工购建住房，

修订后《公司法》及解读等	修订前《公司法》及关联规定
	盈余公积金不得列支相关支出。

尚未实行分离办社会职能或者主辅分离、辅业改制的企业，原属于公益金使用范围的内设职工食堂、医务室、托儿所等集体福利机构所需固定资产购建支出，应当严格履行企业内部财务制度规定的程序和权限进行审批，并按照企业生产经营资产的相关管理制度执行…… |
| 第二百一十四条 【资本公积金用途】公司的公积金用于弥补公司的亏损、扩大公司生产经营或者转为增加公司注册资本。

公积金弥补公司亏损，应当先使用任意公积金和法定公积金；仍不能弥补的，可以按照规定使用资本公积金。

法定公积金转为增加注册资本时，所留存的该项公积金不得少于转增前公司注册资本的百分之二十五。

解读：本条是关于公积金用途与留存比例的规定。公司公积金的主要用途即在于弥补公司的亏损、扩大公司生产经营或者转为增加公司注册资本。需注意，相较原规定，本条删除了"资本公积金不得用于弥补公司的亏损"的内容，而通过新增的第2款明确了资本公积金可以用来弥补公司亏损。如此规定，将有助于进一步扩展公司资本公积金的用途， | 《公司法》（2018年修正）

第168条 公司的公积金用于弥补公司的亏损、扩大公司生产经营或者转为增加公司资本。~~但是，资本公积金不得用于弥补公司的亏损。~~

法定公积金转为资本时，所留存的该项公积金不得少于转增前公司注册资本的百分之二十五。

《上市公司章程指引》

第153条 公司分配当年税后利润时，应当提取利润的百分之十列入公司法定公积金。公司法定公积金累计额为公司注册资本的百分之五十以上的，可以不再提取。

公司的法定公积金不足以弥补以前年度亏损的，在依照 |

修订后《公司法》及解读等	修订前《公司法》及关联规定
增加公司亏损弥补的渠道,强化公司资本效能,在一定程度上有利于公司发展及股东、债权人利益维护。但需注意,按照该款的规定,公积金弥补公司亏损时有顺序限制,应先使用任意公积金和法定公积金弥补公司亏损,只有在任意公积金和法定公积金仍不能弥补的情况下,才可以按照规定使用资本公积金。这也是允许资本公积金可用于弥补亏损的情况下,通过适用顺序上的限制以规范资本公积金的使用,防止其被滥用。此外,公司可通过股东会会议的特别决议或全体股东的决定将公积金的一部分扩充为公司的注册资本。将公积金用来增加公司的注册资本,有利于公司的发展和壮大,但为保证公司有一定数量的公积金用于弥补公司的亏损,本条第3款对将公司法定公积金用于增加公司注册资本作了一定限制,即"所留存的该项公积金不得少于转增前公司注册资本的百分之二十五"。	前款规定提取法定公积金之前,应当先用当年利润弥补亏损。 公司从税后利润中提取法定公积金后,经股东大会决议,还可以从税后利润中提取任意公积金。 公司弥补亏损和提取公积金后所余税后利润,按照股东持有的股份比例分配,但本章程规定不按持股比例分配的除外。 股东大会违反前款规定,在公司弥补亏损和提取法定公积金之前向股东分配利润的,股东必须将违反规定分配的利润退还公司。 公司持有的本公司股份不参与分配利润。 公司应当在公司章程中明确现金分红相对于股票股利在利润分配方式中的优先顺序,并载明以下内容: (一)公司董事会、股东大会对利润分配尤其是现金分红事项的决策程序和机制,对既定利润分配政策尤其是现金分红政策作出调整的具体条件、决策程序和机制,以及为

修订后《公司法》及解读等	修订前《公司法》及关联规定
	充分听取独立董事和中小股东意见所采取的措施。 （二）公司的利润分配政策尤其是现金分红政策的具体内容，利润分配的形式，利润分配尤其是现金分红的期间间隔，现金分红的具体条件，发放股票股利的条件，各期现金分红最低金额或比例（如有）等。 注释：公司应当以现金的形式向优先股股东支付股息，在完全支付约定的股息之前，不得向普通股股东分配利润…… **第 154 条** 公司的公积金用于弥补公司的亏损、扩大公司生产经营或者转为增加公司资本。但是，资本公积金将不用于弥补公司的亏损。 法定公积金转为资本时，所留存的该项公积金将不少于转增前公司注册资本的百分之二十五。
第二百一十五条 【会计师事务所的聘用和解聘】公司聘用、解聘承办公司审计业务的会计师事务所，<u>按照</u>公司章程的规定，由股东会、董事会或者<u>监事会</u>决定。 公司股东会、董事会或者<u>监事会</u>就	《公司法》(2018 年修正) **第 169 条** 公司聘用、解聘承办公司审计业务的会计师事务所，<u>依照</u>公司章程的规定，由股东会、~~股东大会~~或者董事会决定。

修订后《公司法》及解读等	修订前《公司法》及关联规定
解聘会计师事务所进行表决时，应当允许会计师事务所陈述意见。 **解读**：本条是关于会计师事务所聘用与解聘的规定。相较原规定，本条在股东会、董事会外，增加了监事会可作为聘用、解聘会计师事务所的主体的规定。聘请会计师事务所对公司进行审计，是对公司生产经营活动状况的监督，对公司下一步良好运营、正确决策有着重要作用。为避免利益冲突，不应由某个人决定聘用或解聘，故本条规定，应按照章程的规定由股东会、董事会或监事会来决定。被聘用的会计师事务所不规范或不尽责履职，有被解聘的可能。但基于公正尽责的会计师事务所合法权益的需要，基于本条第2款的规定，聘用主体就解聘会计师事务所进行表决时，应允许会计师事务所陈述意见。赋予会计师事务所这一申辩渠道，不仅是对会计师事务所的一个救济机会，对相关主体全面了解情况、客观决定是否解聘也是非常必要的，同时也有助于维护股东共同利益。	公司股东会、~~股东大会~~或者董事会就解聘会计师事务所进行表决时，应当允许会计师事务所陈述意见。 《证券法》 **第160条** 会计师事务所、律师事务所以及从事证券投资咨询、资产评估、资信评级、财务顾问、信息技术系统服务的证券服务机构，应当勤勉尽责、恪尽职守，按照相关业务规则为证券的交易及相关活动提供服务。 从事证券投资咨询服务业务，应当经国务院证券监督管理机构核准；未经核准，不得为证券的交易及相关活动提供服务。从事其他证券服务业务，应当报国务院证券监督管理机构和国务院有关主管部门备案。
第二百一十六条 【真实完整提供会计资料】公司应当向聘用的会计师事务所提供真实、完整的会计凭证、会计账簿、财务会计报告及其他会计资料，不得拒绝、隐匿、谎报。	《公司法》（2018年修正） **第170条** 公司应当向聘用的会计师事务所提供真实、完整的会计凭证、会计账簿、财务会计报告及其他会计资料，

修订后《公司法》及解读等	修订前《公司法》及关联规定
解读：本条是关于公司向会计师事务所提供会计资料义务的规定。根据本条规定，公司向会计师事务所提供会计资料，一方面，提供的资料要真实、完整。会计资料的真实、完整是会计法的基本要求，也是会计师事务所作出后续审计工作并得出有效结论的基础与前提。就公司提供的会计凭证而言，包括原始凭证和记账凭证。就会计账簿而言，会计账簿的登记须以经过审核的会计凭证为依据，并符合有关法律、行政法规和国家统一的会计制度的规定。就财务会计报告而言，报告对会计处理方法变更原因、情况及影响、单位提供的担保、未决诉讼等或有关事项，应按照国家统一的会计制度的规定进行编制并说明清楚。另一方面，不得拒绝、隐匿、谎报。这是公司应会计师事务所的要求须履行的法定义务，包括会计师事务所依法要求提供的不得拒绝提供，应提供的不得隐匿不提供、少提供或者提供不实的资料，否则应依法承担法律责任。一般情况下，如公司违反上述规定提供资料，致会计师事务所得出不实、不完整结论的，该结论的真实性与证明力将大打折扣甚至不能作为相关证据使用。	不得拒绝、隐匿、谎报。 《会计法》 第3条 各单位必须依法设置会计帐簿，并保证其真实、完整。 第4条 单位负责人对本单位的会计工作和会计资料的真实性、完整性负责。 第13条 会计凭证、会计帐簿、财务会计报告和其他会计资料，必须符合国家统一的会计制度的规定。 使用电子计算机进行会计核算的，其软件及其生成的会计凭证、会计帐簿、财务会计报告和其他会计资料，也必须符合国家统一的会计制度的规定。 任何单位和个人不得伪造、变造会计凭证、会计帐簿及其他会计资料，不得提供虚假的财务会计报告。 《证券法》 第79条 上市公司、公司债券上市交易的公司、股票在国务院批准的其他全国性证券交易场所交易的公司，应当

修订后《公司法》及解读等	修订前《公司法》及关联规定
案例参考：对审计部分内容有保留意见的审计报告，能否证明当事人相关主张的判断？（某科技公司与某食品公司房屋租赁合同纠纷案）① 该案中，某食品公司提交了该公司 2002 年度至 2009 年度的审计报告等材料，拟证明其财产与陈某华个人财产相互独立。就该审计报告的证明效力而言，首先，一审判决作出后，某食品公司不服该判决提出上诉时，陈述其对案涉房屋有 300 万元的投入，但是上述审计报告中并未反映。其次，根据原审查明的事实，2005 年 10 月 11 日，某食品公司与某园公司、某物业公司签订《租赁合同》后，某食品公司即向某物业公司交纳了租房押金 5 万元，某食品公司并使用《租赁合同》项下的房屋经营某咖啡店，房屋租金和物业管理费交付到 2007 年 1 月底，至 2009 年 5 月某咖啡店停止营业。同样，上述审计报告中亦未反映该两项投入及经营的情况。……此外，上述审计报告中，其中 2009 年、2010 年、2011 年的审计报告均表述了有关保留意见：一是审计单位对某食品公司 2008 年、2009 年、2010 年的货币期末余额未能取得银行存款对账单、未对库存	按照国务院证券监督管理机构和证券交易场所规定的内容和格式编制定期报告，并按照以下规定报送和公告： （一）在每一会计年度结束之日起四个月内，报送并公告年度报告，其中的年度财务会计报告应当经符合本法规定的会计师事务所审计； （二）在每一会计年度的上半年结束之日起二个月内，报送并公告中期报告。 **第 139 条** 国务院证券监督管理机构认为有必要时，可以委托会计师事务所、资产评估机构对证券公司的财务状况、内部控制状况、资产价值进行审计或者评估。具体办法由国务院证券监督管理机构会同有关主管部门制定。 **第 160 条** 会计师事务所、律师事务所以及从事证券投资咨询、资产评估、资信评级、财务顾问、信息技术系统服务的证券服务机构，应当勤

---

① 案号：最高人民法院（2016）最高法民再 318 号判决书，载中国裁判文书网，最后访问时间：2023 年 12 月 15 日。

修订后《公司法》及解读等	修订前《公司法》及关联规定
现金进行盘点，未实施其他替代程序以获取充分、适当的审计证据；二是审计单位受审计条件限制对存货期末余额未进行盘点；三是对固定资产受审计条件限制未进行盘点；四是对主营业务收入、成本及营业费用受审计条件限制未能核实。由此，上述审计报告中虽有某食品公司财务报表（已经按照《企业会计准则》和《企业会计制度》的规定编制）在所有重大方面公允地反映了该公司当年度的经营成果的表述，但对某食品公司租赁案涉房屋后对该房屋投入了300万元并利用该房屋经营某咖啡店，对该投入及经营状况，上述审计报告中均未有反映，且审计报告中亦明确表述对审计的部分内容有保留意见。因此，上述审计报告没有全面反映某食品公司的实际经营及财务状况，某科技公司据此主张上述审计报告不能完整、真实地证明某食品公司的财务状况，不能证明某食品公司的财产独立于其股东陈某华个人的财产，有事实依据。原审判决认定某咖啡店的装修经营及投入情况未在上述审计报告中体现符合实际情况，并依据上述审计报告认定某食品公司的财产独立于陈某华自己的财产，陈某华不应当对某食品公司应负的本案债务承担连带责任，认定事实缺乏证据证明，适用法律不当，应予纠正。	勉尽责、恪尽职守，按照相关业务规则为证券的交易及相关活动提供服务。 从事证券投资咨询服务业务，应当经国务院证券监督管理机构核准；未经核准，不得为证券的交易及相关活动提供服务。从事其他证券服务业务，应当报国务院证券监督管理机构和国务院有关主管部门备案。

修订后《公司法》及解读等	修订前《公司法》及关联规定
第二百一十七条 【会计账簿】公司除法定的会计账簿外,不得另立会计账簿。 对公司资产,不得以任何个人名义开立账户存储。 解读:本条是关于会计账簿和开立账户的规定。本条明确了公司不得另立会计账簿、不得以任何个人名义开立账户存储的原则。会计账簿在经济管理和财务管理中具有重要作用,全面、系统地记录和反映一个单位的经济业务。就公司而言,这也是其年终制作财务会计报告时的基本凭证。但会计账簿只有准确、真实、完整,才能确保财务会计报告的真实、完整,才能确保经济秩序的正常。实践中,存在两本账甚至多本账、黑白账、不以公司名义开立账户存储、私设"小金库"等情况,使用资金时不通过公司财务部门,往来资金也不反映在公司账簿上,不进入公司名下的账户,这不仅逃避了相关部门对公司经济往来的监管,不利于公司资金、财产的管理,同时也为侵吞公款、妨害国家税收提供了机会,使公司、股东、国家财产遭受损失。为此,本条对此作了规定。	《公司法》(2018年修正) 第171条 公司除法定的会计账簿外,不得另立会计账簿。 对公司资产,不得以任何个人名义开立账户存储。

修订后《公司法》及解读等	修订前《公司法》及关联规定
第十一章　公司合并、分立、增资、减资	
第二百一十八条　【公司合并】公司合并可以采取吸收合并或者新设合并。 　　一个公司吸收其他公司为吸收合并，被吸收的公司解散。两个以上公司合并设立一个新的公司为新设合并，合并各方解散。 　　**解读**：本条是关于公司合并方式的规定。公司合并，是指两个或两个以上的公司通过订立合并协议，依照《公司法》等有关法律、行政法规的规定合并成一个公司的法律行为。公司合并对于经济的发展具有重要意义，它也是市场经济活动中必然出现的现象。公司合并具有以下特点：一是公司之间共同的法律行为。二是公司之间的自由合并。三是依法进行的合并。四是为进行竞争、免除解散、清算等复杂程序而使两个或者两个以上的公司之间进行的合并。五是民事法律行为。本条规定的合并，包括吸收合并、新设合并两种。所谓吸收合并，又称存续合并，指两个或两个以上的公司合并时，其中一个或者一个以上的公司并入另一个存续公司的法律行为。并入的公司即被吸收进入存续公司，其法人人格消灭，接受并入的公司继续享有法人资格的地位，并应按规定办理变更登记手续。新设合并，又称创设合并，指两个或两个以上的公司合并设立	《公司法》(2018年修正) 　　第172条　公司合并可以采取吸收合并或者新设合并。 　　一个公司吸收其他公司为吸收合并，被吸收的公司解散。两个以上公司合并设立一个新的公司为新设合并，合并各方解散。 　　《证券法》 　　第76条　收购行为完成后，收购人与被收购公司合并，并将该公司解散的，被解散公司的原有股票由收购人依法更换。 　　收购行为完成后，收购人应当在十五日内将收购情况报告国务院证券监督管理机构和证券交易所，并予公告。 　　第77条　国务院证券监督管理机构依照本法制定上市公司收购的具体办法。 　　上市公司分立或者被其他公司合并，应当向国务院证券监督管理机构报告，并予公告。 　　第80条第1款、第2款　发生可能对上市公司、股票在国务院批准的其他全国性证券

修订后《公司法》及解读等	修订前《公司法》及关联规定
一个新公司的法律行为。原公司均丧失法律人格，并在此基础上产生一个新的独立法人资格的公司，由这一新公司办理设立登记手续。 　　**案例参考**：新设合并情形下产生的新公司是否受原公司与他人之间签订的仲裁协议的约束？（某水务公司与北京某环保科技公司执行案）① 　　原《公司法》第174条规定："公司合并时，合并各方的债权、债务，应当由合并后存续的公司或者新设的公司承继。"《最高人民法院关于适用〈中华人民共和国仲裁法〉若干问题的解释》第8条规定："当事人订立仲裁协议后合并、分立的，仲裁协议对其权利义务的继受人有效。当事人订立仲裁协议后死亡的，仲裁协议对承继其仲裁事项中的权利义务的继承人有效。前两款规定情形，当事人订立仲裁协议时另有约定的除外。"仲裁协议是当事人之间达成的以仲裁方式解决争端的合意，也是仲裁机构行使管辖权的前提和依据。依据合同相对性原则和仲裁协议独立性原则，仲裁协议一般只对协议签字方有效，对于未签字的一方不具有拘束力。但在公司吸收合并、债权转让等特定情形下，基于对仲裁	交易场所交易的公司的股票交易价格产生较大影响的重大事件，投资者尚未得知时，公司应当立即将有关该重大事件的情况向国务院证券监督管理机构和证券交易场所报送临时报告，并予公告，说明事件的起因、目前的状态和可能产生的法律后果。 　　前款所称重大事件包括： 　　…… 　　（九）公司分配股利、增资的计划，公司股权结构的重要变化，公司减资、合并、分立、解散及申请破产的决定，或者依法进入破产程序、被责令关闭； 　　…… 　　**第81条第1款、第2款** 　　发生可能对上市交易公司债券的交易价格产生较大影响的重大事件，投资者尚未得知时，公司应当立即将有关该重大事件的情况向国务院证券监督管理机构和证券交易场所报送临时报告，并予公告，说明

---

　　① 粟俊海、徐梓程：《山西某水务公司与北京某环保科技公司执行案》，载《人民司法·案例》2021年第23期。

修订后《公司法》及解读等	修订前《公司法》及关联规定
协议书面形式要求羁绊的突破，对当事人之间仲裁共意存在和形成之考量，如当事人之间不存在另有约定、在受让债权债务时受让人明确反对或者不知有单独仲裁协议等情形，则主合同约定的仲裁条款的效力可扩张至非签字一方当事人。该案中，某实业公司与某房地产公司吸收合并后成为华某房地产公司，其承继了某实业公司在《股权转让合同》及《关于股权转让的补充合同》中的权利及义务，某实业公司与朗某明公司在《股权转让合同》中约定的仲裁条款对朗某明公司与华某房地产公司具有约束力。此后，华某房地产公司将其在某新源公司的股权全部转让给某水务公司后，某水务公司承继了华某房地产公司在《股权转让合同》及《关于股权转让的补充合同》中的权利及义务，上述仲裁条款对朗某明公司与某水务公司仍具有约束力，仲裁委对朗某明公司与某水务公司之间的纠纷享有管辖权。	事件的起因、目前的状态和可能产生的法律后果。 前款所称重大事件包括： …… （八）公司分配股利，作出减资、合并、分立、解散及申请破产的决定，或者依法进入破产程序、被责令关闭； …… 第122条 证券公司变更证券业务范围，变更主要股东或者公司的实际控制人，合并、分立、停业、解散、破产，应当经国务院证券监督管理机构核准。 **《市场主体登记管理条例》** 第24条 市场主体变更登记事项，应当自作出变更决议、决定或者法定变更事项发生之日起30日内向登记机关申请变更登记。 市场主体变更登记事项属于依法须经批准的，申请人应当在批准文件有效期内向登记机关申请变更登记。

修订后《公司法》及解读等	修订前《公司法》及关联规定
	《最高人民法院关于审理外商投资企业纠纷案件若干问题的规定（一）》 第2条　当事人就外商投资企业相关事项达成的补充协议对已获批准的合同不构成重大或实质性变更的，人民法院不应以未经外商投资企业审批机关批准为由认定该补充协议未生效。 　　前款规定的重大或实质性变更包括注册资本、公司类型、经营范围、营业期限、股东认缴的出资额、出资方式的变更以及公司合并、公司分立、股权转让等。
第二百一十九条　【简易合并与小规模合并】公司与其持股百分之九十以上的公司合并，被合并的公司不需经股东会决议，但应当通知其他股东，其他股东有权请求公司按照合理的价格收购其股权或者股份。 　　公司合并支付的价款不超过本公司净资产百分之十的，可以不经股东会决议；但是，公司章程另有规定的除外。 　　公司依照前两款规定合并不经股东会决议的，应当经董事会决议。	《证券法》 第62条　投资者可以采取要约收购、协议收购及其他合法方式收购上市公司。 　　第63条　通过证券交易所的证券交易，投资者持有或者通过协议、其他安排与他人共同持有一个上市公司已发行的有表决权股份达到百分之五时，应当在该事实发生之日起三日内，向国务院证券监督管

修订后《公司法》及解读等	修订前《公司法》及关联规定
解读：本条是关于可不经股东会决议的公司合并的情形，包括简易合并、小规模合并，属新增内容。就公司合并而言，原则上须经股东会决议，但特殊情形下无须经股东会决议而仅经董事会通过，即本条规定的"公司与其持股百分之九十以上的公司合并，被合并的公司不需经股东会决议"（也称简易合并）及"公司合并支付的价款不超过本公司净资产百分之十的"公司合并（也称小规模合并）两种情形。前一种情形之所以无需股东会决议，在于公司即为被合并的公司的绝对大股东，被合并公司的股东会会议无论是简单多数还是2/3以上多数，作为持股90%以上的股东，只要其同意，均会被通过。因此，此种情况下并无召开股东会会议的必要。但需注意，由于本条强调的是"持股"而非"表决权"，故在"差异化表决"的情况下也可能出现持股10%的股东所持表决权超过1/3的情况。故该条在具体操作层面有待进一步完善。而后一种情况之所以无需股东会决议，在于因合并支付的价款不超过本公司净资产的10%，对公司影响并不太大，且增加了被合并公司的相关资产，对公司资产产生消极影响的可能更小，在此情况下允许不经股东会决议，不仅减少了会议成本，更可以节省程序时间，提高效率。当然，公司章程若对此种情况下的合并另有规定，	理机构、证券交易所作出书面报告，通知该上市公司，并予公告，在上述期限内不得再行买卖该上市公司的股票，但国务院证券监督管理机构规定的情形除外。 　　投资者持有或者通过协议、其他安排与他人共同持有一个上市公司已发行的有表决权股份达到百分之五后，其所持该上市公司已发行的有表决权股份比例每增加或者减少百分之五，应当依照前款规定进行报告和公告，在该事实发生之日起至公告后三日内，不得再行买卖该上市公司的股票，但国务院证券监督管理机构规定的情形除外。 　　投资者持有或者通过协议、其他安排与他人共同持有一个上市公司已发行的有表决权股份达到百分之五后，其所持该上市公司已发行的有表决权股份比例每增加或者减少百分之一，应当在该事实发生的次日通知该上市公司，并予公告。 　　违反第一款、第二款规定买入上市公司有表决权的股份

修订后《公司法》及解读等	修订前《公司法》及关联规定
则依其规定。此外还需注意，由于公司合并仍会涉及公司架构乃至经营管理上的很多事项，即使上述两种情形无须经股东会决议，但仍需经董事会决议。本条第3款对此作了明确。	的，在买入后的三十六个月内，对该超过规定比例部分的股份不得行使表决权。 **第64条** 依照前条规定所作的公告，应当包括下列内容： （一）持股人的名称、住所； （二）持有的股票的名称、数额； （三）持股达到法定比例或者持股增减变化达到法定比例的日期、增持股份的资金来源； （四）在上市公司中拥有有表决权的股份变动的时间及方式。 **第65条** 通过证券交易所的证券交易，投资者持有或者通过协议、其他安排与他人共同持有一个上市公司已发行的有表决权股份达到百分之三十时，继续进行收购的，应当依法向该上市公司所有股东发出收购上市公司全部或者部分股份的要约。 收购上市公司部分股份的要约应当约定，被收购公司股东承诺出售的股份数额超过预

修订后《公司法》及解读等	修订前《公司法》及关联规定
	定收购的股份数额的，收购人按比例进行收购。 **第 66 条** 依照前条规定发出收购要约，收购人必须公告上市公司收购报告书，并载明下列事项： （一）收购人的名称、住所； （二）收购人关于收购的决定； （三）被收购的上市公司名称； （四）收购目的； （五）收购股份的详细名称和预定收购的股份数额； （六）收购期限、收购价格； （七）收购所需资金额及资金保证； （八）公告上市公司收购报告书时持有被收购公司股份数占该公司已发行的股份总数的比例。 **第 67 条** 收购要约约定的收购期限不得少于三十日，并不得超过六十日。 **第 68 条** 在收购要约确定的承诺期限内，收购人不得撤销其收购要约。收购人需要

修订后《公司法》及解读等	修订前《公司法》及关联规定
	变更收购要约的,应当及时公告,载明具体变更事项,且不得存在下列情形: (一)降低收购价格; (二)减少预定收购股份数额; (三)缩短收购期限; (四)国务院证券监督管理机构规定的其他情形。 **第69条** 收购要约提出的各项收购条件,适用于被收购公司的所有股东。 上市公司发行不同种类股份的,收购人可以针对不同种类股份提出不同的收购条件。 **第70条** 采取要约收购方式的,收购人在收购期限内,不得卖出被收购公司的股票,也不得采取要约规定以外的形式和超出要约的条件买入被收购公司的股票。 **第71条** 采取协议收购方式的,收购人可以依照法律、行政法规的规定同被收购公司的股东以协议方式进行股份转让。 以协议方式收购上市公司时,达成协议后,收购人必须在三日内将该收购协议向国务

修订后《公司法》及解读等	修订前《公司法》及关联规定
	院证券监督管理机构及证券交易所作出书面报告，并予公告。
在公告前不得履行收购协议。
第72条 采取协议收购方式的，协议双方可以临时委托证券登记结算机构保管协议转让的股票，并将资金存放于指定的银行。
第73条 采取协议收购方式的，收购人收购或者通过协议、其他安排与他人共同收购一个上市公司已发行的有表决权股份达到百分之三十时，继续进行收购的，应当依法向该上市公司所有股东发出收购上市公司全部或者部分股份的要约。但是，按照国务院证券监督管理机构的规定免除发出要约的除外。
收购人依照前款规定以要约方式收购上市公司股份，应当遵守本法第六十五条第二款、第六十六条至第七十条的规定。
第74条 收购期限届满，被收购公司股权分布不符合证券交易所规定的上市交易要求

修订后《公司法》及解读等	修订前《公司法》及关联规定
	的,该上市公司的股票应当由证券交易所依法终止上市交易;其余仍持有被收购公司股票的股东,有权向收购人以收购要约的同等条件出售其股票,收购人应当收购。 收购行为完成后,被收购公司不再具备股份有限公司条件的,应当依法变更企业形式。 第75条 在上市公司收购中,收购人持有的被收购的上市公司的股票,在收购行为完成后的十八个月内不得转让。 第76条 收购行为完成后,收购人与被收购公司合并,并将该公司解散的,被解散公司的原有股票由收购人依法更换。 收购行为完成后,收购人应当在十五日内将收购情况报告国务院证券监督管理机构和证券交易所,并予公告。 第77条 国务院证券监督管理机构依照本法制定上市公司收购的具体办法。 上市公司分立或者被其他公司合并,应当向国务院证券

修订后《公司法》及解读等	修订前《公司法》及关联规定
	监督管理机构报告,并予公告。
第 196 条 收购人未按照本法规定履行上市公司收购的公告、发出收购要约义务的,责令改正,给予警告,并处以五十万元以上五百万元以下的罚款。对直接负责的主管人员和其他直接责任人员给予警告,并处以二十万元以上二百万元以下的罚款。
收购人及其控股股东、实际控制人利用上市公司收购,给被收购公司及其股东造成损失的,应当依法承担赔偿责任。
《公司法司法解释五》
第 5 条 人民法院审理涉及有限责任公司股东重大分歧案件时,应当注重调解。当事人协商一致以下列方式解决分歧,且不违反法律、行政法规的强制性规定的,人民法院应予支持:
(一)公司回购部分股东股份;
(二)其他股东受让部分股东股份;

修订后《公司法》及解读等	修订前《公司法》及关联规定
	（三）他人受让部分股东股份； （四）公司减资； （五）公司分立； （六）其他能够解决分歧，恢复公司正常经营，避免公司解散的方式。 《最高人民法院关于审理与企业改制相关的民事纠纷案件若干问题的规定》 第34条 以收购方式实现对企业控股的，被控股企业的债务，仍由其自行承担。但因控股企业抽逃资金、逃避债务，致被控股企业无力偿还债务的，被控股企业的债务则由控股企业承担。
第二百二十条 【合并程序】公司合并，应当由合并各方签订合并协议，并编制资产负债表及财产清单。公司应当自作出合并决议之日起十日内通知债权人，并于三十日内在报纸上**或者国家企业信用信息公示系统**公告。债权人自接到通知之日起三十日内，未接到通知的自公告之日起四十五日内，可以要求公司清偿债务或者提供相应的担保。 **解读：本条是关于公司合并程序的规定。公司合并需签订合并协议，合并协议是指两个或两个以上公司就公司合**	《公司法》（2018年修正） 第173条 公司合并，应当由合并各方签订合并协议，并编制资产负债表及财产清单。公司应当自作出合并决议之日起十日内通知债权人，并于三十日内在报纸上公告。债权人自接到通知书之日起三十日内，未接到通知书的自公告之日起四十五日内，可以要求公司清偿债务或者提供相应的担保。

修订后《公司法》及解读等	修订前《公司法》及关联规定
并有关事项而订立的书面协议。《公司法》虽并未明确具体事项，但应包括公司的名称与住所、合并各方现有资本及其处理事项、合并各方的债权债务处理事项、存续公司的章程是否变更、各方认为应当载明的其他事项等。而就公司合并的程序而言，根据本条规定，包括如下：首先，签订合并协议。公司合并一般应由公司股东会作出合并决议，并订立合并协议。其次，编制资产负债表及财产清单。在此基础上，还需通知债权人。具体时间要求为自股东会（董事会）作出合并决议之日起10日内通知债权人，并于30日内进行公告。公告方式除报纸外，本条增加了"国家企业信用信息公示系统"这一电子化途径，以适应信息化社会的需要。需注意，债权人自接到通知之日起30日内，未接到通知的自公告之日起45日内，可以要求公司清偿债务或者提供担保。这里的债务不仅包括已到期债务，也包括尚未到期的债务。超过上述期限未向公司提出要求的，视为未要求提供担保。最后，合并后还需依法进行公司登记。	**《反垄断法》** **第25条** 经营者集中是指下列情形： （一）经营者合并； （二）经营者通过取得股权或者资产的方式取得对其他经营者的控制权； （三）经营者通过合同等方式取得对其他经营者的控制权或者能够对其他经营者施加决定性影响。 **第26条** 经营者集中达到国务院规定的申报标准的，经营者应当事先向国务院反垄断执法机构申报，未申报的不得实施集中。 经营者集中未达到国务院规定的申报标准，但有证据证明该经营者集中具有或者可能具有排除、限制竞争效果的，国务院反垄断执法机构可以要求经营者申报。 经营者未依照前两款规定进行申报的，国务院反垄断执法机构应当依法进行调查。 **第27条** 经营者集中有下列情形之一的，可以不向国务院反垄断执法机构申报：

修订后《公司法》及解读等	修订前《公司法》及关联规定
	（一）参与集中的一个经营者拥有其他每个经营者百分之五十以上有表决权的股份或者资产的； （二）参与集中的每个经营者百分之五十以上有表决权的股份或者资产被同一个未参与集中的经营者拥有的。 **《最高人民法院关于审理与企业改制相关的民事纠纷案件若干问题的规定》** **第22条** 企业出售时，出卖人对所售企业的资产负债状况、损益状况等重大事项未履行如实告知义务，影响企业出售价格，买受人就此向人民法院起诉主张补偿的，人民法院应当予以支持。 **第27条** 企业售出后，应当办理而未办理企业法人注销登记，债权人起诉该企业的，人民法院应当根据企业资产转让后的具体情况，告知债权人追加责任主体，并判令责任主体承担民事责任。 **第28条** 出售企业时，参照公司法的有关规定，出卖人公告通知了债权人。企业售出后，债权人就出卖人隐瞒或

修订后《公司法》及解读等	修订前《公司法》及关联规定
	者遗漏的原企业债务起诉买受人的,如债权人在公告期内申报过该债权,买受人在承担民事责任后,可再行向出卖人追偿。如债权人在公告期内未申报过该债权,则买受人不承担民事责任。人民法院可告知债权人另行起诉出卖人。 **第 29 条** 出售企业的行为具有民法典第五百三十八条、第五百三十九条规定的情形,债权人在法定期限内行使撤销权的,人民法院应当予以支持。
第二百二十一条 【合并法律后果】 公司合并时,合并各方的债权、债务,应当由合并后存续的公司或者新设的公司承继。 **解读**：本条是关于公司合并法律后果即债权、债务承继的规定。公司合并后,非常值得关注的问题之一就是债权、债务的承继问题。公司合并最初系基于各公司之间签订的合并协议而推进,但协议只是各公司内部之间的协议,并不能影响外部的债权债务关系,即公司合并,对外的相关债权债务一般不受影响,由合并后的公司（包括合并后存续的公司或新设的公司）概括承受。所谓概括承受,指合并后的公司不仅对先前公司的	《公司法》(2018 年修正) **第 174 条** 公司合并时,合并各方的债权、债务,应当由合并后存续的公司或者新设的公司承继。 《民法典》 **第 67 条第 1 款** 法人合并的,其权利和义务由合并后的法人享有和承担。 《最高人民法院关于审理与企业改制相关的民事纠纷案件若干问题的规定》 **第 23 条** 企业出售合同被确认无效或者被撤销的,企业售出后买受人经营企业期间

修订后《公司法》及解读等	修订前《公司法》及关联规定
积极财产要承继，对消极财产也要承继，即合并后的公司有权对原公司债权进行清理并予以收取，有义务清偿原公司的债务。 案例参考：公司合并后，原债权债务能否直接交由合并后公司的子公司承继？（某集团某工程公司与陈某春、某路桥公司建设工程施工合同纠纷申请再审案）[1] 根据《公司法》第175条"公司合并时，合并各方的债权、债务，应当由合并后存续的公司或者新设的公司承继"的规定，就该案而言，某路桥公司被某股份公司吸收合并后，某路桥公司已经被注销，其主体资格消亡。某路桥公司系被某股份公司吸收合并并注销，应由某股份公司作为某路桥公司权利义务的承继人。陈某春、某集团某工程公司等没有在公告载明的期间内登记，仅能视为放弃要求提前清偿债务或者提供相应担保的权利，不能视为其认可关于债务将在吸收合并完成后交由某股份公司或其全资子公司承继的公告内容。二审法院据此将某路桥公司作为债务承继人，而未追加某股份公司作为诉讼当事人缺乏法律依据，确有不妥。	发生的经营盈亏，由买受人享有或者承担。 第24条　企业售出后，买受人将所购企业资产纳入本企业或者将所购企业变更为所属分支机构的，所购企业的债务，由买受人承担。但买卖双方另有约定，并经债权人认可的除外。 第25条　企业售出后，买受人将所购企业资产作价入股与他人重新组建新公司，所购企业法人予以注销的，对所购企业出售前的债务，买受人应当以其所有财产，包括在新组建公司中的股权承担民事责任。 第26条　企业售出后，买受人将所购企业重新注册为新的企业法人，所购企业法人被注销的，所购企业出售前的债务，应当由新注册的企业法人承担。但买卖双方另有约定，并经债权人认可的除外。 第31条　企业吸收合并

---

[1] 案号：最高人民法院（2013）民申字第2470号裁定书，载中国裁判文书网，最后访问时间：2023年12月16日。

修订后《公司法》及解读等	修订前《公司法》及关联规定
	后,被兼并企业的债务应当由兼并方承担。 **第32条** 企业新设合并后,被兼并企业的债务由新设合并后的企业法人承担。 **第33条** 企业吸收合并或新设合并后,被兼并企业应当办理而未办理工商注销登记,债权人起诉被兼并企业的,人民法院应当根据企业兼并后的具体情况,告知债权人追加责任主体,并判令责任主体承担民事责任。 **第34条** 以收购方式实现对企业控股的,被控股企业的债务,仍由其自行承担。但因控股企业抽逃资金、逃避债务,致被控股企业无力偿还债务的,被控股企业的债务则由控股企业承担。
第二百二十二条 【分立程序】公司分立,其财产作相应的分割。 公司分立,应当编制资产负债表及财产清单。公司应当自作出分立决议之日起十日内通知债权人,并于三十日内在报纸上**或者国家企业信用信息公示系统**公告。	《公司法》(2018年修正) **第175条** 公司分立,其财产作相应的分割。 公司分立,应当编制资产负债表及财产清单。公司应当自作出分立决议之日起十日内通知债权人,并于三十日内在报纸上公告。

修订后《公司法》及解读等	修订前《公司法》及关联规定
解读：本条是关于公司分立程序的规定。同公司合并相对，公司分立指一个公司依法分成两个或者两个以上公司的法律行为。公司分立具有如下特点：首先，公司分立是公司自身的行为，由公司股东会自行决定、自行实施。其次，公司分立是公司改组的一种形式。公司改组是在不解散、不终止公司的情况下进行的。与公司合并类似，分立制度也是《公司法》支持公司继续经营的表现。最后，公司分立须依法进行。公司分立会涉及公司很多重大事项，对股东、债权人、员工及他人均有利害关系，故需依法进行。关于公司分立的类型（方式），包括新设分立、派生分立。新设分立，又称解散分立，指将原来一个具有法人资格的公司分为两个或者两个以上的具有法人资格公司的法律行为。这种方式以原有公司法人人格消灭为前提。而派生分立则不以原有公司法人资格的消灭为前提，原公司仍然存在且经营，而只是将原公司的部分分出去成立另外新公司的法律行为。就公司分立程序而言，一般先由公司董事会拟定公司分立方案。由于公司分立属重大事项，故还需股东会以特别会议决议方式决定。在此基础上，由董事会编制公司财务及财产文件，以妥善处理财产分割，并经股东会授权后，应当由董事会负责实施。	**《市场主体登记管理条例》** **第24条** 市场主体变更登记事项，应当自作出变更决议、决定或者法定变更事项发生之日起30日内向登记机关申请变更登记。 市场主体变更登记事项属于依法须经批准的，申请人应当在批准文件有效期内向登记机关申请变更登记。

修订后《公司法》及解读等	修订前《公司法》及关联规定
此外，由于公司分立也会涉及债权人保护问题，故与公司合并程序类似，还需就分立事宜通知债权人程序，即本条在分立决议做出后的 10 日内，将分立决议通知债权人，并于 30 日内在报纸上或国家企业信用信息公示系统进行公告。 **案例参考**：公司剥离优质资产，债权人能否要求接受者在财产价值范围内承担连带责任？（某轴承公司与某石公司金融不良债权追偿纠纷案）[1] 　　企业债务随资产变动原则，肇始于公司分立的原理。无论是企业改制，还是公司分立，其规则设计的内在机制是一致的，即当分割公司财产时，涉及对公司资产进行剥离，对资产剥离的数量无论多与少，一个直接的后果就是减少了被分立公司的责任财产，此时即可能会使债权人赖以实现其债权的责任财产的安全无法得到保障。在此情况下，为平衡保护公司运营及债权人的合法权益，根据前述法律规定，公司在剥离优质资产时，应当通知债权人，除公司在分立前与债权人就债务清偿达成的书面协议另有约定的之外，公司债务由分立后的公司承担连带责任。而《最高人民法院关于审理与企业改制相关的民事纠纷案件	

---

[1] 案号：最高人民法院（2019）最高法民申 2330 号裁定书，载中国裁判文书网，最后访问时间：2023 年 12 月 15 日。

修订后《公司法》及解读等	修订前《公司法》及关联规定
若干问题的规定》中则对承担债务的范围予以限制,即明确了在接受企业资产的范围内承担责任。该案中,某轴承公司与某机公司在进行相关资产转让时,部分股东相同,某轴承公司承接了某机公司剥离出来的相关优质资产、相关技术人员和专利技术。上述资产转让和行为,使得某机公司的经营性优质资产被剥离出去,势必会降低其财产责任能力,而且,某机公司、某轴承公司均未提供证据证明该项资产转让交易已通知债权人某石公司或经某石公司同意。因此,无论是从公司分立的原理看,还是从企业改制的规则分析,某轴承公司在承接了某机公司经营性优质资产后,应当对某机公司的相关债务承担连带责任。该连带责任并非二审判决所创设,其已被法律规定所认可,故二审判决遵循企业债务随企业资产变动原则,认定由某轴承公司在接受某机公司财产价值范围内承担连带责任,并未超出某轴承公司应当承担的责任范围,亦不存在适用法律错误的情形。	
第二百二十三条 【分立的法律后果】 公司分立前的债务由分立后的公司承担连带责任。但是,公司在分立前与债权人就债务清偿达成的书面协议另有约定的除外。 **解读:** 本条是关于公司分立法律后果	《公司法》(2018年修正) **第176条** 公司分立前的债务由分立后的公司承担连带责任。但是,公司在分立前与债权人就债务清偿达成的书面协议另有约定的除外。

修订后《公司法》及解读等	修订前《公司法》及关联规定
即债务承担的规定。实践中,以公司分立名义转移公司优良资产进而损害债权人利益的情况并不鲜见,为更好地保护债权人权益,本条明确公司分立前的债务,应由分立后的公司承担连带责任。且不论分立后的公司有几个,接受的财产有多少,均应对原公司债务承担连带责任。但需注意,本条还规定了除外条款,即公司分立前就债务清偿与债权人达成的书面协议另有约定的除外。换而言之,若债权人与公司另行约定了分立后新设的公司不对原公司分立前的债务承担连带责任的,应按照该约定执行。 **案例参考**:公司仅保留独立法人身份,而将全部生产经营要素入股新公司,债权人能否要求新公司承担连带责任?(某包装公司诉敖某雪公司、新敖某雪公司买卖合同纠纷案)① 　　当事人订立合同后分立的,除债权人和债务人另有约定外,由分立的法人或者其他组织对合同的权利和义务享有连带债权,承担连带债务。该案中,敖某雪公司作为以生产销售食品为主的公司,必须具备必要的生产经营要素,即厂房厂址、生产设备、人员、卫生许可、商标等,但被告敖某雪公司在新敖某雪	**《民法典》** 　　**第67条第2款**　法人分立的,其权利和义务由分立后的法人享有连带债权,承担连带债务,但是债权人和债务人另有约定的除外。 　　**《最高人民法院关于审理与企业改制相关的民事纠纷案件若干问题的规定》** 　　**第12条**　债权人向分立后的企业主张债权,企业分立时对原企业的债务承担有约定,并经债权人认可的,按照当事人的约定处理;企业分立时对原企业债务承担没有约定或者约定不明,或者虽然有约定但债权人不予认可的,分立后的企业应当承担连带责任。 　　**第13条**　分立的企业在承担连带责任后,各分立的企业间对原企业债务承担有约定的,按照约定处理;没有约定或者约定不明的,根据企业分立时的资产比例分担。

---

①　国家法官学院、中国人民大学法学院编:《中国审判案例要览》(2014年商事审判案例卷),中国人民大学出版社2016年版,第136页。

修订后《公司法》及解读等	修订前《公司法》及关联规定
公司成立后,将上述基本生产经营要素全部作为入股转由新敖某雪公司继续使用。但是,敖某雪公司并未因此办理解散注销的手续,至今仍具有独立法人资格。故应认为,敖某雪公司将其全部资产与自身剥离,以丧失自身生产经营的能力,但保留独立法人身份为前提,将全部生产经营要素作为入股投入到新设立的新敖某雪公司当中,属于公司分立的行为,新设公司对公司债务承担连带责任。	
第二百二十四条 【减资】公司减少注册资本,<u>应当编制资产负债表及财产清单</u>。 公司应当自股东会作出减少注册资本决议之日起十日内通知债权人,并于三十日内在报纸上**或者国家企业信用信息公示系统**公告。债权人自接到通知之日起三十日内,未接到通知的自公告之日起四十五日内,有权要求公司清偿债务或者提供相应的担保。 **公司减少注册资本,应当按照股东出资或者持有股份的比例相应减少出资额或者股份,法律另有规定、有限责任公司全体股东另有约定或者股份有限公司章程另有规定的除外。** 解读:本条是关于公司减少注册资本的规定。减少注册资本,指公司依法对自己已经注册的资本通过一定的形式而	《公司法》(2018年修正) **第177条** 公司需要减少注册资本时,<u>必须编制资产负债表及财产清单</u>。 公司应当自作出减少注册资本决议之日起十日内通知债权人,并于三十日内在报纸上公告。债权人自接到通知书之日起三十日内,未接到通知书的自公告之日起四十五日内,有权要求公司清偿债务或者提供相应的担保。 《证券法》 **第80条第1款、第2款** 发生可能对上市公司、股票在国务院批准的其他全国性证券交易场所交易的公司的股票交易价格产生较大影响的重大

修订后《公司法》及解读等	修订前《公司法》及关联规定
使本公司注册资本在原有的基础上进行削减的法律行为，也可称为减资。由于公司注册资本对公司、股东、债权人等主体利益具有重要影响，与公司合并、分立类似，公司减少注册资本也须履行相应的义务、按照相应程序进行：首先，须编制资产负债表和财产清单。减少注册资本的具体方案一般由董事会提出、股东会通过决议。其次，须通知债权人。因减少注册资本实际上是减少公司的实有资产，偿债能力会下降，因此，需及时通知债权人。本条规定，应自股东会作出减少注册资本决议之日起10日内通知债权人，并于30日内在报纸上或国家企业信用信息公示系统进行公告。债权人自接到通知之日起30日内，未接到通知的自公告之日起45日内，有权对公司减少注册资本提出异议，要求公司对其债务（包括到期债务和未到期债务）进行清偿或提供相应的担保。公司减少注册资本后，也需修改公司章程并进行公司变更登记。此外，本条新增的第3款还就注册资本减少对股东出资或股份的影响作了规定，即"同比例减少"。换而言之，公司减少注册资本，应当按照股东出资或者持有股份的比例相应减少出资额或者股份。特定情况下也允许不按相应比例减少，第3款但书部分作了规定。	事件，投资者尚未得知时，公司应当立即将有关该重大事件的情况向国务院证券监督管理机构和证券交易场所报送临时报告，并予公告，说明事件的起因、目前的状态和可能产生的法律后果。 前款所称重大事件包括： …… （九）公司分配股利、增资的计划，公司股权结构的重要变化，公司减资、合并、分立、解散及申请破产的决定，或者依法进入破产程序、被责令关闭； …… **第81条** 发生可能对上市交易公司债券的交易价格产生较大影响的重大事件，投资者尚未得知时，公司应当立即将有关该重大事件的情况向国务院证券监督管理机构和证券交易场所报送临时报告，并予公告，说明事件的起因、目前的状态和可能产生的法律后果。 前款所称重大事件包括： …… （八）公司分配股利，作

修订后《公司法》及解读等	修订前《公司法》及关联规定
案例参考：公司不当减资后又恢复出资，原减资退出的股东是否需在减资范围内承担责任？（某国际控股公司与曲阳某物流公司公司减资纠纷案）① 　　在公司注册资本实缴制的情况下，公司减资后又增资，确实没有导致公司清偿能力和责任财产的减损。但在公司注册资本认缴制的情况下，交易相对人对公司清偿能力和注册资本的信赖只能基于对股东的信赖，公司减资后又增资，导致公司股东发生了变化，对股东的信赖也就丧失了基础。作为减资股东，其不当减资行为违反了公司资本维持原则，导致公司不能全面清偿其减资前所负债务，损害了债权人的利益，应在减资范围内对公司的债务承担补充赔偿责任。该案中，某实业公司在未向曲阳某物流公司履行通知义务的情况下，其股东某国际控股公司经公司股东会决议减资退股，违反了公司资本不变和资本维持的原则，与股东未履行出资义务及抽逃出资对于债权人利益的侵害在本质上并无不同。作为减资股东，某国际控股公司的不当减资行为违反了公司资本维持原则，导致上海某公司不能全面清偿其减资前所负债务，损害了债权人曲阳某物流公司的利益。一审法院判决某国际控股	出减资、合并、分立、解散及申请破产的决定，或者依法进入破产程序、被责令关闭； 　　…… **《公司法司法解释二》** 　　**第5条**　人民法院审理解散公司诉讼案件，应当注重调解。当事人协商同意由公司或者股东收购股份，或者以减资等方式使公司存续，且不违反法律、行政法规强制性规定的，人民法院应予支持。当事人不能协商一致使公司存续的，人民法院应当及时判决。 　　经人民法院调解公司收购原告股份的，公司应当自调解书生效之日起六个月内将股份转让或者注销。股份转让或者注销之前，原告不得以公司收购其股份为由对抗公司债权人。 **《公司法司法解释三》** 　　**第17条**　有限责任公司的股东未履行出资义务或者抽逃全部出资，经公司催告缴纳或者返还，其在合理期间内仍未缴纳或者返还出资，公司以

---

①　案号：最高人民法院（2017）最高法民终422号判决书，载中国裁判文书网，最后访问时间：2023年12月15日。

修订后《公司法》及解读等	修订前《公司法》及关联规定
公司应在减资范围内对上海某公司欠付曲阳某物流公司的债务承担补充赔偿责任,具有相应的事实和法律依据,并无不当。	股东会决议解除该股东的股东资格,该股东请求确认该解除行为无效的,人民法院不予支持。 　　在前款规定的情形下,人民法院在判决时应当释明,公司应当及时办理法定减资程序或者由其他股东或者第三人缴纳相应的出资。在办理法定减资程序或者其他股东或者第三人缴纳相应的出资之前,公司债权人依照本规定第十三条或者第十四条请求相关当事人承担相应责任的,人民法院应予支持。 《市场主体登记管理条例》 　　**第24条**　市场主体变更登记事项,应当自作出变更决议、决定或者法定变更事项发生之日起30日内向登记机关申请变更登记。 　　市场主体变更登记事项属于依法须经批准的,申请人应当在批准文件有效期内向登记机关申请变更登记。 《全国法院民商事审判工作会议纪要》 　　5.【与目标公司"对赌"】投资方与目标公司订立的"对赌

修订后《公司法》及解读等	修订前《公司法》及关联规定
	协议"在不存在法定无效事由的情况下,目标公司仅以存在股权回购或者金钱补偿约定为由,主张"对赌协议"无效的,人民法院不予支持,但投资方主张实际履行的,人民法院应当审查是否符合公司法关于"股东不得抽逃出资"及股份回购的强制性规定,判决是否支持其诉讼请求。 　　投资方请求目标公司回购股权的,人民法院应当依据《公司法》第35条关于"股东不得抽逃出资"或者第142条关于股份回购的强制性规定进行审查。经审查,目标公司未完成减资程序的,人民法院应当驳回其诉讼请求。 　　投资方请求目标公司承担金钱补偿义务的,人民法院应当依据《公司法》第35条关于"股东不得抽逃出资"和第166条关于利润分配的强制性规定进行审查。经审查,目标公司没有利润或者虽有利润但不足以补偿投资方的,人民法院应当驳回或者部分支持其诉讼请求。今后目标公司有利润时,投资方还可以依据该事实另行提起诉讼。

修订后《公司法》及解读等	修订前《公司法》及关联规定
第二百二十五条 【简易减资】公司依照本法第二百一十四条第二款的规定弥补亏损后，仍有亏损的，可以减少注册资本弥补亏损。减少注册资本弥补亏损的，公司不得向股东分配，也不得免除股东缴纳出资或者股款的义务。 依照前款规定减少注册资本的，不适用前条第二款的规定，但应当自股东会作出减少注册资本决议之日起三十日内在报纸上或者国家企业信用信息公示系统公告。 公司依照前两款的规定减少注册资本后，在法定公积金和任意公积金累计额达到公司注册资本百分之五十前，不得分配利润。 解读：本条是关于减少注册资本金弥补亏损和简易减资的规定，属新增内容。原《公司法》仅规定法定公积金可以用于弥补亏损，没有规定是否可以通过减资补亏。为了减少繁杂的减资程序，增加亏损企业扭亏为盈的机会，并更有效地保护债权人利益，本条新增减少注册资本金弥补亏损制度和简易减资制度。一是前提条件，依照《公司法》的相关规定弥补亏损后仍有亏损，可减少注册资本金。二是禁止条件，不得向股东分配，也不得免除股东缴纳出资或股款义务。如此规定，在于简易减资实质上不向股东退还出资，并不显著减少公司净资产，对公司偿债能力影响有限或较小。可以说，	

修订后《公司法》及解读等	修订前《公司法》及关联规定
增设简易减资制度,不仅在实体上使处于亏损状态下的公司有了更为简便的方式依据,提高减资程序的效率,并在一定程度上保护债权人权益。三是程序条件,简易减资需"自股东会作出减少注册资本决议之日起三十日内在报纸上或者国家企业信用信息公示系统公告",提高亏损企业减资的效率,并保护债权人的权益。四是后义务,减资后,法定公积金和任意公积金累计额超过注册资本50%前不得分配。这主要在于公司已经用法定公积金弥补亏损并减少了注册资本金,下调法定公积金累计额有助于降低公司资本压力,且与原《公司法》中"公司法定公积金累计额为公司注册资本的百分之五十以上的,可以不再提取"的规定保持一致。但是如若未提取法定公积金即分配利润,将构成对公司利益的损害。需注意,为补亏而减资,公司不需要向股东支付任何财产,而只是对所有者权益下的两个科目做账务调整。 **案例参考**:公司违反法定程序减资,必须追加股东为被执行人吗?(某投资公司、黑龙江某公司再审案)① 《最高人民法院关于民事执行中变更、追加当事人若干问题的规定》规定,作为被执行人的企业法人,财产不足以清偿生效法律文书确定的债务,申请执行人申请变更、追加抽逃出资的股东、出资人为被执行人,在抽逃出资的范围内承担	

---

① 案号:最高人民法院(2019)最高法民再144号裁定书,载中国裁判文书网,最后访问时间:2023年12月15日。

修订后《公司法》及解读等	修订前《公司法》及关联规定
责任的,人民法院应予支持。《最高人民法院第二巡回法庭法官会议纪要(第二辑)》①中对"减资程序违法的情形下,形式上减资是否构成抽逃出资"的问题认为,"公司在减资过程中存在程序违法情形,与股东利用公司减资而抽逃出资是两个不同的问题,违法减资的责任主体是公司,抽逃出资的责任主体是股东,故不能仅因公司减资程序违法就认定股东抽逃出资"。就该案而言,重点应衡量股东在公司违法减资过程中是否存在抽逃出资行为。股东抽逃出资本质上是股东侵犯公司财产权的行为,会导致公司责任财产减少。如果公司减资过程中股东并未实际抽回出资,则属于形式上的减资,即公司登记的注册资本虽然减少,但公司责任财产并未发生变化。这种情形下,虽然公司减资存在违法行为,应由相关管理机关对其实施一定的处罚,但股东并未利用公司减资程序实际抽回出资、侵犯公司财产权,亦未损害债权人的利益,因此,不能因公司减资程序不合法就认定股东构成抽逃出资。案涉公司在减少注册资本过程中,存在先发布减资公告后召开股东会、变更登记时提供虚假材料等违反《公司法》关于公司减资程序规定的情形,但其股东并未利用减资实施抽回出资的行为,公司权益	

---

① 贺小荣主编:《最高人民法院第二巡回法庭法官会议纪要(第二辑)》,人民法院出版社2021年版。

修订后《公司法》及解读等	修订前《公司法》及关联规定
并未因该股东的行为受到损害，资产总量并未因此而减少，偿债能力亦未因此而降低，该股东不存在抽逃出资的行为，不应当被追加为被执行人。	
第二百二十六条　【违法减资责任】 违反本法规定减少注册资本的，股东应当退还其收到的资金，减免股东出资的应当恢复原状；给公司造成损失的，股东及负有责任的董事、监事、高级管理人员应当承担赔偿责任。 解读：本条是关于违法减资责任（民事责任）的规定，较原《公司法》而言，属新增条文。多年以来，我国《公司法》及相关司法解释对不当减资（违法减资）情况下的股东责任并无明确的规定，实践中，普遍将《公司法司法解释三》第12条、第13条第2款和第14条第2款的相关规定，作为认定不当减资情况下股东责任的依据。但上述规定主要是针对抽逃出资的，缺乏针对性与准确性，也不利于对违法减资情形的规制。为此，《公司法》本次修订增加了本条内容，以进一步完善对不当减资责任的规定。本条内容有两个方面的亮点值得关注：一方面，本条明确了违法减资中股东需退还收到的资金，减免股东出资的应恢复原状，以更好地充实公司资本，全面、准确地界定不当减资的股东的返还与恢复责任。另一方面，进一步强化董、监、高维护公司资本充实的责任，明确规定	**《公司法司法解释三》** 第12条　公司成立后，公司、股东或者公司债权人以相关股东的行为符合下列情形之一且损害公司权益为由，请求认定该股东抽逃出资的，人民法院应予支持： （一）制作虚假财务会计报表虚增利润进行分配； （二）通过虚构债权债务关系将其出资转出； （三）利用关联交易将出资转出； （四）其他未经法定程序将出资抽回的行为。 第13条　股东未履行或者未全面履行出资义务，公司或者其他股东请求其向公司依法全面履行出资义务的，人民法院应予支持。 公司债权人请求未履行或者未全面履行出资义务的股东在未出资本息范围内对公司债务不能清偿的部分承担补充赔偿责任的，人民法院应予支持；未履行或者未全面履行出

修订后《公司法》及解读等	修订前《公司法》及关联规定
负有责任的董、监、高亦需赔偿给公司造成的损失（这里的损失应认为包括利息损失在内）。此外应注意到，本条主要针对的是给公司而非其他主体造成损失的赔偿。 **案例参考**：公司减资时，在未先行通知的情况下直接以登报公告形式代替通知义务，相关股东应否承担责任？（上海某力西公司诉江苏某公司、冯某、上海某公司买卖合同纠纷案）① 公司减资时对已知或应知的债权人应履行通知义务，不能在未先行通知的情况下直接以登报公告形式代替通知义务。公司减资时未依法履行通知已知或应知的债权人的义务，公司股东不能证明其在减资过程中对怠于通知的行为无过错，当公司减资后不能偿付减资前的债务时，公司股东应就该债务对债权人承担补充赔偿责任。尽管《公司法》规定公司减资时的通知义务人是公司，但公司是否减资系股东会决议的结果，是否减资以及如何进行减资完全取决于股东的意志，股东对公司减资的法定程序及后果亦属明知；同时，公司办理减资手续需股东配合，对于公司通知义务的履行，股东亦应当尽到合理注意义务。该案中，江苏某公司的股东就公司减资事项先后在2012年8月10日和9月27日形成股东会决议，此时上诉人上海某力西公司	资义务的股东已经承担上述责任，其他债权人提出相同请求的，人民法院不予支持。 股东在公司设立时未履行或者未全面履行出资义务，依照本条第一款或者第二款提起诉讼的原告，请求公司的发起人与被告股东承担连带责任的，人民法院应予支持；公司的发起人承担责任后，可以向被告股东追偿。 股东在公司增资时未履行或者未全面履行出资义务，依照本条第一款或者第二款提起诉讼的原告，请求未尽公司法第一百四十七条第一款规定的义务而使出资未缴足的董事、高级管理人员承担相应责任的，人民法院应予支持；董事、高级管理人员承担责任后，可以向被告股东追偿。 **第14条** 股东抽逃出资，公司或者其他股东请求其向公司返还出资本息、协助抽逃出资的其他股东、董事、高级管理人员或者实际控制人对此承担连带责任的，人民法院应予支持。

---

① 《中华人民共和国最高人民法院公报》2017年第11期。

修订后《公司法》及解读等	修订前《公司法》及关联规定
的债权早已形成，作为江苏某公司的股东，被上诉人上海某公司和冯某应当明知。但是在此情况下，上海某公司和冯某仍然通过股东会决议同意冯某的减资请求，并且未直接通知上海某力西公司，既损害了江苏某公司的清偿能力，又侵害了上海某力西公司的债权，应当对江苏某公司的债务承担相应的法律责任。由于江苏某公司减资行为上存在瑕疵，致使减资前形成的公司债权在减资之后清偿不能的，上海某公司和冯某作为江苏某公司股东应在公司减资数额范围内对其债务不能清偿部分承担补充赔偿责任。	公司债权人请求抽逃出资的股东在抽逃出资本息范围内对公司债务不能清偿的部分承担补充赔偿责任、协助抽逃出资的其他股东、董事、高级管理人员或者实际控制人对此承担连带责任的，人民法院应予支持；抽逃出资的股东已经承担上述责任，其他债权人提出相同请求的，人民法院不予支持。
第二百二十七条　【优先认购权】有限责任公司增加注册资本时，股东在同等条件下有权优先按照实缴的出资比例认缴出资。但是，全体股东约定不按照出资比例优先认缴出资的除外。 股份有限公司为增加注册资本发行新股时，股东不享有优先认购权，公司章程另有规定或者股东会决议决定股东享有优先认购权的除外。 **解读：**本条是关于优先认缴出资权（优先认购权）的规定。公司设立后，因业务发展的需要，难免会需要增加公司注册资本。就有限责任公司而言，由于其更具有人合性，股东相对固定，股东间具有一定的信任、依赖的关系。因此，在公司新增注册资本时，允许本公司的股东首先认缴，以防止新增股东打破公司	《公司法》（2018年修正） 第34条　……公司新增资本时，股东有权优先按照实缴的出资比例认缴出资。但是，全体股东约定不按照出资比例分取红利或者不按照出资比例优先认缴出资的除外。 《公司法司法解释三》 第16条　股东未履行或者未全面履行出资义务或者抽逃出资，公司根据公司章程或者股东会决议对其利润分配请求权、新股优先认购权、剩余财产分配请求权等股东权利作出相应的合理限制，该股东请求认定该限制无效的，人民法院不予支持。

修订后《公司法》及解读等	修订前《公司法》及关联规定
原有股东间的人合性关系，即为有限责任公司的优先认缴出资权。当然，优先认缴出资权适用的前提为"同等条件下"。同等条件中的核心要素则是"同等价格"。需注意，按照规定，有限责任公司股东的认缴数额原则上按照实缴的出资比例认缴出资，但是，若全体股东约定不按照出资比例优先认缴出资的，可以不按照出资比例确定认缴出资。当然，原股东不认缴时，也允许其他投资者认缴，以成为公司新的股东。另需注意，不同于有限责任公司，股份有限公司的人合性要弱很多，其资合性更强一些，因此，就股份有限公司而言，更快更足地收到出资款才是最重要的，故一般情况下无须赋予其股东优先认购权。基于此，本条第2款规定股份有限公司为增加注册资本发行新股时，除公司章程另有规定或者股东会决议决定股东享有优先认购权的情形外，股东不享有优先认购权。	《非上市公众公司监督管理办法》 **第45条** 公司董事会应当依法就本次股票发行的具体方案作出决议，并提请股东大会批准，股东大会决议必须经出席会议的股东所持表决权的三分之二以上通过。 　　监事会应当对董事会编制的股票发行文件进行审核并提出书面审核意见。监事应当签署书面确认意见。 　　股东大会就股票发行作出的决议，至少应当包括下列事项： 　　（一）本次发行股票的种类和数量（数量上限）； 　　（二）发行对象或范围、现有股东优先认购安排； 　　（三）定价方式或发行价格（区间）； 　　（四）限售情况； 　　（五）募集资金用途； 　　（六）决议的有效期； 　　（七）对董事会办理本次发行具体事宜的授权； 　　（八）发行前滚存利润的分配方案； 　　（九）其他必须明确的事项。 　　申请向特定对象发行股票导致股东累计超过二百人的股份

修订后《公司法》及解读等	修订前《公司法》及关联规定
	有限公司，董事会和股东大会决议中还应当包括以下内容： （一）按照中国证监会的相关规定修改公司章程； （二）按照法律、行政法规和公司章程的规定建立健全公司治理机制； （三）履行信息披露义务，按照相关规定披露定向发行说明书、发行情况报告书、年度报告、中期报告及其他信息披露内容。 根据公司章程以及全国股转系统的规定，股票公开转让的公司年度股东大会可以授权董事会向特定对象发行股票，该项授权的有效期不得超过公司下一年度股东大会召开日。
第二百二十八条　【增资】有限责任公司增加注册资本时，股东认缴新增资本的出资，依照本法设立有限责任公司缴纳出资的有关规定执行。 股份有限公司为增加注册资本发行新股时，股东认购新股，依照本法设立股份有限公司缴纳股款的有关规定执行。 解读：本条是关于公司增加注册资本的规定。公司增加注册资本，是指公司经过公司的股东会决议后使公司的注册资本在原来的基础上予以扩大的法律行为，即增加公司股本总额。该种行为对	《公司法》（2018年修正） 第178条　有限责任公司增加注册资本时，股东认缴新增资本的出资，依照本法设立有限责任公司缴纳出资的有关规定执行。 股份有限公司为增加注册资本发行新股时，股东认购新股，依照本法设立股份有限公司缴纳股款的有关规定执行。

修订后《公司法》及解读等	修订前《公司法》及关联规定
公司、股东及债权人利益有直接影响，属公司的重大变更。随着公司逐渐发展和壮大，经营所需资金也随之增多，需通过外部筹集方式如发行公司债券的方式或者增加注册资本方式获取更多资金。由于增加注册资本相较发行债券而言，没有还本付息压力，公司可自行确定资金的用途，因此，当公司需要大笔资金时，多以增加资本的方式筹集。公司增加注册资本主要途径包括吸收外来新资本（如增加新股东或股东追加投资）、用公积金增加资本或利润转增资本。本条主要针对前一种方式。按照《公司法》的规定，公司增加注册资本必须由股东会作出决议，必须履行增资的法定手续。按照本条的规定，就有限责任公司而言，股东认缴新增资本的出资，依《公司法》设立有限责任公司缴纳出资的有关规定执行。如以货币出资或非货币财产出资的，需依法办理财产转移手续，出资后必经法定验资机构验资并出具证明，修改公司章程并办理变更登记等。需注意，需要说明的是，按照《公司法》的规定，有限责任公司由50名以下股东组成，即使新增资本时吸收新股东参加，吸收后的股东总数也不能超过50人。就股份有限公司增加注册资本发行新股而言，股东认购新股的，应依照《公司法》设立股份有限公司缴纳股款的有关规定执行。如向社会募集新股，必须公告招股说明书，制作认股书，新增股款缴足需经法定	《市场主体登记管理条例实施细则》 第36条　市场主体变更注册资本或者出资额的，应当办理变更登记。 公司增加注册资本，有限责任公司股东认缴新增资本的出资和股份有限公司的股东认购新股的，应当按照设立时缴纳出资和缴纳股款的规定执行。股份有限公司以公开发行新股方式或者上市公司以非公开发行新股方式增加注册资本，还应当提交国务院证券监督管理机构的核准或者注册文件。 公司减少注册资本，可以通过国家企业信用信息公示系统公告，公告期45日，应当于公告期届满后申请变更登记。法律、行政法规或者国务院决定对公司注册资本有最低限额规定的，减少后的注册资本应当不少于最低限额。 外商投资企业注册资本（出资额）币种发生变更，应当向登记机关申请变更登记。 《最高人民法院执行工作办公室关于股东因公司设立后的增资瑕疵应否对公司债权人承担责任问题的复函》 公司增加注册资金是扩张

修订后《公司法》及解读等	修订前《公司法》及关联规定
验资机构验资，相应修改公司章程并办理变更登记等。	经营规模、增强责任能力的行为，原股东约定按照原出资比例承担增资责任，与公司设立时的初始出资是没有区别的。公司股东若有增资瑕疵，应承担与公司设立时的出资瑕疵相同的责任。但是，公司设立后增资与公司设立时出资的不同之处在于，股东履行交付资产的时间不同。正因为这种时间上的差异，导致交易人（公司债权人）对于公司责任能力的预期是不同的。股东按照其承诺履行出资或增资的义务是相对于社会的一种法定的资本充实义务，股东出资或增资的责任应与公司债权人基于公司的注册资金对其责任能力产生的判断相对应。本案中，南通开发区富马物资公司（以下简称富马公司）与深圳龙岗电影城实业有限公司（以下简称龙岗电影城）的交易发生在龙岗电影城变更注册资金之前，富马公司对于龙岗电影城责任能力的判断应以其当时的注册资金500万元为依据，而龙岗电影城能否偿还富马公司的债务与此后龙岗电影城股东深圳长城（惠华）实业企业集团（以下

修订后《公司法》及解读等	修订前《公司法》及关联规定
	简称惠华集团）增加注册资金是否到位并无直接的因果关系。惠华集团的增资瑕疵行为仅对龙岗电影城增资注册之后的交易人（公司债权人）承担相应的责任，富马公司在龙岗电影城增资前与之交易所产生的债权，不能要求此后增资行为瑕疵的惠华集团承担责任。
第十二章　公司解散和清算	
第二百二十九条　【公司解散事由】 公司因下列原因解散： （一）公司章程规定的营业期限届满或者公司章程规定的其他解散事由出现； （二）股东会决议解散； （三）因公司合并或者分立需要解散； （四）依法被吊销营业执照、责令关闭或者被撤销； （五）人民法院依照本法第二百三十一条的规定予以解散。 公司出现前款规定的解散事由，应当在十日内将解散事由通过国家企业信用信息公示系统予以公示。 **解读**：本条是关于公司解散事由的规定。公司解散，指公司因法定事由的出现而使公司法人资格消灭的法律行为。公司解散属于法人解散的一种，《民法典》第 69 条就法人解散事由亦作了规定。本条	《公司法》（2018 年修正） **第 180 条**　公司因下列原因解散： （一）公司章程规定的营业期限届满或者公司章程规定的其他解散事由出现； （二）股东会或者股东大会决议解散； （三）因公司合并或者分立需要解散； （四）依法被吊销营业执照、责令关闭或者被撤销； （五）人民法院依照本法第一百八十二条的规定予以解散。 《民法典》 **第 69 条**　有下列情形之一的，法人解散：

修订后《公司法》及解读等	修订前《公司法》及关联规定
则系在原《公司法》规定基础上结合《民法典》第69条内容调整完善而言。本条前4项与《民法典》第69条前4项是相对的。就法人范畴而言，法人解散与法人破产是法人终止的两种主要情形，法人清算、注销登记是法人解散或法人破产过程中一般需要完成的程序。法人解散的原因通常可以分为自愿解散和强制解散。自愿解散，是指法人基于自身意愿而解散，如法人的权力机构决议解散、章程规定的存续期间届满、因合并或者分立需要解散等。强制解散又称非自愿解散，是指法人非因自身意愿而需进行的解散，强制解散又可分为行政解散和司法解散。行政解散指因政府有关部门决定而解散，司法解散指因法院裁判而解散。此外，《民法典》第69条第5项还就法律规定的其他情形的解散作了兜底规定，而本条第5项指向的则为"公司经营管理发生严重困难，继续存续会使股东利益受到重大损失，通过其他途径不能解决的，持有公司百分之十以上的表决权的股东，可以请求人民法院解散公司"的解散，二者并不矛盾。恰恰相反，本条第5项的规定正是《民法典》第69条第5项的具体体现。此外需注意，就公司解散后果而言，一经解散即应停止对外的积极活动，不能再进行正常经营活动。解散之后，除因合并、分立而解散情形外，	（一）法人章程规定的存续期间届满或者法人章程规定的其他解散事由出现； （二）法人的权力机构决议解散； （三）因法人合并或者分立需要解散； （四）法人依法被吊销营业执照、登记证书，被责令关闭或者被撤销； （五）法律规定的其他情形。 **《市场主体登记管理条例》** **第31条** 市场主体因解散、被宣告破产或者其他法定事由需要终止的，应当依法向登记机关申请注销登记。经登记机关注销登记，市场主体终止。 市场主体注销依法须经批准的，应当经批准后向登记机关申请注销登记。

修订后《公司法》及解读等	修订前《公司法》及关联规定
公司应进入清算程序。另,为更好地保护公司股东、债权人、潜在投资者与交易者以及社会公众利益,本条另通过第2款规定当出现前款规定的解散事由时,公司应在10日内将解散事由通过国家企业信用信息公示系统予以公示。该款属新增内容,有助于上述主体的知情权及其合法权益的维护。 　　**案例参考**:股东间的矛盾无法协商解决时,强制解散是否为解决僵局唯一途径的判断?(吉林某投资公司与长春某物流公司等公司解散纠纷案)① 　　有限责任公司系具有自主决策和行为能力的组织体,虽然公司会由于内部成员间的对抗而出现机制失灵、无法运转,公司决策和管理无法形成有效决议而陷入僵局,但是基于公司永久存续性的特征,国家公权力对于股东请求解散公司的主张必须秉持谨慎态度。当股东之间的冲突不能通过协商达成谅解,任何一方都不愿或无法退出公司时,为保护股东的合法权益,强制解散公司就成为唯一解决公司僵局的措施。判断公司的经营管理是否出现严重困难,应当从公司组织机构的运行状态进行综合分析,公司是否处于盈利状态并非判断公司经营管理发生严重困难的必要条件。其侧重点在于公司经营管理是否存在严重的内	

---

① 《中华人民共和国最高人民法院公报》2018年第7期。

修订后《公司法》及解读等	修订前《公司法》及关联规定
部障碍，股东会或董事会是否因矛盾激化而处于僵持状态，一方股东无法有效参与公司经营管理。该案中，长春某物流公司股东及董事之间长期冲突，已失去继续合作的信任基础，公司决策管理机制失灵，公司继续存续必然损害吉林某投资公司的重大利益，且无法通过其他途径解决公司僵局，吉林某投资公司坚持解散某物流公司的条件已经成就，原审法院作出解散某物流公司的判决，并无不当。	
第二百三十条 【修改公司章程而存续】 公司有前条第一款第一项、第二项情形，且尚未向股东分配财产的，可以通过修改公司章程或者经股东会决议而存续。 依照前款规定修改公司章程或者经股东会决议，有限责任公司须经持有三分之二以上表决权的股东通过，股份有限公司须经出席股东会会议的股东所持表决权的三分之二以上通过。 **解读：** 本条是关于部分应解散情形通过修改公司章程或股东会决议而继续存续的规定。公司章程是股东或发起人制定的，是股东之间就公司组织结构、内部关系以及业务开展而制定的基本规则和依据，是公司内部最高效力的规范性文件。由于部分公司解散事由可由公司章程进行规定即前条第1款第1项，故当出现公司章程规定的解散事由时，股东	《公司法》（2018 年修正） **第 181 条** 公司有本法第一百八十条第（一）项情形的，可以通过修改公司章程而存续。 依照前款规定修改公司章程，有限责任公司须经持有三分之二以上表决权的股东通过，股份有限公司须经出席股东大会会议的股东所持表决权的三分之二以上通过。 《公司法司法解释二》 **第 5 条第 1 款** 人民法院审理解散公司诉讼案件，应当注重调解。当事人协商同意由公司或者股东收购股份，或者以减资等方式使公司存续，且不违反法律、行政法规强制性规定的，人民法院应予支持。

修订后《公司法》及解读等	修订前《公司法》及关联规定
可以根据意愿解散公司，也可以通过修改公司章程，以改变原约定解散事由，使公司继续存在。当然，章程的修改应遵循法定程序，且不损害股东利益、债权人利益，不妨害公司法人一致性，不得因章程的修改而使一个公司法人转变为另一个公司法人。此外，由于股东会决议也可使公司解散即前条第1款第2项，就此种情形而言，应允许股东会作出不同的决议，即股东会后面的决议可以变更原解散公司的决议，使公司继续存续。该种情形较原《公司法》而言，系新增内容。以上两种情形分别针对前条第1款第1项、第2项内容，即通过修改公司章程改变原公司章程规定的解散、通过股东会决议改变原股东会决议的解散。但需注意，二者是一一对应的，不应交叉适用，即不能通过股东会决议改变原公司章程规定的解散，只能通过修改公司章程来变更原公司章程规定的解散，也不能通过修改公司章程变更原股东会决议的解散而只能通过股东会决议改变原股东会决议的解散。此外，上述两种情形的适用均有一个前提，即"尚未向股东分配财产"，若已经向股东分配了财产，则不再允许通过修改章程或作出股东会决议而存续。这也是本次《公司法》修订相较原规定增加的一处内容。	当事人不能协商一致使公司存续的，人民法院应当及时判决。

修订后《公司法》及解读等	修订前《公司法》及关联规定
第二百三十一条 【请求法院解散公司】公司经营管理发生严重困难，继续存续会使股东利益受到重大损失，通过其他途径不能解决的，持有<u>公司百分之十以上表决权</u>的股东，可以请求人民法院解散公司。 **解读**：本条是关于请求法院解散公司的规定。相较原规定，本条仅有一处变动，用"公司百分之十以上表决权"代替了"全部股东表决权百分之十以上"。如此规定，在于修订后的《公司法》增加了类别股的规定，允许公司发行限制表决权的股份，因此，删除"全部股东"这一定语，以避免产生歧义。关于股东请求法院强制解散公司，这是一种以公权力为主导的司法干预制度，目的在于通过司法权介入以解散公司，保护中小股东以及公司债权人利益。实践中经常出现大股东利用股权优势，通过不公平交易损害小股东、公司利益以扩大自己利益，为此，本条赋予中小股东请求解散公司的权利。但需注意，本条关于股东请求解散公司的适用，存在一定前提：首先，需公司经营管理发生严重困难，陷入僵局。提起请求的股东，应对此提供相应的证据。其次，公司继续存续会使股东利益受到重大损失。这是对公司经营预期的判断，提起请求的股东也需对此进行说明或证明。再次，通过	《公司法》（2018年修正） **第182条** 公司经营管理发生严重困难，继续存续会使股东利益受到重大损失，通过其他途径不能解决的，持有公司~~全部股东~~表决权百分之十以上的股东，可以请求人民法院解散公司。 **《公司法司法解释二》** **第1条** 单独或者合计持有公司全部股东表决权百分之十以上的股东，以下列事由之一提起解散公司诉讼，并符合公司法第一百八十二条规定的，人民法院应予受理： （一）公司持续两年以上无法召开股东会或者股东大会，公司经营管理发生严重困难的； （二）股东表决时无法达到法定或者公司章程规定的比例，持续两年以上不能做出有效的股东会或者股东大会决议，公司经营管理发生严重困难的； （三）公司董事长期冲突，且无法通过股东会或者股东大会解决，公司经营管理发生严重困难的；

修订后《公司法》及解读等	修订前《公司法》及关联规定
其他途径不能解决上述困境。所谓"其他途径",主要指异议股东请求控股股东受让股份或由公司回购股份。最后,请求解散的股东应持有公司 10% 以上表决权,这是对主体资格的限制,以避免不必要的诉讼影响公司经营以及占用过多的司法资源。以上前提,只有全部符合才能适用本条,法院在适用时也应慎重,因为一旦适用该条解散公司,对公司的影响是十分巨大甚至是毁灭性的。 **案例参考**:公司是否处于盈利状态是判断公司经营管理发生严重困难的必要条件吗?(林某清诉常熟某实业公司、戴某明公司解散纠纷案)① 《公司法》第 183 条将"公司经营管理发生严重困难"作为股东提起解散公司之诉的条件之一。判断"公司经营管理是否发生严重困难",应从公司组织机构的运行状态进行综合分析。公司虽处于盈利状态,但其股东会机制长期失灵,内部管理有严重障碍,已陷入僵局状态,可以认定为公司经营管理发生严重困难。对于符合《公司法》及相关司法解释规定的其他条件的,人民法院可以依法判决公司解散。	(四)经营管理发生其他严重困难,公司继续存续会使股东利益受到重大损失的情形。 股东以知情权、利润分配请求权等权益受到损害,或者公司亏损、财产不足以偿还全部债务,以及公司被吊销企业法人营业执照未进行清算等为由,提起解散公司诉讼的,人民法院不予受理。 第 2 条 股东提起解散公司诉讼,同时又申请人民法院对公司进行清算的,人民法院对其提出的清算申请不予受理。人民法院可以告知原告,在人民法院判决解散公司后,依据民法典第七十条、公司法第一百八十三条和本规定第七条的规定,自行组织清算或者另行申请人民法院对公司进行清算。 第 3 条 股东提起解散公司诉讼时,向人民法院申请财产保全或者证据保全的,在股

---

① 最高人民法院指导案例第 8 号。

修订后《公司法》及解读等	修订前《公司法》及关联规定
判断公司的经营管理是否出现严重困难，应当从公司组织机构的运行状态进行综合分析，公司是否处于盈利状态并非判断公司经营管理发生严重困难的必要条件。其侧重点在于公司经营管理是否存在严重的内部障碍，股东会或董事会是否因矛盾激化而处于僵持状态，一方股东无法有效参与公司经营管理。就该案而言，可以从董事会、股东会及监事会运行机制三个方面进行综合分析。董事会方面，某投资公司曾3次提出修改公司章程，均遭到董某某的拒绝。此外，某投资公司向某证公司转让部分股权一事，某物流公司拒绝配合，最终通过诉讼才得以实现。自2013年8月6日起，某物流公司已有两年未召开董事会，董事会早已不能良性运转。股东会方面，自2015年2月3日至今，某五里路公司长达两年没有召开股东会，无法形成有效决议，更不能通过股东会解决董事间激烈的矛盾，股东会机制失灵。监事会方面，某物流公司成立至今从未召开过监事会，监事亦没有依照《公司法》及公司章程规定行使监督职权。综上，客观上某物流公司董事会已由董某琴方控制，某投资公司无法正常行使股东权利，无法通过委派董事加入董事会参与经营管理。某物流公司的内部机构已不能正常运转，公司经营管理陷入僵局。（某投资	东提供担保且不影响公司正常经营的情形下，人民法院可予以保全。 　　**第4条**　股东提起解散公司诉讼应当以公司为被告。 　　原告以其他股东为被告一并提起诉讼的，人民法院应当告知原告将其他股东变更为第三人；原告坚持不予变更的，人民法院应当驳回原告对其他股东的起诉。 　　原告提起解散公司诉讼应当告知其他股东，或者由人民法院通知其参加诉讼。其他股东或者有关利害关系人申请以共同原告或者第三人身份参加诉讼的，人民法院应予准许。 　　**第5条**　人民法院审理解散公司诉讼案件，应当注重调解。当事人协商同意由公司或者股东收购股份，或者以减资等方式使公司存续，且不违反法律、行政法规强制性规定的，人民法院应予支持。当事人不能协商一致使公司存续的，人民法院应当及时判决。 　　经人民法院调解公司收购原告股份的，公司应当自调解

修订后《公司法》及解读等	修订前《公司法》及关联规定
公司与某物流公司等公司解散纠纷案)①	书生效之日起六个月内将股份转让或者注销。股份转让或者注销之前，原告不得以公司收购其股份为由对抗公司债权人。 　　**第6条**　人民法院关于解散公司诉讼作出的判决，对公司全体股东具有法律约束力。 　　人民法院判决驳回解散公司诉讼请求后，提起该诉讼的股东或者其他股东又以同一事实和理由提起解散公司诉讼的，人民法院不予受理。
第二百三十二条　【清算义务人】 公司因本法第二百二十九条第一款第一项、第二项、第四项、第五项规定而解散的，应当清算。董事为公司清算义务人，应当在解散事由出现之日起十五日内组成清算组进行清算。 　　清算组由董事组成，但是公司章程另有规定或者股东会决议另选他人的除外。 　　清算义务人未及时履行清算义务，给公司或者债权人造成损失的，应当承担赔偿责任。 　　**解读**：本条是关于清算义务人的规定。公司清算，指终结已解散公司之现存法律关系，处理其剩余财产，使公司	《公司法》(2018年修正) 　　**第183条**　公司因本法第一百八十条第（一）项、第（二）项、第（四）项、第（五）项规定而解散的，应当在解散事由出现之日起十五日内成立清算组，开始清算。有限责任公司的清算组由股东组成，股份有限公司的清算组由董事或者股东大会确定的人员组成。逾期不成立清算组进行清算的，债权人可以申请人民法院指定有关人员组成清算组进行清算。人民法院应当受理该申请，并及时组织清算组进行清算。

---

①　《中华人民共和国最高人民法院公报》2018年第7期。

修订后《公司法》及解读等	修订前《公司法》及关联规定
法人资格归于消灭的法律行为。而清算组，则指在公司破产或解散过程中从事清算事务、处理公司财产和债权债务的执行机构，有时也称清算人。相较原规定，除表述上的调整外，本条最重要的修改莫过于将清算组人员由"有限责任公司的股东、股份有限公司的董事或者股东大会确定的人员"统一变更为"董事"，当然，也允许公司章程对此另有规定或者股东会决议另选他人。此外，本条还明确规定董事为公司清算义务人，并明确清算义务人未及时履行清算义务，给公司或者债权人造成损失的，应当承担赔偿责任。通过上述规定，进一步强化了董事在公司解散、清算中的义务与责任，有利于督促公司董事依法积极履职，保障公司、股东、债权人的利益。按照本条规定，公司解散的，应当自公司解散事由出现之日起15日内成立清算组。董事作为清算义务人，应依法及时组建清算组，及时履行清算义务。另需说明，本条是针对公司自行组织清算的情形，有关申请法院指定清算的规定则体现在下一条。	**《民法典》** **第70条** 法人解散的，除合并或者分立的情形外，清算义务人应当及时组成清算组进行清算。 法人的董事、理事等执行机构或者决策机构的成员为清算义务人。法律、行政法规另有规定的，依照其规定。 清算义务人未及时履行清算义务，造成损害的，应当承担民事责任；主管机关或者利害关系人可以申请人民法院指定有关人员组成清算组进行清算。 **《公司法司法解释二》** **第7条** 公司应当依照民法典第七十条、公司法第一百八十三条的规定，在解散事由出现之日起十五日内成立清算组，开始自行清算。 有下列情形之一，债权人、公司股东、董事或其他利害关系人申请人民法院指定清算组进行清算的，人民法院应予受理：

修订后《公司法》及解读等	修订前《公司法》及关联规定
案例参考：公司法关于清算组人员组成的规定是否属效力性强制性规定？（周某清与某工程管理公司公司决议效力确认纠纷案）[1] 《公司法》第183条规定，公司依照相关规定决定解散的，应当在解散事由出现之日起15日内成立清算组进行清算。有限责任公司的清算组由股东组成。通过该条可知，法律虽对清算组的组成人员的身份作出了规定，但该条文并未规定全体股东均应当作为清算组成员。股东会有权决议由部分股东参加清算组，不必每个股东都参加。该案中，某工程管理公司股东会作为公司的最高权力机构，以作出股东会决议的方式确定清算组成员并无不当。《公司法》第183条的规定并不属于效力性强制性规定，故涉案决议并不违法，即不能以此否定涉案股东会决议相关内容的效力。此外，关于周某清提出的如果不能参与清算组，将不利于其及时了解和掌握公司的资产负债状况，从而可能对其造成不利等意见。法院认为，《公司法》规定了股东知情权、对违法清算申请启动强制清算程序，以及追究清算组成员清算赔偿责任等多项救济途径，前述机制可以保障小股东的合法权利不受侵害。故对周某清的	（一）公司解散逾期不成立清算组进行清算的； （二）虽然成立清算组但故意拖延清算的； （三）违法清算可能严重损害债权人或者股东利益的。 **第8条** 人民法院受理公司清算案件，应当及时指定有关人员组成清算组。 清算组成员可以从下列人员或者机构中产生： （一）公司股东、董事、监事、高级管理人员； （二）依法设立的律师事务所、会计师事务所、破产清算事务所等社会中介机构； （三）依法设立的律师事务所、会计师事务所、破产清算事务所等社会中介机构中具备相关专业知识并取得执业资格的人员。 **第9条** 人民法院指定的清算组成员有下列情形之一的，人民法院可以根据债权人、公司股东、董事或其他利害关系人的申请，或者依职权更换清算组成员：

---

[1] 徐子良、杨怡鸣、沈燕茹：《有限责任公司清算组成员不必是全体股东》，载《人民司法·案例》2016年第20期。

修订后《公司法》及解读等	修订前《公司法》及关联规定
上诉理由不予采信。原审作出的不予支持周某清要求确认涉案股东会决议相关内容无效的判决并无不当，予以支持。	（一）有违反法律或者行政法规的行为； （二）丧失执业能力或者民事行为能力； （三）有严重损害公司或者债权人利益的行为。 **第 18 条** 有限责任公司的股东、股份有限公司的董事和控股股东未在法定期限内成立清算组开始清算，导致公司财产贬值、流失、毁损或者灭失，债权人主张其在造成损失范围内对公司债务承担赔偿责任的，人民法院应依法予以支持。 有限责任公司的股东、股份有限公司的董事和控股股东因怠于履行义务，导致公司主要财产、账册、重要文件等灭失，无法进行清算，债权人主张其对公司债务承担连带清偿责任的，人民法院应依法予以支持。 上述情形系实际控制人原因造成，债权人主张实际控制人对公司债务承担相应民事责任的，人民法院应依法予以支持。

修订后《公司法》及解读等	修订前《公司法》及关联规定
	第19条 有限责任公司的股东、股份有限公司的董事和控股股东，以及公司的实际控制人在公司解散后，恶意处置公司财产给债权人造成损失，或者未经依法清算，以虚假的清算报告骗取公司登记机关办理法人注销登记，债权人主张其对公司债务承担相应赔偿责任的，人民法院应依法予以支持。 **《市场主体登记管理条例》** 第32条 市场主体注销登记前依法应当清算的，清算组应当自成立之日起10日内将清算组成员、清算组负责人名单通过国家企业信用信息公示系统公告。清算组可以通过国家企业信用信息公示系统发布债权人公告。 清算组应当自清算结束之日起30日内向登记机关申请注销登记。市场主体申请注销登记前，应当依法办理分支机构注销登记。

修订后《公司法》及解读等	修订前《公司法》及关联规定
第二百三十三条 【申请法院指定组成清算组】公司依照前条第一款的规定应当清算，逾期不成立清算组进行清算或者成立清算组后不清算的，利害关系人可以申请人民法院指定有关人员组成清算组进行清算。人民法院应当受理该申请，并及时组织清算组进行清算。 公司因本法第二百二十九条第一款第四项的规定而解散的，作出吊销营业执照、责令关闭或者撤销决定的部门或者公司登记机关，可以申请人民法院指定有关人员组成清算组进行清算。 **解读**：本条是关于申请法院指定清算的规定。如前所述，前条主要针对公司自行组织的清算（也称普通清算），而本条则属于申请法院指定的清算（也称特别清算）。特别清算是当解散的公司实行普通清算有明显障碍时，由法院等命令组织清算的清算方式。普通清算与特别清算的最主要区别体现在《公司法》规定中，即清算组成员的组成方式不同。根据本条规定，只有当公司逾期不成立清算组或者成立清算组后不清算时，利害关系人才可申请人民法院指定有关人员组成清算组进行清算。管辖法院应为公司所在地人民法院。需注意，本条规定的"法院指定有关人员组成清算组"不仅适用于公司自行清算未成立清算组的情况，也适用于已成立清算组但清算组	《公司法》（2018年修正） **第183条** 公司因本法第一百八十条第（一）项、第（二）项、第（四）项、第（五）项规定而解散的，应当在解散事由出现之日起十五日内成立清算组，开始清算。……逾期不成立清算组进行清算的，债权人可以申请人民法院指定有关人员组成清算组进行清算。人民法院应当受理该申请，并及时组织清算组进行清算。 《公司法司法解释二》 **第18条** 有限责任公司的股东、股份有限公司的董事和控股股东未在法定期限内成立清算组开始清算，导致公司财产贬值、流失、毁损或者灭失，债权人主张其在造成损失范围内对公司债务承担赔偿责任的，人民法院应依法予以支持。 有限责任公司的股东、股份有限公司的董事和控股股东因怠于履行义务，导致公司主要财产、账册、重要文件等灭失，无法进行清算，债权人主张其对公司债务承担连带清偿责任的，人民法院应依法予以支持。

修订后《公司法》及解读等	修订前《公司法》及关联规定
不进行清算的情况。在后一种情况下，法院需指定有关人员另行组成清算组（人员不应与原清算组完全相同），原清算组不再行使清算职权。另需注意，本条第1款所谓的利害关系人一般指债权人、部分股东。但在公司解散事由为修订后的本法第229条第1款第4项，即"依法被吊销营业执照、责令关闭或者被撤销"时，被吊销营业执照、责令关闭或者被撤销设立登记而解散后，公司并未成立清算组进行清算或成立清算组后不清算，而此时公司的债权人、部分股东也并未有充足动力与利益去申请法院指定成立清算组进行清算。此时为避免出现公司已解散但不进行清算的结果，新增的本条第2款赋予作出吊销营业执照、责令关闭或者撤销决定的部门或者公司登记机关也可申请人民法院指定有关人员组成清算组进行清算的权力。 案例参考：对申请清算股东资格有异议且无法确认时法院应否受理强制清算申请？（傅某才与南宁某物业开发公司申请公司清算案）① 　　在公司股东之间对股东资格存有争议、相关案件尚未审结的情况下，强制清算申请人的股东身份没有得到最终确认，无法确认是否具备申请人民法院对公	上述情形系实际控制人原因造成，债权人主张实际控制人对公司债务承担相应民事责任的，人民法院应依法予以支持。 《全国法院民商事审判工作会议纪要》 　　14.【怠于履行清算义务的认定】公司法司法解释（二）第18条第2款规定的"怠于履行义务"，是指有限责任公司的股东在法定清算事由出现后，在能够履行清算义务的情况下，故意拖延、拒绝履行清算义务，或者因过失导致无法进行清算的消极行为。股东举证证明其已经为履行清算义务采取了积极措施，或者小股东举证证明其既不是公司董事会或者监事会成员，也没有选派人员担任该机关成员，且从未参与公司经营管理，以不构成"怠于履行义务"为由，主张其不应当对公司债务承担连带清偿责任的，人民法院依法予以支持。

---

① 案号：最高人民法院（2015）民申字第3347号裁定书，载中国裁判文书网，最后访问时间：2023年12月17日。

修订后《公司法》及解读等	修订前《公司法》及关联规定
司进行强制清算的主体资格。根据《最高人民法院关于审理公司强制清算案件工作座谈会纪要》第13条的规定，法院对强制清算申请应不予受理。申请人可在有关争议单独提起诉讼或者仲裁予以确认后，另行向人民法院提起强制清算的请求。	15.【因果关系抗辩】有限责任公司的股东举证证明其"怠于履行义务"的消极不作为与"公司主要财产、账册、重要文件等灭失，无法进行清算"的结果之间没有因果关系，主张其不应对公司债务承担连带清偿责任的，人民法院依法予以支持。 16.【诉讼时效期间】公司债权人请求股东对公司债务承担连带清偿责任，股东以公司债权人对公司的债权已经超过诉讼时效期间为由抗辩，经查证属实的，人民法院依法予以支持。 公司债权人以公司法司法解释（二）第18条第2款为依据，请求有限责任公司的股东对公司债务承担连带清偿责任的，诉讼时效期间自公司债权人知道或者应当知道公司无法进行清算之日起计算。 117.【公司解散清算与破产清算的衔接】要依法区分公司解散清算与破产清算的不同功能和不同适用条件。债务人同时符合破产清算条件和强制清算条件的，应当及时适用破

修订后《公司法》及解读等	修订前《公司法》及关联规定
	产清算程序实现对债权人利益的公平保护。债权人对符合破产清算条件的债务人提起公司强制清算申请，经人民法院释明，债权人仍然坚持申请对债务人强制清算的，人民法院应当裁定不予受理。 **118.【无法清算案件的审理与责任承担】**人民法院在审理债务人相关人员下落不明或者财产状况不清的破产案件时，应当充分贯彻债权人利益保护原则，避免债务人通过破产程序不当损害债权人利益，同时也要避免不当突破股东有限责任原则。 人民法院在适用《最高人民法院关于债权人对人员下落不明或者财产状况不清的债务人申请破产清算案件如何处理的批复》第3款的规定，判定债务人相关人员承担责任时，应当依照企业破产法的相关规定来确定相关主体的义务内容和责任范围，不得根据公司法司法解释（二）第18条第2款的规定来判定相关主体的责任。

修订后《公司法》及解读等	修订前《公司法》及关联规定
	上述批复第3款规定的"债务人的有关人员不履行法定义务，人民法院可依据有关法律规定追究其相应法律责任"，系指债务人的法定代表人、财务管理人员和其他经营管理人员不履行《企业破产法》第15条规定的配合清算义务，人民法院可以根据《企业破产法》第126条、第127条追究其相应法律责任，或者参照《民事诉讼法》第111条的规定，依法拘留，构成犯罪的，依法追究刑事责任；债务人的法定代表人或者实际控制人不配合清算的，人民法院可以依据《出境入境管理法》第12条的规定，对其作出不准出境的决定，以确保破产程序顺利进行。 上述批复第3款规定的"其行为导致无法清算或者造成损失"，系指债务人的有关人员不配合清算的行为导致债务人财产状况不明，或者依法负有清算责任的人未依照《企业破产法》第7条第3款的规定及时履行破产申请义务，导致债务人主要财产、账册、重

修订后《公司法》及解读等	修订前《公司法》及关联规定
	要文件等灭失,致使管理人无法执行清算职务,给债权人利益造成损害。"有关权利人起诉请求其承担相应民事责任",系指管理人请求上述主体承担相应损害赔偿责任并将因此获得的赔偿归入债务人财产。管理人未主张上述赔偿,个别债权人可以代表全体债权人提起上述诉讼。 上述破产清算案件被裁定终结后,相关主体以债务人主要财产、账册、重要文件等重新出现为由,申请对破产清算程序启动审判监督的,人民法院不予受理,但符合《企业破产法》第123条规定的,债权人可以请求人民法院追加分配。 **《关于审理公司强制清算案件工作座谈会纪要》** 正文略。

修订后《公司法》及解读等	修订前《公司法》及关联规定
第二百三十四条【清算组职权】 清算组在清算期间行使下列职权： （一）清理公司财产，分别编制资产负债表和财产清单； （二）通知、公告债权人； （三）处理与清算有关的公司未了结的业务； （四）清缴所欠税款以及清算过程中产生的税款； （五）清理债权、债务； （六）分配公司清偿债务后的剩余财产； （七）代表公司参与民事诉讼活动。 **解读**：本条是关于清算组职权的规定。较原规定而言，本条除将"处理"改为"分配"外（分配较处理，更明确了职权范围，进一步规范与限定了清算组相关职权），并无其他修改。公司宣布解散后，董事会、经理等原有的业务执行权力将不再享有，公司后继事务也将由清算组接管。可以说，清算组在清算期间是公司的执行机构，全面负责公司相关业务的处理。为实现清算目的，清算组需要较为广泛的权力。基于本条规定，具体包括：1. 清理公司财产，分别编制资产负债表及财产清单。这是清算组的基本职权，也是清算组进行的首要基础性工作，有助于明确公司现有资产，明晰公司的负债情况。2. 通知、公告债权	**《公司法》（2018年修正）** **第184条**　清算组在清算期间行使下列职权： （一）清理公司财产，分别编制资产负债表和财产清单； （二）通知、公告债权人； （三）处理与清算有关的公司未了结的业务； （四）清缴所欠税款以及清算过程中产生的税款； （五）清理债权、债务； （六）处理公司清偿债务后的剩余财产； （七）代表公司参与民事诉讼活动。 **《民法典》** **第71条**　法人的清算程序和清算组职权，依照有关法律的规定；没有规定的，参照适用公司法律的有关规定。 **第72条**　清算期间法人存续，但是不得从事与清算无关的活动。 法人清算后的剩余财产，按照法人章程的规定或者法人权力机构的决议处理。法律另有规定的，依照其规定。 清算结束并完成法人注销

修订后《公司法》及解读等	修订前《公司法》及关联规定
人。清算组应在法定期限内及时通知已知的债权人，并通过公告告知未知的债权人申报债权。逾期不申报的，将不列入清算之列。3. 处理与清算有关的公司未了结的业务。主要指公司解散前已订立目前尚在履行中的合同事项等。对此类合同是继续履行还是终止履行，清算组有权根据需要决定，但无权进行与清算无关的新业务活动。4. 清缴所欠税款以及清算过程中产生的税款。以前欠缴的税款或清算过程中产生的税款，均应报请税务机关查实、缴纳。5. 清理债权、债务。包括解散清算前以及为清算的目的产生的各项债权债务关系。6. 分配公司清偿债务后的剩余财产。这部分财产属股东权益，有限责任公司应按照股东出资比例、股份有限公司应按照股东持有股份比例分配。当然，若清算过程中发现公司财产不足以清偿债务时，应及时向法院申请宣告破产。7. 代表公司参与民事诉讼活动。清算期间，清算组有权代表公司参与与公司有关的各种民事诉讼活动，包括起诉和应诉。	登记时，法人终止；依法不需要办理法人登记的，清算结束时，法人终止。 《公司法司法解释二》 第10条　公司依法清算结束并办理注销登记前，有关公司的民事诉讼，应当以公司的名义进行。 　　公司成立清算组的，由清算组负责人代表公司参加诉讼；尚未成立清算组的，由原法定代表人代表公司参加诉讼。 　　第22条　公司解散时，股东尚未缴纳的出资均应作为清算财产。股东尚未缴纳的出资，包括到期应缴未缴的出资，以及依照公司法第二十六条和第八十条的规定分期缴纳尚未届满缴纳期限的出资。 　　公司财产不足以清偿债务时，债权人主张未缴出资股东，以及公司设立时的其他股东或者发起人在未缴出资范围内对公司债务承担连带清偿责任的，人民法院应依法予以支持。

修订后《公司法》及解读等	修订前《公司法》及关联规定
案例参考：股东明知公司财产不能足额清偿债务或明显缺乏清偿能力时仍违法自行清算，应否对公司全部债务承担连带责任？（林某洋、林某与某银行股份公司清算责任纠纷案）① 公司自行清算中，作为清算组成员的股东在明知该公司的资产不足以清偿债权的情况下，既未通知债权人申报债权，亦未依法向人民法院申请进行破产清算，反而以虚假的清算报告骗取公司登记机关办理了注销登记，其行为损害了债权人的利益，依法应当认定为故意侵权行为。一方面，违法清算行为的直接后果，就是导致债权人因债务清偿主体消灭而无法主张债权。故公司股东的违法清算行为给债权人所造成的损失应认定为债权本息的全部。另一方面，在债务人企业资不抵债的情况下，通过依法进行破产清算的制度设计，在保证债权人就公司全部财产公平受偿的同时，也为债务人企业提供了破产免责的救济。该破产免责的法律后果在合法免除债务人企业不能清偿的部分债务的同时，也隔断了股东对公司债务的责任，使得股东受到有限责任原则的保护。股东自行实施的违法清算行为，系对法人独立地位	**《市场主体登记管理条例》** **第32条** 市场主体注销登记前依法应当清算的，清算组应当自成立之日起10日内将清算组成员、清算组负责人名单通过国家企业信用信息公示系统公告。清算组可以通过国家企业信用信息公示系统发布债权人公告。 清算组应当自清算结束之日起30日内向登记机关申请注销登记。市场主体申请注销登记前，应当依法办理分支机构注销登记。

---

① 案号：最高人民法院（2015）民申字第916号裁定书，载中国裁判文书网，最后访问时间：2023年12月15日。

修订后《公司法》及解读等	修订前《公司法》及关联规定
和股东有限责任的滥用，既不能产生债务人免予清偿部分债务的法律后果，同时，作为股东也不再受到股东有限责任原则的保护。综上，自行违法清算的股东应当对公司的全部债务承担责任。	
第二百三十五条　【债权申报】清算组应当自成立之日起十日内通知债权人，并于六十日内在报纸上**或者国家企业信用信息公示系统**公告。债权人应当自接到通知之日起三十日内，未接到通知的自公告之日起四十五日内，向清算组申报其债权。 债权人申报债权，应当说明债权的有关事项，并提供证明材料。清算组应当对债权进行登记。 在申报债权期间，清算组不得对债权人进行清偿。 解读：本条是关于清算期间债权申报的规定。清理并了结对外债务是公司清算的重要目的与作用之一。为更好更快地方便债权人了解公司已进入清算状态并督促其及时申报债权，本条第1款就清算组的通知公告义务进行了具体要求，包括各节点的时间限制及公告途径。按照该款规定，清算组应自成立之日起10日内将公司解散事项通知公司的债权人，并且应在60日内进行公告，公告途径包括报纸或国家企业信用信息公示系统。后者属新增内容，以适应信息互联	《公司法》（2018年修正） 第185条　清算组应当自成立之日起十日内通知债权人，并于六十日内在报纸上公告。债权人应当自接到通知书之日起三十日内，未接到通知书的自公告之日起四十五日内，向清算组申报其债权。 债权人申报债权，应当说明债权的有关事项，并提供证明材料。清算组应当对债权进行登记。 在申报债权期间，清算组不得对债权人进行清偿。 《公司法司法解释二》 第11条　公司清算时，清算组应当按照公司法第一百八十五条的规定，将公司解散清算事宜书面通知全体已知债权人，并根据公司规模和营业地域范围在全国或者公司注册登记地省级有影响的报纸上进行公告。 清算组未按照前款规定履

修订后《公司法》及解读等	修订前《公司法》及关联规定
社会发展需要。就债权人而言，其应自接到通知书之日起30日内，未接到通知书的应当自公司发布公告之日起45日内，向公司清算组申报其债权。债权人未在法定期限内向清算组申报债权，清算组有权将未申报的债权不列入清算之列。但是，公司对已知的债权人未发出通知或未正确发出通知的，并不在此限。此处的已知债权人，通常指在公司账册或合同等文件中明确载明的债权人，所谓明确载明，应包括名称（姓名）、住所等信息。当然，在债权申报期满但清算结束前，债权人申报债权并提出了延期申报的理由，清算组可根据其理由是否充分决定是否接受其债权申报。关于债权人申报债权的要求，本条第2款明确其应说明债权相关事项尤其是债权性质、数额、到期日等，并提供证明材料，清算组应对申报的债权进行登记。此外需注意，对债权人申报的债权，在清算过程中公司法禁止个别清偿，即本条第3款规定的"在申报债权期间，清算组不得对债权人进行清偿"，以防止对其他债权人权利造成严重侵害。	行通知和公告义务，导致债权人未及时申报债权而未获清偿，债权人主张清算组成员对因此造成的损失承担赔偿责任的，人民法院应依法予以支持。 第12条　公司清算时，债权人对清算组核定的债权有异议的，可以要求清算组重新核定。清算组不予重新核定，或者债权人对重新核定的债权仍有异议，债权人以公司为被告向人民法院提起诉讼请求确认的，人民法院应予受理。 第13条　债权人在规定的期限内未申报债权，在公司清算程序终结前补充申报的，清算组应予登记。 公司清算程序终结，是指清算报告经股东会、股东大会或者人民法院确认完毕。 第14条　债权人补充申报的债权，可以在公司尚未分配财产中依法清偿。公司尚未

修订后《公司法》及解读等	修订前《公司法》及关联规定
案例参考：公司解散清算时，对已知债权人能否仅通过报纸刊登公告的方式通知申报债权？（王某森、青海某矿业公司再审审查案）① 《公司法司法解释二》第11条第1款规定："公司清算时，清算组应当按照公司法第一百八十五条的规定，将公司解散清算事宜书面通知全体已知债权人，并根据公司规模和营业地域范围在全国或者公司注册登记地省级有影响的报纸上进行公告。"据此，公司在解散清算时，清算组除需在报纸上刊登公告外，还应书面通知全体已知债权人。该案中，王某森自认清算组未向昆源公司书面告知某公司解散清算事宜，原审法院认定其未履行通知义务并无不当，王某森该项主张不能成立。	分配财产不能全额清偿，债权人主张股东以其在剩余财产分配中已经取得的财产予以清偿的，人民法院应予支持；但债权人因重大过错未在规定期限内申报债权的除外。 债权人或者清算组，以公司尚未分配财产和股东在剩余财产分配中已经取得的财产，不能全额清偿补充申报的债权为由，向人民法院提出破产清算申请的，人民法院不予受理。
第二百三十六条　【清算程序】清算组在清理公司财产、编制资产负债表和财产清单后，应当制订清算方案，并报股东会或者人民法院确认。 公司财产在分别支付清算费用、职工的工资、社会保险费用和法定补偿金，缴纳所欠税款，清偿公司债务后的剩余财产，有限责任公司按照股东的出资比例分配，股份有限公司按照股东持有的股份比例分配。	《公司法》（2018年修正） **第186条**　清算组在清理公司财产、编制资产负债表和财产清单后，应当制定清算方案，并报股东会、~~股东大会~~或者人民法院确认。 公司财产在分别支付清算费用、职工的工资、社会保险费用和法定补偿金，缴纳所欠税款，清偿公司债务后的剩余

---

① 案号：最高人民法院（2020）最高法民申5085号裁定书，载中国裁判文书网，最后访问时间：2023年12月15日。

修订后《公司法》及解读等	修订前《公司法》及关联规定
清算期间，公司存续，但不得开展与清算无关的经营活动。公司财产在未依照前款规定清偿前，不得分配给股东。 　　**解读：**本条是关于清算程序的规定。相较原规定，并无实质性修改内容。本条第1款就制订清算方案作了规定。清算方案，指清算组制订的关于公司清偿债务、剩余财产如何分配的一整套计划。制订清算方案，清偿公司债务，分配剩余财产，是清算组的主要职责。需注意，清算组制订清算方案后，应报股东会或者人民法院确认，否则该清算方案不具有法律效力。第2款、第3款则就清算方案中关于公司财产处分时的要求进行了规定。该要求主要体现在清偿顺序方面，即需按照清算费用、职工工资、社会保险费用和法定补偿金，税款，公司债务，剩余财产项股东分配的顺序进行。需注意，本条所谓的"法定补偿金"，是为更好地保护职工利益而规定，包括公司因解除劳动合同应向职工支付的补偿金以及因克扣、拖欠工资应支付的补偿金。此外，向股东分配剩余财产时应按照风险收益统一的原则进行，即按照股东的出资比例或者持股比例分配，不得违反风险与收益统一的原则处分公司剩余财产。从另一角度看，也体现了先债权后股权的原则，即清算组必须在清偿公司全部债务后再向股东分配公司的剩余财产。	财产，有限责任公司按照股东的出资比例分配，股份有限公司按照股东持有的股份比例分配。 　　清算期间，公司存续，但不得开展与清算无关的经营活动。公司财产在未依照前款规定清偿前，不得分配给股东。 　　**《民法典》** 　　**第71条**　法人的清算程序和清算组职权，依照有关法律的规定；没有规定的，参照适用公司法律的有关规定。 　　**第72条**　清算期间法人存续，但是不得从事与清算无关的活动。 　　法人清算后的剩余财产，按照法人章程的规定或者法人权力机构的决议处理。法律另有规定的，依照其规定。 　　清算结束并完成法人注销登记时，法人终止；依法不需要办理法人登记的，清算结束时，法人终止。 　　**《公司法司法解释二》** 　　**第15条**　公司自行清算的，清算方案应当报股东会或者股东大会决议确认；人民法院组织清算的，清算方案应当

修订后《公司法》及解读等	修订前《公司法》及关联规定
为此，第 3 款专门强调清算组不得在清偿公司债务前向股东分配公司的财产。 　　**案例参考**：如何判断清算方案是否制订完成以及是否可进行个别清偿？（刘某弟、南京某公司损害股东利益责任纠纷案）① 　　清算方案的制订完成是公司清算中的一个关键环节，直接决定债权人是否可以得到及时清偿。在公司强制清算程序中，如何从法律意义上认定清算方案已经制订完成，是很重要的一个问题。根据《公司法》第 186 条的规定，清算组在清理公司财产、编制资产负债表和财产清单后，应当制定清算方案，并报股东会、股东大会或者人民法院确认。该案中，双方当事人均确认召开了涉案公司第一次债权人会议，并讨论了《公司财产管理方案（议案）》《公司财产变价方案（议案）》《公司财产分配方案（议案）》等方案，但是，上述方案仅属于对后续公司清算工作的原则性安排，而非清算方案。并且，公司已经就此之前十余年的财务账簿等资料之返还事宜对公司股东及其他保管义务人提起诉讼，尚未审理完结。由于公司财务资料不完整，	报人民法院确认。未经确认的清算方案，清算组不得执行。 　　执行未经确认的清算方案给公司或者债权人造成损失，公司、股东、董事、公司其他利害关系人或者债权人主张清算组成员承担赔偿责任的，人民法院应依法予以支持。 　　**第 16 条**　人民法院组织清算的，清算组应当自成立之日起六个月内清算完毕。 　　因特殊情况无法在六个月内完成清算的，清算组应当向人民法院申请延长。 　　**《市场主体登记管理条例》** 　　**第 33 条**　市场主体未发生债权债务或者已将债权债务清偿完结，未发生或者已结清清偿费用、职工工资、社会保险费用、法定补偿金、应缴纳税款（滞纳金、罚款），并由全体投资人书面承诺对上述情况的真实性承担法律责任的，可以按照简易程序办理注销登记。

---

① 案号：最高人民法院（2018）最高法民申 833 号裁定书，载中国裁判文书网，最后访问时间：2023 年 12 月 16 日。

修订后《公司法》及解读等	修订前《公司法》及关联规定
清算方案尚未制订完成,更未经过人民法院确认。申请人主张清算方案已经制订完成,缺乏事实和法律依据,不予支持。关于个别债权是否应当先予清偿的问题。公司正处于法院组织的强制清算程序之中,因大量财务资料未依法移交,公司与股东及其他保管义务人就财务资料返还纠纷仍在诉讼中,公司资产与负债情况尚未得到厘清,清算方案尚未制订并经人民法院确认,在此情形下对个别股东所享有的债权先予个别清偿,并无法律依据。	市场主体应当将承诺书及注销登记申请通过国家企业信用信息公示系统公示,公示期为20日。在公示期内无相关部门、债权人及其他利害关系人提出异议的,市场主体可以于公示期届满之日起20日内向登记机关申请注销登记。 个体工商户按照简易程序办理注销登记的,无需公示,由登记机关将个体工商户的注销登记申请推送至税务等有关部门,有关部门在10日内没有提出异议的,可以直接办理注销登记。 市场主体注销依法须经批准的,或者市场主体被吊销营业执照、责令关闭、撤销,或者被列入经营异常名录的,不适用简易注销程序。
第二百三十七条 【破产清算】清算组在清理公司财产、编制资产负债表和财产清单后,发现公司财产不足清偿债务的,应当依法向人民法院申请破产清算。 人民法院受理破产申请后,清算组应当将清算事务移交给人民法院指定的**破产管理人**。	《公司法》(2018年修正) **第187条** 清算组在清理公司财产、编制资产负债表和财产清单后,发现公司财产不足清偿债务的,应当依法向人民法院申请宣告破产。 公司经人民法院裁定宣告破产后,清算组应当将清算事务移交给人民法院。

修订后《公司法》及解读等	修订前《公司法》及关联规定
解读：本条是关于公司解散清算转化为破产清算的规定。破产清算，指债务人不能清偿其到期债务，经法院裁定，以其全部资产依照法律规定进行债务清偿，不足部分不再清偿的法律制度。在公司解散清算中，当公司资产大于债务时，应按《公司法》的规定进行清算。当清算组在清理公司财产、编制资产负债表和财产清单后，发现公司财产不足以清偿债务的，此时应停止清算工作，依法向法院申请宣告公司破产。需注意，就申请公司破产而言，清算组享有申请的权利，债权人也享有该权利。在清算组发现公司财产不足以清偿债务而不申请法院宣告公司破产时，为保护自身合法权益，债权人可向法院申请宣告破产。在资不抵债情况下由法院主导进行破产清算，有利于依靠司法强制力尽快了结公司涉及的债权债务关系，按照法律规定顺序和比例使得债权人得到及时清偿，同时也可以让公司股东及时卸去债务重负。当然，法院接到破产申请后，需按照法定程序依法进行审判，经裁定宣告破产的，清算组应将清算事务移交法院指定的破产管理人，由其依照企业破产法相关规定组成破产清算组进行破产清算。	《企业破产法》 第7条 债务人有本法第二条规定的情形，可以向人民法院提出重整、和解或者破产清算申请。 债务人不能清偿到期债务，债权人可以向人民法院提出对债务人进行重整或者破产清算的申请。 企业法人已解散但未清算或者未清算完毕，资产不足以清偿债务的，依法负有清算责任的人应当向人民法院申请破产清算。 第9条 人民法院受理破产申请前，申请人可以请求撤回申请。 《公司法司法解释二》 第17条 人民法院指定的清算组在清理公司财产、编制资产负债表和财产清单时，发现公司财产不足清偿债务的，可以与债权人协商制作有关债务清偿方案。 债务清偿方案经全体债权人确认且不损害其他利害关系人利益的，人民法院可依清算

修订后《公司法》及解读等	修订前《公司法》及关联规定
案例参考：因无可供执行财产而无清算价值，法院能否直接驳回公司债权人的强制清算或破产清算的申请？（延边某实业公司、吉林某投资公司申请公司清算案）① 　　无论是按照《公司法》规定启动强制清算，还是按照《企业破产法》启动破产清算，都需存在可供执行的财产。否则，便没有进行强制清算或者破产清算的价值，从节约司法资源、减少当事人诉累考量，对强制清算或者破产清算的申请可予驳回。就该案而言，某投资公司不存在任何可供执行的财产及财产线索，没有进行强制清算或者破产清算的价值。在延边某实业公司对吉林某投资公司所享有的债权已经申请人民法院强制执行的情况下，不予受理或终结强制清算程序的裁定结果在执行价值上没有本质区别。并且，努力节约司法资源、减少当事人诉累也是公正司法的重要体现。	组的申请裁定予以认可。清算组依据该清偿方案清偿债务后，应当向人民法院申请裁定终结清算程序。 　　债权人对债务清偿方案不予确认或者人民法院不予认可的，清算组应当依法向人民法院申请宣告破产。
第二百三十八条　【清算组成员义务与责任】清算组成员履行清算职责，负有忠实义务和勤勉义务。 　　清算组成员怠于履行清算职责，给公司造成损失的，应当承担赔偿责任；因故意或者重大过失给债权人造成损失的，应当承担赔偿责任。	《公司法》(2018年修正) 　　**第189条**　清算组成员应当忠于职守，依法履行清算义务。 　　~~清算组成员不得利用职权收受贿赂或者其他非法收入，不得侵占公司财产。~~

---

　　① 案号：最高人民法院（2018）最高法民申933号裁定书，载中国裁判文书网，最后访问时间：2023年12月15日。

修订后《公司法》及解读等	修订前《公司法》及关联规定
解读：本条是关于清算组成员义务与责任的规定。有权利就有义务，对公司清算组成员来讲亦是如此，清算组在清算期间依法行使一定的职权，同时清算组也应履行相应的义务，并承担相应的责任。本条第 1 款规定了清算组成员的忠实义务与勤勉义务。相较原规定，本条明确使用了忠实义务、勤勉义务的表述，更加清晰地界定了清算组成员应尽的义务。忠实义务，指清算组成员在履行自己职责和行使自己权力的过程中，须最大限度维护公司、股东和债权人利益，不得为自己谋取私利。勤勉义务，指清算组成员应以勤恳、诚信态度对待清算工作，认真负责，兢兢业业维护公司、股东、债权人的合法权益。具体而言，即在清算过程中要切实保护公司合法财产不受侵害，积极追回公司各项债权；制订清算方案、清偿债务、分配剩余财产时，应秉公办理，做到公平、合理、合法；不利用职权收受贿赂或其他非法收入，不利用职权侵占公司财产，不为他人谋取非法收益等。此外，就清算组成员履职中的责任问题，本条第 2 款作了规定。一方面，该款明确了对清算组成员怠于履行清算职责并给公司造成损失的，应承担赔偿责任。这是针对给公司造成损失的情形。此处的怠于履职不仅包括履职不积极、方式不合理不正	清算组成员因故意或者重大过失给公司或者债权人造成损失的，应当承担赔偿责任。 **《公司法司法解释二》** 　　**第 11 条**　公司清算时，清算组应当按照公司法第一百八十五条的规定，将公司解散清算事宜书面通知全体已知债权人，并根据公司规模和营业地域范围在全国或者公司注册登记地省级有影响的报纸上进行公告。 　　清算组未按照前款规定履行通知和公告义务，导致债权人未及时申报债权而未获清偿，债权人主张清算组成员对因此造成的损失承担赔偿责任的，人民法院应依法予以支持。 　　**第 15 条**　公司自行清算的，清算方案应当报股东会或者股东大会决议确认；人民法院组织清算的，清算方案应报人民法院确认。未经确认的清算方案，清算组不得执行。 　　执行未经确认的清算方案给公司或者债权人造成损失，公司、股东、董事、公司其他利害关系人或者债权人主张清算组成员承担赔偿责任的，人民法院应依法予以支持。

修订后《公司法》及解读等	修订前《公司法》及关联规定
确,也包括不履职。另一方面,该款还明确对于因故意或重大过失而给债权人造成损失的,清算组成员也应承担赔偿责任。这是针对给债权人造成损失的情形。此处的故意,指清算组成员明知自己的行为会产生损害债权人利益的后果,而希望或放任这种结果发生;此处的重大过失,指清算组成员处理清算事务时,对法律有要求其特别注意的因其疏忽大意没有注意到,或虽然注意了但轻信可避免。 案例参考:因股东未出资到位损害了目标公司及债权人利益,在董事并非清算组成员时,能否以董事未尽忠实勤勉义务主张其承担赔偿责任?(某科技公司、胡某生损害公司利益责任纠纷案)[1] 在有限责任公司债权人申请强制执行,目标公司的股东公司无财产可供执行后,债权人申请目标公司破产清算,因股东未出资到位实际损害了目标公司的利益以及债权人的利益,在董事并非目标公司清算组成员时,通常可以选择追究董事未尽忠实勤勉义务的赔偿责任。董事负有向未履行或者未全面履行出资义务的股东催缴出资义务,这是由董事的职能定位和公司资本的重要作用决定的。	**第 18 条** 有限责任公司的股东、股份有限公司的董事和控股股东未在法定期限内成立清算组开始清算,导致公司财产贬值、流失、毁损或者灭失,债权人主张其在造成损失范围内对公司债务承担赔偿责任的,人民法院应依法予以支持。 有限责任公司的股东、股份有限公司的董事和控股股东因怠于履行义务,导致公司主要财产、账册、重要文件等灭失,无法进行清算,债权人主张其对公司债务承担连带清偿责任的,人民法院应依法予以支持。 上述情形系实际控制人原因造成,债权人主张实际控制人对公司债务承担相应民事责任的,人民法院应依法予以支持。 **第 21 条** 按照本规定第十八条和第二十条第一款的规定应当承担责任的有限责任公司的股东、股份有限公司的董事和控股股东,以及公司的实

---

[1] 案号:最高人民法院(2018)最高法民再 366 号判决书,载中国裁判文书网,最后访问时间:2023 年 12 月 17 日。

修订后《公司法》及解读等	修订前《公司法》及关联规定
在公司注册资本认缴制下，公司设立时认缴出资的股东负有的出资义务与公司增资时是相同的，董事、高级管理人员负有的督促股东出资的义务亦不应有所差别，即在注册资本认缴制下，董事、高级管理人员负有向股东催缴出资的义务。该案中，作为被告的六名董事均在股东认缴出资期限届满后担任目标公司董事，同时其担任目标公司的股东公司的董事，对股东公司的资产状况、经营状况均应有所了解，其具备监督股东公司履行出资义务的便利条件。该六名董事无证据证明其在股东认缴出资期限届满后履行了向股东催缴出资的义务，其以消极不作为的方式构成了对董事忠实勤勉义务的违反。在目标公司债权人申请强制执行，目标公司的股东公司无财产可供执行后，债权人申请目标公司破产清算，因股东未出资到位实际损害了目标公司的利益，董事消极不作为放任了实际损害的持续，股东欠缴的出资即为目标公司遭受的实际损失，股东欠缴出资的行为与董事的消极不作为共同构成了实际损害的发生、持续，故此，董事未履行向股东催缴出资义务的行为与目标公司遭受的实际损失之间存在法律上的因果关系。故此，董事未履行向股东催缴出资的勤勉义务，对公司遭受的股东出资不到位的损失，应当承担连带赔偿责任。	际控制人为二人以上的，其中一人或者数人依法承担民事责任后，主张其他人员按照过错大小分担责任的，人民法院应依法予以支持。 　　**第23条**　清算组成员从事清算事务时，违反法律、行政法规或者公司章程给公司或者债权人造成损失，公司或者债权人主张其承担赔偿责任的，人民法院应依法予以支持。 　　有限责任公司的股东、股份有限公司连续一百八十日以上单独或者合计持有公司百分之一以上股份的股东，依据公司法第一百五十一条第三款的规定，以清算组成员有前款所述行为为由向人民法院提起诉讼的，人民法院应予受理。 　　公司已经清算完毕注销，上述股东参照公司法第一百五十一条第三款的规定，直接以清算组成员为被告、其他股东为第三人向人民法院提起诉讼的，人民法院应予受理。

修订后《公司法》及解读等	修订前《公司法》及关联规定
第二百三十九条 【注销登记】公司清算结束后，清算组应当制作清算报告，报股东会或者人民法院确认，并报送公司登记机关，申请注销公司登记。 **解读**：本条是关于公司注销登记的规定。修订后的《公司法》不再按有限责任公司、股份有限公司的不同将权力机构区分为股东会、股东大会，而是统一起来，均称为股东会，故删除"股东大会"的内容。在注销登记前一般需完成清算报告的制作与确认。清算组向股东分配公司剩余财产后，公司清算即告结束。清算组应当制作完整的清算报告，并附上清算期间收支报表及各种财务账册，向股东会或有关机关报送。未发现问题的，应予以确认。发现清算过程中存在违法行为的，有权要求清算组解释。因清算组成员故意或者重大过失造成他人损失的，清算组成员应承担赔偿责任。清算组制作的清算报告经股东会或人民法院确认后，清算组应向登记机关申请注销登记。这也是公司清算组的最后一项工作。公司清算组应当自公司清算结束之日起30日内向登记机关申请注销登记。此外需注意，自2022年3月1日开始施行的《市场主体登记管理条例》第33条另规定了简易注销程序，包括公司在内的符合特定条件的市场主体可通过简易程序办理注销登记，以提高注销效率、便利投资主体。	《公司法》（2018年修正） 第188条 公司清算结束后，清算组应当制作清算报告，报股东会、~~股东大会~~或者人民法院确认，并报送公司登记机关，申请注销公司登记~~，公告公司终止~~。 《民法典》 第72条第3款 清算结束并完成法人注销登记时，法人终止；依法不需要办理法人登记的，清算结束时，法人终止。 《公司法司法解释二》 第13条 债权人在规定的期限内未申报债权，在公司清算程序终结前补充申报的，清算组应予登记。 公司清算程序终结，是指清算报告经股东会、股东大会或者人民法院确认完毕。 第20条 公司解散应当在依法清算完毕后，申请办理注销登记。公司未经清算即办理注销登记，导致公司无法进行清算，债权人主张有限责任公司的股东、股份有限公司的董事和控股股东，以及公司的实际控制人对公司债务承担清偿责任的，人民法院应依法予以支持。

修订后《公司法》及解读等	修订前《公司法》及关联规定
案例参考：清算报告未将公司对其他主体享有的股份纳入清算范围，能否作为再审理由？（乔某英与邓某君损害股东利益责任纠纷案）[1] 　　股东会决议解散公司的，应成立清算组开始清算。清算组成立后，应对公司的财产进行全面清理和核查。查清公司全部财产是公司进行清算的前提条件。该案中，乔某英、邓某君对蓝某公司的清算报告提出异议，主张蓝某公司在清算中未对蓝某办公公司中的股权进行登记清算。经审查，2004年3月15日蓝某办公公司申请公司设立登记，蓝某公司是股东之一，出资5000元，出资比例为1%。2005年10月20日蓝某公司清算报告内容并未显示已对入股蓝某办公公司的股份进行清理。2005年10月20日蓝某公司申请公司注销登记时，其仍是蓝某办公公司的登记股东。2007年3月20日蓝某办公公司股东会决议和2007年3月28日蓝某办公公司股权转让协议记载，蓝某公司将其在蓝某办公公司中的股权转让给张某丽，以上说明蓝某公司在蓝某办公公司1%的股权在蓝某公司清算后依然存在。该股权转让款应属于蓝某公司清算财产的范围，但未列入蓝某	公司未经依法清算即办理注销登记，股东或者第三人在公司登记机关办理注销登记时承诺对公司债务承担责任，债权人主张其对公司债务承担相应民事责任的，人民法院应依法予以支持。 **《市场主体登记管理条例》** 　　**第31条**　市场主体因解散、被宣告破产或者其他法定事由需要终止的，应当依法向登记机关申请注销登记。经登记机关注销登记，市场主体终止。 　　市场主体注销依法须经批准的，应当经批准后向登记机关申请注销登记。 　　**第32条**　市场主体注销登记前依法应当清算的，清算组应当自成立之日起10日内将清算组成员、清算组负责人名单通过国家企业信用信息公示系统公告。清算组可以通过国家企业信用信息公示系统发布债权人公告。 　　清算组应当自清算结束之

---

[1] 案号：河南省高级人民法院（2020）豫民申554号裁定书，载中国裁判文书网，最后访问时间：2023年12月15日。

修订后《公司法》及解读等	修订前《公司法》及关联规定
公司清算报告中，亦未在清偿债务后按照出资比例向所有股东进行分配。综上，乔某英、邓某君的再审申请符合《民事诉讼法》相关规定。	日起30日内向登记机关申请注销登记。市场主体申请注销登记前，应当依法办理分支机构注销登记。 **第33条** 市场主体未发生债权债务或者已将债权债务清偿完结，未发生或者已结清清偿费用、职工工资、社会保险费用、法定补偿金、应缴纳税款（滞纳金、罚款），并由全体投资人书面承诺对上述情况的真实性承担法律责任的，可以按照简易程序办理注销登记。 市场主体应当将承诺书及注销登记申请通过国家企业信用信息公示系统公示，公示期为20日。在公示期内无相关部门、债权人及其他利害关系人提出异议的，市场主体可以于公示期届满之日起20日内向登记机关申请注销登记。 个体工商户按照简易程序办理注销登记的，无需公示，由登记机关将个体工商户的注销登记申请推送至税务等有关部门，有关部门在10日内没有提出异议的，可以直接办理注销登记。

修订后《公司法》及解读等	修订前《公司法》及关联规定
	市场主体注销依法须经批准的,或者市场主体被吊销营业执照、责令关闭、撤销,或者被列入经营异常名录的,不适用简易注销程序。 **第34条** 人民法院裁定强制清算或者裁定宣告破产的,有关清算组、破产管理人可以持人民法院终结强制清算程序的裁定或者终结破产程序的裁定,直接向登记机关申请办理注销登记。
第二百四十条 【简易注销】公司在存续期间未产生债务,或者已清偿全部债务的,经全体股东承诺,可以按照规定通过简易程序注销公司登记。 通过简易程序注销公司登记,应当通过国家企业信用信息公示系统予以公告,公告期限不少于二十日。公告期限届满后,未有异议的,公司可以在二十日内向公司登记机关申请注销公司登记。 公司通过简易程序注销公司登记,股东对本条第一款规定的内容承诺不实的,应当对注销登记前的债务承担连带责任。 **解读:** 本条是关于公司通过简易程序注销登记的规定。为进一步简化注销登记流程,提高公司注销效率,进一步优化营商环境,推进市场主体高效退出,本次《公司法》修订新增了简易程序注销	《公司法司法解释二》 **第20条** 公司解散应当在依法清算完毕后,申请办理注销登记。公司未经清算即办理注销登记,导致公司无法进行清算,债权人主张有限责任公司的股东、股份有限公司的董事和控股股东,以及公司的实际控制人对公司债务承担清偿责任的,人民法院应依法予以支持。 公司未经依法清算即办理注销登记,股东或者第三人在公司登记机关办理注销登记时承诺对公司债务承担责任,债权人主张其对公司债务承担相应民事责任的,人民法院应依法予以支持。

修订后《公司法》及解读等	修订前《公司法》及关联规定
登记的规定。首先，就适用简易程序注销登记的条件而言，本条第1款明确了两方面的要求。一是公司在存续期间未产生债务或已清偿全部债务。二是需全体股东进行承诺。这两个要求需同时满足，缺一不可。其次，就适用简易程序进行注销登记的公告而言，需注意本条第2款中的两个"二十日"。一是应通过国家企业信用信息公示系统进行公告，公告期限不少于20日。二是公告期限届满后且未有异议的，公司可在20日内向公司登记机关申请注销公司登记。最后，就适用简易程序进行注销登记法律后果而言，本条第3款对此作了规定，即全体股东"应当对注销登记前的债务承担连带责任"。相较普通的注销登记一般会结束公司涉及的债权债务而言，由于简易程序注销登记程序对公司债务清偿情况的"审查"并不十分严格，因此可能会出现遗漏的情形，且全体股东已对申报信息真实性作了承诺。为此，明确对本条第1款规定承诺不实的股东对注销登记前的债务承担连带责任，不仅存在事实与法律依据，同时也有利于对通过简易程序进行注销登记行为的规范，有助于对相关债权人合法权益的保护。	**《市场主体登记管理条例》** **第31条** 市场主体因解散、被宣告破产或者其他法定事由需要终止的，应当依法向登记机关申请注销登记。经登记机关注销登记，市场主体终止。 市场主体注销依法须经批准的，应当经批准后向登记机关申请注销登记。 **第32条** 市场主体注销登记前依法应当清算的，清算组应当自成立之日起10日内将清算组成员、清算组负责人名单通过国家企业信用信息公示系统公告。清算组可以通过国家企业信用信息公示系统发布债权人公告。 清算组应当自清算结束之日起30日内向登记机关申请注销登记。市场主体申请注销登记前，应当依法办理分支机构注销登记。 **第33条** 市场主体未发生债权债务或者已将债权债务清偿完结，未发生或者已结清清偿费用、职工工资、社会保险费用、法定补偿金、应缴纳税款（滞纳金、罚款），并由全体投资人书面承诺对上述情

修订后《公司法》及解读等	修订前《公司法》及关联规定
	况的真实性承担法律责任的,可以按照简易程序办理注销登记。
市场主体应当将承诺书及注销登记申请通过国家企业信用信息公示系统公示,公示期为20日。在公示期内无相关部门、债权人及其他利害关系人提出异议的,市场主体可以于公示期届满之日起20日内向登记机关申请注销登记。
个体工商户按照简易程序办理注销登记的,无需公示,由登记机关将个体工商户的注销登记申请推送至税务等有关部门,有关部门在10日内没有提出异议的,可以直接办理注销登记。
市场主体注销依法须经批准的,或者市场主体被吊销营业执照、责令关闭、撤销,或者被列入经营异常名录的,不适用简易注销程序。
第34条 人民法院裁定强制清算或者裁定宣告破产的,有关清算组、破产管理人可以持人民法院终结强制清算程序的裁定或者终结破产程序的裁定,直接向登记机关申请办理注销登记。

修订后《公司法》及解读等	修订前《公司法》及关联规定
第二百四十一条 【强制注销】公司被吊销营业执照、责令关闭或者被撤销，满三年未向公司登记机关申请注销公司登记的，公司登记机关可以通过国家企业信用信息公示系统予以公告，公告期限不少于六十日。公告期限届满后，未有异议的，公司登记机关可以注销公司登记。 依照前款规定注销公司登记的，原公司股东、清算义务人的责任不受影响。 解读：本条是关于公司强制注销的规定，属新增内容。现实中大量"僵尸企业"的存在，会导致市场主体统计数据失真，影响政府对经济形势的判断和相关政策文件的制定，为进一步畅通市场主体退出渠道，降低市场主体退出成本，激发市场主体竞争活力，本条确立了强制注销制度。根据规定，有限责任公司的清算义务人是公司股东，股份公司的清算义务人为公司董事和股东大会确认的人员。对于公司股东或者债权人而言，如果需要追究公司清算人的清算责任，就必须先提起强制清算。如前所述，提起强制清算无论是对于申请人而言，还是对于法院而言都耗时耗力，且在大多数情况下并不能起到实际的清算作用。因此不利于公司股东或者债权人及时履行向公司股东或者清算义务人追究责任的权利。因此，强制清算制度的设立，在减轻申请人负担，为申请人向	《行政许可法》 **第70条** 有下列情形之一的，行政机关应当依法办理有关行政许可的注销手续： （一）行政许可有效期届满未延续的； （二）赋予公民特定资格的行政许可，该公民死亡或者丧失行为能力的； （三）法人或者其他组织依法终止的； （四）行政许可依法被撤销、撤回，或者行政许可证件依法被吊销的； （五）因不可抗力导致行政许可事项无法实施的； （六）法律、法规规定的应当注销行政许可的其他情形。 **《加快完善市场主体退出制度改革方案》** 正文略。

修订后《公司法》及解读等	修订前《公司法》及关联规定
公司股东或者清算义务人追究责任提供了便利条件的同时，也起到了防止公司股东或者清算义务人长期拖延清算、逃避债务的作用。此外，本条规定强制注销的行为主体是公司登记机关。也就是说，无须公司进行清算，也无须申请人申请。对于拒绝注销或者无法适用"简易注销"程序的公司，可以直接由公司登记机关适用"强制注销"程序，登记机关有主动履职的法律依据。此外，由于《公司法》确立了以"董事为中心"的清算制度并强化清算责任，故本条第2款规定在公司强制注销的情况下清算义务人、原公司股东的责任不受影响。	
第二百四十二条 【公司破产】公司被依法宣告破产的，依照有关企业破产的法律实施破产清算。 **解读：** 本条是关于公司破产清算法律适用的规定。公司破产，是指公司不能清偿到期债务时，按照法定程序将公司财产在全体债权人间按比例公平分配的制度。而公司破产清算，是指公司不能清偿其到期债务，经法院裁定，被依法宣告破产后，以该公司全部资产依照法律的规定进行债务清偿，清偿不足的部分不再清偿的法律制度。有权宣告公司破产的机关为人民法院，债权人或者债务人可以向人民法院申请宣告公司破产。有关破产清算的具体规范《公司法》	《公司法》(2018年修正) 第190条 公司被依法宣告破产的，依照有关企业破产的法律实施破产清算。 《企业破产法》(第十章 破产清算) 第107条 人民法院依照本法规定宣告债务人破产的，应当自裁定作出之日起五日内送达债务人和管理人，自裁定作出之日起十日内通知已知债权人，并予以公告。 债务人被宣告破产后，债务人称为破产人，债务人财产称为破产财产，人民法院受理

修订后《公司法》及解读等	修订前《公司法》及关联规定
并未进行规定，而公司属于企业的一种。因此，处理公司破产案件时，法院可依照我国《企业破产法》《民事诉讼法》及相关司法解释中有关企业法人破产还债程序的规定进行。	破产申请时对债务人享有的债权称为破产债权。 　　第108条　破产宣告前，有下列情形之一的，人民法院应当裁定终结破产程序，并予以公告： 　　（一）第三人为债务人提供足额担保或者为债务人清偿全部到期债务的； 　　（二）债务人已清偿全部到期债务的。 　　第109条　对破产人的特定财产享有担保权的权利人，对该特定财产享有优先受偿的权利。 　　第110条　享有本法第一百零九条规定权利的债权人行使优先受偿权利未能完全受偿的，其未受偿的债权作为普通债权；放弃优先受偿权利的，其债权作为普通债权。 　　第111条　管理人应当及时拟订破产财产变价方案，提交债权人会议讨论。 　　管理人应当按照债权人会议通过的或者人民法院依照本法第六十五条第一款规定裁定的破产财产变价方案，适时变价出售破产财产。

修订后《公司法》及解读等	修订前《公司法》及关联规定
	第112条 变价出售破产财产应当通过拍卖进行。但是,债权人会议另有决议的除外。 破产企业可以全部或者部分变价出售。企业变价出售时,可以将其中的无形资产和其他财产单独变价出售。 按照国家规定不能拍卖或者限制转让的财产,应当按照国家规定的方式处理。 第113条 破产财产在优先清偿破产费用和共益债务后,依照下列顺序清偿: (一)破产人所欠职工的工资和医疗、伤残补助、抚恤费用,所欠的应当划入职工个人账户的基本养老保险、基本医疗保险费用,以及法律、行政法规规定应当支付给职工的补偿金; (二)破产人欠缴的除前项规定以外的社会保险费用和破产人所欠税款; (三)普通破产债权。 破产财产不足以清偿同一顺序的清偿要求的,按照比例分配。 破产企业的董事、监事和高级管理人员的工资按照该企

修订后《公司法》及解读等	修订前《公司法》及关联规定
	业职工的平均工资计算。
第 114 条 破产财产的分配应当以货币分配方式进行。但是,债权人会议另有决议的除外。
第 115 条 管理人应当及时拟订破产财产分配方案,提交债权人会议讨论。
破产财产分配方案应当载明下列事项:
(一)参加破产财产分配的债权人名称或者姓名、住所;
(二)参加破产财产分配的债权额;
(三)可供分配的破产财产数额;
(四)破产财产分配的顺序、比例及数额;
(五)实施破产财产分配的方法。
债权人会议通过破产财产分配方案后,由管理人将该方案提请人民法院裁定认可。
第 116 条 破产财产分配方案经人民法院裁定认可后,由管理人执行。
管理人按照破产财产分配方案实施多次分配的,应当公告本次分配的财产额和债权额。

修订后《公司法》及解读等	修订前《公司法》及关联规定
	管理人实施最后分配的,应当在公告中指明,并载明本法第一百一十七条第二款规定的事项。 **第 117 条** 对于附生效条件或者解除条件的债权,管理人应当将其分配额提存。 管理人依照前款规定提存的分配额,在最后分配公告日,生效条件未成就或者解除条件成就的,应当分配给其他债权人;在最后分配公告日,生效条件成就或者解除条件未成就的,应当交付给债权人。 **第 118 条** 债权人未受领的破产财产分配额,管理人应当提存。债权人自最后分配公告之日起满二个月仍不领取的,视为放弃受领分配的权利,管理人或者人民法院应当将提存的分配额分配给其他债权人。 **第 119 条** 破产财产分配时,对于诉讼或者仲裁未决的债权,管理人应当将其分配额提存。自破产程序终结之日起满二年仍不能受领分配的,人民法院应当将提存的分配额分配给其他债权人。

修订后《公司法》及解读等	修订前《公司法》及关联规定
	第120条 破产人无财产可供分配的,管理人应当请求人民法院裁定终结破产程序。 管理人在最后分配完结后,应当及时向人民法院提交破产财产分配报告,并提请人民法院裁定终结破产程序。 人民法院应当自收到管理人终结破产程序的请求之日起十五日内作出是否终结破产程序的裁定。裁定终结的,应当予以公告。 第121条 管理人应当自破产程序终结之日起十日内,持人民法院终结破产程序的裁定,向破产人的原登记机关办理注销登记。 第122条 管理人于办理注销登记完毕的次日终止执行职务。但是,存在诉讼或者仲裁未决情况的除外。 第123条 自破产程序依照本法第四十三条第四款或者第一百二十条的规定终结之日起二年内,有下列情形之一的,债权人可以请求人民法院按照破产财产分配方案进行追加分配: (一)发现有依照本法第三十一条、第三十二条、第三

修订后《公司法》及解读等	修订前《公司法》及关联规定
	十三条、第三十六条规定应当追回的财产的; （二）发现破产人有应当供分配的其他财产的。 　　有前款规定情形，但财产数量不足以支付分配费用的，不再进行追加分配，由人民法院将其上交国库。 　　**第 124 条**　破产人的保证人和其他连带债务人，在破产程序终结后，对债权人依照破产清偿程序未受清偿的债权，依法继续承担清偿责任。 　　《企业破产法司法解释一》 　　《企业破产法司法解释二》 　　《企业破产法司法解释三》 　　正文略。
第十三章　外国公司的分支机构	
第二百四十三条　【外国公司含义】 本法所称外国公司，是指依照外国法律在中华人民共和国境外设立的公司。 　　**解读：** 本条是关于适用我国《公司法》的外国公司含义的规定。根据本条规定，我国公司法所称外国公司是指依照外国法律在中华人民共和国境外设立的公司。而确定一个公司是否属于外国公司，核心问题是确定该公司的国籍。就确定公司国籍而言，我国采用以公司设立时所依据的法律为标准，即公司依哪一国	《公司法》（2018 年修正） 　　**第 191 条**　本法所称外国公司是指依照外国法律在中国境外设立的公司。

修订后《公司法》及解读等	修订前《公司法》及关联规定
法律设立的就属于哪国公司，也称准据法说。就我国《公司法》而言，目前该法只对我国境内投资、设立分支机构，从事经营活动的外国公司作了必要规定。 　　案例参考：外国企业设在中国大陆的常驻机构代表处未领取营业执照，是否具有诉讼主体资格？（某公司昆明代表处、云南某文化传播公司侵害商标权纠纷案）① 　　《民事诉讼法》第48条第1款规定："公民、法人和其他组织可以作为民事诉讼的当事人。"《最高人民法院关于适用〈中华人民共和国民事诉讼法〉的解释》第52条规定："民事诉讼法第四十八条规定的其他组织是指合法成立、有一定的组织机构和财产，但又不具备法人资格的组织，包括：（一）依法登记领取营业执照的个人独资企业；（二）依法登记领取营业执照的合伙企业；（三）依法登记领取我国营业执照的中外合作经营企业、外资企业；（四）依法成立的社会团体的分支机构、代表机构；（五）依法设立并领取营业执照的法人的分支机构；（六）依法设立并领取营业执照的商业银行、政策性银行和非银行金融机构的分支机构；（七）经依法登记领取营业执照的乡镇企业、街道企业；（八）其他符合本条规定	

---

① 案号：最高人民法院（2018）最高法民申2897号裁定书，载中国裁判文书网，最后访问时间：2023年12月15日。

修订后《公司法》及解读等	修订前《公司法》及关联规定
条件的组织。"该案中，某公司昆明代表处显然不具有法人资格，其是否具备原告主体资格，关键在于其是否属于《民事诉讼法》规定的可以提起民事诉讼的其他组织。虽然某公司昆明代表处主张其已按照国务院《外国企业常驻代表机构登记管理条例》进行了登记注册，并有一定的组织机构和财产，可以享有诉讼中的原告主体资格，但是根据原审法院查明的事实，昆明代表处并未领取营业执照。依照上述规定，"其他组织"应当是领取营业执照的企业分支机构或者依法成立的社会团体的分支机构。由此可见，昆明代表处不属于《民事诉讼法》所称的可以作为原告提起诉讼的法人或其他组织，不具有原告的主体资格。	
第二百四十四条 【外国公司分支机构设立程序】外国公司在中华人民共和国境内设立分支机构，应当向中国主管机关提出申请，并提交其公司章程、所属国的公司登记证书等有关文件，经批准后，向公司登记机关依法办理登记，领取营业执照。 外国公司分支机构的审批办法由国务院另行规定。 **解读：**本条是关于外国公司在我国设立分支机构的程序之规定。外国公司分支机构，指依照外国法律设立的公司，依照《公司法》的规定在我国境内设立	《公司法》(2018年修正) **第192条** 外国公司在中国境内设立分支机构，必须向中国主管机关提出申请，并提交其公司章程、所属国的公司登记证书等有关文件，经批准后，向公司登记机关依法办理登记，领取营业执照。 外国公司分支机构的审批办法由国务院另行规定。 **《市场主体登记管理条例》** **第2条** 本条例所称市场主体，是指在中华人民共和国

修订后《公司法》及解读等	修订前《公司法》及关联规定
的从事生产经营等业务活动的场所或者办事机构。该分支机构具有以下特点：其是以外国公司法人的存在为前提的，分支机构本身不具备法人资格；需依法在我国境内设立；其系在中国境内从事经营活动的非法人经济组织，具体形式为一种场所或办事机构，如分公司、代办处、工程项目承包地点等。另需注意，外国公司在中国设立分支机构，需向中国有关主管机关提出申请，主管机关为商务部。就外国公司分支机构的设立程序而言，需要提出设立分支机构的申请并提交相应文件。申请信息一般包括外国公司名称、种类及国籍；外国公司从事的生产经营业务及其准备在我国设立的分支机构拟从事的主要生产经营活动；拟设立分支机构的地址、营业开始时间；外国公司董事及其他负责人姓名、国籍、住所等。提交的文件包括外国公司公司章程、所属国的公司登记证书等其他文件。此外，由于对外国公司申请设立分支机构的审批属行政许可事项，由国务院对此另行规定。主管机关需依照相关规定进行审批，并在规定期限内作出批准或者不批准的决定。经批准后，申请设立分支机构的外国公司应当持有关证件办理营业执照。营业执照是分支机构从事经营活动的合法凭证，营业执照签发日期即为分支机构的成立日期。	境内以营利为目的从事经营活动的下列自然人、法人及非法人组织： （一）公司、非公司企业法人及其分支机构； （二）个人独资企业、合伙企业及其分支机构； （三）农民专业合作社（联合社）及其分支机构； （四）个体工商户； （五）外国公司分支机构； （六）法律、行政法规规定的其他市场主体。

修订后《公司法》及解读等	修订前《公司法》及关联规定
第二百四十五条 【外国公司分支机构设立条件】外国公司在<u>中华人民共和国</u>境内设立分支机构，<u>应当</u>在<u>中华人民共和国</u>境内指定负责该分支机构的代表人或者代理人，并向该分支机构拨付与其所从事的经营活动相适应的资金。 对外国公司分支机构的经营资金需要规定最低限额的，由国务院另行规定。 **解读**：本条是关于外国公司分支机构设立条件的规定。根据本条及相关规定，外国公司在我国设立分支机构至少应符合三方面的条件：第一，设立分支机构的外国公司在其本国已合法成立，并已开始生产经营活动。第二，外国公司在我国设立分支机构须在我国境内指定负责该分支机构的代表人或代理人。该代表人或代理人是分支机构的执行人，代表该外国公司组织生产经营活动，签订合同，享受权利、履行义务，参与民事诉讼等。该代表人或代理人在合法权限内代表外国公司分支机构进行的民事活动，法律后果由该外国公司承担。第三，外国公司须向该分支机构拨付与其所从事的经营活动相适应的资金。资金不仅反映外国公司分支机构的规模与经营能力，同时也是该分支机构承担法律责任的经济基础。拨付的资金，须出具资金信用证明、验资证明或者	《公司法》（2018年修正） 第193条 外国公司在<u>中国</u>境内设立分支机构，<u>必须在中国</u>境内指定负责该分支机构的代表人或者代理人，并向该分支机构拨付与其所从事的经营活动相适应的资金。 对外国公司分支机构的经营资金需要规定最低限额的，由国务院另行规定。

修订后《公司法》及解读等	修订前《公司法》及关联规定
资金担保等，经法定登记程序，由登记主管机关核定。此外，为便于根据不同行业和不同经营规模确定外国分支机构所需经营资金的最低限额，国务院可就此另行规定。	
第二百四十六条　【外国公司分支机构名称】外国公司的分支机构应当在其名称中标明该外国公司的国籍及责任形式。 外国公司的分支机构应当在本机构中置备该外国公司章程。 **解读：**本条是关于外国公司分支机构名称和章程的规定。名称是公司用于经营并区别于其他公司等主体的标志。外国公司分支机构也应有相应名称。基于其外国公司的属性，对外国公司分支机构名称的要求存在一定特殊之处：首先，应标明外国公司的国籍，即其归属公司的国籍而非中国或第三国的国籍。其次，应标明外国公司的名称而不得使用与所属公司不一致的公司名称，以确保外国公司对相应行为的责任承担。再次，应标明外国公司的责任形式。需注意，我国公司法采取有限责任公司、股份有限公司的形式，但其他国家和地区的立法对此有可能与我国不同。但基于对第三人利益保护的需要，分支机构名称中仍需按照所属国立法规定的责任形式进行标注。最后，应标明反映外国公司	《公司法》（2018年修正） **第194条**　外国公司的分支机构应当在其名称中标明该外国公司的国籍及责任形式。 外国公司的分支机构应当在本机构中置备该外国公司章程。

修订后《公司法》及解读等	修订前《公司法》及关联规定
分支机构的字样，如"分公司""代表处""联络处"等。此外，按照本条第2款的规定，外国公司分支机构还应在本机构中置备该外国公司的章程，以便于公众对该分支机构进行必要的了解，同时也有利于我国有关机关对其的监督与管理。	
第二百四十七条 【外国公司分支机构法律地位】外国公司在中华人民共和国境内设立的分支机构不具有中国法人资格。 外国公司对其分支机构在中华人民共和国境内进行经营活动承担民事责任。 **解读**：本条是关于外国公司分支机构法律地位的规定。外国公司属外国法人，其在我国分支机构的法律地位是由外国公司地位决定并由我国法律确认的。外国公司的分支机构不具有中国法人资格，无论该分支机构独立性及经营规模多大，均无法改变其并非法人组织的性质。虽然其不具备法人资格，但它可以在中国境内从事经营活动。需注意，该分支机构从事经营活动不能以自己的名义进行，而须以设立它的外国公司的名义进行，产生的民事责任也由外国公司承担。当然，针对其在我国经营活动所产生的债务，基于便利化原则，首先由该分支机构清偿，不足或不能清偿的，由外国公司清偿。	《公司法》(2018年修正) 第195条 外国公司在中国境内设立的分支机构不具有中国法人资格。 外国公司对其分支机构在中国境内进行经营活动承担民事责任。

修订后《公司法》及解读等	修订前《公司法》及关联规定
第二百四十八条　【外国公司分支机构活动原则】经批准设立的外国公司分支机构，在中华人民共和国境内从事业务活动，应当遵守中国的法律，不得损害中国的社会公共利益，其合法权益受中国法律保护。 解读：本条是关于外国公司分支机构活动原则的规定。基于本条的规定，外国公司分支机构在我国境内从事业务活动时需遵循以下原则：一是遵守中国法律的原则。这是国家主权原则的体现。外国公司及其分支机构在我国从事经营活动，同我国的民事主体一样，也须遵守我国法律，否则需承担相应的法律责任，这里的法律包括公司法在内的所有现行有效的中国法律。二是不损害我国社会公共利益的原则。社会公共利益，是指与社会或社会成员共同有关的利益。维护社会公共利益是我国《宪法》和有关法律规定的基本原则。我国法律规定了任何组织或个人都不得侵犯社会公共利益，外国公司分支机构在中国境内从事业务活动，亦应遵守该原则，不得损害中国的社会公共利益。三是合法权益受法律保护的原则。法律不仅要求大家遵守，更在于保护每个人的利益不受侵犯。外国公司分支机构依照我国法律经批准设立，其合法权益亦当然受到我国法律的保护。	《公司法》(2018年修正) 第196条　经批准设立的外国公司分支机构，在中国境内从事业务活动，必须遵守中国的法律，不得损害中国的社会公共利益，其合法权益受中国法律保护。 《民法典》 第12条　中华人民共和国领域内的民事活动，适用中华人民共和国法律。法律另有规定的，依照其规定。

修订后《公司法》及解读等	修订前《公司法》及关联规定
第二百四十九条 【外国公司分支机构撤销与清算】外国公司撤销其在中华人民共和国境内的分支机构时,应当依法清偿债务,依照本法有关公司清算程序的规定进行清算。未清偿债务之前,不得将其分支机构的财产转移至中华人民共和国境外。 解读:本条是关于外国公司分支机构撤销与清算的规定。外国公司可依法在我国境内设立分支机构,也当然允许其撤销分支机构。但是,分支机构的撤销与清算也应依照我国法律规定进行。外国公司分支机构的撤销有自愿撤销与强制撤销两种。前者指外国公司基于自身意愿不再在我国境内从事经营活动,自行关闭其分支机构;后者指其分支机构在我国从事违法活动,依照我国法律规定,由登记机关责令其停止营业,收回营业执照。无论是哪种情形的撤销,均需依法清偿债务,同时也应按照我国《公司法》有关公司清算程序的规定进行清算。经清理发现分支机构财产不足以清偿债务(包括清算费用、职工工资、社会保险费用、法定补偿金、所欠税款、其他债务等)的,由外国公司承担连带清偿责任。由于外国公司在境外的财产执行起来有一定困难,因此本条还明确未清偿债务前,外国公司不得将其分支机构的财产转移至我国境外。	《公司法》(2018年修正) 第197条 外国公司撤销其在中国境内的分支机构时,必须依法清偿债务,依照本法有关公司清算程序的规定进行清算。未清偿债务之前,不得将其分支机构的财产移至中国境外。

修订后《公司法》及解读等	修订前《公司法》及关联规定
第十四章　法律责任	
第二百五十条　【欺诈登记法律责任】违反本法规定，虚报注册资本、提交虚假材料或者采取其他欺诈手段隐瞒重要事实取得公司登记的，由公司登记机关责令改正，对虚报注册资本的公司，处以虚报注册资本金额百分之五以上百分之十五以下的罚款；对提交虚假材料或者采取其他欺诈手段隐瞒重要事实的公司，处以<u>五万元以上二百万元以下的罚款</u>；情节严重的，吊销营业执照；对**直接负责的主管人员和其他直接责任人员处以三万元以上三十万元以下的罚款**。 **解读：**本条是关于欺诈登记法律责任的规定。以欺诈方式取得公司登记，严重影响国家对公司及公司制度的规范与管理，破坏了社会主义市场经济制度，应给予法律制裁。需说明的是，包括本条在内的本章内容，如无特殊说明，主要是对相关行为行政责任的规定。可以说，该章系《公司法》有一定公法性质的体现。回归到本条规定，就欺诈取得公司登记的情形而言，包括违反公司法规定，以虚报注册资本、提交虚假材料或采取其他欺诈手段隐瞒重要事实等方式取得公司登记的情形。"虚报注册资本"，又主要有两种情况：一是注册资本完全虚假，二是注册资本部分虚假、部分真实。"提交虚假材料"，是指在申请设立公司登记时，申请人向登记机关提交的	《公司法》（2018年修正） 第198条　违反本法规定，虚报注册资本、提交虚假材料或者采取其他欺诈手段隐瞒重要事实取得公司登记的，由公司登记机关责令改正，对虚报注册资本的公司，处以<u>虚报注册资本金额百分之五以上百分之十五以下的罚款</u>；对提交虚假材料或者采取其他欺诈手段隐瞒重要事实的公司，处以<u>五万元以上五十万元以下的罚款</u>；情节严重的，~~撤销公司登记或者~~吊销营业执照。 《刑法》 第158条　【虚报注册资本罪】申请公司登记使用虚假证明文件或者采取其他欺诈手段虚报注册资本，欺骗公司登记主管部门，取得公司登记，虚报注册资本数额巨大、后果严重或者有其他严重情节的，处三年以下有期徒刑或者拘役，并处或者单处虚报注册资本金额百分之一以上百分之五以下罚金。 单位犯前款罪的，对单位判处罚金，并对其直接负责的主管人员和其他直接责任人员，

修订后《公司法》及解读等	修订前《公司法》及关联规定
申请材料（申请书、公司章程、验资证明等）存在不真实（包括全部不真实、部分不真实）。就欺诈取得公司登记的法律责任而言，按照本条规定，不仅需责令改正，还应针对不同情形科以其他责任。为强化效果，本条较原规定责任明显加重。对虚报注册资本的公司，处以虚报注册资本金额5%以上15%以下的罚款；对提交虚假材料或者采取其他欺诈手段隐瞒重要事实的公司，处以5万元以上200万元以下的罚款；情节严重的，吊销营业执照。可以看出，对采取不同方式欺诈取得公司登记的违法行为本条规定了不同的处罚标准，对于虚报注册资本的是以虚报的注册资本金额为准，而对于提交虚假材料或者采取其他欺诈手段隐瞒重要事实的则规定了具体数额标准。且相较原规定，将非严重情形的50万元上限调整为200万元，责任上限更高。另需说明的是，本条虽未保留原规定中的"撤销公司登记"这一内容，但并不代表《公司法》修订删除了这一内容，而是被调整到第39条（公司登记一章）中了。此外，本条所谓情节严重，主要指通过欺诈取得公司登记过程中存在着违法犯罪行为等需加重处罚的情节。另值得注意的是，由于公司的行为最终需要个人来完成或实施或放任，为进一步强化责任承担的效果，除科以单位责任外，本条还在最后增加了相关的个人	处三年以下有期徒刑或者拘役。 **《最高人民法院关于对帮助他人设立注册资金虚假的公司应当如何承担民事责任的请示的答复》** 一、上海鞍福物资贸易有限公司（以下简称鞍福公司）成立时，借用上海砖桥贸易城有限公司（以下简称砖桥贸易城）的资金登记注册，虽然该资金在鞍福公司成立后即被抽回，但鞍福公司并未被撤销，其民事主体资格仍然存在，可以作为诉讼当事人。如果确认鞍福公司应当承担责任，可以判决对未实际出资的设立人承担连带清偿责任。 二、砖桥贸易城的不当行为，虽然没有直接给当事人造成损害后果，但由于其行为，使得鞍福公司得以成立，并从事与之实际履行能力不相适应的交易活动，给他人造成不应有的损害后果。因此，砖桥贸易城是有过错的。砖桥贸易城应在鞍福公司注册资金不实的范围内承担补充赔偿责任。

修订后《公司法》及解读等	修订前《公司法》及关联规定
责任，即对直接负责的主管人员和其他直接责任人员处以3万元以上30万元以下的罚款。	《国家工商行政管理总局关于公司登记机关是否有权对非本机关登记注册的公司违反登记管理规定的行为实施行政处罚问题的答复》 一、公司违反登记管理规定，原公司登记机关和违法行为发生地公司登记机关均有权依法对其实施行政处罚。 二、上级公司登记机关可以委托其下级机关直至工商行政管理所对公司违反登记管理规定的行为实施行政处罚。 三、对公司违反登记管理规定实施吊销营业执照行政处罚的，应由原公司登记机关作出。 …… 《市场主体登记管理条例》 第45条第1款 实行注册资本实缴登记制的市场主体虚报注册资本取得市场主体登记的，由登记机关责令改正，处虚报注册资本金额5%以上15%以下的罚款；情节严重的，吊销营业执照。

修订后《公司法》及解读等	修订前《公司法》及关联规定
	《最高人民检察院、公安部关于严格依法办理虚报注册资本和虚假出资抽逃出资刑事案件的通知》 二、严格把握罪与非罪的界限。根据新修改的公司法和全国人大常委会立法解释,自2014年3月1日起,除依法实行注册资本实缴登记制的公司(参见《国务院关于印发注册资本登记制度改革方案的通知》(国发〔2014〕7号))以外,对申请公司登记的单位和个人不得以虚报注册资本罪追究刑事责任;对公司股东、发起人不得以虚假出资、抽逃出资罪追究刑事责任。对依法实行注册资本实缴登记制的公司涉嫌虚报注册资本和虚假出资、抽逃出资犯罪的,各级公安机关、检察机关依照刑法和《立案追诉标准(二)》的相关规定追究刑事责任时,应当认真研究行为性质和危害后果,确保执法办案的法律效果和社会效果。

修订后《公司法》及解读等	修订前《公司法》及关联规定
第二百五十一条 【未依法公示的法律责任】公司未依照本法第四十条规定公示有关信息或者不如实公示有关信息的，由公司登记机关责令改正，可以处以一万元以上五万元以下的罚款。情节严重的，处以五万元以上二十万元以下的罚款；对直接负责的主管人员和其他直接责任人员处以一万元以上十万元以下的罚款。 **解读：**本条是关于未依法公示公司相关信息的法律责任的规定。本法第40条明确了公司应当按照规定通过国家企业信用信息公示系统公示的相关信息，具体包括如下事项：（1）有限责任公司股东认缴和实缴的出资额、出资方式和出资日期，股份有限公司发起人认购的股份数；（2）有限责任公司股东、股份有限公司发起人的股权、股份变更信息；（3）行政许可取得、变更、注销等信息；（4）法律、行政法规规定的其他信息。但并未明确未公示或者公示信息不实的情况下，公司如何承担相应的法律责任。为进一步强化信息公示成效，确保相应信息能依法、及时、真实、准确、完整地得到公示，保证债权人、股东等相关主体合法权益，本条对不依照《公司法》第40条规定进行公示或不如实进行公示的情形明确了法律后果：对公司而言，公司登记机关除责令其改正外，还可以处1万元以上5万元以下罚款。情节严重	《市场主体登记管理条例》 **第30条第3款、第4款** 市场主体应当在歇业前向登记机关办理备案。登记机关通过国家企业信用信息公示系统向社会公示歇业期限、法律文书送达地址等信息。 市场主体歇业的期限最长不得超过3年。市场主体在歇业期间开展经营活动的，视为恢复营业，市场主体应当通过国家企业信用信息公示系统向社会公示。 **第32条** 市场主体注销登记前依法应当清算的，清算组应当自成立之日起10日内将清算组成员、清算组负责人名单通过国家企业信用信息公示系统公告。清算组可以通过国家企业信用信息公示系统发布债权人公告。 清算组应当自清算结束之日起30日内向登记机关申请注销登记。市场主体申请注销登记前，应当依法办理分支机构注销登记。 **第33条第2款、第3款** 市场主体应当将承诺书及注销登记申请通过国家企业信用信息公示系统公示，公示期为20日。

修订后《公司法》及解读等	修订前《公司法》及关联规定
的，处 5 万元以上 20 万元以下罚款。对直接主管人员和其他直接责任人员，处 1 万元以上 10 万元以下罚款。	在公示期内无相关部门、债权人及其他利害关系人提出异议的，市场主体可以于公示期届满之日起 20 日内向登记机关申请注销登记。 　　个体工商户按照简易程序办理注销登记的，无需公示，由登记机关将个体工商户的注销登记申请推送至税务等有关部门，有关部门在 10 日内没有提出异议的，可以直接办理注销登记。 　　**第 35 条**　市场主体应当按照国家有关规定公示年度报告和登记相关信息。 　　**第 37 条**　任何单位和个人不得伪造、涂改、出租、出借、转让营业执照。 　　营业执照遗失或者毁坏的，市场主体应当通过国家企业信用信息公示系统声明作废，申请补领。 　　登记机关依法作出变更登记、注销登记和撤销登记决定的，市场主体应当缴回营业执照。拒不缴回或者无法缴回营业执照的，由登记机关通过国家企业信用信息公示系统公告营业执照作废。 　　**第 40 条**　提交虚假材料或者采取其他欺诈手段隐瞒重

修订后《公司法》及解读等	修订前《公司法》及关联规定
	要事实取得市场主体登记的,受虚假市场主体登记影响的自然人、法人和其他组织可以向登记机关提出撤销市场主体登记的申请。 　　登记机关受理申请后,应当及时开展调查。经调查认定存在虚假市场主体登记情形的,登记机关应当撤销市场主体登记。相关市场主体和人员无法联系或者拒不配合的,登记机关可以将相关市场主体的登记时间、登记事项等通过国家企业信用信息公示系统向社会公示,公示期为45日。相关市场主体及其利害关系人在公示期内没有提出异议的,登记机关可以撤销市场主体登记。 　　因虚假市场主体登记被撤销的市场主体,其直接责任人自市场主体登记被撤销之日起3年内不得再次申请市场主体登记。登记机关应当通过国家企业信用信息公示系统予以公示。 　　**第42条**　登记机关或者其上级机关认定撤销市场主体登记决定错误的,可以撤销该决定,恢复原登记状态,并通过国家企业信用信息公示系统公示。

修订后《公司法》及解读等	修订前《公司法》及关联规定
第二百五十二条 【虚假出资法律责任】 公司的发起人、股东虚假出资，未交付或者未按期交付作为出资的货币或者非货币财产的，由公司登记机关责令改正，可以处以五万元以上二十万元以下的罚款；情节严重，处以虚假出资或者未出资金额百分之五以上百分之十五以下的罚款；对直接负责的主管人员和其他直接责任人员处以一万元以上十万元以下的罚款。 **解读**：本条是关于虚假出资法律责任的规定。就虚假出资行为的主体而言，为公司的发起人、股东。发起人、股东在签订设立公司的协议、制定公司章程等事宜后，需根据达成的协议和法律规定，按期足额缴纳各自所应当认缴的出资额，经验资机构验资后，根据公司性质的不同去申请设立登记。根据法律规定并基于公司的经营属性，为保障债权人利益，只要公司处于存续状态，其资本总额即应当真实。在上述过程中，若存在发起人、股东虚假出资的，主要表现为未交付或者未按期交付作为出资的货币或者非货币财产情形，这不仅影响到其他发起人或股东的利益，同时也会危害市场经济健康有序发展。为此，本条就虚假出资的情形规定了相应的法律责任，较原《公司法》处罚更加细化。除责令改正外，针对公司而言，对一般情形，可以处以 5 万元以上 20 万元以下的罚款；	《公司法》(2018 年修正) **第 199 条** 公司的发起人、股东虚假出资，未交付或者未按期交付作为出资的货币或者非货币财产的，由公司登记机关责令改正，处以虚假出资金额百分之五以上百分之十五以下的罚款。 《刑法》 **第 159 条 【虚假出资、抽逃出资罪】** 公司发起人、股东违反公司法的规定未交付货币、实物或者未转移财产权，虚假出资，或者在公司成立后又抽逃其出资，数额巨大、后果严重或者有其他严重情节的，处五年以下有期徒刑或者拘役，并处或者单处虚假出资金额或者抽逃出资金额百分之二以上百分之十以下罚金。 单位犯前款罪的，对单位判处罚金，并对其直接负责的主管人员和其他直接责任人员，处五年以下有期徒刑或者拘役。 《证券法》 **第 141 条** 证券公司的股东有虚假出资、抽逃出资行为的，国务院证券监督管理机构应当责令其限期改正，并可责令其转让所持证券公司的股权。

修订后《公司法》及解读等	修订前《公司法》及关联规定
情节严重的,则处以虚假出资金额5%以上15%以下的罚款。当然,在情节严重情形下,若按虚假出资额比例计算的数额少于一般情形的数额,则以处罚较重者为准。此外,对直接负责的主管人员和其他直接责任人员,处以1万元以上10万元以下的罚款。如此,不仅保护了债权人的利益,同时对警示其他市场主体,进一步规范市场经济秩序有较好作用。 案例参考:将公司的往来款作为股东个人财产进行增资扩股的,能否认定为虚假出资?(某进出口公司申请执行北京某贸易公司案)① 　　股东通过制造投资协议的欺诈手段将本属于公司的款项伪称为自己的款项汇入公司,进而增资扩股,而没有按照我国《公司法》的规定足额缴纳财产给公司的,构成虚假出资。最高人民法院《关于人民法院执行工作若干问题的规定(试行)》第80条规定被执行人无财产清偿债务,如果其开办单位对其开办时投入的注册资金不实或抽逃注册资金,可以裁定变更或追加其开办单位为被执行人,在注册资金不实或抽逃注册资金的范围内,对申请执行人承担责任,在这里,采用了较为笼统的"注册资金不实"的概念。一般来说,"注册资金不实"	在前款规定的股东按照要求改正违法行为、转让所持证券公司的股权前,国务院证券监督管理机构可以限制其股东权利。 **《公司法司法解释三》** **第13条**　股东未履行或者未全面履行出资义务,公司或者其他股东请求其向公司依法全面履行出资义务的,人民法院应予支持。 　　公司债权人请求未履行或者未全面履行出资义务的股东在未出资本息范围内对公司债务不能清偿的部分承担补充赔偿责任的,人民法院应予支持;未履行或者未全面履行出资义务的股东已经承担上述责任,其他债权人提出相同请求的,人民法院不予支持。 　　股东在公司设立时未履行或者未全面履行出资义务,依照本条第一款或者第二款提起诉讼的原告,请求公司的发起人与被告股东承担连带责任的,人民法院应予支持;公司的发起人承担责任后,可以向被告股东追偿。

---

① 最高人民法院执行工作办公室编:《执行工作指导》(2005年第1辑·总第13辑),人民法院出版社2005年版,第167页。

修订后《公司法》及解读等	修订前《公司法》及关联规定
是虚假出资的上位概念，虚假出资必然注册资金不实，注册资金不实则未必就是虚假出资，还有可能是单纯的不出资违约等情形。从手段上而言，虚假出资系采用欺诈之手段表明自己已经实际出资。从公司角度说，公司往来款，一般应作为公司的负债项下的预收款列入会计科目；通过制造内容不实的投资协议将其列入资本公积科目明显违反会计法和会计准则；即使款项是股东周某生的实际投入，也应当计入实收资本科目，不应当计入资本公积科目。	股东在公司增资时未履行或者未全面履行出资义务，依照本条第一款或者第二款提起诉讼的原告，请求未尽公司法第一百四十七条第一款规定的义务而使出资未缴足的董事、高级管理人员承担相应责任的，人民法院应予支持；董事、高级管理人员承担责任后，可以向被告股东追偿。 **第 15 条** 出资人以符合法定条件的非货币财产出资后，因市场变化或者其他客观因素导致出资财产贬值，公司、其他股东或者公司债权人请求该出资人承担补足出资责任的，人民法院不予支持。但是，当事人另有约定的除外。 **第 16 条** 股东未履行或者未全面履行出资义务或者抽逃出资，公司根据公司章程或者股东会决议对其利润分配请求权、新股优先认购权、剩余财产分配请求权等股东权利作出相应的合理限制，该股东请求认定该限制无效的，人民法院不予支持。 **第 17 条** 有限责任公司的股东未履行出资义务或者抽逃全部出资，经公司催告缴纳

修订后《公司法》及解读等	修订前《公司法》及关联规定
	或者返还，其在合理期间内仍未缴纳或者返还出资，公司以股东会决议解除该股东的股东资格，该股东请求确认该解除行为无效的，人民法院不予支持。 在前款规定的情形下，人民法院在判决时应当释明，公司应当及时办理法定减资程序或者由其他股东或者第三人缴纳相应的出资。在办理法定减资程序或者其他股东或者第三人缴纳相应的出资之前，公司债权人依照本规定第十三条或者第十四条请求相关当事人承担相应责任的，人民法院应予支持。 **第18条** 有限责任公司的股东未履行或者未全面履行出资义务即转让股权，受让人对此知道或者应当知道，公司请求该股东履行出资义务、受让人对此承担连带责任的，人民法院应予支持；公司债权人依照本规定第十三条第二款向该股东提起诉讼，同时请求前述受让人对此承担连带责任的，人民法院应予支持。 受让人根据前款规定承担责任后，向该未履行或者未全

修订后《公司法》及解读等	修订前《公司法》及关联规定
	面履行出资义务的股东追偿的，人民法院应予支持。但是，当事人另有约定的除外。

第 19 条 公司股东未履行或者未全面履行出资义务或者抽逃出资，公司或者其他股东请求其向公司全面履行出资义务或者返还出资，被告股东以诉讼时效为由进行抗辩的，人民法院不予支持。

公司债权人的债权未过诉讼时效期间，其依照本规定第十三条第二款、第十四条第二款的规定请求未履行或者未全面履行出资义务或者抽逃出资的股东承担赔偿责任，被告股东以出资义务或者返还出资义务超过诉讼时效期间为由进行抗辩的，人民法院不予支持。

第 20 条 当事人之间对是否已履行出资义务发生争议，原告提供对股东履行出资义务产生合理怀疑证据的，被告股东应当就其已履行出资义务承担举证责任。

第 26 条 公司债权人以登记于公司登记机关的股东未履行出资义务为由，请求其对公司债务不能清偿的部分在未出资本息范围内承担补充赔偿 |

修订后《公司法》及解读等	修订前《公司法》及关联规定
	责任，股东以其仅为名义股东而非实际出资人为由进行抗辩的，人民法院不予支持。 名义股东根据前款规定承担赔偿责任后，向实际出资人追偿的，人民法院应予支持。 **第 28 条** 冒用他人名义出资并将该他人作为股东在公司登记机关登记的，冒名登记行为人应当承担相应责任；公司、其他股东或者公司债权人以未履行出资义务为由，请求被冒名登记为股东的承担补足出资责任或者对公司债务不能清偿部分的赔偿责任的，人民法院不予支持。 **《市场主体登记管理条例》** **第 45 条第 2 款** 实行注册资本实缴登记制的市场主体的发起人、股东虚假出资，未交付或者未按期交付作为出资的货币或者非货币财产的，或者在市场主体成立后抽逃出资的，由登记机关责令改正，处虚假出资金额5%以上15%以下的罚款。 **《最高人民检察院、公安部关于严格依法办理虚报注册资本和虚假出资抽逃出资刑事案件的通知》** 二、严格把握罪与非罪的

修订后《公司法》及解读等	修订前《公司法》及关联规定
	界限。根据新修改的公司法和全国人大常委会立法解释，自2014年3月1日起，除依法实行注册资本实缴登记制的公司（参见《国务院关于印发注册资本登记制度改革方案的通知》（国发〔2014〕7号））以外，对申请公司登记的单位和个人不得以虚报注册资本罪追究刑事责任；对公司股东、发起人不得以虚假出资、抽逃出资罪追究刑事责任。对依法实行注册资本实缴登记制的公司涉嫌虚报注册资本和虚假出资、抽逃出资犯罪的，各级公安机关、检察机关依照刑法和《立案追诉标准（二）》的相关规定追究刑事责任时，应当认真研究行为性质和危害后果，确保执法办案的法律效果和社会效果。
第二百五十三条 【抽逃出资法律责任】公司的发起人、股东在公司成立后，抽逃其出资的，由公司登记机关责令改正，处以所抽逃出资金额百分之五以上百分之十五以下的罚款；对直接负责的主管人员和其他直接责任人员处以三万元以上三十万元以下的罚款。 解读：本条是关于抽逃出资法律责任的规定。公司成立后，发起人、股东的	《公司法》（2018年修正） 第200条 公司的发起人、股东在公司成立后，抽逃其出资的，由公司登记机关责令改正，处以所抽逃出资金额百分之五以上百分之十五以下的罚款。 《刑法》 第159条 【虚假出资、抽逃出资罪】公司发起人、股

修订后《公司法》及解读等	修订前《公司法》及关联规定
出资便转化为公司财产，所有权一般也转移到公司名下。实践中，部分公司发起人或股东为降低自身风险，在公司成立后抽逃出资，这无疑增大了公司债权人的风险，影响了正常稳定健康的经济运行。发起人、股东在公司成立后抽逃了出资，这实质上是侵犯公司财产同时损害公司债权人的利益的行为，具有一定的社会危害性。为此，本条针对该类行为明确了相应的法律责任，主要为行政责任，即由登记机关责令改正，并对发起人、股东处以所抽逃出资金额5%以上15%以下的罚款的行政处罚。刑事责任方面，《刑法》第159条对此有明确规定。需注意，抽逃出资与转让出资并不一样。转让出资是指公司成立后，发起人或股东需要收回或减少自己的资本时，依照法律规定采取转让出资或适当减少出资的行为。转让出资一般不具有违法性，这也是与抽逃出资的根本性区别。另值得注意的是，相较原规定，本条亦增加了个人责任，即"对直接负责的主管人员和其他直接责任人员处以三万元以上三十万元以下的罚款"。这间接扩大了抽逃出资行政责任的适用主体范围，有利于减少抽逃出资行为的发生，进一步规范市场秩序。	东违反公司法的规定未交付货币、实物或者未转移财产权，虚假出资，或者在公司成立后又抽逃其出资，数额巨大、后果严重或者有其他严重情节的，处五年以下有期徒刑或者拘役，并处或者单处虚假出资金额或者抽逃出资金额百分之二以上百分之十以下罚金。 单位犯前款罪的，对单位判处罚金，并对其直接负责的主管人员和其他直接责任人员，处五年以下有期徒刑或者拘役。 《证券法》 第141条 证券公司的股东有虚假出资、抽逃出资行为的，国务院证券监督管理机构应当责令其限期改正，并可责令其转让所持证券公司的股权。 在前款规定的股东按照要求改正违法行为、转让所持证券公司的股权前，国务院证券监督管理机构可以限制其股东权利。 《公司法司法解释三》 第12条 公司成立后，公司、股东或者公司债权人以相关股东的行为符合下列情形之一且损害公司权益为由，请求认定该股东抽逃出资的，人民法院应予支持：

修订后《公司法》及解读等	修订前《公司法》及关联规定
	（一）制作虚假财务会计报表虚增利润进行分配； （二）通过虚构债权债务关系将其出资转出； （三）利用关联交易将出资转出； （四）其他未经法定程序将出资抽回的行为。 **第14条** 股东抽逃出资，公司或者其他股东请求其向公司返还出资本息、协助抽逃出资的其他股东、董事、高级管理人员或者实际控制人对此承担连带责任的，人民法院应予支持。 公司债权人请求抽逃出资的股东在抽逃出资本息范围内对公司债务不能清偿的部分承担补充赔偿责任、协助抽逃出资的其他股东、董事、高级管理人员或实际控制人对此承担连带责任的，人民法院应予支持；抽逃出资的股东已经承担上述责任，其他债权人提出相同请求的，人民法院不予支持。 **第16条** 股东未履行或者未全面履行出资义务或者抽逃出资，公司根据公司章程或者股东会决议对其利润分配请求权、新股优先认购权、剩余财产分配请求权等股东权利作出相应的合理限制，该股东请

修订后《公司法》及解读等	修订前《公司法》及关联规定
	求认定该限制无效的,人民法院不予支持。
第17条 有限责任公司的股东未履行出资义务或者抽逃全部出资,经公司催告缴纳或者返还,其在合理期间内仍未缴纳或者返还出资,公司以股东会决议解除该股东的股东资格,该股东请求确认该解除行为无效的,人民法院不予支持。
在前款规定的情形下,人民法院在判决时应当释明,公司应当及时办理法定减资程序或者由其他股东或者第三人缴纳相应的出资。在办理法定减资程序或者其他股东或者第三人缴纳相应的出资之前,公司债权人依照本规定第十三条或者第十四条请求相关当事人承担相应责任的,人民法院应予支持。
第19条 公司股东未履行或者未全面履行出资义务或者抽逃出资,公司或者其他股东请求其向公司全面履行出资义务或者返还出资,被告股东以诉讼时效为由进行抗辩的,人民法院不予支持。

修订后《公司法》及解读等	修订前《公司法》及关联规定
	公司债权人的债权未过诉讼时效期间，其依照本规定第十三条第二款、第十四条第二款的规定请求未履行或者未全面履行出资义务或者抽逃出资的股东承担赔偿责任，被告股东以出资义务或者返还出资义务超过诉讼时效期间为由进行抗辩的，人民法院不予支持。 《市场主体登记管理条例》 **第45条第2款** 实行注册资本实缴登记制的市场主体的发起人、股东虚假出资，未交付或者未按期交付作为出资的货币或者非货币财产的，或者在市场主体成立后抽逃出资的，由登记机关责令改正，处虚假出资金额5%以上15%以下的罚款。 《最高人民检察院、公安部关于严格依法办理虚报注册资本和虚假出资抽逃出资刑事案件的通知》 二、严格把握罪与非罪的界限。根据新修改的公司法和全国人大常委会立法解释，自2014年3月1日起，除依法实行注册资本实缴登记制的公司（参见《国务院关于印发注册资本登记制度改革方案的通知》（国发〔2014〕7号））以

修订后《公司法》及解读等	修订前《公司法》及关联规定
	外,对申请公司登记的单位和个人不得以虚报注册资本罪追究刑事责任;对公司股东、发起人不得以虚假出资、抽逃出资罪追究刑事责任。对依法实行注册资本实缴登记制的公司涉嫌虚报注册资本和虚假出资、抽逃出资犯罪的,各级公安机关、检察机关依照刑法和《立案追诉标准(二)》的相关规定追究刑事责任时,应当认真研究行为性质和危害后果,确保执法办案的法律效果和社会效果。
第二百五十四条 【另立会计账簿、提供虚假财务会计报告法律责任】有下列行为之一的,由县级以上人民政府财政部门依照《中华人民共和国会计法》等法律、行政法规的规定处罚: (一)在法定的会计账簿以外另立会计账簿; (二)提供存在虚假记载或者隐瞒重要事实的财务会计报告。 **解读:**本条是关于另立会计账簿、提供虚假财务会计报告法律责任的规定。原《公司法》针对另立会计账簿行为以及提供虚假财务会计报告行为的法律责任是通过两个条文分别规定,修订后的公司法则通过一个条文并引致到《会计	《公司法》(2018年修正) **第201条** 公司违反本法规定,在法定的会计账簿以外另立会计账簿的,由县级以上人民政府财政部门责令改正,处以~~五万元以上~~五十万元以下的罚款。 **第202条** 公司在依法向有关主管部门提供的财务会计报告等材料上作虚假记载或者隐瞒重要事实的,由有关主管部门对直接负责的主管人员和其他直接责任人员处以~~三万元以上~~三十万元以下的罚款。

修订后《公司法》及解读等	修订前《公司法》及关联规定
法》等法律、行政法规。会计账簿，记载和反映着公司财务状况和营业状况，不仅是公司管理者准确掌握公司经营情况的重要手段，也是股东、债权人和公众了解公司财产和经营状况的主要途径，更是国家管理以及诉讼程序中的主要依据和重要证据。因此，为保护社会公众、债权人、国家利益，公司应依照法律、行政法规和国务院财政主管部门的规定建立财务、会计制度，并不得在法定的会计账簿以外另立会计账簿。同理，公司的财务会计报告，也系统地、简明扼要地反映了公司财务状况和经营成果，可以向公司机构、股东、债权人、投资者、政府有关部门等提供必要财务会计信息。虚假的财务会计报告，将严重损害股东和社会公众利益，为此，公司应提供真实准确的财务会计报告，不得提供存在虚假记载或者隐瞒重要事实的财务会计报告。但实践中，部分公司出于各种目的，会在法定的会计账簿以外另立会计账簿或者提供存在虚假记载或者隐瞒重要事实的财务会计报告。由于《会计法》就转账相关的行为规定了较为明确的处罚内容，本条则针对这两种情形强化与《会计法》的衔接适用，明确了相应的行政责任由县级以上人民政府财政部门按照《会计法》等法律、行政法规的规定处罚，避免重复规定。	《刑法》 第161条 【违规披露、不披露重要信息罪】依法负有信息披露义务的公司、企业向股东和社会公众提供虚假的或者隐瞒重要事实的财务会计报告，或者对依法应当披露的其他重要信息不按照规定披露，严重损害股东或者其他人利益，或者有其他严重情节的，对其直接负责的主管人员和其他直接责任人员，处五年以下有期徒刑或者拘役，并处或者单处罚金；情节特别严重的，处五年以上十年以下有期徒刑，并处罚金。 前款规定的公司、企业的控股股东、实际控制人实施或者组织、指使实施前款行为的，或者隐瞒相关事项导致前款规定的情形发生的，依照前款的规定处罚。 犯前款罪的控股股东、实际控制人是单位的，对单位判处罚金，并对其直接负责的主管人员和其他直接责任人员，依照第一款的规定处罚。 《会计法》 第42条 违反本法规定，

修订后《公司法》及解读等	修订前《公司法》及关联规定
另值得注意的是，本条规定的处罚主体为"县级以上人民政府财政部门"，不同于前面条文规定的"公司登记机关"。	有下列行为之一的，由县级以上人民政府财政部门责令限期改正，可以对单位并处三千元以上五万元以下的罚款；对其直接负责的主管人员和其他直接责任人员，可以处二千元以上二万元以下的罚款；属于国家工作人员的，还应当由其所在单位或者有关单位依法给予行政处分： （一）不依法设置会计帐簿的； （二）私设会计帐簿的； （三）未按照规定填制、取得原始凭证或者填制、取得的原始凭证不符合规定的； （四）以未经审核的会计凭证为依据登记会计帐簿或者登记会计帐簿不符合规定的； （五）随意变更会计处理方法的； （六）向不同的会计资料使用者提供的财务会计报告编制依据不一致的； （七）未按照规定使用会计记录文字或者记帐本位币的； （八）未按照规定保管会计资料，致使会计资料毁损、灭失的；

修订后《公司法》及解读等	修订前《公司法》及关联规定
	（九）未按照规定建立并实施单位内部会计监督制度或者拒绝依法实施的监督或者不如实提供有关会计资料及有关情况的；
	（十）任用会计人员不符合本法规定的。
	有前款所列行为之一，构成犯罪的，依法追究刑事责任。
	会计人员有第一款所列行为之一，情节严重的，五年内不得从事会计工作。
	有关法律对第一款所列行为的处罚另有规定的，依照有关法律的规定办理。
	第43条 伪造、变造会计凭证、会计帐簿，编制虚假财务会计报告，构成犯罪的，依法追究刑事责任。
	有前款行为，尚不构成犯罪的，由县级以上人民政府财政部门予以通报，可以对单位并处五千元以上十万元以下的罚款；对其直接负责的主管人员和其他直接责任人员，可以处三千元以上五万元以下的罚款；属于国家工作人员的，还应当由其所在单位或者有关单位依法给予撤职直至开除的行

修订后《公司法》及解读等	修订前《公司法》及关联规定
	政处分；其中的会计人员，五年内不得从事会计工作。

第44条 隐匿或者故意销毁依法应当保存的会计凭证、会计帐簿、财务会计报告，构成犯罪的，依法追究刑事责任。

有前款行为，尚不构成犯罪的，由县级以上人民政府财政部门予以通报，可以对单位并处五千元以上十万元以下的罚款；对其直接负责的主管人员和其他直接责任人员，可以处三千元以上五万元以下的罚款；属于国家工作人员的，还应当由其所在单位或者有关单位依法给予撤职直至开除的行政处分；其中的会计人员，五年内不得从事会计工作。

第45条 授意、指使、强令会计机构、会计人员及其他人员伪造、变造会计凭证、会计帐簿，编制虚假财务会计报告或者隐匿、故意销毁依法应当保存的会计凭证、会计帐簿、财务会计报告，构成犯罪的，依法追究刑事责任；尚不构成犯罪的，可以处五千元以上五万元以下的罚款；属于国家工作人员的，还应当由其所 |

修订后《公司法》及解读等	修订前《公司法》及关联规定
	在单位或者有关单位依法给予降级、撤职、开除的行政处分。 **第46条** 单位负责人对依法履行职责、抵制违反本法规定行为的会计人员以降级、撤职、调离工作岗位、解聘或者开除等方式实行打击报复，构成犯罪的，依法追究刑事责任；尚不构成犯罪的，由其所在单位或者有关单位依法给予行政处分。对受打击报复的会计人员，应当恢复其名誉和原有职务、级别。 **第49条** 违反本法规定，同时违反其他法律规定的，由有关部门在各自职权范围内依法进行处罚。
第二百五十五条 【合并、分立、减资或清算时不告知债权人的法律责任】公司在合并、分立、减少注册资本或者进行清算时，不依照本法规定通知或者公告债权人的，由公司登记机关责令改正，对公司处以一万元以上十万元以下的罚款。 解读：本条是关于公司在合并、分立、减少注册资本或清算时不告知债权人的法律责任之规定。本次《公司法》修订将原《公司法》第204条的两款内容拆分成两条进行规定，即本条关于公司	《公司法》(2018年修正) **第204条第1款** 公司在合并、分立、减少注册资本或者进行清算时，不依照本法规定通知或者公告债权人的，由公司登记机关责令改正，对公司处以一万元以上十万元以下的罚款。 《刑法》 **第162条** 【妨害清算罪】公司、企业进行清算时，隐匿财产，对资产负债表或者

修订后《公司法》及解读等	修订前《公司法》及关联规定
在合并、分立、减少注册资本或清算时不告知债权人的法律责任的内容对应原规定第1款，下一条关于妨害清算行为的法律责任之规定对应原规定第2款。如此，对不同行为的责任明确更显清晰。就本条内容而言，公司合并、分立、减少注册资本以及清算，无疑会涉及债权人切身利益，公司应及时准确地向债权人告知相关信息。但公司有时不希望被过多"干涉"，以顺利从事上述行为，甚至为逃避债务，常常会出现不通知债权人的情况。为规制出现上述情况时不通知债权人行为的发生，本条规定了相应的法律责任，即公司在合并、分立、减少注册资本或者进行清算时，不按照《公司法》规定通知或公告债权人的，由公司登记机关责令改正，对公司处以1万元以上10万元以下的罚款。	财产清单作虚伪记载或者在未清偿债务前分配公司、企业财产，严重损害债权人或者其他人利益的，对其直接负责的主管人员和其他直接责任人员，处五年以下有期徒刑或者拘役，并处或者单处二万元以上二十万元以下罚金。
第二百五十六条　【妨害清算的法律责任】公司在进行清算时，隐匿财产，对资产负债表或者财产清单作虚假记载，或者在未清偿债务前分配公司财产的，由公司登记机关责令改正，对公司处以隐匿财产或者未清偿债务前分配公司财产金额百分之五以上百分之十以下的罚款；对直接负责的主管人员和其他直接责任人员处以一万元以上十万元以下的罚款。 **解读**：本条是关于妨害清算行为法律责任的规定，如前所述，对应原《公司	《公司法》（2018年修正） **第204条第2款**　公司在进行清算时，隐匿财产，对资产负债表或者财产清单作虚假记载或者在未清偿债务前分配公司财产的，由公司登记机关责令改正，对公司处以隐匿财产或者未清偿债务前分配公司财产金额百分之五以上百分之十以下的罚款；对直接负责的主管人员和其他直接责任人员处以一万元以上十万元以下的罚款。

修订后《公司法》及解读等	修订前《公司法》及关联规定
法》第204条第2款内容。公司进行清算时，应严格按照法律规定，制作资产负债表和财产清单，及时清偿债务，维护股东以及债权人利益。而妨害清算，则指公司在进行清算时，隐匿财产，对资产负债表或者财产清单作虚假记载或者未清偿债务前分配公司财产的行为。所谓"隐匿财产"，指将公司财产（包括资金、工具、设备、产品、货物等财物）予以转移、隐藏；"对资产负债表或者财产清单作虚假记载"，指故意采取隐瞒或者欺骗等方法，对资产负债或财产清单虚报，以逃避公司债务。包括通过少报、低报以隐瞒或缩小公司的实际财产数额；也包括多报资产以抵销或者偿还债务。"在未清偿债务前分配公司财产"，指在清算过程中违反法律规定，在清偿债务前就分配公司的财产。上述行为，无疑会严重损害债权人以及部分股东利益。为此，本条就相应法律责任进行了明确，对公司层面，规定了责令改正以及处以一定数额的罚款；对具体人员方面，则规定了对直接负责的主管人员和其他直接责任人员处以一定数额的罚款。此外，妨害清算行为构成犯罪的，应依法追究刑事责任，《刑法》第162条对此作了明确规定。	《刑法》 第162条 【妨害清算罪】公司、企业进行清算时，隐匿财产，对资产负债表或者财产清单作虚伪记载或者在未清偿债务前分配公司、企业财产，严重损害债权人或者其他人利益的，对其直接负责的主管人员和其他直接责任人员，处五年以下有期徒刑或者拘役，并处或者单处二万元以上二十万元以下罚金。

修订后《公司法》及解读等	修订前《公司法》及关联规定
第二百五十七条 【资产评估、验资或者验证机构违法的法律责任】承担资产评估、验资或者验证的机构提供虚假材料或者提供有重大遗漏的报告的，由有关机关按照《中华人民共和国资产评估法》、《中华人民共和国注册会计师法》等法律、行政法规的规定处罚。 承担资产评估、验资或者验证的机构因其出具的评估结果、验资或者验证证明不实，给公司债权人造成损失的，除能够证明自己没有过错的外，在其评估或者证明不实的金额范围内承担赔偿责任。 解读：本条是关于资产评估、验资或者验证机构违法时法律责任的规定。随着市场经济发展，资产评估、验资或验证等中介机构发挥了越来越重要的作用。但实践中，部分承担资产评估、验资或验证的机构违反职业道德，出于利益原因也会做出违法的行为，严重危害市场经济秩序。为此，本条就承担资产评估、验资或验证机构的违法行为的法律责任，分两款进行了规定，其中第1款属于行政责任，第2款属于民事责任。同前面第253条类似，本条第1款就承担资产评估、验资或者验证的机构提供虚假材料或者提供有重大遗漏的报告的情形，并未直接规定处罚措施，而是强化法律衔接适用，引致到《资产评估法》《注册会计师法》等法律、行政法规。主	《公司法》（2018年修正） 第207条 承担资产评估、验资或者验证的机构提供虚假材料的，由公司登记机关没收违法所得，处以违法所得一倍以上五倍以下的罚款，并可以由有关主管部门依法责令该机构停业、吊销直接责任人员的资格证书，吊销营业执照。 承担资产评估、验资或者验证的机构因过失提供有重大遗漏的报告的，由公司登记机关责令改正，情节较重的，处以所得收入一倍以上五倍以下的罚款，并可以由有关主管部门依法责令该机构停业、吊销直接责任人员的资格证书，吊销营业执照。 承担资产评估、验资或者验证的机构因其出具的评估结果、验资或者验证证明不实，给公司债权人造成损失的，除能够证明自己没有过错的外，在其评估或者证明不实的金额范围内承担赔偿责任。 《刑法》 第229条 【提供虚假证明文件罪】承担资产评估、验资、验证、会计、审计、法律

修订后《公司法》及解读等	修订前《公司法》及关联规定
要在于《资产评估法》《注册会计师法》等法律、行政法规已对相应情形作了较为明确具体的规定，无须重复规定。本条第2款所谓的"出具的评估结果、验资或验证证明不实"，是指内容上存在重大且不符合实际的错误或内容虚假。该款属于过错责任情形，相关机构只有在存在过错的情况下才对公司债权人的损失在评估或者证明不实的金额范围内承担赔偿责任，不存在过错则无须赔偿。但对于是否存在过错的举证证明责任，一般由该机构承担，即本条规定的"除能够证明自己没有过错的外，在其评估或者证明不实的金额范围内承担赔偿责任"。	服务、保荐、安全评价、环境影响评价、环境监测等职责的中介组织的人员故意提供虚假证明文件，情节严重的，处五年以下有期徒刑或者拘役，并处罚金；有下列情形之一的，处五年以上十年以下有期徒刑，并处罚金： （一）提供与证券发行相关的虚假的资产评估、会计、审计、法律服务、保荐等证明文件，情节特别严重的； （二）提供与重大资产交易相关的虚假的资产评估、会计、审计等证明文件，情节特别严重的； （三）在涉及公共安全的重大工程、项目中提供虚假的安全评价、环境影响评价等证明文件，致使公共财产、国家和人民利益遭受特别重大损失的。 有前款行为，同时索取他人财物或者非法收受他人财物构成犯罪的，依照处罚较重的规定定罪处罚。 **【出具证明文件重大失实罪】**第一款规定的人员，严重不负责任，出具的证明文件有重大失实，造成严重后果的，处三年以下有期徒刑或者拘役，

修订后《公司法》及解读等	修订前《公司法》及关联规定
	并处或者单处罚金。
《资产评估法》
第44条 评估专业人员违反本法规定，有下列情形之一的，由有关评估行政管理部门予以警告，可以责令停止从业六个月以上一年以下；有违法所得的，没收违法所得；情节严重的，责令停止从业一年以上五年以下；构成犯罪的，依法追究刑事责任：
（一）私自接受委托从事业务、收取费用的；
（二）同时在两个以上评估机构从事业务的；
（三）采用欺骗、利诱、胁迫，或者贬损、诋毁其他评估专业人员等不正当手段招揽业务的；
（四）允许他人以本人名义从事业务，或者冒用他人名义从事业务的；
（五）签署本人未承办业务的评估报告或者有重大遗漏的评估报告的；
（六）索要、收受或者变相索要、收受合同约定以外的酬金、财物，或者谋取其他不正当利益的。
第45条 评估专业人员违

修订后《公司法》及解读等	修订前《公司法》及关联规定
	反本法规定，签署虚假评估报告的，由有关评估行政管理部门责令停止从业两年以上五年以下；有违法所得的，没收违法所得；情节严重的，责令停止从业五年以上十年以下；构成犯罪的，依法追究刑事责任，终身不得从事评估业务。 第47条 评估机构违反本法规定，有下列情形之一的，由有关评估行政管理部门予以警告，可以责令停业一个月以上六个月以下；有违法所得的，没收违法所得，并处违法所得一倍以上五倍以下罚款；情节严重的，由工商行政管理部门吊销营业执照；构成犯罪的，依法追究刑事责任： （一）利用开展业务之便，谋取不正当利益的； （二）允许其他机构以本机构名义开展业务，或者冒用其他机构名义开展业务的； （三）以恶性压价、支付回扣、虚假宣传，或者贬损、诋毁其他评估机构等不正当手段招揽业务的； （四）受理与自身有利害关系的业务的； （五）分别接受利益冲突双

修订后《公司法》及解读等	修订前《公司法》及关联规定
	方的委托,对同一评估对象进行评估的; (六)出具有重大遗漏的评估报告的; (七)未按本法规定的期限保存评估档案的; (八)聘用或者指定不符合本法规定的人员从事评估业务的; (九)对本机构的评估专业人员疏于管理,造成不良后果。 评估机构未按本法规定备案或者不符合本法第十五条规定的条件的,由有关评估行政管理部门责令改正;拒不改正的,责令停业,可以并处一万元以上五万元以下罚款。 **第48条** 评估机构违反本法规定,出具虚假评估报告的,由有关评估行政管理部门责令停业六个月以上一年以下;有违法所得的,没收违法所得,并处违法所得一倍以上五倍以下罚款;情节严重的,由工商行政管理部门吊销营业执照;构成犯罪的,依法追究刑事责任。 **第50条** 评估专业人员违反本法规定,给委托人或者其他相关当事人造成损失的,由其所在的评估机构依法承担赔偿责任。评估机构履行赔偿

修订后《公司法》及解读等	修订前《公司法》及关联规定
	责任后,可以向有故意或者重大过失行为的评估专业人员追偿。
《注册会计师法》
第20条 注册会计师执行审计业务,遇有下列情形之一的,应当拒绝出具有关报告:
(一)委托人示意其作不实或者不当证明的;
(二)委托人故意不提供有关会计资料和文件的;
(三)因委托人有其他不合理要求,致使注册会计师出具的报告不能对财务会计的重要事项作出正确表述的。
第21条 注册会计师执行审计业务,必须按照执业准则、规则确定的工作程序出具报告。
注册会计师执行审计业务出具报告时,不得有下列行为:
(一)明知委托人对重要事项的财务会计处理与国家有关规定相抵触,而不予指明;
(二)明知委托人的财务会计处理会直接损害报告使用人或者其他利害关系人的利益,而予以隐瞒或者作不实的报告;
(三)明知委托人的财务会计处理会导致报告使用人或者其他利害关系人产生重大误

修订后《公司法》及解读等	修订前《公司法》及关联规定
	解,而不予指明;
	(四)明知委托人的会计报表的重要事项有其他不实的内容,而不予指明。
	对委托人有前款所列行为,注册会计师按照执业准则、规则应当知道的,适用前款规定。
	第39条 会计师事务所违反本法第二十条、第二十一条规定的,由省级以上人民政府财政部门给予警告,没收违法所得,可以并处违法所得一倍以上五倍以下的罚款;情节严重的,并可以由省级以上人民政府财政部门暂停其经营业务或者予以撤销。
	注册会计师违反本法第二十条、第二十一条规定的,由省级以上人民政府财政部门给予警告;情节严重的,可以由省级以上人民政府财政部门暂停其执行业务或者吊销注册会计师证书。
	会计师事务所、注册会计师违反本法第二十条、第二十一条的规定,故意出具虚假的审计报告、验资报告,构成犯罪的,依法追究刑事责任。

修订后《公司法》及解读等	修订前《公司法》及关联规定
第二百五十八条 【登记机关法律责任】公司登记机关违反法律、行政法规规定未履行职责或者履行职责不当的，对负有责任的领导人员和直接责任人员依法给予政务处分。 解读：本条是关于公司登记机关违法行为法律责任的规定。公司登记机关依法对公司登记进行审查，符合登记条件的，应当予以登记；不符合登记条件的，不得登记。这是公司登记机关及其工作人员的职责。若对不符合规定条件的予以登记，对符合登记条件的不予登记，无论是故意还是过失，都属渎职，直接负责的主管人员和其他直接责任人员应受到行政处分。本条即对此进行了规定。此外，《刑法》还就相关情形的刑事责任，通过第 403 条规定了滥用管理公司、证券职权罪。 案例参考：冒名登记行政诉讼案件中，应如何认定公司登记机关的审慎审查义务？（某实业公司、某政府质量监督检验检疫行政管理局再审审查与审判监督行政案）① 关于工商登记机关对登记文件、材料的审查义务，是仅限于形式审查，还是要做到实质审查，法律并未明确规定，但是基于公司登记行为具有行政管理职能的性质，工商登记机关应当在其能力范	《公司法》（2018 年修正） **第 208 条** 公司登记机关对不符合本法规定条件的登记申请予以登记，或者对符合本法规定条件的登记申请不予登记的，对~~直接负责的主管人员和其他直接责任人员~~，依法给予行政处分。 《刑法》 **第 403 条** 【滥用管理公司、证券职权罪】国家有关主管部门的国家机关工作人员，徇私舞弊，滥用职权，对不符合法律规定条件的公司设立、登记申请或者股票、债券发行、上市申请，予以批准或者登记，致使公共财产、国家和人民利益遭受重大损失的，处五年以下有期徒刑或者拘役。 上级部门强令登记机关及其工作人员实施前款行为的，对其直接负责的主管人员，依照前款的规定处罚。 《市场主体登记管理条例》 **第 50 条** 登记机关及其工作人员违反本条例规定未履行职责或者履行职责不当的，对直接负责的主管人员和其他直接责任人员依法给予处分。

---

① 案号：最高人民法院（2019）最高法行申 1337 号裁定书，载中国裁判文书网，最后访问时间：2023 年 12 月 16 日。

修订后《公司法》及解读等	修订前《公司法》及关联规定
围内尽到审慎的审查义务。也就是说，工商登记机关在审查登记行为时，主要对于申请材料是否完整和齐备、是否符合法定形式进行审查，对于相关材料的实质真实性、合法有效性，登记机关只能在职责范围内尽审慎的审查义务。该案中，某实业公司于2016年2月1日申请变更登记时提交了公司登记（备案）申请书、指定代表或者共同委托代理人授权委托书、公司章程修正案、股东会决议、股权转让协议、股东身份证明、承诺书、税源监控表、法定代表人信息、董事监事经理信息、联络员信息、公司营业执照副本等材料，提交的申请材料符合《公司登记管理条例》的要求。某市场监管局对某实业公司的变更登记申请材料是否齐全、是否符合法定形式进行审查，尽到了法定的审查职责。关于某辉公司与某兴公司于2016年1月26日签订的《某实业公司股权转让协议》的真实性，虽然双方意见不一，但双方均未否认该协议中各方签字、盖某某的真实性，作为公司登记机关，对于双方签字、盖某某真实的协议依法予以认可，已经尽到了合理谨慎的注意义务，不应再过度增加登记机关的审查注意义务。某市场监管局于2016年2月1日对某实业公司核准变更登记是基于某辉公司与某兴公司的真实意思表示，是对《某实业公司股东会决议》的相关变更内容作出的	

修订后《公司法》及解读等	修订前《公司法》及关联规定
官方确认。故二审法院认为某市场监管局经审查后对某实业公司核准变更登记的行为符合《公司登记管理条例》的规定，不存在过错，并无不当。	
第二百五十九条　【假冒公司名义的法律责任】未依法登记为有限责任公司或者股份有限公司，而冒用有限责任公司或者股份有限公司名义的，或者未依法登记为有限责任公司或者股份有限公司的分公司，而冒用有限责任公司或者股份有限公司的分公司名义的，由公司登记机关责令改正或者予以取缔，可以并处十万元以下的罚款。 **解读：**本条是关于假冒公司名义行为法律责任的规定。本条涉及的违法行为主要包括两种：一是冒用公司名义的行为，二是冒用公司分公司名义的行为。这里的公司，包括有限责任公司以及股份有限公司。在市场经济中，公司是最主要的市场主体，是具有法人资格的企业，具有民事权利能力和民事行为能力，依法独立享有民事权利和承担民事义务。从某种角度而言，公司也是最佳的融资甚至集资的工具。为此，法律对公司资格的取得也进行了较为全面的规定。但仍有部分主体，在未取得公司登记资格的情况下，以公司或分公司名义从事经营活动，这无疑会对正常的市场经济秩序造成不良影响，且容易与违法犯罪相结合。因此，本条对冒用公司或分公司名义的违法行为明确了相应法律责任。	《公司法》（2018年修正） 　　**第210条**　未依法登记为有限责任公司或者股份有限公司，而冒用有限责任公司或者股份有限公司名义的，或者未依法登记为有限责任公司或者股份有限公司的分公司，而冒用有限责任公司或者股份有限公司的分公司名义的，由公司登记机关责令改正或者予以取缔，可以并处十万元以下的罚款。

修订后《公司法》及解读等	修订前《公司法》及关联规定
第二百六十条 【逾期开业、停业、不依法办理变更登记的法律责任】公司成立后无正当理由超过六个月未开业的，或者开业后自行停业连续六个月以上的，公司登记机关可以吊销营业执照，但公司依法办理歇业的除外。 公司登记事项发生变更时，未依照本法规定办理有关变更登记的，由公司登记机关责令限期登记；逾期不登记的，处以一万元以上十万元以下的罚款。 解读：本条是关于公司长期不开业、停业以及不依法办理变更登记的法律责任之规定。以营利为目的是公司作为营利法人的鲜明特征，且这种营利目的应为长期持续存在的。为此，公司登记后应尽快开业并持续营业，符合正常的公司制度以及市场经济效率与经济、资源合理分配的要求。为此，本条第1款规定"公司成立后无正当理由超过六个月未开业的，或者开业后自行停业连续六个月以上的，公司登记机关可以吊销营业执照"。当然，若公司有正当理由不开业或者在开业后因合理事由需歇业的，如不可抗力等，则并不属于本条第1款规定的范围，即"公司依法办理歇业的除外"。需注意的是，2022年3月1日正式施行的《市场主体登记管理条例》首次明确了"歇业"制度，其第30条对歇业原因、程序、期限、公示等事项均作了较为明确的规定。此外，《公司法》以及	《公司法》（2018年修正） 第211条 公司成立后无正当理由超过六个月未开业的，或者开业后自行停业连续六个月以上的，<u>可以由公司登记机关吊销营业执照</u>。 公司登记事项发生变更时，未依照本法规定办理有关变更登记的，由公司登记机关责令限期登记；逾期不登记的，处以一万元以上十万元以下的罚款。 《市场主体登记管理条例》 第24条 市场主体变更登记事项，应当自作出变更决议、决定或者法定变更事项发生之日起30日内向登记机关申请变更登记。 市场主体变更登记事项属于依法须经批准的，申请人应当在批准文件有效期内向登记机关申请变更登记。 第30条 因自然灾害、事故灾难、公共卫生事件、社会安全事件等原因造成经营困难的，市场主体可以自主决定在一定时期内歇业。法律、行政法规另有规定的除外。 市场主体应当在歇业前与职工依法协商劳动关系处理等

修订后《公司法》及解读等	修订前《公司法》及关联规定
相关登记管理条例明确规定，登记事项发生变更的，应当办理变更登记。针对未及时变更公司登记事项的行为，本条第2款则规定了相应的法律责任，即"由公司登记机关责令限期登记；逾期不登记的，处以一万元以上十万元以下的罚款"。	有关事项。 　　市场主体应当在歇业前向登记机关办理备案。登记机关通过国家企业信用信息公示系统向社会公示歇业期限、法律文书送达地址等信息。 　　市场主体歇业的期限最长不得超过3年。市场主体在歇业期间开展经营活动的，视为恢复营业，市场主体应当通过国家企业信用信息公示系统向社会公示。 　　市场主体歇业期间，可以以法律文书送达地址代替住所或者主要经营场所。 　　**第46条**　市场主体未依照本条例办理变更登记的，由登记机关责令改正；拒不改正的，处1万元以上10万元以下的罚款；情节严重的，吊销营业执照。
第二百六十一条　【外国公司擅自设立分支机构的法律责任】外国公司违反本法规定，擅自在<u>中华人民共和国境</u>内设立分支机构的，由公司登记机关责令改正或者关闭，可以并处五万元以上二十万元以下的罚款。 　　**解读**：本条是关于外国公司擅自在我国境内设立分支机构法律责任的规定。公司法专章就外国公司的分支机构作了	《公司法》(2018年修正) 　　**第212条**　外国公司违反本法规定，擅自在<u>中国</u>境内设立分支机构的，由公司登记机关责令改正或者关闭，可以并处五万元以上二十万元以下的罚款。

修订后《公司法》及解读等	修订前《公司法》及关联规定
规定。随着改革开放的进一步深入以及我国市场经济制度的逐步健全，越来越多的外国公司以各种各样的形式进入中国这一巨大市场，如建立分支机构、设立独资企业或合营公司等。基于分支机构投入资金少、风险易控制等优势，建立分支机构无疑是其中较为方便与直接的方式。但由于建立分支机构需要时间以及审批程序，有时会有部分外国公司违反公司法规定擅自在中国境内设立分支机构。这种行为无疑会对我国正常的公司管理以及正常的市场秩序造成冲击，需要进行规制。为此，《公司法》通过本条规定了外国公司违反本法规定擅自在中国境内设立分支机构的法律责任，即"由公司登记机关责令改正或者关闭，可以并处五万元以上二十万元以下的罚款"。	
第二百六十二条　【严重违法吊销营业执照】利用公司名义从事危害国家安全、社会公共利益的严重违法行为的，吊销营业执照。 **解读：**本条是关于利用公司名义从事严重违法行为的法律责任之规定。根据《公司法》以及《民法典》的相关规定，公司从事经营活动，必须遵守法律法规，维护交易安全，遵守社会公德、商业道德，诚实守信，维护社会公共利益，接受政府和社会公众的监督，承担社会责任等。若违反上述要求，利用公司名义从事危害国家安全、社会公共利益的	《公司法》（2018年修正） **第213条**　利用公司名义从事危害国家安全、社会公共利益的严重违法行为的，吊销营业执照。 《**市场主体登记管理条例**》 **第20条**　登记申请不符合法律、行政法规规定，或者可能危害国家安全、社会公共利益的，登记机关不予登记并说明理由。

修订后《公司法》及解读等	修订前《公司法》及关联规定
严重违法行为，应给予严厉的行政处罚，按照本条的规定即吊销营业执照。也就是说，对于上述行为，在处以罚款等行政处罚的同时，一并剥夺其经营资格，防止再次利用公司名义从事上述活动。此外，本条所谓的"危害国家安全、社会公共利益的严重违法行为"，主要包括分裂国家、破坏国家统一的行为、资助危害国家安全犯罪活动的行为、资敌行为、生产（销售）伪劣产品的行为以及其他严重违法的行为（如走私、贩毒、虚开增值税专用发票）等。另需注意，"吊销营业执照"仅消灭公司经营资格，具有可逆转性。 **案例参考**：公司被吊销营业执照后至被注销登记前，是否具备诉讼主体资格？（甘肃某材料公司与厦门某贸易公司等案外人执行异议之诉案）[1] 　　吊销企业法人营业执照，是工商行政管理机关依据国家工商行政法规对违法的企业法人作出的一种行政处罚。企业法人被吊销营业执照后，应当依法进行清算，清算程序结束并办理工商注销登记后，该企业法人才归于消灭。因此，企业法人被吊销营业执照后至被注销登记前，该企业法人仍应视为存续，可以自己的名义进行诉讼活动，即具备诉讼主体资格。	

---

[1] 案号：最高人民法院（2021）最高法民申2470号裁定书，载中国裁判文书网，最后访问时间：2023年12月15日。

修订后《公司法》及解读等	修订前《公司法》及关联规定
第二百六十三条 【民事赔偿责任优先】公司违反本法规定，应当承担民事赔偿责任和缴纳罚款、罚金的，其财产不足以支付时，先承担民事赔偿责任。 **解读**：本条是关于民事赔偿责任优先原则的规定。一般而言，罚款属行政责任，罚金属刑事责任。如果公司违反法律法规的规定，在被科以罚款或罚金责任外，有时还需承担一定的民事赔偿责任。但公司财产不足以支付全部责任的，按照本条的规定，应先承担民事赔偿责任，后承担行政、刑事责任。这也符合《民法典》第187条民事责任优先原则的精神。确立民事责任优先的理由主要包括以下三点：1. 民事责任的功能在于填补受到损害的民事主体的损失，与公法上的刑事责任和行政责任相比，受害人的损失填补在伦理上具有优先性。2. 刑事责任、行政责任的功能在于惩罚，并通过惩罚实现预防犯罪、维护行政管理秩序的目的。而民事责任的功能在于填补损失，通过填补损失实现民事主体之间权利义务的平衡。相较于民事责任的填补损失，刑事责任、行政责任具有其他选择性且其财产罚在急迫性上显然要弱于民事责任。3. 现代法治理念强调对私权利的保护，强调公权力的根源来源于私权利，在两者发生冲突时，私权利优先，是这一现代法治理念的体现。就《公司法》而言，确立民事赔偿优先原则	《公司法》（2018年修正） 　　**第214条**　公司违反本法规定，应当承担民事赔偿责任和缴纳罚款、罚金的，其财产不足以支付时，先承担民事赔偿责任。 《民法典》 　　**第187条**　民事主体因同一行为应当承担民事责任、行政责任和刑事责任的，承担行政责任或者刑事责任不影响承担民事责任；民事主体的财产不足以支付的，优先用于承担民事责任。 《刑法》 　　**第36条**　【赔偿经济损失与民事优先原则】由于犯罪行为而使被害人遭受经济损失的，对犯罪分子除依法给予刑事处罚外，并应根据情况判处赔偿经济损失。 　　承担民事赔偿责任的犯罪分子，同时被判处罚金，其财产不足以全部支付的，或者被判处没收财产的，应当先承担对被害人的民事赔偿责任。 《证券法》 　　**第220条**　违反本法规定，应当承担民事赔偿责任和缴纳罚款、罚金、违法所得，违法行为人的财产不足以支付的，优先用于承担民事赔偿责任。

修订后《公司法》及解读等	修订前《公司法》及关联规定
的目的主要是鼓励受害人去遏制公司的不法行为，调动广大投资者等主体的积极性以实现市场自律，是形成规范化市场运作的需要。此外，关于民事责任优先的实现程序，执行程序中的安排是重要体现：首先，在执行顺序上应坚持民事责任在先原则。其次，在民事责任的认定后于行政责任、刑事责任场合，如果民事责任因债务人无资产陷于执行不能时，应从之前已经执行的财产罚中予以扣除，用于赔偿债务人。 **案例参考**：对申请执行人已申请冻结的公司存款，法院能否以税收具有优先性为由直接划拨冲抵公司的欠缴税款？（某银行、某投资公司企业借贷纠纷案）① 税收具有优先性，法院应当支持、协助税务机关依法执行职务，但民事案件当事人合法权益也应当予以保障。该案中，基于某投资公司依法应当履行生效法律文书确定的义务，且某高院已将其银行存款划拨至法院执行账户拟用于履行该义务。同时，某投资公司欠缴相关税款，某税务局申请法院划拨上述款项以缴纳税款。某高院以该案执行债权与税款征收产生冲突时应优先缴纳国家税款为由，直接将其中部分款项划拨至	《最高人民法院关于充分发挥司法职能作用助力中小微企业发展的指导意见》 8. 依法保护中小微企业等市场主体在民事、行政、刑事交叉案件中的合法权益。切实贯彻民法典第一百八十七条的规定，债务人因同一行为应当承担民事责任、行政责任和刑事责任，其财产不足以支付的，依法保障中小微企业等市场主体的民事债权优先于罚款、罚金、没收财产等行政、刑事处罚受偿。在刑事裁判涉财产部分执行过程中，中小微企业等市场主体作为案外人对执行标的提出异议的，严格依照相关规定妥善处理，依法保护其合法财产权益。除法律、司法解释另有规定外，对中小微企业等市场主体与刑事案件犯罪嫌疑人或者被告人产生的民事纠纷，如果民事案件不是必须以刑事案件的审理结果为依据，则不得以刑事案件正在侦查或者尚未审结为由对民事案件不予受理或者中止审理，切实避

---

① 案号：最高人民法院（2019）最高法执复132号裁定书，载中国裁判文书网，最后访问时间：2023年12月17日。

修订后《公司法》及解读等	修订前《公司法》及关联规定
国家金库某县支库,属对执行债权与税款征收产生冲突的认定未予明确事实基础,系认定案件事实不清。该案应在查明上述事实的基础上,正确理解和适用税收优先的法律规定,统筹税收优先和执行程序中当事人合法权益保护的关系,作出妥善处理。为此,最高人民法院撤销某高院相关执行裁定,将该案发回重审。	免因刑事案件影响中小微企业等市场主体通过民事诉讼及时维护其合法权益。在中小微企业等市场主体为被告人的刑事案件审理过程中,应当严格区分违法所得和合法财产、企业法人财产和个人财产,对确实与案件无关的财物,应当及时解除查封、扣押、冻结措施。
第二百六十四条 【刑事责任】违反本法规定,构成犯罪的,依法追究刑事责任。 **解读:**本条是关于违反《公司法》规定追究刑事责任的规定。相关主体(不限于公司)违反公司法的规定,一般需承担民事责任或行政责任,但并不意味着不会承担刑事责任。实践中,行为人违反《公司法》相关规定,情节严重,以致达到犯罪程度时,应依法追究刑事责任,以期维护正常的公司运行与治理秩序,保障与促进社会主义市场经济规范、健康发展。需注意的是,违反《公司法》规定构成犯罪的主体,并不限于公司本身,也有可能涉及相关自然人等主体,如董事、高管、以公司名义从事违法行为的其他主体等。此外,也并非所有违反《公司法》的行为均构成犯罪,是否构成犯罪以及如何追究刑事责任,还应根据《刑法》的具体规定进行界定,一些常见的可能涉及公司的罪名主要包括	《公司法》(2018年修正) **第215条** 违反本法规定,构成犯罪的,依法追究刑事责任。 《刑法》 **第三章**(破坏社会主义市场经济秩序罪) **第三节**(妨害对公司、企业的管理秩序罪) 正文略。 《证券法》 **第219条** 违反本法规定,构成犯罪的,依法追究刑事责任。 《最高人民法院关于充分发挥司法职能作用助力中小微企业发展的指导意见》 7.坚决防止利用刑事手段干预中小微企业经济纠纷。严格落实罪刑法定、疑罪从无等法律原则,严格区分中小微企业

修订后《公司法》及解读等	修订前《公司法》及关联规定
虚报注册资本罪，虚假出资、抽逃出资罪，欺诈发行证券罪，违规披露、不披露重要信息罪，妨害清算罪，隐匿、故意销毁会计凭证、会计账簿、财务会计报告罪，虚假破产罪，非国家工作人员受贿罪，对非国家工作人员行贿罪，非法经营同类营业罪，背信损害上市公司利益罪等。 **案例参考**：公司法定代表人涉嫌犯罪的，是否影响涉及该公司民事案件的审理？（某重工公司与某能源公司合同纠纷案）① 公司法定代表人的职务行为涉嫌刑事犯罪，与公司涉及的民事诉讼当事人并不相同，并不属于同一事实及同一法律关系，由此而产生的刑事案件和民事案件应当分别审理。《最高人民法院关于在审理经济纠纷案件中涉及经济犯罪嫌疑若干问题的规定》第 11 条规定："人民法院作为经济纠纷受理的案件，经审理认为不属经济纠纷案件而有经济犯罪嫌疑的，应当裁定驳回起诉，将有关材料移送公安机关或检察机关。"根据该条规定，将作为经济纠纷受理的案件移送公安机关或者检察机关，符合"不属经济纠纷案件而有经济犯罪嫌疑"的条件。该案中，某能源公司赵总、杨总个人涉及的合同诈骗刑事案件，属于法人的法定	正当融资与非法集资、合同纠纷与合同诈骗、参与兼并重组与恶意侵占国有资产等的界限，坚决防止把经济纠纷认定为刑事犯罪、把民事责任认定为刑事责任。落实刑法及有关司法解释的规定，对于中小微企业非法吸收或者变相吸收公众存款，主要用于正常的生产经营活动，能够及时清退所吸收资金的，可以免予刑事处罚；情节显著轻微、危害不大的，不作为犯罪处理。 **《最高人民法院关于在审理经济纠纷案件中涉及经济犯罪嫌疑若干问题的规定》** 正文略。 **《市场主体登记管理条例》** **第 51 条** 违反本条例规定，构成犯罪的，依法追究刑事责任。 **《全国法院民商事审判工作会议纪要》** **128.【分别审理】**同一当事人因不同事实分别发生民商事纠纷和涉嫌刑事犯罪，民商事案件与刑事案件应当分别审理，主要有下列情形：

---

① 案号：最高人民法院（2019）最高法民申 6906 号裁定书，载中国裁判文书网，最后访问时间：2023 年 12 月 15 日。

修订后《公司法》及解读等	修订前《公司法》及关联规定
代表人或者其他工作人员的职务行为涉嫌刑事犯罪，与该案的诉讼当事人并不相同，并不属于同一事实及同一法律关系，由此而产生的刑事案件和民事案件应当分别审理，该案并不符合移交公安机关或者检察机关处理的条件。	（1）主合同的债务人涉嫌刑事犯罪或者刑事裁判认定其构成犯罪，债权人请求担保人承担民事责任的； （2）行为人以法人、非法人组织或者他人名义订立合同的行为涉嫌刑事犯罪或者刑事裁判认定其构成犯罪，合同相对人请求该法人、非法人组织或者他人承担民事责任的； （3）法人或者非法人组织的法定代表人、负责人或者其他工作人员的职务行为涉嫌刑事犯罪或者刑事裁判认定其构成犯罪，受害人请求该法人或者非法人组织承担民事责任的； （4）侵权行为人涉嫌刑事犯罪或者刑事裁判认定其构成犯罪，被保险人、受益人或者其他赔偿权利人请求保险人支付保险金的； （5）受害人请求涉嫌刑事犯罪的行为人之外的其他主体承担民事责任的。 审判实践中出现的问题是，在上述情形下，有的人民法院仍然以民商事案件涉嫌刑事犯罪为由不予受理，已经受理的，裁定驳回起诉。对此，应予纠正。

修订后《公司法》及解读等	修订前《公司法》及关联规定
	130.【民刑交叉案件中民商事案件中止审理的条件】人民法院在审理民商事案件时，如果民商事案件必须以相关刑事案件的审理结果为依据，而刑事案件尚未审结的，应当根据《民事诉讼法》第150条第5项的规定裁定中止诉讼。待刑事案件审结后，再恢复民商事案件的审理。如果民商事案件不是必须以相关的刑事案件的审理结果为依据，则民商事案件应当继续审理。
第十五章 附 则	
第二百六十五条 【术语含义】本法下列用语的含义： （一）高级管理人员，是指公司的经理、副经理、财务负责人，上市公司董事会秘书和公司章程规定的其他人员。 （二）控股股东，是指其出资额占有限责任公司资本总额<u>超过</u>百分之五十或者其持有的股份占股份有限公司股本总额<u>超过</u>百分之五十的股东；出资额或者持有股份的比例虽然<u>低于</u>百分之五十，但依其出资额或者持有的股份所享有的表决权已足以对股东会的决议产生重大影响的股东。	《公司法》（2018年修正） 第216条 本法下列用语的含义： （一）高级管理人员，是指公司的经理、副经理、财务负责人，上市公司董事会秘书和公司章程规定的其他人员。 （二）控股股东，是指其出资额占有限责任公司资本总额百分之五十<u>以上</u>或者其持有的股份占股份有限公司股本总额百分之五十<u>以上</u>的股东；出资额或者持有股份的比例虽然

修订后《公司法》及解读等	修订前《公司法》及关联规定
（三）实际控制人，是指通过投资关系、协议或者其他安排，能够实际支配公司行为的人。 （四）关联关系，是指公司控股股东、实际控制人、董事、监事、高级管理人员与其直接或者间接控制的企业之间的关系，以及可能导致公司利益转移的其他关系。但是，国家控股的企业之间不仅因为同受国家控股而具有关联关系。 解读：本条是关于《公司法》中相关术语含义的规定。作为《公司法》"附则"内容的一条，本条对《公司法》涉及的"高级管理人员""控股股东""实际控制人""关联关系"四个术语的含义进行了具体界定。1.高级管理人员。根据本条的规定，其是指公司的经理、副经理、财务负责人、上市公司董事会秘书和公司章程规定的其他人员。此处所谓"其他人员"指除经理、副经理、财务负责人、上市公司董秘外在公司经营和财务活动中负主要责任、对公司有重要影响的人员，如公司的主要股东、重要无形资产的实际掌握人等，但若将其作为高级管理人员对待，需章程作出特别规定。从另一种角度而言，此处所谓"其他人员"可谓章程约定的高级管理人员，而经理、副经理、财务负责人以及上市公司董事会秘书则属于法定的高级管理人员。2.控股股东。一般而言，其是	不足百分之五十，但依其出资额或者持有的股份所享有的表决权已足以对股东会、股东大会的决议产生重大影响的股东。 （三）实际控制人，是指~~不是公司的股东，~~但通过投资关系、协议或者其他安排，能够实际支配公司行为的人。 （四）关联关系，是指公司控股股东、实际控制人、董事、监事、高级管理人员与其直接或者间接控制的企业之间的关系，以及可能导致公司利益转移的其他关系。但是，国家控股的企业之间不仅因为同受国家控股而具有关联关系。 **《民法典》** **第84条** 营利法人的控股出资人、实际控制人、董事、监事、高级管理人员不得利用其关联关系损害法人的利益；利用关联关系造成法人损失的，应当承担赔偿责任。 **第1259条** 民法所称的"以上"、"以下"、"以内"、"届满"，包括本数；所称的"不满"、"超过"、"以外"，不包括本数。

修订后《公司法》及解读等	修订前《公司法》及关联规定
基于公司控制权角度而确立的弹性概念，股东持股达到一定的比例，可认定该股东对公司拥有控制权，但持股未达到公认控股比例的公司股东也可能通过协议或者其他安排实际控制公司事务。本条对其的界定是指出资额占有限责任公司资本总额超过50%或者其持有的股份占股份有限公司股本总额超过50%的股东；出资额或者持有股份的比例虽然低于50%，但依其出资额或者持有的股份所享有的表决权已足以对股东会的决议产生重大影响的股东。需注意，本次修改，用"超过"代替"以上"，意味着50%这一本数将不包括在内；而使用"低于"代替"不足"，则意味着50%这一本数包括在内。实践中，控股股东一般指基于其持股比例能左右股东会和董事会决议，进而控制公司的大股东。3. 实际控制人。根据本条规定，其是指通过投资关系、协议或者其他安排，能够实际支配公司行为的人。相较原规定，本条删除了"虽不是公司的股东"的表述，但这并不影响实际控制人的本质特征，即"能够实际控制、支配公司"的非股东的自然人、法人或非法人组织。通过投资关系实际支配公司行为的实际控制人，一般指控股股东的实际控制人或控股股东的控股股东；通过协议实际支配公司行为的实际控制人，一般指公司关键技术秘密的控制人、公司销售市场或原料的控制	

修订后《公司法》及解读等	修订前《公司法》及关联规定
人等。由于实际控制人隐藏在发行人、上市公司的幕后，其操纵发行人或上市公司进行虚假陈述既方便又隐蔽，容易滋生违法行为。为此，相关法律机制需不断完善，以更好地规范实际控制人的相关行为。4.关联关系。根据本条规定，其是指公司控股股东、实际控制人、董事、监事、高级管理人员与其直接或者间接控制的企业之间的关系，以及可能导致公司利益转移的其他关系。但需注意，国家控股的企业之间不仅因为同受国家控股而具有关联关系。关联关系一般根据三个标准进行认定：一是基本标准。即在企业财务和经营决策中，某自然人或法人有能力直接或间接控制、共同控制企业或对企业施加重大影响，应认为具有关联关系。二是利益转移特殊关系标准。即关联关系包括可能导致公司利益转移的其他特殊关系，如公司董事、监事、高级管理人员的近亲属。三是国家控股企业间关联关系的认定。如前所述，针对国家控股的企业，不能仅因为它们同受国家控股而认定具有关联关系。因为作为控股股东的国家不会利用这种关系侵害其他股东、债权人以及社会公共利益。而且，一旦这样认定，关联关系的内涵将会过于广泛，也容易失去其应有的价值。 **案例参考：**配偶以另一方控制的公司名义对外进行商事活动并对公司资金享	

修订后《公司法》及解读等	修订前《公司法》及关联规定
有审批权，能否认定其为公司的实际控制人？（河南某园林公司、王某军合资、合作开发房地产合同纠纷案）① 　　实际控制人是指通过投资关系、协议或者其他安排，能够实际支配公司行为的人，即通过"投资""协议"或"其他安排"的方式能够决定公司的人事、财务和经营管理政策的自然人、法人或非法人组织。"其他安排"的具体方式，《公司法》并未作出明确规定，法院可结合具体个案进行判断。该案中，王某军虽然不是某园林公司的股东，但系该园林公司控股股东张某的丈夫，且其作为该园林公司的代表与苏州某公司签订了合作协议书，并对该园林公司的款项支出行使审批权力。在该园林公司不能及时还款的情况下，其也出具保证书对该园林公司的债务承担还款责任。原审法院据此认定王某军系该园林公司的实际控制人并判决其对该园林公司的债务承担连带责任，并无不当。	
第二百六十六条 【施行时间】本法自2024年7月1日起施行。 　　本法施行前已登记设立的公司，出资期限超过本法规定的期限的，除法律、行政法规或者国务院另有规定外，应当逐步调整至本法规定的期限以内；对于出资期限、出资额明显异常的，公司登记	《公司法》(2018年修正) 　　第218条　本法自2006年1月1日起施行。

---

① 案号：最高人民法院（2020）最高法民申1105号裁定书，载中国裁判文书网，最后访问时间：2023年12月15日。

修订后《公司法》及解读等	修订前《公司法》及关联规定
机关可以依法要求其及时调整。具体实施办法由国务院规定。 　　**解读**：本条是关于时间效力的规定。法律的时间效力，包括生效时间、失效时间及是否存在溯及力问题。不同于之前的多次修正，本次《公司法》修改属于全面的修订。就立法工作而言，"修正"是局部、个别、"小切口"的修改或调整，而"修订"则是整体、全面、大幅度的修改。由于本次《公司法》修改幅度大，新增、删除、变动内容多，历经四次人大常委会审议，属于全面系统的法律"修订"，接近于"重新"立法。而新（修订）的法律出现后，原有的法律一般来说就没有继续有效的空间了。这必然涉及新修订法律的生效时间问题，否则将无法执行。为此，修订后的公司法通过本法明确了其生效的时间是 2024 年 7 月 1 日，即从该日起，《公司法》的适用对象均应严格执行修订后的《公司法》规定。值得注意的是，本法虽自 2024 年 7 月 1 日起施行，对此前相关行为不具有溯及力，但为确保本法施行前已登记设立的公司的出资期限与修订后的《公司法》出资期限精神一致，防止实施前登记设立的公司设定 5 年以上甚至几十年的出资期限以架空修订后的《公司法》相关精神的落实，本条第 2 款特作出规定，明确本法施行前已登记设立的公司，出资期限超过本法规定的期限的，除法律、行政法规或者	

修订后《公司法》及解读等	修订前《公司法》及关联规定
国务院另有规定外，应当逐步调整至本法规定的期限以内；对于出资期限、出资额明显异常的，公司登记机关可以依法要求其及时调整。具体实施办法由国务院规定。可以说，新《公司法》在综合考虑诸多因素的基础上，采用了注册资本必须在5年内实缴到位的立场，此规定合乎商业逻辑、顺应市场变化、平衡各种利益，是一种务实的立法选择。根据第2款规定，未来可能出现以下三种情形：一是新设公司全面采用5年期的登记认缴制；二是出资期限、出资数额明显异常且无法合理说明理由的存量公司，公司登记机关可依法要求其及时调整至合理范围；三是出资期限较长但超过5年期的存量公司，除法律、行政法规或者国务院另有规定的外，应逐步调整至本法规定的期限以内。	

图书在版编目（CIP）数据

新公司法条文对照与重点解读 / 孙政，杨磊，冯浩编著 . —北京：中国法制出版社，2024.1（2024.5 重印）
ISBN 978-7-5216-3384-9

Ⅰ.①新… Ⅱ.①孙…②杨…③冯… Ⅲ.①公司法-法律解释-中国 Ⅳ.①D922.291.915

中国国家版本馆 CIP 数据核字（2024）第 004891 号

责任编辑：陈 兴　　　　　　　　　　　　封面设计：周黎明

新公司法条文对照与重点解读
XIN GONGSIFA TIAOWEN DUIZHAO YU ZHONGDIAN JIEDU

编著/孙政　杨磊　冯浩
经销/新华书店
印刷/三河市紫恒印装有限公司
开本/880 毫米×1230 毫米　32 开　　　　印张/ 20.625　字数/ 478 千
版次/2024 年 1 月第 1 版　　　　　　　　2024 年 5 月第 2 次印刷

中国法制出版社出版
书号 ISBN 978-7-5216-3384-9　　　　　　　　　　　　定价：69.00 元

北京市西城区西便门西里甲 16 号西便门办公区
邮政编码：100053　　　　　　　　　　　　传真：010-63141600
网址：http：//www.zgfzs.com　　　　　　编辑部电话：010-63141784
市场营销部电话：010-63141612　　　　　印务部电话：010-63141606

（如有印装质量问题，请与本社印务部联系。）